KB179105

진고응의 노자

백서본과 죽간본을 아우른 노자 도덕경

老子注译及评介

원전총서

진고응의 노자 – 백서본과 죽간본을 아우른 노자 도덕경

지은이 陳鼓應
옮긴이 김인태·남경한·박지웅·심준·홍린
펴낸이 오정혜
펴낸곳 예문서원

편집 유미희
인쇄 및 제책 주) 상지사 P&B

초판 1쇄 2024년 8월 30일

출판등록 1993년 1월 7일(제2023-000015호)
주소 서울시 동대문구 왕산로 239, 101동 935호(청량리동)
전화 925-5914 ㅣ 팩스 929-2285
전자우편 yemoonsw@empas.com

ISBN 978-89-7646-492-7   93150
YEMOONSEOWON 101-935, 239 Wangsan-ro, Dongdaemun-Gu, Seoul, KOREA 02489
Tel) 02-925-5914 ㅣ Fax) 02-929-2285

값 34,000원

원전총서

진고응의 노자

백서본과 죽간본을 아우른 노자 도덕경

陳鼓應 지음
김인태 · 남경한 · 박지웅 · 심준 · 홍린 옮김

예문서원

초판 서문

1.

노자는 소박한 자연주의자다. 그는 어떻게 인류사회의 분쟁을 해소할지, 어떻게 사람들을 행복하고 편안하게 살게 할지에 관심이 있었다. 그는 사람들의 행위가 "도道"의 자연自然성과 자발성을 본받고, 정치권력이 백성의 삶에 간섭하지 않으며, 전쟁의 환난을 제거하고, 사치스러운 생활을 포기하며, 위정자가 백성들이 진실하고 순박한 생활방식과 마음으로 되돌아가도록 이끌기를 소망했다. 노자철학의 중요한 사유들은 이러한 기본 관점에서 나온다. 그러나 노자의 특수한 개념체계는 많은 오해를 낳았다. 아래에서는 비교적 흔한 오해들을 지적하고 해명을 덧붙이겠다.

(1) 노자사상은 일반적으로 소극적이고 염세적이거나 출세간적이라고 여겨진다. 이러한 오해가 생긴 것은 그의 중요 개념에 대해 글자만 보고 대충 뜻을 짐작했기 때문이다. 예를 들어 무위無爲·부쟁不爭·겸퇴謙退·유약柔弱·허무虛無·청정淸靜 등의 개념들은 모두 사람들에 의해 곡해되곤 했다. 사실 "무위"는 자연自然에 맡기는 것이며 억지로 제멋대로 행동하지 않는다는 뜻이다.(이 개념은 주로 통치자를 겨냥해 제기된 것이다.) "부쟁"은 자신의 침탈 야욕을 펴지 않는 것이다.(이 개념도 주로 통치자를 겨냥해 제기된 것이다.) "겸퇴"는 "부쟁"을 내포하고 있는데, 자신의 재주를 감추고 안으로 거둬들여 드러나지 않게 하는 것이다. "유약"의 의미는 자신의 강함만 믿고 남을 괴롭히거나 난폭하게 굴어서는 안 된다는 데 있다. "유약"은 결코 나약함이 아니다. 노자가 말한 "유柔"는 비할 데 없는 강인함과 지속의 의미를 갖고 있다. "허虛"는 도체道體를 형용한다. 제4장의 "도충이용지혹불영道沖而用之或不盈"에서 "충沖"은 "허"로 풀이되는데, "도道"체가 비록 비어 있지만 비어 있는 "도道"체가 오히려 무궁한 작용을 발휘할 수 있다는 의미이다. 또 제5장의 "천지 사이는 과연 풀무

같지 아니한가? 비어 있지만 고갈되는 법이 없다"(天地之間, 其猶橐籥乎! 虛而不屈)는 하늘과 땅 사이가 텅 비어 있지만 만물이 오히려 이 허공에서 왕성하게 생장함을 말한다. 이로써 "허"에 무궁한 창조의 원인이 있음을 알 수 있다. 인생의 층위에 쓰일 때 "허"는 깊이 감춰 둔다는 의미를 함축한다. "무無"는 두 가지로 해석할 수 있다. 하나는 "도道"(제1장과 제40장의 경우)를 가리키는 경우로, "도道"는 형체도 색깔도 없어 볼 수 없기 때문에 "무"를 통해 그것의 특성을 형용하는 것이다. 다른 하나는 텅 빈 공간을 가리키는 것이다.(제11장의 경우) 이상의 간략한 설명을 통해 노자의 이러한 개념들에는 소극적인 사고가 없을 뿐만 아니라 오히려 반대로 언제든 움직일 수 있도록 준비하는 정신을 내포하고 있음을 알 수 있다. 한편으로 그는 세상의 혼란에 관심을 갖고 인간이 편안히 지낼 수 있는 방법을 제공하고자 지극히 노력했고(예를 들어, "무위"·"부쟁"·"겸퇴" 등의 개념들은 바로 사람들에게 그들의 소유욕을 자제함으로써 사회 분쟁의 실마리를 근원적으로 해소하자고 호소하기 위해 제시되었던 것이었다.), 다른 한편으로 그는 사람들이 각자에게 잠재되어 있는 생명의 역량을 잘 실현하기를 바랐다(예를 들어 "허정" 등의 개념을 제시했던 것은 바로 사람들이 주체적인 정신 공간을 넓혀 가기를 소망했기 때문이다.).

노자는 "만물을 낳고 길러도 제 것으로 점유하려 들지 않고, 만물을 키워도 제 능력에 스스로 우쭐하지 않는다"(生而不有, 爲而不恃)고 말했고, 또 "업적이 성취되어도 스스로 으스대지 않는다"(功成而不有), "시혜를 베풀 뿐 빼앗지 않는다"(爲而不爭)고도 말했다. "생生"·"위爲"·"공성功成"은 사람들에게 창조하고 일을 이루도록 하는 것이며, "불유不有"·"불시不恃"·"부쟁不爭"은 창조의 성과를 자신이 차지하지 말라는 것이다.(Russell이 이 개념을 대단히 칭찬했다.) 이상에 근거했을 때 노자의 사상에는 결코 소극적이거나 출세간적인 생각이 없음을 알 수 있다.

(2) 노자사상은 권모술수를 담고 있다고 여겨진다. 이는 『노자』의 몇몇 구절을 텍스트의 맥락과 분리해서 이해하는 바람에 발생한 오해이다. 예를 들면 다음과 같다.

① "무위이무불위無爲而無不爲" 이 구절은 보통 드러나 보이는 곳에서는 행위하지

않고 드러나지 않은 데서 무언가를 하는 것으로 해석되는데, 사실 "무불위無不爲"는 "무위無爲"의 결과일 뿐으로, 말하자면 자연自然을 따르면 잘못되는 일이 하나도 없다는 것이다.

② "성인후기신이신선聖人後其身而身先, 비이기무사야非以其無私耶! 고능성기사故能成其私." 혹자는 노자의 이 언술이 사람은 "이기적"(私)인 존재이므로 "사심 없다"(無私)는 표현은 수단에 불과함을 말하고 있다고 생각한다. 사실 이 장(제7장)의 핵심은 "이기적이지 않음"(無私)을 말하는 데 있다. 성인의 행위는 천지의 사심 없음을 본받으려고 한다.("天과 地는 長久하다. 천과 지가 장구할 수 있는 것은 바로 그들의 모든 움직임이 자기를 위하지 않아서이다"[天地所以能長且久者, 以其不自生]의 "不自生"은 자신의 生을 탐하지 않는다는 의미이다.) 높은 자리에 있는 사람은 일반적으로 자신의 유리한 조건 덕분에 손쉽게 성과물을 먼저 차지하기 때문에, 노자는 사람들에게 힘을 다해 공헌하되 그 성과는 차지하지 말라고 일깨우는 것이다. 만약 사람들이 양보하고 사심을 갖지 않는다면("後身"), 자연스럽게 남들의 존경을 받을 수 있다는 것이다("身先"). "성기사成其私"라는 것은 타인으로부터는 모두의 존경을 받게 된다는 것이고, 자신은 개인의 정신생명을 완성한다는 의미이다.

③ "고지선위도자古之善爲道者, 비이명민非以明民, 장이우지將以愚之." 후대 사람들은 노자가 우민정책을 주장했다고 생각한다. 사실 여기서 말하는 "우愚"는 진실함·순박함을 의미한다. 노자는 통치자가 독실한 정치 기풍을 배양해 백성들이 진실한 마음으로 어우러져 살 수 있도록 이끌기를 바랐다. 노자는 백성이 순박해지기를 바랐을 뿐만 아니라 통치자가 솔선수범하기를 바랐던 것이다. 제20장에서는 "나는 진실로 어리석은 자의 마음이로다!"(我愚人之心也哉!)라고 하는데, 노자는 "어리석은 이의 마음"(愚人之心)으로 성인의 마음 상태를 칭송했으므로 "어리석은 이"(愚人)가 바로 통치자의 자아수양에 있어 이상적 경지임을 알 수 있다. 노자는 사람들이 지혜를 다투고 서로 속이는 것이 사회 혼란을 조성하는 근본 원인이라고 절실히 느꼈기 때문에, 사람들이 진실하고 순박한 상태로 돌아가야 한다고 힘을 다해 외쳤다. 그래서 "어리석음"(愚. 진실하고 순박함)을 인격수양의 최고 경지로 여겼던

것이다.

④ "장욕흡지將欲歙之, 필고장지必固張之; 장욕약지將欲弱之, 필고강지必固强之; 장욕폐지將欲廢之, 필고흥지必固興之; 장욕취지將欲取之, 필고여지必固與之; 시위미명是謂微明."("取"자는 통행본에 "奪"자로 잘못 쓰여 있다.) 제36장의 이 대목은 권모술수의 의미를 담고 있다고 광범위하게 오해되어 왔다. 사실 노자의 이 말은 사물이 발전하는 법칙을 분석한 것으로, 그는 사물이 언제나 "물극필반物極必反"의 법칙에 따라 운행함을 밝힌 것이다. 이것이 바로 자연自然의 이치로서, 어떤 사물이라도 그것과 대립·의존하는 반대편으로 전화될 가능성이 있기 때문에, 사물이 발전하다 어떤 극한에 이르면 곧 반대 방향으로 전환될 수 있는 것이다. 그러므로 노자는 사물의 발전 과정에서 열리는 것은 닫히는 것의 징조이고, 강성함은 쇠약함의 징조라고 여긴 것이다. 여기에는 권모술수와 관련된 사유가 전혀 담겨 있지 않다.

2.

여러 잘못된 설 가운데 제36장의 "거두어들이고자 한다면 반드시 먼저 확장시켜 준다"(將欲歙之, 必固張之)는 구절이 낳은 오해가 가장 크다. 노자의 사상을 연구한 근대의 수많은 학자들도 이를 곤혹스러워하며 이해하지 못했기 때문에, 여기에서 한 걸음 더 나아간 논의를 하려고 한다.

(1) 오해의 유래: 노자사상에는 권모술수의 함의가 있다고 여기는 것. 이 오해는 한비韓非 때부터 일찌감치 시작되었다. 「유로」에서는 다음과 같이 말한다. "월왕 구천句踐은 노복(臣)으로 오나라에 들어간 뒤, 오나라를 피폐하게 만들기 위하여 제나라를 정벌하라고 권했다. 오나라의 군사가 애릉艾陵에서 제나라에게 승리를 거두어 세력을 장강과 제수까지 확대하였고 황지黃池에서 강한 힘을 과시한 덕분에 월나라는 오호五湖에서 오나라를 제압할 수 있었다. 그러므로 『노자』에서 '거두어들이고자 한다면 반드시 먼저 확장시켜 주고, 약화시키고자 한다면 반드시 먼저 강성하게 해 준다'고 하였다. 진나라 헌공獻公은 우나라를 습격하려고 할 때 그들에게 벽옥과

명마를 선물로 보내 주었으며, 지백知伯은 구유仇由를 습격하려고 할 때 그들에게 큰 수레를 선물로 보내 주었다. 그러므로 『노자』에서 '취하고자 한다면 반드시 먼저 준다'고 하였다." 한비 이후 송宋대 유자들의 오해가 가장 심했는데, 특히 이정二程·주희朱熹·소식蘇軾이 그러했다. 소식은 다음과 같이 말했다.

노자의 학문은 무위를 중시하고 천하를 통치하는 것을 경시했는데, 한비는 천하를 경시하는 노자의 술수를 터득해 결국 잔인하고 각박한 지경에 이르렀다.

주희는 그래도 저들만큼 오해하지는 않고 단지 "노자는 양주楊朱와 매한가지다" (老子便是楊氏)라고 말했는데, 이는 노자가 "결정적인 것은 내보이지 않아 남이 미처 대응하지 못하게 한다"는 의미이다. 이정의 오해는 실로 심각하다.

주고 뺏는 것, 움츠리고 펴는 것은 진실로 이런 이치가 있지만, 노자가 말한 것은 옳지 않다.[1]

노자의 말은 『주역』의 열리고 닫히는 이치를 도용한 것이다.[2]

『노자』가 어떤지 여쭈었다. 선생께서 대답하셨다. "『노자』는 마치 얼음과 숯처럼 말이 서로 들어맞지 않는다. 처음에는 도道가 지극히 현묘하다는 것을 말하려고 하지만, 뒤에서는 권모술수에 빠져 버린 것처럼 보인다. 예를 들어 '취하고자 한다면 반드시 먼저 주어라' 같은 부류가 이것이다. 그러나 노자 이후에 신불해申不害 와 한비가 있었는데, 보아하니 그들은 노자와 결이 매우 다르지만, 그 근원은 바로 노자로부터 온 것이다."[3]

---

1) 『二程全書』, 「遺書」, 권7.
2) 『二程全書』, 「遺書」, 권11.
3) 『二程全書』, 「遺書」, 권18.

노자사상이 권모술수로 오해되는 것은 노자의 글이 모호한 탓도 있겠지만, 깊이 분석하지 않고 경솔하게 견강부회한 독자의 책임도 있다.

(2) 역대 학자들의 해석: 한비와 송대 유자들처럼 심각하게 오해한 경우도 있지만, 정확하게 해석했던 학자들도 역대로 적지 않았다. 아래에서는 한漢대부터 송명宋明대까지 각 시대 학자들의 견해를 인용해 참고자료로 제공하려고 한다.

한대 엄준嚴遵이 말했다. "가득 찬 것은 빈 것으로 되돌아가고, 밝은 것은 어두운 것으로 되돌아가며, 왕성한 것은 쇠약한 것으로 되돌아가고, 팽팽한 것은 느슨한 것으로 돌아가니, 이것이 사물의 본성이며 자연自然의 이치이다."(『道德指歸論』)

송대 동사정董思靖이 말했다. "확장이 극에 달하면 반드시 거두어들여지게 되며, 주는 것이 심하면 반드시 빼앗는 것이 필연적인 이치이다. '반드시'(必固)라고 한 것은, '사물이 거두어들여질 때에는 필시 원래는 확장된 상태였다가 거두여들여지는 일이 뒤따른다'고 말한 것이다. 이것이 바로 흥하고 망하고, 융성하고 쇠약해지는 것이 서로의 원인이 되는 이치이다. 이러한 기미는 비록 매우 은미하지만 이치는 실로 분명하다."(『道德眞經集解』)

송대 범응원范應元이 말했다. "천하의 이치는 펴짐이 있으면 반드시 움츠림이 있고, 강함이 있으면 반드시 약함이 있으며, 흥기함이 있으면 반드시 쇠락함이 있고, 주는 것이 있으면 반드시 취하는 것이 있다. 이는 봄에 태어나고 여름에 자라며 가을에 거두고 겨울에 저장하며, 만물이 이루어지고 사그라지며, 차고 비는 운동이 본래 그러한 것이다. 그렇다면 펴거나 강화하거나 흥기시키거나 줄 때 이미 움츠리거나 약화하거나 쇠락시키거나 취하는 기제가 그 안에 감춰져 있는 것이다. 그러한 기제는 비록 은미하지만, 일은 매우 분명하다. 그러므로 '이를 미명이라고 한다'(是謂微明)고 하는 것이다. 혹자는 이 몇 구절을 권모술수로 여기는데, 이는 틀렸다."(『老子道德經古本集註』)

명대 설혜薛蕙가 말했다. "이 장(제36장)의 초반부는 초기에 성대하면 결국 쇠락하게 된다는 이치를 밝혀 두었고, 다음으로 강건함이 유약함만 못함을 말하였다. 마지막으로는 위의 말에 기인하여 굳센 것을 사용하지 말라고 경계했다. 이것이 어찌 권모술수의 논의이겠는가? 인仁 · 의義 · 성聖 · 지智조차도 노자는 문제라고 여겼는데 하물며 권모술수는 어떠했겠는가? 『사기』에 따르면 진평陳平은 본래 황제黃帝와 노자의 학술을 다루었는데 나중에 제후가 되었을 때 '나는 예전에 음모를 자주 꾸몄는데, 이는 도가의 금기이다. 내 후손이 폐출된다면 그것으로 끝나 다시는 일어설 수 없을 것이다. 내가 음모를 많이 꾸민 재앙 때문이다'라고 말했다. 이를 근거로 말하자면, 노자를 권모술수의 학문이라고 여기는 것은 도가의 금기를 직접 위배한 것이며, 또 그 내용을 책으로 만들어서 사람들에게 가르쳤다는 것은 결코 사실이 아닐 것이다!"(『老子集解』)

감산덕청이 말했다. "이 장은 만물의 자연스러운 형세를 말했으나, 사람들은 이것을 잘 살펴내지 못한다. 천하만물은 형세가 극에 달하면 반전된다. 비유하자면 해가 지기 시작하는 때는 필시 가장 환하게 빛날 때이고, 달이 기울기 시작하는 때는 필시 꽉 차 있을 때이며, 등불이 흐려지기 시작할 때 필시 가장 밝게 타오르는 때인 것과 같다. 이것들은 모두 만물의 자연스러운 형세다. 그러므로 매우 확장되었다는 것은 곧 거두어질 형상이고, 매우 강해졌다는 것은 곧 약해질 싹이며, 매우 흥성했다는 것은 곧 버려질 기미이고, 너무 주는 것은 곧 빼앗아 갈 조짐이다. 하늘의 때와 사람의 일 모두 만물의 자연스러운(自然) 이치에 속하지만, 사람들이 이러한 이치를 마주하고 있으면서도 알아채지 못하기 때문에 '미명微明'이라고 하는 것이다."(『道德經解』)

명대 주득지朱得之가 말했다. "처음 여덟 구는 만물의 생성과 변화, 불어나고 줄어드는 기제가 이와 같음을 말하는 것이지, 사람이 이와 같이 하기로 마음먹었다고 말하는 것이 아니다."(『老子通義』)

명대 왕도王道가 말했다. "'장욕將欲'이라고 한 것은 장차 그러할 것이라는 말이고, '필고必固'라고 한 것은 이미 그러하다는 말이다. 만물의 생성과 변화, 불어남과 줄어듦, 차고 빔은 시간의 흐름과 함께 이루어지는 운동이고, 사람의 일에는 길흉과 화복이 서로 이어지는 이치가 있다. 그러므로 저렇게 되려고 하는 것은 반드시 이미 이와 같았기 때문이다. 장차 그러할 것은 비록 아직 드러나지 않아 추측하기 어렵지만, 이미 그러한 것에는 실질이 있어 확인할 수 있다. 사람이 이미 그러한 것에 의거해 장차 그러할 것을 탐구할 수 있다면, 비록 은미한 것 같더라도 사실은 매우 분명한 것이다. 그러므로 '이를 미명이라고 한다'고 한 것이다.(『老子億』)

명대 육장경陸長庚이 말했다. "이 장의 의미에 대해 많은 학자들은 그 표현만 가지고 음모나 임기응변의 술수가 노자로부터 나왔다고 생각하는데, 이제 이를 바로잡겠다. 만물의 움츠림과 폄, 강함과 약함, 흥기와 쇠락, 줌과 뺏음은 서로 이어지니, 이 모두는 고정불변의 이치이다. 지금 저렇게 되려는 것은 반드시 이전에 이미 이와 같았기 때문이다. 『주역』 태괘泰卦에서는 '평탄하기만 하고 기울어지지 않는 것은 없고, 가기만 하고 돌아오지 않는 것은 없다'고 했고, 그 「상전」에서는 "가기만 하고 돌아오지 않는 것은 없다'는 것은 천지의 교제이다'라고 했다."(『老子道德經玄覽』)

명대 임조은林兆恩이 말했다. "세상의 사기꾼들은 자신이 노자의 술수를 터득했다고 곧잘 이야기하는데, 이것이 어찌 '반드시 먼저 확장시켜 주어야 한다'(必固張之) 등등의 말에 제멋대로 집착하여 노자를 욕보이는 것이 아니겠는가! 또 달은 찼다가 반드시 기울고, 해는 중천에 떴다가 반드시 지며, 추위가 가고 더위가 오고, 낮이 가고 밤이 오는 것은 항구적인 천도天道이다. 나는 전에 천도에 관하여 다음과 같이 노자의 말을 모방했던 적이 있다. '기울려는 것은 필시 먼저 가득 찼었고, 지려는 것은 필시 먼저 중천에 떴으며, 더워지려는 것은 필시 먼저 추웠고, 밤이 되려는 것은 필시 먼저 낮이었다.'(將欲缺之, 必固盈之; 將欲昃之, 必固中之; 將欲暑之, 必固寒之; 將欲夜之, 必固晝之) 이를 두고 하늘에 술수가 있다고 할 수 있겠는가! 만물이 태어났다가 죽고, 무성했다가 시들며, 이루어졌다가 허물어지는 것 역시 천도이다. 하늘에 무슨 마음이 있겠는가! 이것으로 본다면, 세상에서 노자를 비난하는 자는 덕이 노자의 뜻에 미치지 못할 뿐 아니라, 눈 또한 노자의 글에 닿지 못한 것이다."(『道德經釋略』)

명대 서학모徐學謨가 말했다. "살펴보건대, 이 장에 대한 해석이 분분하다. 송대 유자들은 '고固'를 '고故'로 생각했는데, 이는 글자의 뜻도 제대로 이해하지 못한 것이다. 그런데도 이 장을 권모술수라고 하니 거짓이다. 소철蘇轍도 이 장이 '꾀를 부리는 것에 가까우니, 관중管仲이나 손무孫武와 다를 게 없다'고 여겼다. 그는 아마도 '도를 들으면 크게 비웃었을'(聞道而大笑之) 것이다!"(『老子解』)

명대 진의전陳懿典이 말했다. "움츠리려는 것은 필시 이미 펴졌던 것이고('之'자를 '者'자로 본 것이다.), 미약해지려는 것은 필시 이미 굳고 강했던 것이며, 쇠락하려는 것은 필시 이미 흥성했던 것이고, 잃으려는 것은 필시 이미 얻었던 것이다. 이러한 이치는 비록 미묘하지만 사실 명백하여 알기 쉽다."(『道德經精解』)

명대 조통趙統이 말했다. "이 장은 사물의 자연自然한 이치를 근원부터 탐구해서, 도를 실천하는 자라면 물러나 빛을 감추고 연약함을 보일 줄 알아야지 천하에 강함을 드러내서는 안 됨을 보여 준다."(『老子斷註』)

명대 홍응소洪應紹가 말했다. "『주역』「계사하전」의 '애벌레가 몸을 굽히는 것은 이를 통해 몸을 펴려는 것이다. 용이나 뱀이 겨울잠을 자는 것은 이를 통해 자신을 보존하려는 것이다'라는 구절이 노자의 말과 바로 호응한다. 순환과 왕복은 하늘의 도든 사물의 이치든 사람의 일이든 간에 모두 그렇지 않은 것이 없다. 일찍부터 이러한 이치를 알았던 사람만이 원래 이러했던 것에서 장차 저러할 것을 알았고, 펴진 것에서 움츠릴 것을 알았으며, 강했던 것에서 약해질 것을 알았다."(『道德經測』)

이상의 각 학자의 주석을 자세히 읽어 보면 노자의 본의를 충분히 이해하고, 이정·주자 등 송대 유자들의 오류 역시 분별해 낼 수 있다.

『노자』에서는 여러 차례 "영아嬰兒"를 언급하며 진실하고 순박한 상태로 돌아가 핏덩이의 마음을 지키라고 요구한다. 노자는 설혜가 "인仁·의義·성聖·지智조차도 문제라고 여겼는데 하물며 권모술수는 어떠했겠는가"라고 말했던 것처럼 사람이 꾀를 부리는 것을 가장 반대했다. 여기에서 우리는 음모와 술수가 "도가의 금기"가 되는 것은 필연적 이치임을 알 수 있다.

노자는 "도道를 터득한 이는 언제나 사람들의 재능을 완전히 발휘하는 것을 잘하며, 그렇기에 버려지는 사람이 없는 것이다. 또한 언제나 사물의 용도를 완전히 활용하는 것을 잘하며, 그렇기에 버려지는 사물이 없는 것이다"(聖人常善救人, 故無棄人;

常善救物, 故無棄物), "선량한 사람의 경우 나는 그를 잘 대우해 주고, 선량하지 않은 사람조차 나는 그를 잘 대우해 준다. 신뢰를 지키는 사람의 경우 나는 그를 신뢰하지만, 신뢰를 지키지 않는 사람조차 나는 그를 신뢰한다"(善者吾善之, 不善者吾亦善之, 信者吾信之, 不信者吾亦信之), "도道를 터득한 성인은 자기 몫을 쌓아 두지 않으니 그는 타인을 전심으로 도와주지만 자신은 도리어 더욱 충분해지고, 타인에게 모든 것을 나눠 주지만 자신은 도리어 더욱 풍부해진다"(聖人不積, 既以爲人己愈有, 既以與人己愈多)고 말했는데, 우리는 사회적 관심을 표출하는 이러한 언사로부터 노자가 세상을 걱정해 쏟아 낸 말과 세상을 구제하려는 마음을 파악해야 한다. 그러나 그가 난세를 구제하기 위해 쓴 방법이 적극적인 개혁을 추동할 동력을 결핍했던 것은 분명하다.

1970년 3월 대만대학 철학과 연구실에서

수정판 서문

1. 이 책의 본문은 중화서국中華書局에서 화정장씨華亭張氏본에 근거해 간행한 왕필王弼 주석본을 저본으로 삼되, 청나라 성조聖祖(康熙帝)에 대한 피휘로 인해 "현玄"자를 "원元"자로 대체했던 것을 여기에서는 모두 바로잡았다. 왕필 주석본 본래의 오자나 착간은 기타 고본이나 근대 교감학자들의 고증에 의거해 바로잡았고, 이 점은 【주석】에서 설명했다.

2. 이 책의 【해설】 부분은 내 생각으로, 개인적인 견해를 제시해 본 것이다. 【주석】 부분은 이전 학자들의 『노자』학에 대한 치밀한 해석을 골라 모은 것이다. 이 작업에 가장 많은 시간이 소요되었다. 이 책을 쓸 때 고금의 주석서 일백여 종을 참고했는데, 【번역】은 기본적으로 이전 학자들의 주석과 풀이에 의거해 현대어로 풀어낸 것이다. 이 밖에 장묵생張默生의 『노자장구신석老子章句新釋』과 임계유任繼愈의 『노자금역老子今譯』 등의 책을 참고했다. 이 책의 수정판은 엄영봉嚴靈峰 『노자달해老子達解』의 "현대어 풀이"(語譯) 부분도 함께 참고해 최대한 번역문의 정확성을 도모했다.

3. 이 책의 초판본에서는 개인 노자와 텍스트 『노자』의 문제를 언급하지 않았다. 이전 학자들이 이 문제에 대해 여러 차례 논했기 때문이기도 하고, 옛 전적 가운데 이와 관련된 자료가 부족해 어떤 문제는 사실상 결론을 낼 수 없기 때문이기도 하다. 그런데 학자들은 이 부분에 많은 정력을 쏟았으면서도 사상적 측면은 도리어 빠뜨리고 이야기하지 않았다.

사마천은 『사기史記』 「노장신한열전老莊申韓列傳」에서 노자의 생애 및 행적과 관련된 사백여 자의 전기를 썼다. 양계초梁啓超가 민국民國 11년(1922) 글을 통해 제기한 문제는 한바탕 격렬한 논쟁을 불러왔고, 이들의 논의가 담긴 오십만 자에 가까운 글이 모두 『고사변古史辨』에 수록되어 있다. 양계초와 그에게 부화뇌동한 학자들은 수많은 의문과 견해를 제기했는데, 장후張煦와 호적胡適 등이 이에 대해 강력한 반박을 제기했다. 이 문제에 관심 있는 사람은 『고사변』 제4책과 제6책을 참고할 만하다. 여기서는 다만 각 학자의 의견을 종합해 노자 개인과 텍스트 『노자』의 문제에 대해 다음과 같이 몇 가지로 간략하게 설명하겠다.

(1) 성명姓名과 관련한 문제: 『사기』의 전기에서는 "노자라는 사람의 성은 이李이고 이름은 이耳이며…… 시호는 담聃이다"라고 말한다. 노자가 곧 노담이라는 점은 확실히 인정할 수 있는데, 선진시대 고서를 통해 증명할 수 있다.(예컨대, 『莊子』를 보면 한 단락 내에서 앞에서는 "노담"이라 부르고 뒤에서는 다시 "노자"라고 부른다.) "노자"와 관련해서는 두 가지 설이 있다. 일설에 따르면, "노老"는 존칭으로 "노자老子"는 후인들이 말하는 '어르신'(老先生)과 같은 의미이다. 다른 설에 따르면, "노老"는 성씨이고, 공자孔子 · 유자有子 · 증자曾子 · 양자陽子 · 묵자墨子 · 맹자孟子 · 장자莊子 · 혜자惠子 등등처럼 당시 "자子"라고 부르는 경우는 모두 씨족의 성 뒤에 "자子"자를 붙인 것이다.(唐蘭의 「노담의 성명과 시대 고찰」[老聃的姓名和時代考]을 참고하라.) 노담은 성이 "노"일 수도 있다. 옛날에는 "노" 성은 있었지만 "이" 성은 없었다. 『세본世本』에서는 "전욱顓頊의 아들 노동老童"이라고 했고, 『풍속통의風俗通義』에서는 "노씨老氏는 전제顓帝의 아들인 노동老童의 후예이다"라고 했으며, 『춘추좌전春秋左傳』 성공成公 15년 주석에서는 "송宋나라 사마司馬 노좌老佐"라고 했고, 또 같은 책 소공昭公 14년 주석에서는 "노魯나라 사도司徒 노기老祁"라고 했으니, 옛날에 '노'를 성으로 삼은 경우가 있었음은 증명할 수 있다. 그런데 춘추시대 이백사십 년 동안 '이'를 성으로 삼은 경우는 없었고(高亨의 『老子正詁』 『사기』 노자 열전 주석 검토[史記老子傳箋證]를 보라.), 선진시기 전적 가운데 "이이李耳"라는 이름이 등장한 적도 없었으며, 혹 "노담老聃" 두 자에서 변형되어 나온 것인지도 알 수 없다. "이耳"자와 "담聃"자는 의미가 서로 통한다. "노老"자와 "이李"자는 옛 음이 동일하니, "순경荀卿"이 "손경孫卿"으로 변형되어 나온 것처럼 혹 "노"에서 "이"가 변형되어 나왔을 수도 있다.

(2) '예에 대해 물었다'(問禮)와 관련된 문제: 공자가 노담에게 예에 대해 물은

것은 『사기』「공자세가孔子世家」의 기록과 『사기』「노장신한열전」의 기록이 조금 다르지만, "예에 대해 물은" 일만큼은 의심할 나위 없이 확실하다. 공자와 노자가 만난 것과 공자가 노자에게 배웠다는 기록은 『예기禮記』「증자문曾子問」에 네 차례, 『장자』에 다섯 차례 보인다.(「天地」·「天道」·「天運」·「田子方」 및 「知北遊」 각 편을 보라.) 이 밖에도 『공자가어孔子家語』와 『여씨춘추呂氏春秋』(「當染」)에서도 보인다. 공자가 노담을 방문한 고사는 서로 다른 학파의 전적에서도 보이는데, "서로 달리 전해지는 계통에서 서로 증명할 수 있는 자료가 나타난다면 신빙성이 높은 자료라고 말하지 않을 수 없다."(이 말은 徐復觀의 『中國人性論史』에 첨부된 「개인 노자와 『노자』 텍스트와 관련한 재검토」[有關老子其人其書의 再檢討]에 보인다.) "공자가 노자에게 예에 대해 물었다는 전설이 춘추시대부터 전국시대까지 매우 유행했던 것은 확실하기 때문에 유가에서는 결코 노자가 공자의 위상을 낮춘다는 이유로 그를 매장할 수 없었다."(이 말은 중앙연구원 역사언어연구소의 『集刊』 제44본에 수록된 陳榮捷의 「戰國道家」에 보인다.) 공자가 노담에게 예에 대해 물었다는 사실은 예나 지금이나 다수 학자들이 받아들이는 바이다.

(3) 저작 시기 문제: 양계초는 『노자』가 전국시대 말기에 쓰였다고 주장했는데, 이러한 견해는 자연스레 『노자』와 『논어』, 또 『노자』와 『장자』의 저작 선후 문제를 낳는다. 전자에 관해서는 상당히 토론할 만하지만, 후자에 관해서는 사실 더 말할 필요가 없다. 『노자』가 『장자』보다 앞선다는 점은 문제라고 할 수도 없기 때문이다. 『장자』에서 항상 "노담" 개인과 『노자』의 글을 인용하는 것으로 증명할 수도 있고, 다른 책에서도 증명할 수 있다. 예를 들어, 『전국책戰國策』「제책齊策」에는 다음의 내용이 실려 있다. "안촉顏斶이 말했다. '노자는 '귀함은 천함을 근본으로 삼으며 높음은 낮음을 기초로 삼는다. 그러므로 군주는 자신을 고孤, 과寡, 불곡不穀이라고 칭한다. 이것이 바로 낮음과 천함을 근본으로 삼는 것이 아니겠는가?'라고 했습니다.'" 이 글은 『노자』 제39장에 나온다. 안촉은 제선왕齊宣王뿐만 아니라 장자와도 동시대 인물이다. 이때 『노자』 텍스트가 성립되어 있었다는 점이 바로 『노자』가 『장자』 전에 완성되었다는 "움직일 수 없는 증거"인 셈이다.(엄영봉의 「노자 텍스트는 장자 텍스트 이후가 아님을 밝힘」[辯老子書不後於莊子書]을 보라.) 아래에서는 몇 가지 항목을 통해

16

성립시기 문제를 다루겠다.

① 사용 명사에 관해서: 양계초는 "『노자』에는 '왕후王侯'·'왕공王公'·'만승지군萬乘之君' 등의 자구가 총 다섯 곳이고 '취천하取天下' 자구는 총 세 곳인데, 이러한 표현은 춘추시대에 있을 법하지 않다. 오히려 '인의仁義'를 대구로 사용한 여러 곳이 있는데, 이 두 글자를 연용連用하는 것은 맹자의 전매특허로 그 이전에는 없었던 것 같다"고 말했다. 장후는 곧바로 양계초의 허점을 지적했다. "『주역周易』 고괘蠱卦 상구上九에서는 '왕후를 섬기지는 않고 자기 일만 고상하게 여긴다'(不事王侯, 高尙其事)라고 하니, 일찍부터 '왕후'라고 붙여 쓴 것이 아닌가?『주역』 감괘坎卦 「단전象傳」의 '왕공은 험지에 방어 진지를 만들어 자기 나라를 지킨다'(王公設險以守其國)와 리괘離卦 「상전象傳」의 '육오六五효가 길한 것은 왕공의 자리에 붙어 있기 때문이다'(六五之吉, 離王公也)는 '왕공'으로 붙여 쓴 것이 아닌가?' 그는 또 다음과 같이 말했다. "『주역』 「계사하전繫辭下傳」에서는 '소인은 불인不仁함을 부끄러워하지 않고, 불의不義함을 두려워하지 않는다'(小人不恥不仁, 不畏不義)라고 하고, 『춘추좌전』에서는 '술로 예를 갖추고 지나친 지경에 이르지 않는 것은 의義이고, 임금이 예를 지키고 지나친 지경에 빠지게 하지 않도록 하는 것은 인仁이다'(酒以成禮, 不繼以淫, 義也; 以君成禮, 弗納於淫, 仁也)라고 했는데, 여기서 '인의로 문장을 만든 것이 노자가 말한 '인의를 끊고 버린다'(絕仁棄義) 및 '인을 놓친 이후에 의를 찾는다'(失仁而後義)는 것과 무슨 차이가 있는가? 또 『사기』에서는 주나라 초기에 제정된 시법諡法을 인용해 '인의仁義로워서 백성이 귀의하는 경우 왕王이라고 한다'고 말했다. 주나라 초기 시법의 뜻이 『주역』·『춘추좌전』의 사례에 부합하는 것으로 보아 일찍부터 '인'과 '의'를 연용한 셈이니, 노자가 말한 '대도大道가 해이해지고 나서야 인의라는 덕목이 나타났다'고 말한 것과 무슨 차이가 있는가?'(장후, 「양계초가 제기한 노자의 시기 문제에 대한 판단」[梁任公提訴老子時代一案判決書],『고사변』 제4책 하편, 317쪽을 보라.) 장후는 양계초가 "취천하"의 "취取"자를 『삼국연의三國演義』의 "주머니 속에서 물건을 챙기는 것처럼 상장의 수급을 취한다"(取上將首級如探囊取物)의 "취"자로 잘못 간주했음을 아울러 지적했다. 이 구절에 대해 옛 주석에서는 "'취'는 다스림이다"(取, 治也)라고 했다. 그러므로 "취천하상이무사取天下常以無事"

(제48장)는 "무위의 태도로 다스린다"(無爲而治)는 뜻이 되므로, 양계초는 이 구절의 본래 의미를 제대로 파악하지 못한 셈이다. 양계초가 "만승지군" 자구를 근거로 『노자』가 전국시대 작품이라고 주장하는 것 역시 성립할 수 없다. 장계동張季同은 『논어』「선진先進」의 "천승의 나라가 대국에게 속박되어 침략을 당하고 그로 인해 굶주리게 된다.……"는 구절을 언급하며, '천승의 나라는 대국에게 핍박 받는 소국이므로 당연히 춘추시대에도 충분히 만승지국을 말할 수 있었다'고 주장했다.(『고사변』 제4책 하편, 431쪽, 장계동의 「노자의 연대에 관한 가설」[關於老子年代的一假定]을 보라.) 이 밖에 어떤 사람은 『노자』 제3장의 "남다른 능력의 현자를 추켜세우지 않는다"(不尙賢)는 구절이 『노자』가 묵자의 상현尙賢사상보다 늦다는 증거라고 생각하는데, 당란은 다음과 같이 주장했다. "'남다른 능력의 현자를 추켜세우지 않아 백성이 공명功名을 다투지 않도록 해 준다'(不尙賢使民不爭)라는 말은 묵자의 상현尙賢과 더욱 관련이 없다. '현賢'자는 당시 유행하던 주제로 '도道'·'덕德'·'인仁'·'의義'·'명名'·'실實'처럼 각 학파의 학설에서 모두 토론하고 있었으므로 어떤 책이 어떤 책의 영향을 받았다고 결코 말할 수 없다."(『고사변』 제4책, 349쪽에 보인다.) 기타 구절과 관련한 논의는 『고사변』을 참고할 만하다. 다만 몇몇 단편적인 자구에 근거해 저작 연대를 고증하는 것은 신뢰할 수 없다는 점을 지적하지 않을 수 없다. 책의 전체적 내용과 주요 부분을 자세히 살펴야지, 책 안에 있는 의심스러운 구절 겨우 몇 줄을 끄집어내 이를 근거로 책 전체가 의심스럽다고 추정해서는 안 된다. 양계초 등은 『열자列子』가 위진魏晉시대의 위작이라고 함부로 판단했는데, 이때 그들이 지녔던 태도와 주장 역시 모두 동일한 오류를 범하고 있다.

② 인용에 관해서: 어떤 사람은 『논어』와 『묵자』 모두 『노자』를 인용하지 않았으므로 『노자』가 나중에 나왔다고 생각하는데, 그렇다면 우리도 『노자』가 『논어』와 『묵자』를 인용하지 않았다는 이유로 『논어』와 『묵자』가 나중에 나왔다고 단언할 수 있겠는가? 그러므로 이 주장은 성립불가능하다. 『장자』와 『맹자』는 동시대지만 두 책에서는 서로 인용하지 않았다. 『한비자韓非子』와 『전국책』에서 『노자』만 인용하고 『맹자』를 인용하지 않았다고 해서 『맹자』 일곱 편의 존재를

부인할 수 있다는 말인가?(엄영봉의 「辯老子書不後於莊子書」를 보라.) 맹자는 『주역』을
언급한 적이 없지만 그렇다고 해서 당시에 『주역』이 존재하지 않았다고 말할 수
없다. 또 혜시惠施와 맹자는 같은 시기에 양나라에 있었지만 맹자는 혜시를 언급하지
않았다. 그러므로 『논어』와 『묵자』가 『노자』를 인용하지 않았다는 점이 『노자』가
이들보다 나중에 나왔다고 단정하는 근거가 될 수 없다. 『논어』에서 『노자』를
인용했는지의 여부는 더 논의할 만하다. 「술이述而」의 "삼가 나를 노팽老彭에 비기노
라"라는 구절에 대해 옛 주석에는 "노老"가 노자라는 설이 있지만(예를 들어 鄭玄의
주석에서는 "老는 노담이고, 彭은 彭祖이다"라고 했다.), 많은 사람들은 노팽이 은나라의 어진
대부라고 생각한다. 그러나 「헌문憲問」의 "혹자가 '덕으로 원한을 갚는다'고 말했다"
(或曰: 以德報怨)는 구절의 "혹왈或曰"은 분명히 다른 사람의 말을 인용한 것인데,
이 말은 바로 『노자』에서 나왔다. 이것으로 『논어』가 『노자』를 인용했음을 증명할
수 있다. 『논어』 「위령공衛靈公」의 "무위의 태도로 다스렸다"(無爲而治)는 구절의
"무위無爲" 사상은 노자로부터 유래한 것일 수 있다. 다음으로 『설원說苑』 「경신敬愼」에
서 숙향叔向이 "노담은 '세상에서 가장 유연한 것이 세상에서 가장 단단한 것을
제어할 수 있다'(天下之至柔, 馳騁天下之至堅)고 말했고, 또 '사람이 살아 있을 때 신체는
유연하지만, 죽을 때가 되면 경직되고 만다. 만물과 초목이 생장할 때 형질은 유연하
지만, 죽을 때가 되면 마르고 만다'(人之生也柔弱, 其死也堅强; 萬物草木之生也柔脆, 其死也枯槁)라
고도 말했습니다"라고 하는데, 여기서 인용한 것은 『노자』 제43장과 제76장의 글이다.
숙향은 진평공晉平公 시대 사람으로 공자와 동시대 인물이다. 만약 유향劉向이 저술한
『설원』의 근거가 틀리지 않았다면, 『노자』의 성립 시기는 응당 공자 이전이어야
한다.(엄영봉의 「辯老子書不後於莊子書」를 보라.) 이 밖에 『태평어람太平御覽』 권322에서는
"『묵자』에서 말했다. '묵자는 수비하는 입장이 되어 공수반公輸般을 굴복시켰지만
전쟁을 잘한다고 알려지고 싶지 않았다. 잘 이기는 자는 강한 것을 약하다고 여긴다.'
그러므로 노자는 '도체道體는 비어 있건만 그 작용이 끝나지 않는다'(道沖而用之或不盈)고
말했다"라고 하는데, 이것은 『노자』 제4장의 글이다. 만약 앞의 글이 『묵자』의
일문佚文이라면, 묵적墨翟 혹은 그의 제자 역시 노자의 책을 읽었음이 틀림없다.(엄영봉

의 글을 보라.)

③ 문체에 관해서: 풍우란馮友蘭은 『중국철학사中國哲學史』에서 "『노자』는 문답체가 아니므로 『논어』와 『맹자』 뒤에 있어야 한다"고 말했다. 그러나 『주역』과 『시경詩經』삼백 편도 문답체가 아닌데, 그러면 이 두 책도 『논어』와 『맹자』 뒤에 있어야한다는 말인가? 하물며 『논어』 역시 일부만 문답체로 구성되어 있다. 예를 들어, 『논어』 「학이學而」의 열여섯 장 가운데 문답은 두 장뿐이고, 「이인里仁」의 스물여섯장 가운데 문답은 한 장뿐이며, 「술이」 서른일곱 장 가운데 문답은 일곱 장뿐이고, 나머지 각 편 역시 문답이 다수를 점하지 않는다.(『고사변』제6책 호적의 「최근 학자들이노자의 연대를 고증하는 방법에 대해 평론함」[評論近人考據老子年代的方法]을 보라.) 또한 풍우란은"『노자』의 글은 간명한 '경전'(經)체이므로 전국시대 작품이라고 볼 수 있다"고말했다. 호적의 비판에 따르면, 이러한 주장이 성립되려면 먼저 "모든 간명한 '경전'체는 전국시대의 작품이다"라는 대전제를 받아들여야 한다. 게다가 무엇이 간명한"경전"체인지는 더욱 규정하기 어렵다. 『노자』의 "언어로 표현할 수 있는 도道는영속적인 도(常道)가 아니고, 말할 수 있는 명名은 영속적인 명(常名)이 아니다"(道可道,非常道 名可名, 非常名)와 『논어』의 "백성을 정령을 통해 이끌고, 형벌을 통해 단속한다.(道之以政, 齊之以刑)…… 백성을 덕으로 이끌고 예로 단속한다(道之以德, 齊之以禮)"는 동일한문체가 아닌가? 풍우란이 문체를 근거로 『노자』의 성립 시기를 단정한 것은 분명신뢰할 만하지 못함을 알 수 있다.

총결해서 말하자면, 노자는 바로 노담이며 『노자』 텍스트는 노담이 지은 것으로그 시기는 전국시대 초기보다 늦지 않다. 선진시기 전적 가운데 『전국책』(「齊策」·「魏策」), 『장자』(內篇·外篇·雜篇의 여러 편), 『순자荀子』(「天論」), 『한비자』(「解老」·「喩老」·「外儲說下」·「六反」), 『여씨춘추』(「君守」 등), 『윤문자尹文子』(「大道」), 『열자』(「黃帝」·「說符」) 등은모두 『노자』를 인용하고 있는데, 각 학파 모두 『노자』 텍스트를 본 것이 분명하다.

우리들은 여전히 『노자』는 단독 저술이지 여러 견해를 모아 편집한 것이 아니라고생각한다. 이 책의 앞뒤 내용이 일관된 논리에 따라 차츰차츰 여러 주장을 선보이며한 학파의 학설을 이루고 있기 때문이다.(장계동이 이 설을 지지한다.) 또 "책 전반에 걸쳐 분명히 '아我'와 '오吾' 같은 저자의 자칭이 있으므로 결코 여러 견해를 모아 편집한 것이 아니다."(서복관이 이 설을 지지한다.) 『노자』 텍스트 가운데 "노자왈老子曰"이나 "노담왈老聃曰"같이 자칭한 부분은 없다는 점 역시 『노자』가 노담 자신의 저작임을 증명해 줄 수 있다. 문체로 보나 사상적 내용의 일관성으로 보나 이 텍스트는 한 사람의 손에서 나왔을 가능성이 높다. 물론 몇몇 자구가 그의 제자나 후학에 의해 덧붙여졌다는 것까지 부정할 수는 없을 것이다.

1973년 세밑 타이베이에서

2차 수정판 서문

이 책은 1970년에 처음 출판되었고 그 3년 뒤에 조금 수정되었다. 나는 해외에 장기간 체류했기 때문에 1973년 이후로는 아직 개정판을 내지 못하고 있었다. 내가 북경대학에 있을 때 노장철학 강의를 여러 차례 진행하면서 이 책의 【주석】 부분을 새롭게 수정할 필요성을 느끼고 있었다. 14년 동안이나 멀리 떠나 있을 수밖에 없었던 타이베이에 돌아온 작년 여름, 상무인서관 대표이사 장연생張連生 선생에게 직접 허락을 받고서 책을 수정한 뒤 다시 조판해 대만상무인서관臺灣商務印書館에서 출판하기로 했다. 나는 작년 하반기부터 정리하기 시작해서 며칠 전에 마침내 원고를 완성했다. 이번에는 주로 【주석】 부분을 많이 수정했고, 【해설】 부분은 원래대로 유지하여 종전의 관점을 견지했다. 내가 이 서문을 쓸 때 호북성湖北省 형문시荊門市에서 기존 마왕퇴馬王堆 한묘漢墓의 백서帛書보다 훨씬 이른 시기의 죽간이 한 무더기 나왔는데, 그 가운데 『노자』와 관련된 죽간 조각이 특히 사람들의 이목을 끌었다. 이 고분의 형성은 전국시대 중기까지 올라가므로, 그렇다면 고사변파古史辨派 학자들의 이른바 "노자만출설老子晚出說"은 더욱 성립할 수 없다. 나는 전부터 누차 글을 써서 『노자』는 노담 본인의 저작이며, 그 성립 시기는 『논어論語』보다 이르다고 역설해 왔다.(요 몇 해 사이에 나는 「노학이 공학보다 앞선다」[老學先於孔學], 「노자와 공자의 사상 비교 연구」[老子與孔子思想比較硏究], 「노자와 선진도가 각 유파」[老子與先秦道學各流派], 「고증 방법에서 항시 나타나는 노자만출설의 문제를 논함」[論老子晚出說在考證方法常見的謬誤], 「묵자와 노자의 사상적 연관성」[墨子與老子思想上聯系] 등의 글을 발표했는데, 앞의 세 편은 졸저 『老莊新論』 안에 수록되어 있고, 뒤의 두 편은 『道家文化硏究』 제4·5집에 수록되어 있다. 老學에 대한 몇 가지 새로운 관점은 아직 글로 쓰지 못했다.)

내가 근 5, 6년간 발표한 논문에서 두 가지 논제가 학계에 광범위한 논쟁을 일으켰다. 하나는 『역전易傳』 학파의 성격에 관한 문제이고 다른 하나는 도가중심설(道家主幹說)이다. 전자는 내가 잇따라 십여 편의 글을 통해 '『역전』이 유가儒家의 작품'이라는 옛 설을 뒤집고 '『역전』이 도가학파의 작품'임을 논증했다.(이 글들을 모아 대만상무인서관에서 『역전과 도가사상』[易傳與道家思想]이라는 책으로 출판하였다.) 후자는 몇 편의 글에서 "중국철학의 중심은 도가사상이지 유가사상이 아니라는" 점을 논했다. 앞으로 몇 년 간은 이 문제에 대해 연구를 계속할 것이다. 나는 근래 쓴 글에서 노자야말로 중국철학의 아버지이고, 중국의 "철학적 도약'이 노자로부터 시작했다고 거듭 주장했다. 사실 중국철학사를 깊이 연구할수록 노자가 중국철학사에 끼친 영향이 다른 누구보다 월등함을 더욱 잘 알 수 있다.

외국어로 번역된 중국 고전 중에 『노자』 번역본이 가장 많고, 지금도 매년 다양한 『노자』 번역본이 세상에 나오고 있다. 많은 연구 저술 중 『노자』 원문에 대한 해석에서도 항상 "인한 자는 인하게 보고, 지혜로운 자는 지혜롭게 보는"(仁者見仁, 智者見智) 즉 각자 자기 관점으로 바라보는 현상이 나타나는데, 이 책 역시 나의 견해를 제시하는 것일 뿐이니 전공자들의 아낌없는 질정을 바란다.

1996년 봄 타이베이에서

1996년 교정 후기

올해 8월 중순에 북경대학 철학과와 홍콩 도교학원이 함께 주관한 "도가문화국제학술대회"가 북경에서 개최되었다. 유례없이 성대했던 이번 학술대회 기간 동안 국내외의 도가道家문화 연구와 관련된 논문 약 백오십여 편(외국 학자의 논문이 삼분의 일을 차지했다.)을 받았으며, 학술대회를 마친 뒤 이들을 정리하여 내가 주편하는 『도가문화연구道家文化硏究』에서 잇따라 발표하기로 계획했다. 이들 논문들은 도가의 여러 학파들 중에서 노자를 다룬 비중이 가장 컸는데, 이를 통해 노자학에 대한 국내외 학자들의 연구가 여전히 활발함을 알 수 있었다. 그 가운데 호북성박물관의 팽호彭浩 교수의 논문은 3년 전 호북성 형문시에서 출토되었던 『노자』와 밀접한 관련이 있는 한 무더기의 죽간에 대하여 논하였다. 후일 이 진귀한 문헌이 공개되고 나면 노자학 연구가 다시 한 번 고조될 것이 분명해 보였다. 이 죽간의 출토와 관련해 최근 2년간 신문 등 간행물에서 이를 "중국에서 가장 오래된 책"이라고 보도한 덕분에 관련 연구가 학계의 지속적인 관심을 받게 되었다. 하지만 그 기사에서 이것을 "대화체"로 된 『노자』라고 잘못 보도하는 바람에 국내외로 헛소문이 퍼져 나가게 되었다. 이번 국제학술대회를 계기로 나는 죽간 정리 작업에 참여했던 팽호 선생에게 이번 학회에서 발표해 줄 것을 특별히 부탁하였다.(그의 글은 조만간 『道家文化硏究』에 수록될 예정이다.) 여기서는 간단하게만 그 내용을 소개하겠다.

1993년 겨울에 호북성 형문시 곽점촌郭店村에 위치한 일군의 초묘楚墓에서 죽간 한 무더기가 출토되었다. 그 가운데 일부 죽간의 내용이 통행본 『노자』와 일치했다.(이하에서는 "죽간본"이라고 칭하겠다.) 죽간본의 문자는 전형적인 초나라 문자로, 거기에는 세 가지 분명한 특징이 있었다. 첫째, 죽간본은 세 조로 구성되어 있는데, 조마다 죽간의 길이 및 죽간을 엮는 편선의 위치가 달랐다. 이로부터 각 조의 죽간이 각각 다른 계통으로 형성된 것임을 알 수 있다. 둘째, 죽간본 가운데 두 조의 문자와 내용은 통행본 『노자』와 일치하지만 문구의 순서가 다르고, 나머지 한 조의 문자 가운데 거의 절반의 내용은 통행본 『노자』에 보이지 않는다. 셋째, 통행본 『노자』와 대조해 봤을 때 죽간본은 『노자』의 일부분을 조합하여 별도로 문장을 작성한 것이었다.

이를 통해 간단하게 추측해 보자면 곽점 초묘에서 발견된 죽간본은 전국시대 초나라에서 유통되던 것이었으며, 『노자』와 밀접한 연관이 있는 작품인 것 같다.

비교적 늦은 시기인 서한西漢의 백서본 『노자』와 비교해 보면 죽간본의 문자 대부분은 백서본과 동일하거나 유사하고 순서만 완전히 다르다. 죽간본은 『덕경』과 『도경』을 구분하지 않았으며 장을 나누지 않은 부분도 많다. 이러한 분석에 근거해 보면 죽간본의 연원에는 두 가지 가능성이 있다고 하겠다. 첫째, 입에서 입으로 구전되는 방식으로 인해 전국시대 초나라에서는 두 종 이상의 『노자』 필사본이 전해지고 있었는데, 죽간본이 그 중 하나라는 것이다. 둘째, 죽간본은 『노자』를 발췌하고 편집해서 완성되었다는 것이다. 종합해 보면 죽간본의 등장은 『노자』의 성립 연대의 하한선이 전국시대 초기까지 올라가야 함을 증명해 준다.

죽간의 정리 작업이 여전히 끝나지 않았기 때문에 팽호 선생은 구체적인 내용을 더 이상 밝히지 않았다. 가까운 시일에 죽간과 해독문이 세상에 나오기를 기대한다. 그때가 되면 학계에서 진행되고 있는 『노자』의 판본, 내용, 성립 시기 등 다방면의 연구에 더 많은 자료를 제공하게 될 것이다.

이 책을 교정할 때 마침 북경대학 고명高明 교수의 『백서노자교주帛書老子校注』가 출판되었다. 이 책을 읽은 뒤 나는 많은 깨달음을 얻었을 뿐 아니라 백서본 『노자』와 통행본의 공통점과 차이점에 대하여 더욱 주의를 기울여 연구하게 되었다. 이 책을 세 번째로 교정할 때 고명 교수의 고견을 다수 채택하였는데, 이 자리를 빌려 특별히 경의를 표하고자 한다.

진고응

1996년 11월

3차 수정판 서문

1973년 호남성湖南省 장사長沙 마왕퇴 한묘에서 백서가 한 무더기 출토됐는데, 그 가운데 백서 갑·을본 『노자』가 특히 주목을 끌었다. 그런데 20년 후인 1993년에 호북성 형문시 곽점촌의 전국시대 초묘에서 출토된 수많은 죽간 가운데 세 종류의 『노자』 발췌본이 등장할 줄 누가 알았겠는가! 이 소식은 공개되자마자 전 세계 학자들 사이로 빠르게 퍼져 나갔다. 이 죽간은 마왕퇴 백서에 비해 100년이나 앞선 진귀한 문헌으로, 마침내 1998년 5월에 이를 총정리한 책(『郭店楚墓竹簡』)이 북경문물출판사北京文物出版社에서 간행되어 세상에 나오게 되었다. 이로써 우리는 세계에서 가장 오래된 『노자』 발췌본을 볼 수 있게 되었으니, 얼마나 다행인지 모르겠다.

곽점 초묘 죽간을 정리한 팽호彭浩 선생은 죽간의 형태 및 길이의 차이에 입각해 죽간본 『노자』를 갑·을·병 세 조로 나누었는데, 이 세 조의 『노자』 발췌본의 글자수는 통행본의 3분의 1이고 장의 배치도 통행본과 크게 다르다. 통행본을 가지고 자세히 대조해 보면, 장의 순서는 크게 다르지만 각 본의 문장 의미와 순서·내용은 대체로 일치함을 알 수 있다. 세 조의 죽간에 필사된 것은 내용상 서로 중복되지 않지만, 통행본 기준 제64장 하단의 문장만 갑·병조에 중복되어 있고, 이 둘을 비교해 보면 병조의 문구가 마왕퇴 백서본 및 통행본과 유사하다. 전체적으로 봤을 때 갑조의 문의가 『노자』 원본에 가까운데, 그것은 노담이 세상을 떠나고 나서 겨우 백여 년 후에 필사된 것으로 보인다.

곽점 죽간본 『노자』가 세상에 알려지면서 "노자만출설老子晚出說"의 오류가 타파되었을 뿐만 아니라, 노자학(老學)의 드넓은 윤리 영역이 대대적으로 개척되었다. 국내외 학자들이 이 방면에서 다양하게 논문을 발표하고 토론했는데, 이에 관심 있는 독자는 내가 주편한 『도가문화연구』 제17집 곽점 초묘 죽간 특집호를 참고하기 바란다.

여러 통행본 가운데 왕필본이 역대로 가장 큰 영향을 끼쳤다. 그러므로 본서는 왕필본을 저본으로 하고 기타 여러 고본을 참고해 교감 및 해석하였다. 작년에 마왕퇴 백서본에 의거해 한 차례 세밀하게 수정했지만, 이번에 곽점 죽간본이 공개되면서 다시 수정하지 않을 수 없었다. 이번이 내 생애 마지막 『노자금주금역』 수정이 되기를 바란다.

1999년 1월 대만대학 철학과에서

북경상무인서관 중배판 서문

『노자』는 1350여 년 전부터 외국어로 번역되었다. 당시는 당唐 태종太宗의 집권기로, 고승 현장玄奘, 도사 성현영成玄英 등이 『노자』를 산스크리트어로 번역했다. 근대 이후 서방 학자들이 번역한 외국 서적 가운데 성경 다음으로 많은 것이 『노자』이다. 현대에 마왕퇴 한묘에서 백서로 된 두 종의 『노자』가 발굴되고 또 최근 호북성 곽점촌의 전국시대 초묘에서 죽간으로 된 세 종의 『노자』 발췌본이 출토된 이래, 세계 각지의 전공자들은 더욱 열정적으로 이에 대한 논저를 발표하거나 이를 각국의 언어로 번역했다. 이 책 역시 죽간본·백서본 『노자』의 등장에 따라 여러 차례 수정해 왔다.

이 책의 초고는 1970년에 완성되어 대만상무인서관에서 인쇄되었다. 몇 년 뒤 마왕퇴의 백서 『노자』가 출판되었다는 소식이 대만에 전해졌지만, 대만은 당시 아직 계엄 상태였기 때문에 대륙의 출판물은 엄히 금지되었다. 1979년에 이르러서야 나는 미국에 체류하며 비로소 백서 『노자』 연구에 관한 서적이나 글을 볼 수 있었다. 캘리포니아대학교 버클리(University of California, Berkeley)에서 수년간 연구하면서 이 학교의 중국학도서관의 관련 장서 덕분에 이 책을 처음으로 대폭 수정했는데, 이때 마왕퇴 백서 『노자』를 참고해 한 장도 빠짐없이 수정했다. 교정판은 1983년에 북경중화서국北京中華書局에서 번체자로 조판해 출간했다.

나는 1984년부터 1996년까지 북경대학에서 노장철학老莊哲學 과목을 강의하면서 주석 가운데 더 수정해야 할 부분이 적지 않다는 것을 알게 되었다. 1997년 봄에는 명예를 회복해 모교인 대만대학 철학과에서 다시 교편을 잡게 되었고, 1999년 가을에는 프라하 카를로바대학교(Univerzita Karlova)에서 노자 과목을 강의했는데, 이 시기에 책을 다시 대폭 수정했다. 이때의 수정본은 왕필 통행본을 저본으로 삼고 백서본 및 곽점 죽간본을 참고해 전반적으로 세밀하게 수정한 것이었다. 이렇게 두 번째로 책을 전면적으로 수정하고서, 2000년에 대만상무인서관에서 번체자로 조판해 출간했다.

지금 이 책은 북경상무인서관北京商務印書館이 대만상무인서관으로부터 책의 출판권을 취득해 간체자로 인쇄했는데, 조판 및 교열할 때 추가적으로 수정했다. 저자로서는 이 책이 가장 만족스러운 정본이다.

대표이사 양덕염楊德炎 선생께서 직접 허락해 주신 덕분에 북경상무인서관에서 계속 나의 여러 저술을 출판하게 되었으니, 나에게는 이보다 큰 격려가 없다. 조판·인쇄 등 각종 사무와 관련해서는 저작실 주임인 상소민常紹民 선생께서 아낌없이 협조해 주셨다. 모두 감사드린다.

2002년 11월 대만대학 철학과 연구실에서

역자 서문

고전古典이 매력적인 이유는 여러 가지지만 그 중 '보편성'과 '개방성'을 꼽을 수 있을 것 같다. 보편성이란 고전에서 말하고 있는 주장이나 문제가 시·공간을 뛰어넘어 많은 사람들에게 영향을 준다는 의미이다. 수천 년 전에 제기된 질문이 여전히 우리 사회의 화두일 수도 있으며, 과거의 통찰이 현재의 나에게 큰 영감으로 다가올 수도 있다. 『노자老子』 역시 마찬가지이다. 그렇기에 많은 사람들이 『노자』에 주목하였으며, 여전히 주목하고 있다.

하지만 우리 역자들이 이 책을 번역하면서 경험했던 『노자』의 가치는 개방성이었다. 여기에서 말하는 개방성이란 특정한 단어나 명제가 다양한 의미를 가질 수 있다는 의미이다. 대부분의 고전들은 다양한 해석의 가능성이 열려 있지만, 『노자』는 다른 고전에 비해 더욱 함축적이며 은유적이기 때문에 하나의 단어조차 그 의미를 파악하기 어려운 면이 있다. 『노자』를 둘러싸고 전개된 유구한 해석사가 이를 잘 보여 준다. 『노자』를 누가·언제 지었느냐는 문제부터 시작해서 『노자』의 자구 하나에 이르기까지 수천 년에 걸쳐 동아시아의 지식인들은 『노자』에 대한 각자의 견해를 제시했다.

그렇지만 바로 이러한 개방성이 고전을 가치 있게 만드는 중요한 요소이다. 『노자』에 대한 새로운 해석은 동아시아의 지성사가 발전할 수 있는 추동력을 제공하였기 때문이다. 『노자』는 학술계의 주류를 점하고 있던 유학儒學을 비판하기 위한 논리와 개념을 제공하다가도 특정 시점에는 유학과 회통하였으며, 중국에 유입된 외래 종교인 불교佛教를 이해하기 위한 가교 역할을 담당하기도 하였다. 『노자』의 개방성은 그 자체로 다양한 해석을 촉발시켰던 원동력이었으며, 『장자莊子』와 함께 동아시아 지식인들이 새로운 사유를 개척할 수 있게 만들었던 중요한 지적 자원이었다.

그러므로 우리 역자들은 『노자』가 갖고 있는 개방성을 고려하여 번역을 진행하였다. 당연히 이 책의 저자인 진고응陳鼓應의 견해를 한국어 독자에게 충실하게 소개하는 것이 번역의 일차 목표이겠지만, 저자 본인부터 『노자』를 다양하게 읽을 수 있다는 사실을 충분히 인지한 상태에서 자신의 견해를 구축하였기 때문에 번역 작업은 『노자』 특유의 개방성을 염두에 두어야 했다. 따라서 여기에서는 해석이 갈라지게 만든 『노자』의 특성들을 간단하게 소개하고자 한다.

첫 번째는 '판본'의 문제이다. 저자는 1970년에 『노자금주금역老子今註今譯』의 초판을 출판한 이래 최근까지 내용을 수정해 왔다. 서문을 기준으로 보면 2002년까지 중요한 수정 작업들이 이루어졌고, 세부적인 내용까지 합치면 2020년까지 수정을 해 온 셈이다. 이는 저자의 견해가 바뀐 탓도 있지만 『노자』의 기존 해석을 재고하게 만든 새로운 판본이 발굴되었기 때문이다. 그 중에서 특히 학계의 비상한 관심을 받았던 것은 '백서본'과 '죽간본'이다. 이 외에도 전근대시기부터 『노자』의 다양한 판본이 전래되어 왔기 때문에 판본마다 글자가 조금씩 달랐다. 본문 중 【주석】의 내용 상당수가 이에 대한 교정 작업에 해당한다. 예컨대 제18장에서 저자는 죽간본에 의거하여 "지혜출智慧出, 유대위有大僞" 여섯 글자를 삭제하였다.

> 기존: 대도폐大道廢, 유인의有仁義, 지혜출智慧出, 유대위有大僞.
> → 대도大道가 해이해지고 나서야 인의仁義라는 덕목이 나타났으며, 지혜가 출현하자 거대한 거짓이 생겨났다.
> 수정: 대도폐大道廢, 유인의有仁義.
> → 대도가 해이해지고 나서야 인의라는 덕목이 나타났다.

제18장의 【주석】에서 저자가 설명하고 있는 것처럼 어떤 문구가 삽입되어 있느냐 빠져 있느냐에 따라 장 전체의 해석이 바뀔 수 있다. "지혜가 출현하자 거대한 거짓이 생겨났다"는 문장이 있으면 'A라는 상태가 되자 B가 생겨났다'가 반복되는 문장의 구성에서 B에 해당하는 부분이 부정적인 의미를 가질 수밖에

없다. 하지만 이 문장을 빼고 보면 B에 해당하는 내용을 꼭 부정적인 의미로 읽어야 하는지 의문이 발생하게 된다. 이와 같이 다양한 판본에서 발생하는 자구의 차이는 해석의 분기를 만들어 내는 중요한 요인으로 작용한다.

두 번째는 '문장의 구성' 문제이다. 띄어쓰기와 다양한 문장 부호들은 현대에 들어와서 본격적으로 도입되었다. 예컨대 '아버지가방에들어가셨다'를 '아버지가 방에 들어가셨다'로 적었을 때 의미가 분명해지겠지만, 안타깝게도 전근대시기에 저술된 동아시아 문헌은 대부분 '아버지가방에들어가셨다'의 형태로 적혀 있다. 사람과 맥락에 따라 '아버지가방에들어가셨다'를 다르게 이해할 수 있는 것처럼 『노자』의 여러 문장 역시 다르게 이해할 여지가 있다. 통행본 『노자』 제1장만 하더라도 이러한 문제가 보인다.

해석1) 무명無名, 천지지시天地之始, 유명有名, 만물지모萬物之母.
→ '이름 없음'은 천지天地의 본원이고, '이름 있음'은 만물萬物의 근원이다.
해석2) 무無, 명천지지시名天地之始, 유有, 명만물지모名萬物之母.
→ '무無'는 천지의 본원이고, '유有'는 만물의 근원이다.

위의 문장은 어디에서 끊어 읽느냐에 따라 해석이 달라진다. 해석1)의 관점에 의하면 천지의 본원과 만물의 근원이 갈라지는 지점은 명칭의 유무이다. 만일 『노자』를 언어철학의 시각에서 접근하고자 한다면 해석1)의 관점이 더욱 설득력 있을 것이다. 반면 '무'와 '유'라는 형이상학적 개념을 동원하여 세계를 두 가지 틀로 해석하고자 하는 입장에서는 해석2)의 관점이 더욱 설득력 있을 것이다. 저자는 해석2)를 지지하였지만, 사실 두 가지 견해 중에서 무엇이 타당한지는 여전히 논란거리이다.

세 번째는 '내용의 함축성' 문제이다. 이는 동아시아 고전이라면 공히 갖고 있는 '단어의 다의성' 문제를 함축하고 있다. 한자는 품사를 넘나들 수 있고, 어떤 맥락에서 사용하느냐에 따라 그 의미가 다양하다. 그래서 후대의 해석자들은 주석을 통해서 특정 글자의 의미를 한정하는 노력을 기울여 왔다. 아래의 예시는 이를 잘 보여 준다.

제6장: 곡신불사谷神不死.
해석3) 안이 텅 비어 있는 골짜기의 신은 죽지 않는다.
해석4) 신체에 깃든 오장의 신神을 잘 기르면 죽지 않는다.

"곡신불사谷神不死" 네 글자는 판본에 따른 차이가 없고, 문장의 구조 역시 비교적 분명한 편이다. 위의 문장에서 '곡신谷神'은 주어이고, '사死'가 서술어이며, '불不'이 서술어를 부정하는 부사의 역할을 수행한다. 그렇지만 '곡谷'이라는 글자를 어떻게 풀이하느냐에 따라 해석3)과 해석4)의 차이가 발생한다. 해석3)은 왕필王弼의 견해인데, 그는 '곡谷'을 통상적인 의미인 '골짜기'로 해석하였기에 '골짜기'라는 비유로 도道의 속성을 설명한 것이라고 이 경문을 이해하였다. 그렇지만 하상공河上公은 '곡谷'을 '기른다'(養)는 의미라고 해석했다. 이러한 견해에 따르면 '곡신谷神'은 '오장에 깃든 신神을 잘 기른다'는 의미가 된다. 여기에서 글자 하나를 두고 발생한 해석 차이는 『노자』 전체를 바라보는 관점 차이를 반영하고 있기에 쉽사리 간과할 수 없다. 왕필은 3세기 중국 지식인들에게 유행하였던 현학玄學의 사조 속에서 『노자』를 바라보았지만, 하상공은 황로학黃老學의 시선을 경유하여 『노자』를 이해하였던 것이다.

『노자』를 독해하는 과정에서 고려해야 할 변수는 더욱 많겠지만 위에서는 그 중 일부를 간단하게 살펴보았다. 우리 역자들은 이 역서의 예상 독자를 학문에 종사하고 있는 전문가 집단으로 국한하지 않고 조금 더 넓게 설정하였다. 『노자』에 대한 교양적 관심을 갖고 있으나 약간의 전문적인 지식을 추구하고 싶은 독자들에게 도움을 주는 것이 이번 번역의 중요 목적 중 하나였다. 진고응의 이 책은 위와 같은 독자들에게 좋은 길잡이가 될 수 있다고 생각한다. 전근대시대에서부터 20세기 중·후반까지 진행된 논의를 망라하면서도 해석의 핵심 분기를 압축적으로 소개하고 있기 때문이다. 따라서 우리 역자 역시 이 책에서 인용하고 있는 개별 학자들의 해석적 차이를 최대한 반영하여 번역하고자 노력했다. 그 과정에서 동일한 『노자』 구절이라 하더라도 다르게 번역되는 경우들이 간혹 발생하기도 하였다.

하지만 이 책이 여러 학자들의 해석들을 중구난방으로 모아 놓기만 한 것은 아니다. 저자 진고응은 여러 견해들을 정리하여 소개하는 것에서 그치지 않고 이에 대한 자신의 평가와 각 구절에 대한 자신의 입장을 분명하게 피력하였다. 『노자』를 바라보는 저자의 관점 하에서 여러 학자들의 견해를 소개하고 있는 것이다. 진고응의 『노자』관은 「노자철학 체계의 형성과 발전」 서두에서 확인할 수 있다. 여기에서 그는 "전체 노자철학 체계는 우주론에서 인생론으로, 다시 인생론에서 정치론으로 확장되는 방향으로 발전되었다. 그러나 노자사상 형성의 진정한 동기를 이해했다면, 그의 형이상학이 인생론·정치론적 요청에 부응하기 위해 건립되었음을 확인할 수 있을 것이다"라고 말한다. 그의 관점에 의하면 『노자』의 저작 동기는 사회적 혼란을 종식시키는 정치론에 놓여 있으나, 그 철학 체계는 형이상학(존재론) → 인생론 → 정치론이라는 구도로 짜여 있다. 여기에서 형이상학은 정치론을 정당화하기 위한 일종의 이론적 기반의 역할을 수행한다. 그리고 인생론이란 인간이 살아가면서 지켜야 할 규범이나 지녀야 할 덕목이 무엇인가를 논하는 이론적 영역을 의미하는데, 이는 일종의 윤리학적 성격을 지니고 있기도 하지만 실천적인 삶의 지침을 제공하는 것에 보다 초점을 맞추고 있다. 위와 같은 구도에서 인간은 세계와 만물(만물은 세계 내에서 생멸하는 모든 개체 일반을 지칭한다.)을 창생하고 그것들의 법칙으로 작용하고 있는 '도道'의 방식을 모방해야 한다. 허정虛靜·부쟁不爭·유약柔弱 등은 바로 도가 갖고 있는 속성이자 인간이 지향해야 할 구체적 덕목이다.

진고응의 학문적 작업은 노자와 장자로 대표되는 도가道家의 철학 체계를 정리하는 것을 넘어서, 학파로서의 도가가 선진先秦시대에 어떠한 영향력을 끼치고 발전하였는지 탐구하는 것으로까지 확장되었다. 그 결과 『황제사경黃帝四經』과 『관자4편管子四篇』에 대한 역주를 내기도 하였고, 『역전易傳』이 도가로부터 연원하였다는 주장을 제기하기도 하였으며, 선진 제자백가의 발전을 도가道家가 주도하였다는 '도가중심설'(道家主幹說)을 제창하기도 하였다. 물론 진고응이 도가를 바라보는 관점이 지나치게 낙관적이며, 도가의 영향력을 과대평가했다는 인상을 지우기 어렵지만 말이다.

우리 역자들은 이 저서를 번역하기 위하여 각각의 작업 분량을 나누었다. 『노자』의 장 순서에 따라 나열하면 심준은 제1장부터 제12장을 담당하였고[1], 박지웅은 제13장부터 제26장과 「서문」 전체를 담당하였으며, 홍린은 제27장부터 제41장과 「노자철학 체계의 형성과 발전」을 담당하였고, 김인태는 제42장부터 제60장을 담당하였으며, 남경한은 제61장부터 제81장과 부록인 「역대 『노자』 주석서 소개 및 비평」을 담당하였다. 이상의 역자들은 보다 광범위한 독자들에게 『노자』에 대한 저자의 입장을 정확하게 전달하고 『노자』의 다양한 관점과 해석을 소개하기 위하여 최대한 노력하였다. 위와 같은 점을 고려하여 독자들이 이 번역서를 감상해 주길 소망한다.

2024년 8월
역자를 대표하여 남경한

---

1) 제1장~제12장 범위는 지면 관계상 역주 일부를 담당 역자의 블로그에 나누어 싣는다.(https://blog.naver.com/philolophy) 오탈자, 오역 등의 제보도 여기서 받고 있다.

차례

¯범례

① 번역의 저본으로 다음 판본을 사용했다. 陳鼓應, 『老子今註今譯』(陳鼓應著作集, 北京: 中華書局, 2020).

② 독자들의 참고를 위해 저본에 빠져 있는 이전 판본의 서문들과 부록 일부를 추가해 넣었다.

③ 중국어권에 속하는 고유명사는 대부분 시대에 관계없이 한국식 독음으로 처리했다. 예) 陳鼓應 → 진고응. 단 국내의 언어습관상 어색한 경우 예외를 허용했다. 예) 臺北 → 타이베이.

④ 원문에 사용되는 기호 중 각괄호 〔 〕는 삭제하는 부분을, 〔 〕는 추가되는 부분을 나타낸다.

⑤ 저자의 각주는 별다른 표시를 달지 않고, 역자의 각주에만 [역자주]를 표시했다.

노자철학 체계의 형성과 발전

　중국철학은 항상 인간과 정치의 문제에 비교적 높은 관심을 가져왔다. 이러한 문제들에 대한 논의는 언제나 윤리나 도덕의 범위 내에서 이루어졌고, 그래서 사상의 범위는 항상 특정 형식에 의한 제약을 받아 왔다. 노자철학의 특수성은 바로 이러한 제약을 벗어나서 인간 사고의 범위를 인간에서 전체 우주로까지 확장해 냈다는 것이다. 그는 인간 사회의 여러 문제들에 대해 거시적 관점에서뿐만 아니라 미시적 관점에서도 상세히 고찰할 수 있다고 보았다.

　전체 노자철학 체계는 우주론에서 인생론으로, 다시 인생론에서 정치론으로 확장되는 방향으로 발전했다. 그러나 노자사상 형성의 진정한 동기를 이해했다면, 그의 형이상학이 인생론·정치론적 요청에 부응하기 위해 건립되었음을 확인할 수 있을 것이다.[1]

　노자철학의 이론적 기초는 "도道" 개념으로부터 전개되어 나온 것이지만, 사실 "도"는 일종의 가설적인 문제일 뿐이다. "도" 개념에 함축되어 있는 여러 특성과 작용들은 모두 노자가 규정한 것들로, 그가 주장한 "도"는 사실 그가 경험세계

---

[1] 이러한 관점은 徐復觀의『中國人性論史』에서 제기된 바 있다. 그는 말했다. "노자철학의 동기와 목적은 인간 사회의 요구에서 출발하여 점차 상위 차원으로 전개되다가 마침내 우주의 근원에까지 도달하여 그것을 인간 사회의 안식처로 삼는 것에 있지, 우주론의 건립 자체에 있지 않았다. 따라서 도가의 우주론은 노자 인생철학의 부산물이라고 말할 수 있다. 그는 우주 근원에서 인간 존재의 근원을 발견하고자 했을 뿐만 아니라 그 우주 근원의 차원에서 자신의 근원에 상응하는 삶의 태도를 확정지음으로써 인간 사회의 확고한 토대를 마련하고자 했다."

안에서 체득한 이치이다. 그는 이렇게 체득한 전체 도리를 이른바 "도" 개념에 의탁함으로써, 그것들을 도의 특성과 작용이라고 주장했던 것이다. 물론 우리는 "도"를 인간의 내재적 생명의 목소리라고 볼 수도 있다. 이것은 분명 인간의 내재적 생명의 요구와 소망에 부응하여 전개된 이론이다.

아래에서는 노자의 주요 이론에 대해 분석하고 설명할 것이다. 이를 통해 노자철학체계의 발전이 어떻게 형이상학적 성격의 사상에서 인생론과 정치론의 층위로 구체화되는 방향으로 전개되어 갔는지 확인할 수 있을 것이다. 바로 이 과정에서 노자는 실제 인간 사회의 지침이 될 수 있는 수많은 관념들을 제시했다.

1. "도道"의 다양한 함의

"도"는 노자철학의 중심 개념이며, 그의 전체 철학체계는 "도" 개념으로부터 전개되었다. 『노자』에 등장하는 모든 "도"자들은 비록 기표는 동일하지만 문장의 맥락에 따라 각기 다른 함의를 지니고 있다.[2] "도"는 어떤 곳에서는 형이상적 실체를 가리키며,[3] 또 어떤 곳에서는 법칙을 가리키고, 또 다른 곳에서는 인간 사회의 준칙, 척도, 모범 등을 가리키기도 한다. 따라서 똑같이 "도"를 논하고 있다고 해서 그 함의가 완전히 동일한 것은 아니며, 설사 그 함의에 다른 점이 있다고 하더라도 하나로 관통될 수 없는 것도 아니다. 아래에서는 이들을 구분해서

---

2) 唐君毅의 『中國哲學原論』에서는 노자의 도 개념을 여섯 가지로 세분했다. 1) 虛한 이치로서의 도(虛理之道), 2) 형이상적 도체(形上道體), 3) 사물 상에서 드러난 도(道相之道), 4) 모든 덕의 조화를 이루는 도(同德之道), 5) 덕을 수양하는 방법으로서의 도(修德之道) 및 살아가는 방법으로서의 도(生活之道), 6) 사물의 상태 혹은 인간의 마음·인격의 상태로서의 도(事物及心境人格狀態之道).

3) 실체(원문: 實存)는 진실한 존재를 가리킨다. 진실한 존재로서의 "도"는 형이상적 성격을 가진다. 여기에서 말하는 "형이상"적 성격이란 이것이 물질세계에 속하는 것이 아니라서 고정된 형체도 없고 적절한 명칭도 없기에, 감각기관을 사용하여 그것의 존재를 직접적으로 인식해 낼 수 없음을 지적한 것이다.

설명하겠다.

1) 실체로서의 "도道"

(1) "도道"에 대한 설명

노자는 도가 진실로 존재하는 것이라고 보았다. 아래의 세 장에서는 이러한
견해를 매우 분명하게 밝히고 있다. 제14장에서 말했다.

> 보아도 보이지 않는 것을 "이夷"라고 부르고, 들어도 들리지 않는 것을 "희希"라고
> 부르며, 잡아도 잡히지 않는 것을 "미微"라고 부른다. 이 셋은 형상을 규명할
> 수 없으니, 그것은 혼륜한 일체이다. 그것은 위로는 빛을 드러내지 않고 아래로는
> 어둠을 드리우지 않으며, 면면히 끊이지 않으나 형언할 수 없으니, 어떤 움직임이라
> 도 형체가 보이지 않는 상태로 되돌아가기 마련이다. 이것은 형상이 없는 형상이요,
> 형체를 드러내지 않는 형상이니, "홀황惚恍"이라고 한다. 그것을 맞이해도 그것의
> 앞모습을 볼 수 없고, 그것을 뒤쫓아도 그것의 뒷모습을 볼 수 없다.[4]

제21장에서 말했다.

> "도道"라는 것은 아련하고 어렴풋하다. 그렇게 어렴풋하고 아련하지만 그 안에는
> 자취가 있고, 그렇게 아련하고 어렴풋하지만 그 안에는 실물이 있으며, 그렇게
> 심원하고 어두컴컴하지만 그 안에는 본질이 있고, 그렇게 어두컴컴하고 심원하지만
> 그 안은 믿을 만하다.[5]

---

4) 제14장, "視之不見, 名曰'夷'; 聽之不聞, 名曰'希'; 搏之不得, 名曰'微'. 此三者不可致詰, 故
混而爲一. 其上不皦, 其下不昧, 繩繩兮不可名, 復歸於無物. 是謂無狀之狀, 無物之象, 是謂惚
恍. 迎之不見其首; 隨之不見其後."

5) 제21장, "道之爲物, 惟恍惟惚. 惚兮恍兮, 其中有象; 恍兮惚兮, 其中有物. 窈兮冥兮, 其中有
精; 其精甚眞, 其中有信."

제25장에서 또 말했다.

혼연일체의 무언가가(有物混成) 천지가 형성되기 전에 존재했다. 그것의 소리를
들을 수 없고, 그것의 형체도 볼 수 없지만(寂兮寥兮), 그것은 독립적으로 항구히
존재하며 영원히 멈추지 않고 순환 운행하며 쉼 없이 생성하니, 천지만물의 근원이
될 만하다. 나는 그것의 이름을 모르지만 억지로 그것을 "도道"라고 부른다.[6]

노자는 혼연일체의 무엇이 존재하지만(有物混成) 그것의 이름을 알 수 없기에
억지로 "도"라고 부른다고 말했다.

어째서 "도"의 이름을 알 수 없는 것일까? 우리는 그것의 소리를 들을 수
없고 형체도 볼 수 없기 때문이다.(寂兮寥兮) 달리 말하자면 그것은 어떤 구체적
형상을 가지지 않는다. 관자는 "사물에는 반드시 형상이 있고, 형상에는 반드시
이름이 있다"고 했다. "이름"(名)은 "형상"(形)으로 인해 주어지는 것인데, "도"에는
이미 고정된 형상이 없기에 당연히 "이름을 붙일 수 없는"(不可名) 것이다.

"도"에 이름을 붙일 수 없는 것은 어떠한 형상도 가지지 않기 때문이다. 노자는
어째서 "도"를 형상이 없는 것으로 설정했을까? 만약 "도"가 형상을 가지는 것이라면
특정한 시공간 안에서 존재하는 구체적인 사물이 될 수밖에 없고, 특정한 시공간
안에서 존재하는 구체적인 사물은 생멸변화의 과정 속에 있기 때문이다. 그러나
노자의 관점에서 보았을 때, "도"는 영원히 존재하는("常") 것이었기에, 그는 "도"가
형상을 가지지 않는다고 주장할 수밖에 없었다. 노자는 어째서 "도"에 "이름을
붙일 수 없다고" 거듭 주장했던 것일까? 이름을 가지게 되면 그 이름은 그 대상을
한정지어 버리지만, "도"는 한정될 수 없는 것이기 때문이다. 보통 어떤 사물에
대해 일단 명명이 이루어지면, 그 사물은 더 이상 다른 이름으로 지칭할 수 없게
된다. 예컨대, 우리가 "국화菊花"라는 이름으로 어떤 꽃을 지칭하게 될 경우, 그

---

6) 제25장, "有物混成, 先天地生. 寂兮寥兮, 獨立不改, 周行而不殆, 可以爲天下母. 吾不知其名,
強字之曰'道'."

명명 이후 국화라는 사물은 더 이상 "동백꽃" 혹은 "장미"로 불릴 수 없게 된다. "도"는 한정될 수 없기에 언어나 문자를 가지고서 그것을 지칭할 수 없다. 노자는 제1장 서두에서 "언어로 표현할 수 있는 도道는 영속적인 도(常道)가 아니고, 말할 수 있는 명名은 영속적인 명(常名)이 아니다"[7]라고 말했다. 진정하고 영속적인 "도"는 말로 설명하거나 개념을 사용해 표현할 수 없는 것이다. 지금 "도"라는 문자를 가지고 억지로 그것을 명명하기는 했지만, 이것은 그저 방편적인 것에 불과하다.

"도"가 비록 고정된 형체를 가지지 않는 것이고, 또한 우리의 감각 인식 작용을 초월한 것이기는 하지만, 결코 아무것도 아닌 것은 아니다. 제21장의 "그 안에는 자취가 있음"(其中有象), "그 안에는 실물이 있음"(其中有物), "그 안에는 본질이 있음"(其中有精), "그 안은 믿을 만함"(其中有信)은 모두 "도"가 진정으로 실존하는 존재임을 밝힌 것이다. 또한 노자는 실존하는 존재인 "도"가 우주에서 유일하고 절대적인 것이며(반면 만물은 다수이며 상대적), 그 자체는 항구하게 존재하면서 외물의 변화에 따라 소멸되지 않고, 외재적 힘에 의해 고쳐질 수도 없다. 따라서 "독립적으로 항구히 존재하며 영원히 멈추지 않는다"(獨立不改)고 한 것이다. 그래서 어떤 이들은 노자의 "도"를 고대 그리스 철학자 파르메니데스(Parmenides)의 "존재"(Being)와 견주기도 한다. 이들은 유사하기는 하나 다르다. 물론 파르메니데스의 "존재"가 유일하고 절대적이며 영원한 것을 가리키기는 한다. 그러나 파르메니데스가 존재를 불변하고 부동하는 것으로 보았던 것과 달리 노자의 "도"는 결코 고정불변한 것이 아니며, 오히려 끊임없이 운동하고 있는 것이다. 그래서 "순환 운행하며 쉼 없이 생성한다"(周行而不殆)고 한 것이다. "도"는 변화하고 운동하는 것으로, 그 자체는 끊임없이 변동하고 있다. 전체 우주와 만물 역시 바로 이러한 "도"를 따라 영원토록 변화하고 운동하고 있다.(모든 사물은 변화와 운동 가운데 소멸되겠지만 "도"는 결코 소멸되지 않는다. "獨立不改"의 "不改"는 소멸되지 않는다는 의미이다.)

지금까지 "도"의 의미를 설명했다. 아래에서는 "도"가 천지만물을 생성하는

---

7) 제1장, "道可道, 非常道, 名可名, 非常名."

과정에 대해서 밝히겠다.

(2) 우주의 생성

노자는 "혼연일체의 무언가가 천지가 형성되기 전에 존재했다"고 말했다. 존재로서의 "도"는 천지가 형성되기 전부터 존재했을 뿐만 아니라, 천지만물 역시 "도"가 낳은 것이다. 아래에서는 "도"가 천지만물을 낳은 근원이라고 명백하게 주장한 몇 구절을 소개하겠다.

"무無"는 천지의 본원이고, "유有"는 만물의 근원이다.[8]

천하만물은 "유"에서 생겨나며, "유"는 "무"에서 생겨난다.[9]

도체道體는 비어 있건만 그 작용이 끝나지 않는다. 깊구나! 이는 만물의 종주(萬物之宗)인가 싶기도 하다.[10]

"도"는 어떠한 짝도 없이 독립적이다. 뒤섞여서 아직 나뉘지 않아 합일되어 있는 것(一)이 천지를 낳는다. 천지는 음양의 기(二)를 낳고, 음양의 두 기가 서로 교합하여 각종 새로운 사물을 형성한다.[11]

"도"는 만물을 생성하고 덕은 만물을 길러 주며 만물은 각종 형태로 나타나고 환경은 각종 사물을 성장시킨다. 그래서 만물은 "도"를 존숭하지 않고 "덕"을 소중하게 여기지 않는 경우가 없는 것이다.…… 그래서 "도"는 만물을 생성하고 "덕"은 만물을 길러 주며, 만물을 성장시키고 양육시키며, 만물의 심성을 안정시키고, 만물이 아낌과 보호를 받을 수 있게 한다.[12]

---

8) 제1장, "無, 名天地之始; 有, 名萬物之母."
9) 제40장, "天下萬物生於有, 有生於無."
10) 제4장, "道沖, 而用之或不盈. 淵兮, 似萬物之宗."
11) 제42장, "道生一, 一生二, 二生三, 三生萬物."

노자는 "도"가 "만물의 종주"(제4장, "萬物之宗")이자 시원이라고 보았다. "도"는 자연계 최초의 동자(The primordial natural force)로서 무한한 잠재력과 창조력을 가지고 있다. "도"가 지닌 잠재력의 끊임없는 발출은 만물의 왕성한 생장으로 구체화된다. 우리는 만물이 쉼 없이 낳고 번영해 가는 모습으로부터 "도"가 지닌 무궁한 생명력을 확인할 수 있다.

노자는 "도는 어떠한 짝도 없이 독립적이다. 뒤섞여서 아직 나뉘지 않아 합일되어 있는 것(一)이 천지를 낳는다. 천지는 음양의 기(二)를 낳고, 음양의 두 기가 서로 교합하여 각종 새로운 사물을 형성한다"고 말했다. 여기에서의 "일一", "이二", "삼三"은 "도"가 만물을 창생해 가는 과정을 형용한 것이다. "도"는 점차적으로 구체화되어 만물을 창생한다. 만물을 창생해 낸 후에도 "도"는 만물이 성장하고 성숙하고 보호받을 수 있도록 해 준다.(제51장, "만물을 성장시키고 양육시키며, 만물의 심성을 안정시키고, 만물이 아낌과 보호를 받을 수 있게 한다.") 이렇게 볼 때 "도"는 만물을 창생하고 완성시켜 줄 뿐만 아니라 사물에 내재하여 그들을 보살피고 길러내고자 한다는 것을 알 수 있다.

노자는 "도"가 존재론적 지위와 시간적 순서에서 어떤 사물보다도 앞서 있고, 시간적·공간적 제약으로부터 자유로우며, 여타 사물의 생멸과 변화로부터 어떠한 영향도 받지 않는다고 보았다. 바로 이러한 측면에서 "도"는 초월적 성격을 가지고 있다. 또한 도가 만물을 생장시키고 보살피며 길러 내는 측면에서 "도"는 만물에 내재한 것이기도 하다.

천지만물은 "도"가 낳은 것이다. 노자는 제1장에서 "무無는 천지의 본원이고, 유有는 만물의 근원이다"라고 했으며, 제40장에서는 "천하만물은 유에서 생겨나며, 유는 무에서 생겨난다"고 했다. 여기에서 우리는 "유有"와 "무無"가 "도"를 가리키고 있음을 알 수 있다. 여기에서 "유"와 "무"는 노자철학의 특수한 개념으로 이들은

---

12) 제51장, "道生之, 德畜之, 物形之, 勢成之. 是以萬物莫不尊道而貴德.……故道生之, 德畜之; 長之育之; 亭之毒之; 養之覆之."

상호 대립적이면서도 연속적이다. "무"는 아직 드러나지는 않았지만 무한한 생명력을 간직하고 있기에 무한한 "유"를 함축하고 있는 것이다. 노자는 "유"와 "무"라는 별도의 개념을 통해 "도"가 구체화되어 만물을 생성하게 되는 과정을 보여 주었다.

노자는 어째서 "유"와 "무"를 통해 "도"를 설명했을까? 왕필은 "'무'라고 말하고자 하니 만물이 이로부터 말미암아 생겨나고, '유'라고 말하고자 하니, 그 형상을 볼 수 없다"(제14장의 주)라고 해석했다. 달리 말하자면, "도"가 "형상을 볼 수 없으므로" "무"를 통해 그것을 형용했고, "도"가 만물을 생성할 수 있으므로 "유"를 통해 그것을 설명했던 것이다. 이를 통해 우리는 노자가 말한 "무"가 일종의 잠재력으로서의 "도"가 아직 현실적인 형상으로 드러나지 않았을 때 그것이 "은미"(隱微)한 상태임을 의미하는 것이지, 결코 아무것도 없다는 의미가 아님을 알 수 있다. 그는 제41장에서 "도는 은미하여 이름을 붙일 수 없다"고 말했다. 여기에서 "은미함"은 "도"가 아득하고 은미하여 형상이 없어서 우리가 감각할 수 없음을 형용한 것이다. 우리는 감각기관을 통해 "도"를 인식할 수 없으며 또한 개념을 통해 그것을 설명할 수도 없기에, 노자는 부득이하게 "무(無)"자를 통해 "도"를 표현했으며, 또한 "도"가 만물을 창생하고 함축한다는 점에서 "유(有)"자를 통해 "도"를 표현했다. 요컨대 "유"와 "무"는 모두 "도"를 가리키는 것으로, 이들은 "도"가 형상이 없는 것에서 점차적으로 형상이 있는 것으로 전개되어 가는 연속적인 순서 및 이 과정을 보여 주고 있다.13)

2) 법칙으로서의 "도道"

"도"는 형상을 가지지 않아서 감각할 수 없으며 아련하고 어렴풋하여 추구할 수 없지만, 만물에서 작용할 때 그 법칙을 드러내는데, 우리 인간들은 이러한 법칙을 행위의 모범이나 표준으로 삼을 수 있다. 따라서 『노자』에서는 여러 대목에서 실체로서의 "도"뿐만 아니라 법칙으로서의 "도"에 대해서도 설명했다.

---

13) 서복관의 『중국인성론사』, 337쪽을 참고하라. "우주만물의 생성 과정은 '道'가 형상이 없는 것에서 형상이 있는 것으로 구체화되어 가는 과정을 보여 준다."

노자가 말했다. "도의 운동은 순환적이다."(제40장) 노자는 자연계 안에서 발생하는 사물의 운동과 변화는 어떠한 법칙에 의거하지 않을 수가 없는데, 그 중 가장 총체적인 법칙이 바로 "순환"(反)이라고 보았다. 즉 사물은 상반된 방향으로 운동하고 발전하며, 동시에 그 운동과 발전은 사물의 원래적 상태로 회귀하려고 한다는 것이다. 그러므로 "반反"자는 "상반됨"으로 해석될 수도 있고, "순환"(이 경우 "反"은 곧 "返"이다.)으로 이해될 수도 있다. 그래서 "반反"자는 첫째 상호 대립, 둘째 근원으로의 회귀라는 두 의미를 함축하고 있다. 아래에서는 이들에 대해 차례로 설명하겠다.

(1) 상호 대립 및 전환의 법칙

노자는 모든 현상이 상호 대립의 상태에서 형성된다고 보았다. 예컨대 그는 다음과 같이 말했다.

있음(有)과 없음(無)은 서로 이룬다. 어려움(難)과 쉬움(易)은 서로 돋운다. 긺(長)과 짧음(短)은 서로 나타내 준다. 높음(高)과 낮음(下)은 서로 드러내 준다. 악기 소리(音)와 사람 목소리(聲)는 상호 호응한다. 앞(前)과 뒤(後)는 맞물려 연잇는다.[14]

인간 사회의 가치들 역시 이러한 대립 속에서 형성된 것이다. 노자는 다음과 같이 말했다.

천하 모두가 아름다움(美)에 대해 아름답다고 인식할 때는 추함(醜)이라는 관념도 동시에 발생해 있고, 모두가 선함(善)에 대해 선하다고 인식할 때는 선하지 않음(不善)의 관념도 동시에 발생해 있다.[15]

노자는 모든 사물에는 그와 대립하는 상대방이 있으며, 동시에 그 상대방으로

---

14) 제2장, "有無相生, 難易相成, 長短相形, 高下相盈, 音聲相和, 前後相隨."
15) 제2장, "天下皆知美之爲美, 斯惡已; 皆知善之爲善, 斯不善已."

인해 자신도 형성된다고 보았다. 또한 "상반되지만 서로 이루어 주는"(相反相成) 작용이 사물 변화와 발전을 추동하는 동력이라고 보았다. 그는 여기에서 한 걸음 더 나아가 상호 대립의 상태가 항상 상호 전환의 과정 속에 있다고 주장했다. 그는 말했다.

재앙이여! 복은 그 안에서 기대고 있다. 복이여! 재앙은 그 안에 숨어 있다.[16]

화복禍福은 서로 원인이 된다. 이는 우리로 하여금 "새옹지마塞翁之馬"의 고사를 떠올리게 한다. 이 고사의 내용은 다음과 같다.

변경에 점을 잘 치던 사람이 있었는데, 어느 날 그의 말이 이유도 없이 사라져서 흉노의 땅으로 넘어갔다. 사람들이 모두 그를 위로했으나, 그의 아버지는 "어째서 이것이 복이 되지 못한다고 생각하느냐?"라고 말했다. 수개월 후 사라졌던 말은 다른 흉노의 말을 데리고 돌아왔다. 사람들이 모두 축하했으나, 그의 아버지는 "어째서 이것이 화가 되지 못한다고 생각하느냐?"라고 말했다. 집에 좋은 말이 많아서 그 아들이 말타기를 좋아했는데, 어느 날 말에서 떨어져서 다리가 부러졌다. 사람들이 모두 그를 위로했지만, 그의 아버지는 "어째서 이것이 복이 되지 못한다고 생각하느냐?"라고 말했다. 1년 후 흉노가 변경을 크게 침략해서 장정들은 모두 전쟁에 끌려갔고, 변경의 사람들 중 열에 아홉은 죽었지만, 오직 그 아들만 다리를 절었기 때문에 부자가 함께 무사할 수 있었다. 그러므로 복이 화가 되고 화가 복이 되는 변화에는 끝이 없으며, 심오하여 헤아릴 수 없다.[17]

이 고사는 인생살이에서 화와 복이 서로 맞물려 있는 모습을 보여 주고 있다. 일반적으로 사람들은 사물과 사태의 피상적인 면만 볼 뿐 그 안에 감추어져 있는 상호 반전의 가능성을 간파해 내지 못한다. 노자의 관점에서 보았을 때 재앙에

---

16) 제58장, "禍兮, 福之所倚; 福兮, 禍之所伏."
17) 『淮南子』, 「人間訓」.

해당되는 일은 행복의 요소를 잠재하고 있지 않은 적이 없으며, 행복에 해당되는 일 역시 재앙의 요소를 잠재하고 있지 않은 적이 없었다. 이러한 이치는 경험세계 모든 곳에서 발견된다. 우리는 재앙의 상황에 처했으나 도리어 이 상황으로부터 자극받아 불굴의 의지를 발휘하여 성공의 길로 매진하는 것을 목격하기도 하고, 행복한 환경을 누렸으나 그 환경이 도리어 나태하고 태만한 습관을 길러 쇠락의 길로 들어서는 것을 목격하기도 한다. 세상만사는 바로 화복이 서로의 원인이 되는 것처럼 항상 상호 대립 및 전환의 과정 속에 있다.

노자는 모든 사물이 대립적 상태에서 상호 교차를 거듭하고 있으며, 이러한 상호 교차의 전환 과정이 결코 멈추지 않을 것이라고 보았다.

노자는 어째서 이처럼 상호 대립의 상태 및 상반되는 사물 간의 전환을 중시했을까? 여기에는 아래와 같은 몇 가지 이유가 있다.

첫째, 노자는 사물이 대립관계 가운데에서 형성된다고 보았다. 이러한 까닭에 사물을 관찰할 때에는 그 사물의 드러난 면/긍정적인 면뿐만 아니라 감추어진 면/부정적인 면 역시 주시해야만 한다. 이렇게 양 측면을 모두 고려했을 때 비로소 그 사물을 완전히 이해했다고 할 수 있을 것이다. 보통 사람들은 드러난 면/긍정적인 면에만 집착하지만, 노자는 감추어진 면/부정적인 면과의 관계의 측면에서 드러난 면/긍정적인 면의 심층적인 함의를 파악하라고 일깨우고 있다.

둘째, 노자는 감추어진 면/부정적인 면과의 관계의 측면에서 드러난 면/긍정적인 면을 살펴봄으로써 그것이 지닌 심층적인 함의를 드러내라고 일깨웠을 뿐 아니라, 동시에 상호 대립하는 상대방의 작용을 주목해야 한다고 지적했다. 심지어 그는 어떤 사물이 드러내고 있는 작용을 견지하는 것보다 상호 대립하는 상대방으로 인해 발생하는 작용을 견지하는 것이 더 좋다고 보았다. 예컨대, 여성성과 남성성, 앞서는 것과 뒤따르는 것, 높음과 낮음, "유"와 "무"의 대립 가운데에서 보통 사람들은 남성성을 과시하고 앞서기 위해 다투며 높은 곳에 오르고 "유"를 점하려고 한다. 그러나 노자는 여성성을 편안히 여기고 뒤따르기를 택하며 낮은 곳에 머물고 "무"를 중시하라고 말했다. 그는 여성성을 편안히 여기는 것이 강함을 과시하는 것보다 낮고 뒤따르기를 택하는 것이 앞서기 위해 다투는 것보다 낫다고 보았다. 그는 낮은 것은 높은 것의 토대가 되므로 토대가 견고하지 못하면 높은 것은 붕괴될 수밖에 없다고 말했다. 또한 그는 "'유有'는 사람에게 편의를 가져다주고 '무無'는 그것의 작용을 일으켜 준다"[18)라고 주장했다. 만약 "무"가 없다면 "유" 역시 그 작용을 발휘할 수 없다는 것이다.[19) 이러한 예시들은 드러난 면/긍정적인 면의 작용을 장악하는 것보다 감추어진 면/부정적인 면의 작용을 장악하는 것이 더 중요함을 밝힌 것이다.

셋째, 노자는 사물이 어떤 극한의 정도까지 발전하게 될 경우 원래의 상태에서 벗어나 그 반대 방향으로 전환된다고 보았다. 이것이 바로 고대로부터 내려오는 "물극필반物極必反"의 관념이다. 즉 사물의 강성함이 정점에 도달하면 그 지점이 바로 쇠락으로의 전환점이라는 것이다. 노자는 제36장에서 "거두어들이고자 한다면 반드시 먼저 확장시켜 주고, 약화시키고자 한다면 반드시 먼저 강성하게 해 주며, 버리고자 한다면 반드시 먼저 천거해 주고, 취하고자 한다면 반드시 먼저 준다. 이것이 바로 앞으로 일어날 일을 알려 주는 징조이다"[20)라고 말했다. 이 장은

---

18) 제11장, "有之以爲利, 無之以爲用."

19) 보통 사람들은 "유"의 쓰임에 대해서는 잘 알고 있지만, 그것의 이면인 "무"의 작용에 대해서는 소홀하곤 한다. 노자는 제11장에서 세 가지 예시를 통해 "무"의 작용을 밝혔다. 첫째 바퀴통 가운데 빈 공간이 있어야 수레의 작용이 있게 되고, 둘째 그릇 가운데 빈 공간이 있어야 그릇의 작용이 있게 되며, 셋째 문, 창문, 사방의 벽 가운데 빈 공간이 있어야 방의 작용이 있게 된다. 그래서 노자는 "유"가 사람들에게 편리함을 제공할 수 있는 것은 "무"가 작용하기 때문이라고 말한 것이다.
제11장의 "유무"("有之以爲利, 無之以爲用"), 제12장의 "유무"("有無相生")는 현상계의 "유무"를 가리켜 말한 것으로, 통상적 의미에서의 "유무"이다. 이들은 제1장의 "無, 名天地之始; 有, 名萬物之母"의 "유무"나 제40장 "天下萬物生於有, 有生於無"의 "유무" 와는 다르다. 제1장과 제40장의 "유무"는 "도"의 다른 이름이다. 수많은 『노자』 연구자들은 "유무" 개념에 이러한 구분이 있다는 점을 간과하고 구별 없이 논한다.

20) 제36장은 『노자』 전체를 통틀어 가장 많은 오해를 받는 장이다. 수많은 이들은 이 장을 권모술수를 말한 장이라고 여기지만, 이는 정말 엄청난 곡해이다. 내가 이 대목을 현대어로 번역한 후 그 본래 의미가 비로소 확립될 수 있었다. 그는 "거두어들이고자 한다면 반드시 먼저 확장시켜 준다" 등의 내용이 바로 "앞으로 일어날 일을 알려 주는 징조"라고 분명히 말하고 있다. 이는 "물극필반"의 관념을 설명한 것으

"물극필반"의 관점을 밝힌 것이다. 세상의 모든 사물들은 어떤 형세가 극한에 달하면 반전된다. 예컨대 달이 기울기 전에는 반드시 가득 차야 하고(달이 가득 찼다는 것은 달이 곧 기울 것이라는 징조이다.), 등불이 흐려지기 전에는 반드시 환하게 빛나야 하며(등불이 환하게 빛난다는 것은 등불이 곧 흐려져 갈 것이라는 징조이다.), 꽃이 시들기 전에는 반드시 활짝 피어야 한다(꽃이 활짝 피었다는 것은 꽃이 곧 시들 것이라는 징조이다.). 이러한 것들은 모두 사물의 자연스러운 형세이다. 이러한 "물극필반"의 이치를 이해한다면 수많은 일에 임함에 있어, 한 걸음 앞서 우환을 미연에 예방할 수 있을 뿐만 아니라 돌아가는 형세를 미리 파악하여 위태로움을 안정됨으로 전환시킬 수도 있을 것이다.

노자는 대립 및 전환의 법칙에 대해 여러 차례 언급했다. 그는 제22장에서 "휜 것이 도리어 온전할 수 있고, 굽은 것이 도리어 곧게 뻗을 수 있으며, 움푹 파인 것이 도리어 가득 찰 수 있고, 오래된 것이 도리어 새로워질 수 있으며, 적게 가지는 것이 도리어 많이 얻을 수 있고, 많이 탐내는 것이 도리어 미혹시킨다"[21]고 말했고, 제42장에서 "모든 사건과 사물은 줄어들다가 도리어 늘어나기도 하고, 늘어나다가 도리어 줄어들기도 한다"[22]고도 말했다. 이들은 모두 "상반된 것으로의 전환"이라는 법칙을 통해 현상을 설명한 것이다. 그는 제77장에서도 "자연의 법칙은 활시위를 잡아당기는 것과 닮지 않았는가? 활시위가 높으면 그것을 눌러서 낮춰야 하고, 활시위가 낮으면 그것을 올려서 높여야 하며, 넉넉한 것은 덜어 내고 부족한 것은 보충한다"[23]고 말했다. 노자는 "자연自然"의 법칙이란 넉넉한 것을 덜어 내어 부족한 것에 보태어 주는 것이라고 보았다. 이것 역시 "반反"의 법칙 중 첫 번째 의미인 "상반된 것으로 전환"을 밝힌 것이라 할 수 있다.

요컨대, 노자는 "도"가 사물의 운동과 발전이 상반된 것으로 전환된다는 즉

로, 소위 권모술수와는 털끝만큼도 관련이 없다.
21) 제22장, "曲則全, 枉則直, 窪則盈, 敝則新, 少則得, 多則惑."
22) 제42장, "物或損之而益, 或益之而損."
23) 제77장, "天之道, 其猶張弓與? 高者抑之, 下者擧之; 有餘者損之, 不足者補之. 天之道, 損有餘而補不足."

정반대 방향으로 전개된다는 법칙성으로 드러난다고 보았다. "도"가 사물에 작용할 때 사물 역시 이러한 변화 법칙에 따라 운행되게 된다.

(2) 순환운동의 법칙

노자는 사물의 상호 대립의 관계 및 상반된 것으로 전환되어 가는 작용을 매우 중시했다. 그러나 노자철학의 종지는 근원으로 돌아가서("返") 원초적 상태를 회복함("復")의 사상이다.

"돌아감"(返)과 "회복함"(復)은 모두 "순환운동"(周行)과 같은 의미로, 순환의 의미를 갖고 있다. 이것이 바로 "반反"의 두 번째 의미이다.

"반反"을 "돌아감"(返)으로 이해할 경우 "반자도지동反者道之動"이라는 노자의 말은 "도"의 운동은 순환적이며, 순환운동은 "도"를 드러내는 일종의 법칙이라는 의미가 된다. 노자는 "도"의 순환운동에 대해 제25장과 제16장에서 언급한 바 있다.

> 혼연일체의 무언가가 천지가 형성되기 전에 존재했다.…… 순환 운행하며 쉼 없이 생성하니,…… 억지로 그것을 "도道"라고 부르고, 다시 억지로 그것에 '대大'라는 이름을 지었다. 그것은 끝없이 광대해서 쉼 없이 유행하고, 쉼 없이 유행해서 먼 곳까지 뻗어 나가며, 먼 곳까지 뻗어 나가서 근원으로 되돌아간다.[24]

> 허虛를 추구하고 고요함을 지키는 공부를 지극한 경지까지 하라. 만물이 왕성하게 생장하는 모습에서 나는 왕복·순환하는 도리를 본다. 무성한 만물은 각자 자신의 뿌리로 되돌아간다. 뿌리로 되돌아가는 것을 정靜이라고 하고, 정은 근원으로 되돌아간다고 한다. 근원으로 되돌아가는 것은 항구적인 법칙이니, 항구적인 규칙을 아는 것을 명明이라고 한다. 항구적인 법칙을 알지 못하면 경거망동해 혼란을

---

24) 제25장, "有物混成,……周行而不殆,……强字之曰'道', 强爲之名曰'大'. 大曰逝, 逝曰遠, 遠曰反."

낳는다.25)

　노자는 "도"에 대해 "주행이불태周行而不殆"라고 설명했다. "주周"에는 원형, 순환의 의미가 있다. "주행周行"은 순환운동이며, "주행이불태周行而不殆"는 도의 순환운동이 쉼 없이 낳아 감을 말한 것이다. 노자는 같은 장에서 "억지로 그것을 '도道'라고 부르고, 다시 억지로 그것에 '대大'라는 이름을 지었다. 그것은 끝없이 광대해서 쉼 없이 유행하고, 쉼 없이 유행해서 먼 곳까지 뻗어 나가며, 먼 곳까지 뻗어 나가서 근원으로 되돌아간다"고 했는데, 이는 바로 "도의 순환운동이 쉼 없이 낳아감"에 대한 설명이다. 이는 "도"가 끝없이 광대하여 만물이 모두 이로부터 생성되고("大"), 만물이 "도"로부터 생성된 후 쉼 없이 유행하며("逝"), 만물이 운행하면서 갈수록 "도"와 멀어져 가고("遠"), "도"와 아득하게 멀어짐이 극에 달하면 다시 원점으로 되돌아간다("反"). 이처럼 한 번 유행하다가 돌아오는 것이 바로 한 번의 "순환운동"이다.

　제16장의 "회복함"(復) 역시 "순환운동"의 의미이다. 노자는 만물의 왕성한 생장 안에서 왕복순환의 이치를 발견해 냈으며("萬物竝作, 吾以觀復"), 복잡하게 뒤얽힌 사물들도 종국에는 각자 그들의 근원으로 돌아가게 된다는 것이다("夫物芸芸, 各復歸其根"). 여기에서 우리는 노자가 말한 "반反"에 근원으로 돌아감의 사유가 내포되어 있음을 알 수 있다. 노자는 어째서 근원으로 돌아갈 것을 주장했을까? 그 근원은 어떤 상태인가? 노자는 근원이 일종의 허정虛靜한 상태("歸根曰靜")라고 보았다. 노자의 관점에서 보았을 때 "도"는 "자연"과 일치하는 것이고, 허정함은 "자연"의 상태이지만, "도"가 만물을 생성한 후 만물은 운동하고 발전하면서 갈수록 "도"와 멀어져 가고, 만물은 "도"와 멀어질수록 자연에 부합하지 않게 된다. 만물이 복잡하게 얽혀서 소란스럽게 다투는 모습은 이들이 도에 부합하지 않음을 드러내는 것이었다. 따라서 근원으로 돌아와서 허정한 상태를 유지해야만 비로소 "자연"에 부합하여

---

25) 제16장, "致虛極, 守靜篤. 萬物竝作, 吾以觀復. 夫物芸芸, 各復歸其根. 歸根曰靜, 靜曰復命. 復命曰常, 知常曰明. 不知常, 妄作凶."

복잡하게 얽혀서 소란스럽게 다투지 않게 된다. "허虛"와 "정靜"의 관념에 대해서는 뒤에서 다시 설명하겠다.

지금까지 법칙으로서의 "도"의 의미에 대해 설명하면서 "반反" 개념을 통해 "도" 및 "도"가 작용한 사물들이 첫째 사물은 상반되는 방향으로 운동한다는 법칙과 둘째 순환운동하며 근원으로 회귀한다는 법칙을 따르고 있음을 밝혔다.

그 밖에도 노자는 "강풍은 아침나절 동안도 불지 못하고, 폭우는 하루 종일 내리지 못한다"26), "유약함이 강건함을 이긴다"27), "강한 힘으로 어찌하려는 시도는 반드시 실패할 것이고 집착하면 반드시 잃어버릴 것이다"28)라고 말했다. 이상의 일들은 모두 "자연"의 법칙에 따른 것이다. 노자는 "자연"의 법칙을 이해한다면 "상常"(사물의 변화·운동에 대한 불변의 법칙)을 이해할 수 있으며, 우리는 반드시 "자연"의 법칙에 따라 행위해야 하고, 만약 "자연"의 법칙에 따르지 않고 경거망동할 경우 혼란이 발생한다고 말한 것이다.("항구적인 규칙을 아는 것을 明이라고 한다. 항구적인 법칙을 알지 못하면 경거망동해 혼란을 낳는다."[知常曰明. 不知常, 妄作凶])

(3) 삶의 준칙으로서의 "도道"

형이상적 "도"는 인간의 감각기관으로는 인식할 수 없는 것이다. 이처럼 볼 수 없고 들을 수 없는 "도"는 현상계에서 구체화되어 거대한 작용을 일으키고 있다. "도"가 사물에 대해 작용할 때, 이것이 갖추고 있는 여러 특성들이 드러나는데, 이러한 특성들은 인간의 행위준칙이 되기에 충분하다. 이처럼 형이상적 "도"가 점차 하강하다가 마침내 인간 생활의 차원에서 구체화되었을 때, 인간의 행위 척도 즉 생활방식 및 사회생활의 방법이 되었다. 이러한 의미에서의 "도"는 마치 구름에서 지상으로 내려온 것처럼 형이상적 색채를 벗어던지고 자연스럽게 인간 행위의 모범이 될 수 있었다.

---

26) 제23장, "飄風不終朝, 驟雨不終日."
27) 제36장, "柔弱勝剛强."
28) 제29장, "爲者敗之, 執者失之."

형이상적인 "도"가 현상세계에서 구체화되어 인간 사회에 작용하면서, 이는 "덕德"이라고 불리게 되었다. "도"와 "덕"은 둘이면서 하나인 관계에 있는데, 노자는 이들의 관계를 체용 관계로 설명했다. "덕"은 "도"의 작용이자 현현이다. 혼융한 일체인 "도"는 생성의 과정에서 만물에 내재하여 각 사물의 속성이 되었으니, 바로 이것이 "덕"이다. 즉 경험세계 안에서 구체화된 "도"가 "덕"인 것이다. 따라서 형이상적 "도"가 인간의 차원에서 구체화되면서 드러낸 특성들을 인간이 체험하고 본받은 것이기에 이는 "덕"의 작용 범위 안에 있다고 할 수 있다. 우리는 여기에서 "도"와 "덕"을 다음과 같이 구분할 수 있다. "도"가 조금의 인위도 섞이지 않은 "자연" 그 자체의 상태라고 한다면, "덕"은 인위적 요소를 담고 있으면서도 여전히 "자연"으로 돌아가고자 하는 상태이다.("자연"에 맡기는 것을 중시하는 도가의 "道德"은 유가에서 강조하는 윤리적 성격의 도덕과 판이하게 구분된다.)

방금 언급한 대로 "덕"은 바로 인간의 차원에서 구체화되어 삶의 준칙이 된 "도"이다.(『노자』에서 이러한 준칙을 "도"라고 하는 경우에도 그 의미는 동일하다.) 그렇다면 우리는 다음과 같이 질문할 수 있을 것이다. 인간 행위 준칙으로서의 "도"(즉 "덕")는 도대체 어떠한 기본적인 특성과 정신을 함축하고 있을까? 노자는 "자연自然·무위無爲", "허虛를 추구하고 고요함을 지킴"(致虛守靜), "만물을 낳고 길러도 자신의 소유로 삼지 않으며, 만물을 키워도 제 능력에 스스로 우쭐하지 않고, 만물을 성장시키지만 주재하지 않음"(生而不有, 爲而不恃, 長而不宰), "유약柔弱", "다투지 않음"(不爭), "낮은 곳에 머무름"(居下), "뒤따르는 것을 택함"(取後), "자애로움"(慈), "검약함"(儉), "순박함"(朴) 등이 모두 "도"의 기본적인 특성과 정신을 드러낸다고 보았다. 그 중에서도 "자연·무위"는 『노자』의 핵심 사상이 되었으며, 그 외 여러 관념들은 "자연·무위"를 둘러싸고 전개되었다. "자연·무위"는 그 사물에게 그대로 맡겨서 자유롭게 발전하면서 어떠한 외재적인 강제력에 의해서도 속박을 받지 않도록 하는 것이다. 이러한 관념들에 대해서는 제3절에서 상세히 설명하도록 하겠다.

아래에서는 『노자』에서 "도"가 언급된 대목들을 모두 열거하고, 각기 다른 맥락 속에서 사용된 "도" 개념이 상술한 "도"의 의미들 중 어디에 속하는지 살펴보겠다.

2. "도道"의 문맥적 의미

『노자』에서 "도"는 총 73차례 등장한다. 이들은 동일한 기표를 공유하지만 그 기의까지 모두 일치하는 것은 결코 아니다. 따라서 우리는 각각의 대목에서 "도"가 어떠한 문맥적 의미를 지니는지 하나하나 탐색해야 한다. 아래에서는 왕필본의 장 순서에 따라 "도"가 포함된 문장을 순서대로 열거하고 그것의 진정한 함의를 탐색하겠다.

제1장
언어로 표현할 수 있는 "도"는 영속적인 도(常道)가 아니다.[29]

이 대목은 언설로 설명될 수 있는 "도道"는 영속적인 "도道"가 아니라는 것이다. "가도可道"의 "도道"는 노자철학사상과는 무관한 글자로, 언설을 의미한다. 이 대목의 첫 번째와 세 번째 "도"는 노자철학의 고유명사이다. 여기에서의 "도"는 세계를 구성하는 실체이자 우주를 창조한 동력이다. 이것은 항구하게 존재하기에 "상도常道"라고 불린다. 따라서 이 장에서의 "도"는 명확하게 실체로서의 "도"를 가리킨다.

제4장
도체道體는 비어 있건만 그 작용이 끝나지 않는다. 깊구나! 이는 만물의 종주宗主인가 싶기도 하다.[30]

이 장은 "도"의 비어 있음을 형용한 것인데, 비어 있는 "도"가 바로 만물의 근원이다. 여기에서 언급된 "도" 역시 형이상적 실체로서의 "도"이다.

---

29) 제1장, "道可道, 非常道."
30) 제4장, "道沖而用之或不盈. 淵兮, 似萬物之宗."

제8장

물은 만물을 윤택하게 하면서 만물과 다투지 않는 일 및 사람들이 싫어하는 곳에 머무는 일을 잘한다. 그래서 "도"에 매우 가깝다.[31]

여기에서 "도"는 "다투지 않음"(不爭)의 특성을 드러내고 있다. 이러한 "다투지 않음"의 "도"는 형이상적 실체로서의 "도"와는 다르다. 형이상적 실체로서의 "도"는 우리가 감각적으로 경험할 수 있는 것이 아니지만, 여기에서 말하는 "도"는 이미 인간 사회의 차원으로 구체화된 것이기에, 인간이 본받을 수 있는 것이다. 노자는 사람들이 "도"에 담겨 있는 "다투지 않음"의 정신을 본받아야 한다고 보았던 것이다. (이러한 인간 사회 차원의 "도"는 곧 "덕"과 동일한 의미이다.)

제9장

꽉 틀어쥐고 잔뜩 채우는 것은 알맞은 때에 멈추는 것만 같지 못하다.
재주를 드러내면 그 빼어난 기세가 오래 유지되기 어렵다.
금金과 옥玉이 집을 가득 채우면 간수할 길이 없다.
부귀하면서 교만하면 재앙과 우환을 얻게 마련이다.
공업功業이 완수되면 삼가 물러나는 것이 자연自然의 이치에 부합하는 것이다.[32]

"재주를 드러내면 그 빼어난 기세가 오래 유지되기 어렵다", "부귀하면서 교만하면 재앙과 우환을 얻게 마련이다"에는 자랑하는 행위를 경계하는 노자의 관념이 드러나 있다. 그는 "업적이 성취되고(功成), 명성을 얻었으면(名遂), 삼가 물러남(身退)" (왕필본에는 "功遂身退"로 되어 있다.)이 "자연"의 "도"(天之道)라고 여겼다. 여기에서 언급되는 "도"는 "겸양"과 "다투지 않음"의 정신을 담고 있다.(이러한 인간 사회 차원의 "도"는 곧 "덕"과 동일한 의미이다.)

---

31) 제8장, "水善利萬物而不爭, 處衆人之所惡, 故幾於道."
32) 제29장, "持而盈之, 不如其已; 揣而銳之, 不可長保. 金玉滿堂, 莫之能守; 富貴而驕, 自遺其咎. 功遂身退, 天之道也."

제14장

일찍부터 존재해 온 "도"를 파악해 현재의 구체적 사물을 제어한다. 우주의 시원을 이해할 수 있도록 하는 것을 "도"의 법칙이라고 부른다.[33]

"도기道紀"는 "도"의 법칙이다. 여기에 두 차례 등장하는 "도道"자는 모두 법칙의 의미이다.

이 장 서두의 "보아도 보이지 않는 것을 '이夷'라고 부르고, 들어도 들리지 않는 것을 '희希'라고 부르며, 잡아도 잡히지 않는 것을 '미微'라고 부른다.…… 그것을 맞이해도 그것의 앞모습을 볼 수 없고, 그것을 뒤쫓아도 그것의 뒷모습을 볼 수 없다"[34]는 형이상적 실체로서의 도에 대해 설명하고 있다. 그러고는 바로 이어서 "일찍부터 존재해 온 도를 파악해 현재의 구체적 사물을 제어한다"고 말했다. 후반부에 두 차례 등장하는 "도"는 모두 법칙으로서의 "도"이다. 여기에서 이른바 "도기道紀"(도의 법칙)는 실체로서의 "도"가 법칙으로 드러난 것이라고 말할 수 있다. 우리는 실체로서의 "도"를 감각적으로 인식할 수 없지만, "도"가 사물에 작용하며 드러난 법칙을 따를 수는 있다.

제15장

옛적에 "도"를 잘 실천한 선비는 정묘하고 통달해서, 그의 심오한 경지를 파악하기 어려웠다. 그를 파악하기 어렵다는 바로 그 점 때문에 그를 억지로 형용할 수밖에 없다.

조심하고 신중하구나, 마치 겨울에 발을 강에 들이는 것처럼. 경계하고 주의하는구나, 마치 사방의 포위공격에 대비하는 것처럼. 삼가고 엄숙하구나, 손님이 된 것처럼. 원만하고 정답구나, 마치 고드름이 녹는 것처럼. 순후하고 질박하구나, 마치 아직 다듬지 않은 소재처럼. 텅 비고 트여 있구나, 마치 깊은 산의 그윽한

---

33) 제14장, "執古之道, 以御今之有, 能知古始, 是謂道紀."
34) 제14장, "視之不見, 名曰'夷'; 聽之不聞, 名曰'希'; 搏之不得, 名曰'微'.……迎之不見其首; 隨之不見其後."

골짜기처럼. 소박하고 순수하구나, 마치 탁한 물처럼.

누가 요동치는 가운데 고요해져 천천히 맑아질 수 있는가? 누가 안정된 가운데 움직여 천천히 나아갈 수 있는가?

이러한 도리를 지닌 자는 자만하려 하지 않는다. 오직 그가 자만하지 않기 때문에 옛것을 없애고 새롭게 할 수 있다.[35]

"이러한 도리를 지닌 자는 자만하려 하지 않는다. 오직 그가 자만하지 않기 때문에 옛것을 없애고 새롭게 할 수 있다"는 "도"에 "자만하지 않음"(不盈)의 특성이 있으며, 이것을 고수할 수 있다면 자만에 빠지지 않을 것이고, 자만하지 않아야 옛것을 버리고 새로워질 수 있다고 말한 것이다.

"이러한 도리를 지닌 자"(保此道者) 이하의 세 구절("不欲盈. 夫唯不盈, 故能蔽而新成")에는 착간이 있는 것으로 보인다. 이 세 구절은 자만하지 않음에 대해 서술하고 있다. 그러나 위 단락에서는 "옛적에 '도'를 잘 실천한 선비"의 풍모를 묘사하고 있다는 점에서 이 두 단락의 의미가 연결되지 않는다고 볼 수 있다. 따라서 나는 "이러한 도리를 지닌 자"(保此道者) 이하의 세 구절이 다른 장에서부터 착간되어 들어왔다고 의심한다.

만약 "이러한 도리를 지닌 자는 자만하려 하지 않는다"가 앞 단락을 이은 것이라고 한다면, 여기에서의 "도"는 "그를 억지로 형용할 수밖에 없다" 뒤에 나오는 도道를 체득한 사람의 용모와 마음에 대한 묘사들 즉 조심하고 신중함, 경계하고 주의함, 삼가고 엄숙함, 원만하고 정다움, 도탑고 질박함, 텅 비고 트여 있음, 중후하고 소박함 등의 인격수양의 경지를 가리킨 것이다.

제16장

"허虛"를 추구하고 고요함을 지키는 공부를 지극한 경지까지 하라……. 영속적인

---

35) 제15장, "古之善爲道者, 微妙玄通, 深不可識, 夫唯不可識, 故强爲之容: 豫兮若冬涉川; 猶兮若畏四隣; 儼兮其若客; 渙兮其若釋; 敦兮其若樸; 曠兮其若谷; 混兮其若濁. 孰能濁以靜之徐淸; 孰能安以動之徐生. 保此道者, 不欲盈. 夫唯不盈, 故能蔽而新成."

"도"를 아는 사람은 모든 것을 포용할 수 있으니, 포용하지 못하는 것이 없으면 크게 공정할 수 있고, 크게 공정해야 두루 미치지 못하는 것이 없을 수 있으며, 두루 미치지 못하는 것이 없어야 자연에 부합할 수 있고, 자연에 부합해야 "도"에 부합할 수 있으며, "도"를 체득하고 움직여야 오래갈 수 있다.36)

여기에서 두 차례 등장하는 "도"는 모두 "자연"의 "도"이다. "자연(天)에 부합해야 '도'에 부합할 수 있으며, '도'를 체득하고 움직여야 오래갈 수 있다"에서 하늘은 곧 "자연"이며, "자연"에 부합하는 "도"만이 비로소 장구할 수 있다는 것이다.

이 장의 주지는 "허虛"와 "정靜"을 논하는 것이었다. 노자는 "'허'를 추구하고 고요함을 지켜야"(致虛守靜) 비로소 "자연"의 "도"에 부합할 수 있다고 보았다.

제18장
대도大道가 해이해지고 나서야 인의라는 덕목이 나타났으며, 지혜가 생기자 큰 거짓이 나타났다.37)

대도가 해이해진 것은 통치자가 "유위有爲"의 정치를 행한 결과이다. 여기에서 말하는 대도란 "자연自然·무위無爲"의 "도"를 지칭한 것이다. "자연·무위無爲"의 "도"가 해이해지고 "유위"의 정치가 시행되면서(통치자가 제멋대로 행위하고, 자신의 욕구를 펼치며, 일신의 권력과 이익을 확장하고, 백성들을 위협하고 수탈하는 것, 이러한 것들이 이른바 노자가 말하는 "유위"의 정치이다.) 사회는 점차 혼란스러워지고 인간관계 역시 점차 올바름을 상실하게 되었다. 바로 이때 인의仁義에 대한 요구가 일어났던 것이다.

---

36) 제16장, "致虛極, 守靜篤.……知常容, 容乃公, 公乃全, 全乃天, 天乃道, 道乃久."
37) 제18장, "大道廢, 有仁義; 智慧出, 有大僞."
   [역자주] 진고응은 본문 제18장 번역에서는 곽점 죽간본에 근거하여 "智慧出, 有大僞"를 삭제하고 해석하지 않았다.

제21장

큰 "덕德"의 모습은 "도"를 따라 변한다.

"도"라는 것은 아련하고 어렴풋하다.[38]

노자는 "도"가 아련하고 어렴풋하여 고정된 형상을 가지지 않는다고 보았다. "도"는 진실로 존재하는 것이기는 하지만, 우리는 그것을 확인할 길이 없다. 여기에서 두 차례 등장하는 "도"는 명확하게 형이상적 실체를 지칭한 것이다.

제23장

명령을 적게 내리는 것이 자연自然에 부합한다.

그러므로 강풍은 아침나절 동안도 불지 못하고, 폭우는 하루 종일 내리지 못한다.

누가 이렇게 만들었는가? 천지이다. 천지의 강풍과 폭우도 오래 지속될 수 없는데, 사람은 어떻겠는가?

그러므로 "도"에 종사하는 사람은 "도"에 부합하고,…… 덕에 합치되는 행위를 하는 자는 도가 받아들일 것이다.[39]

이 장에서는 네 차례 "도"자가 등장하는데, 매우 분명하게 "자연·무위"의 "도"의 의미가 드러난다.

노자는 "명령을 적게 내림"(希言)이 "자연"에 부합한다고 보았다. 강풍과 소나기와 같은 폭정은 오래 지속될 수 없다. "자연·무위"와 같이 정치를 행할 수 있다면 사회는 매우 평안하고 안정될 것이다.

제24장

발꿈치를 들어 까치발을 해서는 안정적으로 설 수 없고, 성큼성큼 넓은 보폭으로

---

38) 제21장, "孔德之容, 惟道是從. 道之爲物, 惟恍惟惚."
39) 제23장, "希言自然. 故飄風不終朝, 驟雨不終日. 孰爲此者? 天地. 天地尙不能久, 而況於人乎? 故從事於道者, 同於道;……同於德者, 道亦德之."

걸어서는 멀리 가지 못한다. 자기 생각을 자부하는 자는 도리어 자신을 드러낼
수 없고, 자신을 옳게 여기는 자는 도리어 빛날 수 없으며, 자신을 자랑하는
자는 도리어 공효를 이룰 수 없고, 자신을 뽐내는 자는 도리어 오래갈 수 없다.
"도"의 관점에서 보자면 이 조급하고 과시하는 행위는 모두 먹다 남은 밥이나
거추장스러운 혹이라고 말할 수 있으니, 남을 자극해 자신을 미워하게 만든다.
그러므로 "도"를 지닌 자는 이렇게 행동하지 않는다.[40]

노자는 자신을 과시하거나 자부하지 말라고 경계하고 있다. 이 장에서 말하는
"도"의 함의는 자부하고 자랑하는 것을 경계하는 것에 있다.(이러한 인간 사회 차원의
"도"는 곧 "덕"과 동일한 의미이다.)

제25장
혼연일체의 무언가가 천지가 형성되기 전에 존재했다.…… 나는 그것의 이름을
모르지만 억지로 그것을 "도道"라고 부른다.……
그러므로 말하자면, "도"가 크고, 하늘이 크며, 땅이 크고, 사람도 크다. 우주에
네 가지 큰 것이 있는데, 사람이 이 네 가지 큰 것 가운데 하나이다.
사람은 땅을 본받고, 땅은 하늘을 본받으며, 하늘은 "도"를 본받고, "도"는 순전히
"자연自然"을 따른다.[41]

이 장에서 언급하고 있는 "도"는 모두 실체로서의 "도"를 의미한다. 장 말미의
"하늘은 '도'를 본받고, '도'는 순전히 '자연'을 따른다"는 실체로서의 "도"가 드러난
"자연"의 법칙을 본받는다는 것이다.

---

40) 제24장, "企者不立; 跨者不行; 自見者不明; 自是者不彰; 自伐者無功; 自矜者不長. 其在道也,
曰: 餘食贅形. 物或惡之, 故有道者不處."
41) 제25장, "有物混成, 先天地生.……吾不知其名, 强字之曰'道', 强爲之名曰'大'.……故道大,
天大, 地大, 人亦大. 域中有四大, 而人居其一焉. 人法地, 地法天, 天法道, 道法自然."

제30장

"도"로써 군주를 보좌하는 사람은 무력에 의지하여 천하에 강함을 드러내지 않는다. 무력을 사용하는 일은 반드시 그 결과가 자신에게 되돌아오기 마련이다. 군대가 지나간 자리에는 가시덤불만 무성하게 자란다. [큰 전쟁이 발생하고 나면 반드시 흉년이 든다.]

진정으로 군사를 잘 다루는 이는 오직 위급과 환란을 구제하는 목적만 달성하려 할 뿐 무력에 의지하여 강함을 드러내지 않는다. 그는 이 목적을 달성하여도 자부하지 않고, 이 목적을 달성하여도 뽐내지 않으며, 이 목적을 달성하여도 교만하지 않고, 이 목적을 달성하여도 부득이했던 것이라 여기며, 이 목적을 달성하여도 강함을 드러내지 않는다.

무릇 거칠고 드센 기세(物壯)는 빨리 쇠약해지니, 이는 도에 부합하지 않은 것이다. 도에 부합하지 않는 것은 금세 소멸된다.[42]

"도"를 사용하여 군주를 보좌한다는 내용이다. 이때의 "도"는 "유약함"(柔)의 "도" 혹은 "다투지 않음"(不爭)의 "도"를 가리키는 것으로, 강함을 드러내지 않음·자부하는 것을 경계함·뽐내는 것을 경계함의 의미를 함축하고 있다.

"물장物壯"의 "장壯"(거칠고 드셈)은 남성성이 강함을 드러낸다는 의미를 담고 있다. 이 장에서 말하는 "도"가 강함을 드러내지 않음·자부하지 않음·뽐내지 않음을 가리킨다는 점은 매우 자명하다. 이와 반대로 강함을 드러내고 자부하고 뽐낸다면 "도"에 부합하지 않게 될 것이다.(이러한 인간 사회 차원의 "도"는 곧 "덕"과 동일한 의미이다.)

제31장

무릇 병기는 상서롭지 못한 물건이라서 모두가 이것을 꺼려하기에 "도道"를 터득한 이는 이것을 사용하지 않는다.…… 병기는 상서롭지 못한 것이기에 군자가 사용하

---

42) 제30장, "以道佐人主者, 不以兵强天下. 其事好還. 師之所處, 荊棘生焉. [大軍之後, 必有凶年.] 善有果而已, 不敢以取强. 果而勿矜, 果而勿伐, 果而勿驕, 果而不得已, 果而勿强. 物壯則老, 是謂不道, 不道早已."

는 물건이 아니지만, 부득이하게 이를 사용할 때에는 담박하게 그 상황에 대처하는 것을 최고로 여겼다. 승리했을 때에도 득의양양하지 않았는데, 득의양양하다면 이것은 사람 죽이기를 즐기는 것이다.43)

이 장은 노자의 반전反戰사상을 보여 주고 있다. 여기에서 "'도'를 터득한 이"는 매우 높은 인격수양의 경지를 가진 사람이다. 이러한 사람은 매우 깊은 인도주의적 사상을 가지고 있으며 전쟁의 잔혹성에 대해서 깊이 이해하고 있기에 전쟁을 혐오한다. 그래서 폭력에 항거하여 부득이하게 무력을 사용할 때조차도 마음속에 "담박함"(恬淡)의 덕을 지닐 수 있는 것이다.

제32장

도道는 영원토록 "무명無名"이며, 순박한 상태이다. 비록 은미하여 볼 수 없으나 천하의 누구도 그것을 부릴 수 없다.…… 천지 간 음양의 기가 서로 결합하면 이슬을 내려 주니, 백성들은 누가 그렇게 하라고 하지 않았어도 자연히 균등하게 적셔진다. 만물이 만들어지자 각종 명칭들이 생겨났고, 명칭들이 제정되자 행위의 적절한 정도를 알게 되었으며, 적절한 정도를 알게 되자 위험한 일을 피할 수 있었다.
도가 천하에 있는 것은 강과 바다가 하천과 계곡이 흘러들어 만들어진 것과 같다.44)

"'도'는 영원토록 '무명'이며, 순박한 상태이다"에서 "도"는 형이상적인 무명·무형·시원始原의 실체를 가리킨다.

"'도'가 천하에 있는 것은 강과 바다가 하천과 계곡이 흘러들어 만들어진 것과 같다"는 것은 마치 하천이 강과 바다로 흘러들어 가듯이 천하가 귀착하는 곳이 "도"임을 말한 것이다. 이때의 "도"는 "낮은 곳에 자리 잡음"(處下)의 "도"를 가리킨다.

---

43) 제31장, "夫兵者, 不祥之器, 物或惡之, 故有道者不處.……兵者不祥之器, 非君子之器, 不得已而用之, 恬淡爲上. 勝而不美, 而美之者, 是樂殺人."
44) 제32장, "道常無名·樸. 雖小, 天下莫能臣.……天地相合, 以降甘露, 民莫之令而自均. 始制有名, 名亦旣有, 夫亦將知止, 知止所以不殆. 譬道之在天下, 猶川谷之於江海."

"낮은 곳에 자리 잡음"은 노자의 핵심 사상 중 하나로, 전적으로 인간의 차원에서 언급된 것이지 형이상적 "도"가 아니다. 이 장 말미의 두 구절은 앞 대목들과 의미가 일관적이지 않다는 점에서 착간으로 의심된다.

제34장
대도大道는 광범위하게 유행하기에 미치지 못하는 곳이 없다. 만물은 대도에 의지하여 태어나고 성장하기를 그치지 않지만, (대도는) 업적이 성취되어도 그것을 자신의 공이라 여기지 않는다. 대도는 만물을 양육하면서도 자신을 주인이라 여기지 않는다.[45]

만물을 창생하는 "도"는 실체로서의 "도"를 가리킨다.

제35장
대도大道를 굳게 지킬 수 있다면(執大象) 천하 사람들이 모두 그에게 귀의할 것이다. 이렇게 귀의하면서도 서로 해하지 않으니, 그리하여 모두 평화롭고 평안할 수 있다.
음악과 미식은 나그네의 발걸음을 멈추게 할 수 있으나, 도의 드러남은 담박하여 어떠한 맛도 느껴지지 않는다.[46]

"집대상執大象"은 "대도"를 굳게 지킨다는 것이다. 이러한 대도 및 담박하여 어떠한 맛도 느껴지지 않는 "도"는 모두 "무위無爲"의 "도"를 가리킨다. 노자는 "무위"의 도를 굳게 지킬 수 있다면 모두 평화롭고 평안할 수 있다고 보았다.

제37장
도는 영원토록 "자연"에 맡겨 두지만, 그 어떤 일도 "도"가 하지 않은 것이 없다.[47]

---

45) 제34장, "大道汎兮, 其可左右. 萬物恃之以生而不辭, 功成而不有. 衣養萬物而不爲主."
46) 제35장, "執大象, 天下往. 往而不害, 安平太. 樂與餌, 過客止. 道之出口, 淡乎其無味."

여기에서의 "도"는 말할 나위도 없이 "무위"의 "도"이다.

제38장

상덕을 갖춘 사람은 "자연"에 맡겨서 어떠한 의도도 없이 행위한다. 하덕을 갖춘 사람은 "자연"에 맡기지만 의도를 가지고 행위한다.…… 그러므로 "도"를 상실했기에 덕德을 상실했으며, 덕을 상실했기에 인仁을 상실했다.…… 앞서 갖추어진 각종 규범들은 "도"의 겉치레에 불과하며, 어리석음의 시초이다.[48]

이 장에서는 "덕"에 대해 논했다. 노자는 제멋대로 행위하지 않고 어떠한 의도도 없이 행위한다면(無爲而無以爲), "상덕上德"이라고 부를 수 있다고 보았다. 만약 제멋대로 행위하지는 않지만 의도를 가지고 행위한다면 "하덕下德"으로 변질될 것이다. "상덕"은 "자연"에 맡겨서 "도"를 체현하여 행위한다. 만약 "유위有爲"(제멋대로 행위함)가 드러난다면 이는 "도"를 상실한 것이다. "도"의 상실은 유위有爲의 결과이다. "도를 상실했다"(失道)에서의 "도"는 "자연·무위"의 "도"이다. "도의 겉치레"에서의 "도" 역시 앞 문장과 같이 "자연·무위"의 "도"를 의미한다.

제40장

"도"의 운동은 순환적이다. "도"의 작용은 유약하다.[49]

이는 실체로서의 "도"가 드러난 법칙과 작용에 대해 설명한 것이다.

제41장

가장 높은 수준의 선비는 도에 대해 들으면 힘써 실천하고, 중간 수준의 선비는

---

47) 제37장, "道常無爲而無不爲."
48) 제38장, "上德無爲而無以爲, 下德無爲而有以爲.……故失道而後德, 失德而後仁.……前識者, 道之華, 而愚之始."
49) 제40장, "反者道之動; 弱者道之用."

도를 들으면 그것을 믿기도 하고 의심하기도 하며, 낮은 수준의 선비는 도를 들으면 크게 비웃는다. (이런 자들에게) 비웃음을 받지 않는다면 도가 되기에 부족하다!

그러므로 예부터 훌륭한 의견을 밝혔던 이들은 다음과 같이 말했다. 빛나고 밝음의 도는 마치 희미하고 분명하지 않은 것 같고, 앞으로 나아감의 도는 마치 뒤로 물러나는 것 같으며, 평탄함의 도는 마치 울퉁불퉁한 것 같고,…… 도는 은미하여 이름을 붙일 수 없다. 오직 도만이 만물의 화육을 잘 도와서 그들이 완성되도록 하는 것을 잘한다.[50]

여기에서 "도"는 들을 수 있다는 점에서 형이상적 "도"가 아님을 알 수 있다. 이러한 들을 수 있는 "도"는 희미하고 분명하지 않은 것(昧) 같고 뒤로 물러나는 것(退) 같으며 울퉁불퉁한 것(纇) 같고 저 아래에 있는 계곡(谷) 같으며 때가 묻은 것(辱) 같고 부족한 것(不足) 같다는 등의 특성을 드러낸다. 여기에서의 "도"는 인간 사회 차원에서 언급된 것으로, 이때의 "도"는 곧 "덕"과 동일한 의미이다.

이 장 말미에서는 "도는 은미하여 이름을 붙일 수 없다"고 말했다. 이처럼 은미하여 형상도 없고 이름을 붙일 수도 없는 "도"는 아련하고 어렴풋한 형이상적 실체로서의 "도"가 분명하다. 이러한 "도"는 당연히 들을 수 없기에, 앞 문장의 들을 수 있는 "도"와는 분명 일치되지 않는 지점이 있다. 이처럼 『노자』에는 문자의 다양한 해석 가능성을 고려하지 않은 채 개념이 사용되는 대목이 다수 있다.

제42장

"도"는 어떠한 짝도 없이 독립적이다. 뒤섞여서 아직 나뉘지 않아 합일되어 있는 것(一)이 천지를 낳는다. 천지는 음양의 기(二)를 낳고, 음양의 두 기가 서로 교합하여 각종 새로운 사물을 형성한다.

---

50) 제41장, "上士聞道, 勤而行之; 中士聞道, 若存若亡; 下士聞道, 大笑之. 不笑不足以爲道. 故建言有之: 明道若昧; 進道若退; 夷道若纇,……道隱無名. 夫唯道, 善貸且成."

이 장에서는 "도"가 만물을 창생해 나가는 과정을 설명했다. 이때의 "도"는 의심의 여지없이 실체로서의 "도"이다.

제46장
국가의 정치가 궤도에 오르면, 물자를 운송하는 군마를 농부가 경작에 사용하도록 돌려준다. 국가의 정치가 궤도에 오르지 않으면, 군마를 교외의 들판에서 크게 일으켜 전쟁을 개시한다.[51]

여기에서 언급된 "유도有道"와 "무도無道"는 우리가 통상적으로 사용하는 "궤도에 오르다", "궤도에 오르지 못하다"는 의미이다. "자연·무위"하여 정치를 행할 수 있다면 국가의 정치는 궤도에 오를 것이고(天下有道), 과도하게 "유위有爲"한다면 국가의 정치는 궤도에 오르지 못하게 될 것이다(天下無道).

제47장
창밖을 보지 않더라도 충분히 자연계의 법칙을 이해할 수 있다.[52]

"천도"는 "자연自然"의 법칙을 가리킨다. 이때의 "도"는 법칙으로서의 "도"를 가리킨다.

제48장
학문을 추구하면 나날이 (지식이) 늘어나고, 도를 추구하면 나날이 (정묘한 지모智巧)가 줄어든다. "무위無爲"의 경지에 도달할 때까지 줄이고 또 줄여 나간다.[53]

여기에서의 "도"는 "무위"의 "도"를 가리킨다.

---

51) 제46장, "天下有道, 卻走馬以糞. 天下無道, 戎馬生於郊."
52) 제47장, "不闚牖, 見天道."
53) 제48장, "爲學日益, 爲道日損. 損之又損, 以至于無爲."

제51장

"도"는 만물을 생성하고 "덕"은 만물을 길러 주며 만물은 각종 형태로 나타나고
환경은 각종 사물을 성장시킨다. 그래서 만물은 "도"를 존숭하지 않고 "덕"을
소중하게 여기지 않는 경우가 없는 것이다.
"도"가 존숭을 받는 이유와 "덕"이 소중하게 여겨지는 이유는 바로 그것이 간섭하지
않고 만물이 "자연"에 순응하여 따르도록 하는 것에 있다.
그래서 "도"는 만물을 생성하고 "덕"은 만물을 길러 주며, 만물을 성장시키고
양육시키며, 만물의 심성을 안정시키고, 만물이 아낌과 보호를 받을 수 있게 한다.[54]

여기에서 언급된 "도"는 만물을 창생하고 길러준다. 따라서 이 장에서 언급되는
"도"자는 모두 형이상적 실체로서의 "도"를 가리킨 것이라 할 수 있다. 이러한
"도"는 만물을 생성하면서 점차 구체화되다가 각 사물의 "덕"으로 자리 잡는다.

제53장

가령 나에게 약간 아는 것이 있고 큰길(大道)을 걸어간다면 오직 삐뚤어진 길로
들어설까 걱정할 뿐이다.
큰길은 매우 평탄하지만 군주는 오히려 비스듬한 샛길로 가는 것을 좋아한다.
조정의 부패가 극심하여 농토는 매우 황폐해지고 창고는 완전히 텅 비고 말았는데,
여전히 수놓인 화려한 의복을 입고 예리한 보검을 차며 맛있는 음식을 배불리
먹고 지나치게 많은 재화를 착취하고 있다. 이것을 바로 "도적의 수괴"라고 말한다.
얼마나 무도한가(非道)![55]

여기에서 언급된 "대도(大道)"는 우리가 통상적으로 사용하는 "바른길"(正途)의
의미이다. 어떻게 해야 "바른길"이라고 할 수 있을까? 노자는 통치자가 정치를

---

54) 제51장, "道生之, 德畜之, 物形之, 勢成之. 是以萬物莫不尊道而貴德. 道之尊, 德之貴, 夫莫
之命而常自然. 故道生之, 德畜之; 長之育之; 亭之毒之; 養之覆之."
55) 제53장, "使我介然有知, 行於大道, 唯施是畏. 大道甚夷, 而人好徑. 朝甚除, 田甚蕪, 倉甚虛;
服文綵, 帶利劍, 厭飮食, 財貨有餘; 是謂盜夸. 非道也哉!"

행하고 자신의 삶을 영위함에 있어 "청정清靜 · 무위無爲"할 수 있어야 비로소 "바른길"을 걷는다고 할 수 있다고 보았다. "비도非道"는 "바른길"을 걷고 있지 않으며 "청정 · 무위"하지 않고 있다는 의미이다.

제55장

잔꾀를 부려서 조화로운 기를 주도하는 것은 힘을 과시하는 것이다. 힘이 과도하게 강하면 노쇠하게 되는데 이를 일컬어 "도"에 부합하지 않는다고(不道) 말한다. "도"에 부합하지 않으면 빠르게 죽음을 맞이하게 될 것이다.56)

여기에서 "도에 부합하지 않음"(不道)은 강함을 드러내는 것을 가리켜 말한 것이다. 노자는 이 장에서 부드럽고 조화로운 "도"를 보여 주고자 했다.

"물장즉로物壯則老, 위지부도謂之不道, 부도조이不道早已." 세 구는 제30장에 이미 나왔다. 착간으로 인해 여기에 중복해서 쓰인 것으로 보이나, 확인할 길이 없다.

제59장

오랫동안 유지하고 존재하는 도리(道)이다.57)

이는 장구하게 지속되는 이치에 대해 말한 것이다.("久視"는 장구하게 존재한다는 의미이다.) 여기에서의 "도"는 우리가 일상적으로 사용하는 이치나 방법의 의미이지, 결코 노자철학의 고유명사가 아니다.

제60장

대국을 다스리는 것은 마치 작은 생선을 삶는 것과 같다. "도"로 천하를 다스리면…… .58)

---

56) 제55장, "心使氣曰强, 物壯則老, 謂之不道, 不道早已."
57) 제59장, "長生久視之道."
58) 제60장, "治大國, 若烹小鮮. 以道莅天下……."

국가를 다스리는 것은 마치 작은 생선을 삶는 것과 같으니 반드시 "무위"해야지 "유위"해서는 안 된다. "'도'로 천하를 다스린다"는 것은 "무위"로 천하를 다스린다는 것이다.(이러한 인간 사회 차원의 "도"는 곧 "덕"과 동일한 의미이다.)

제62장
"도"는 만물을 감싸 주는 것이다. 선한 사람의 보배요, 불선한 사람조차 지키려고 하는 것이다.…… 천자를 옹립하거나 삼공을 설치할 때 비록 큰 보옥을 앞에 두고 수레를 끄는 네 마리의 말을 뒤에 두어서 예물을 바치는 예절이 있더라도 도를 바치는 것만 못하다.
옛날에 도를 중시했던 이유는 무엇일까? 구하는 것이 있으면 얻을 수 있고, 죄가 있으면 사면될 수 있다고 말하지 않았던가? 그래서 천하의 모든 사람들에게 중시를 받는 것이다.[59]

이 장에서 언급되는 "도"는 모두 "자연·무위"의 "도"를 가리킨 것이다. 노자는 천자를 옹립하거나 삼공제도를 설치할 때 비록 큰 보옥을 앞에 두고 수레를 끄는 네 마리의 말을 뒤에 두어서 예물을 바친다고 하더라도, "자연·무위"의 "도"를 바치는 것만 못하다고 보았다. 통치자들이 "자연·무위"의 "도"를 행할 수 있다면 백성들은 통치자들의 보살핌을 받을 수 있을 것이다.

제65장
이전에 "도"를 잘 행했던 사람은 백성에게 교묘함을 가르치지 않았고 대신 백성을 순박하게(愚) 만들었다.[60]

"도를 잘 행했던 사람"의 "도"는 순박함의 "도"이다. 왕필은 "우愚"에 대해

---

59) 제62장, "道者萬物之奧.……立天子, 置三公, 雖有拱璧以先駟馬, 不如坐進此道. 古之所以貴 此道者何? 不曰: 求以得, 有罪以免邪? 故爲天下貴."
60) 제65장, "古之善爲道者, 非以明民, 將以愚之."

"참된 본성(眞)을 지키고 '자연'에 순응함"이라고 해석했다. 여기에서 "우愚"자는 순박함, 질박함 등 노자철학의 특수한 의미를 담고 있다.(이러한 "도"는 곧 "덕"과 동일한 의미이다.)

제67장

[천하 사람들은 모두 나에게 "도는 커서 구체적인 것 같지 않다"고 말한다. 도는 크기 때문에 구체적인 것 같지 않은 것이다. 만약 구체적이었다면 이미 보잘것없게 되어 버린 지 오래일 것이다!] 나에게는 세 가지의 보배가 있어서 이를 굳게 지키면서 보존한다. 첫 번째는 '자애로움'이라 하고, 두 번째는 '검약'이라 하며, 세 번째는 '감히 천하 모든 사람들의 앞에 위치하지 않음'이라 한다. 자애롭기 때문에 용감할 수 있으며, 검약하기 때문에 광대해질 수 있고, 천하 모든 사람들의 앞에 위치하지 않기 때문에 만물의 으뜸이 될 수 있다. 요즘에는 자애로움을 내버린 채 용감하길 원하고, 검약을 내버린 채 광대해지기를 추구하며, 겸양을 내버린 채 앞을 다투기를 원하니 이는 죽음의 길로 달려가는 것이로다! 자애로움으로 정벌이나 전쟁을 한다면 승리할 수 있고, 자애로움으로 수비한다면 견고하게 지킬 수 있다. 하늘이 누군가를 도와주려고 한다면 자애로움으로 그를 보호할 것이다.[61]

이 장은 전반적으로 자애로움(慈)을 논하고 있기에 "천하 사람들은 모두 나에게 "도는 커서 구체적인 것 같지 않다"고 말한다.…… 만약 구체적이었다면 이미 보잘것없게 되어 버린 지 오래일 것이다!" 단락은 이하 문장과 의미상 호응하지 않는 것 같다. 아마도 다른 장의 구절이 착간된 것으로 보인다. 다만 어느 장에서 왔는지는 확정할 길이 없다. 일단은 엄영봉의 설에 근거하여 제32장에서 떨어져 나와 착간된 것이라고 보았다. 또한 문장의 의미를 살펴보아도, "도는 커서 구체적인

---

61) 제67장, "[天下皆謂我: '道大, 似不肖.' 夫唯大, 故似不肖. 若肖, 久矣其細也夫!] 我有三寶, 持而保之. 一曰慈; 二曰儉; 三曰不敢爲天下先. 慈故能勇; 儉故能廣; 不敢爲天下先, 故能成器 長. 今舍慈且勇; 舍儉且廣; 舍後且先; 死矣! 夫慈, 以戰則勝, 以守則固. 天將救之, 以慈衛之."

것 같지 않다"(道大, 似不肖)의 의미는 "도"가 광대하기에 어떤 구체적인 사물과도 비슷하지 않다는 것인데, 그렇다면 이때의 "도"는 형이상적 실체로서의 "도"가 분명하다. 만약 착간이 아니라고 한다면 여기에서 말하는 "도"는 뒤의 단락에서 말하는 "세 가지 보배"(三寶) 즉 "자애로움"(慈), "검약"(儉), "천하 모든 사람들의 앞에 위치하지 않음"을 가리킨 것이어야 하므로 의미가 호응하지 않는다.

제73장
자연의 법칙은 쟁탈하지 않지만 이기는 것에 뛰어나고, 말하지 않지만 응답하는 것에 뛰어나다.[62]

"천지도天之道"는 자연의 법칙을 가리킨다. 이때의 "도"는 법칙으로서의 "도"이다.

제77장
"자연"의 법칙은 활시위를 잡아당기는 것과 닮지 않았는가? 활시위가 높으면 그것을 눌러서 낮춰야 하고, 활시위가 낮으면 그것을 올려서 높여야 하며, 넉넉한 것은 덜어 내고 부족한 것은 보충한다. 자연의 법칙은 넉넉한 것을 덜어 내어 부족한 것을 보충한다. 인간 사회의 행위 법칙은 이와 같지 않다. 오히려 부족한 자의 것을 탈취하여 넉넉한 사람에게 바친다.
누가 넉넉한 것을 가져와서 천하의 부족한 자를 부양할 수 있을까? 이는 오직 "도"를 터득한 사람만이 해낼 수 있다.[63]

노자는 넉넉한 것을 덜어 내어 부족한 것을 보충하는 것이 "자연"의 법칙이라고 보았다. 그러나 사회의 일반적인 법칙(人之道)은 이와 달라서 도리어 부족한 자들의 것을 탈취하여 넉넉한 사람에게 바친다. "도"를 터득한 사람은 "자연"의 법칙을

---

62) 제73장, "天之道, 不爭而善勝, 不言而善應."
63) 제77장, "天之道, 其猶張弓與? 高者抑之, 下者擧之; 有餘者損之, 不足者補之. 天之道, 損有餘而補不足. 人之道, 則不然, 損不足以奉有餘. 孰能有餘以奉天下, 唯有道者."

따를 수 있는 사람이다. 이러한 사람은 넉넉한 사람의 것을 덜어 내어 사회 내의 부족한 사람에게 보태 준다. 이 장에서 말하는 "도"자는 모두 법칙으로서의 "도"를 지칭한 것이다.

제79장
"자연"의 법칙은 편애하는 법이 없다.[64]

이 대목은 "자연"의 법칙에 어떠한 편애도 없음을 말한 것이다. 이때의 "도" 역시 법칙으로서의 "도"이다.

제81장
자연의 법칙은 만물을 이롭게 할 뿐 해치지 않으며, 인간의 행위는 시혜를 베풀 뿐 빼앗지 않는다.[65]

이 장의 "도"는 제77장, 제79장의 경우와 마찬가지로 법칙·법도의 의미로 언급되었다.

지금까지 "도"자가 각 장들의 맥락에서 가지는 진정한 함의를 탐색했다. 우리는 제1장, 제4장, 제21장, 제25장, 제32장, 제34장, 제42장, 제51장에서 언급된 "도"는 형이상적 실체로서의 "도"를 가리키지만, 그 외 여러 장에서는 주로 인간 사회의 측면에서 논의가 전개되었음을 확인할 수 있었다. 노자철학에 형이상학적 색채가 농후하게 배어 있음은 부정할 수 없지만 그가 가장 관심을 기울였던 대상은 바로 인간 사회와 정치의 문제였다. 『노자』라는 책 전체에서 가장 많은 분량이 인간 사회와 정치에 대한 논의에 할애되었다는 점이 나의 주장을 뒷받침하고 있다.

---

64) 제79장, "天道無親."
65) 제81장, "天之道, 利而不害; 人之道, 爲而不爭."

만약 형이상적 "도"가 인간 사회의 문제와 어떠한 관련도 없다면 이는 그저 공허한 개념에 불과할 것이다. "도"는 경험세계에서 구체화되었을 때에야 비로소 인간에게 중대한 의미를 가지게 된다. 이러한 층위의 "도" 즉 인간 사회의 중요한 척도로서의 "도"는 "자연·무위", "허정虛靜", "유약柔弱" 등의 특성을 보인다. 이러한 특성들은 전적으로 인간 사회와 정치의 요청에 부응하여 입론된 것이라 할 수 있다.

3. 자연自然 · 무위無爲, 허虛 · 정靜, 유약柔弱

1) 자연自然 · 무위無爲

"자연自然 · 무위無爲"는 노자철학에서 가장 중요한 관념이다. 노자는 모든 사물은 자신의 상태와 상황에 따라 발전해 나가야지, 외재적 의지에 의해 제약을 받을 필요가 없다고 보았다. 사물들은 그 자체로 잠재력과 가능성을 지니고 있기 때문에 외재적인 무엇인가를 보탤 필요가 없다. 따라서 노자는 "자연自然"의 관념을 제시함으로써 털끝만큼의 강제적 작위 없이 자유롭게 발전한 상태를 설명했다. "무위無爲"는 "자연"을 따르기만 할 뿐 어떠한 인위도 가하지 않았다는 의미이다. 여기에서 말하는 "인위人爲"에는 불필요한 행위, 심지어는 억지스럽게 제멋대로 행위함의 의미도 포함되어 있다.

노자철학은 항상 "자연"철학이라고 불린다. 그의 철학에서 "자연" 개념이 가지는 중요성은 다음의 대목에서 확인할 수 있다. 노자는 "사람은 땅을 본받고, 땅은 하늘을 본받으며, 하늘은 '도'를 본받고, '도'는 순전히 '자연을 따른다'"라고 말했다. 이 말은 "도"뿐만 아니라 인간, 땅, 하늘 모두 "자연"을 본받아야 한다고 말한 것이다. 이른바 "'도'는 순전히 '자연을 따른다'란 "도"가 그 자신의 상태에 근거하고 있으며, 내재적 원인에 따라 자신의 존재와 운동을 결정할 뿐 여타 외재적 원인에 의존할 필요가 없음을 말한 것이다. 이를 통해 우리는 "자연"이 명사가 아닌 부사적 용법으로 사용되고 있음을 확인할 수 있다. 달리 말하자면 "자연"은 결코 어떤 구체적인 것을 가리키는 것이 아니라 "그 자신이 바로 그와 같은 상태"를 형용한 것이다.

『노자』에서 언급되는 "자연"은 모두 이러한 의미이다. 노자가 "자연"을 언급한 대목들을 살펴보자.

> (가장 좋은 통치자는) 느긋한 태도를 취하며 명령을 가볍게 내리지 않는다. 어떤 일이 성취되고 나면 백성들은 모두 "우리는 원래 이러했다"고 말한다.[66]

> 명령을 적게 내리는 것이 자연自然에 부합한다. 그러므로 강풍은 아침나절 동안도 불지 못하고, 폭우는 하루 종일 내리지 못한다.(제23장)

> "도"가 존숭을 받는 이유와 "덕"이 소중하게 여겨지는 이유는 바로 그것이 간섭하지 않고 만물이 "자연"에 순응하여 따르도록 하는 것에 있다.(제51장)

> 그래서 성인은 사람들이 원치 않는 것을 원하여 얻기 어려운 물건을 진귀하게 여기지 않고, 사람들이 배우지 않는 것을 배워서 많은 사람들의 잘못을 교정해 준다. 이로써 만물의 자연스러운(自然) 변화를 보조하되 간섭을 더하지 않는다.[67]

여기에 인용된 대목들 가운데 "자연"은 결코 객관적 존재로서의 자연계를 가리키는 것이 아니라 어떠한 강제적 힘도 가해지지 않은 채 "자연自然"을 따르는 상태를 의미한다.

제17장 "백성들은 모두 '우리는 원래 이러했다'고 말한다"라는 대목은 정부가 백성들을 방해하지 않는 것이 최고의 정책이고, 백성들을 돕는 것이 정부의 책임이기

---

66) 제17장, "悠兮其貴言. 功成事遂, 百姓皆謂: '我自然'."
67) 제64장, "是以聖人欲不欲, 不貴難得之貨; 學不學, 復衆人之所過, 以輔萬物之自然而不敢爲."

는 하지만 일이 잘 되었을 때 백성들은 정부에 힘입었음을 인식하지 못하고 도리어 자기 스스로 발전한 결과라고 느낀다고 말한 것이다. 백성들이 털끝만큼도 정부가 무언가 준비했음을 느끼지 못하는 상태가 되었을 때 우리 모두는 완전히 자유로운 존재라고 느끼게 된다.

제23장에서 말한 "희언希言"은 "자연"에 부합하는 것이다. "희언"의 문자적 의미는 말을 적게 한다는 것이다. 노자가 말하는 "언言"이란 "명령과 법령"을 의미한다. 따라서 "희언"은 명령을 내리지 않는다는 의미이다. 이는 "명령하지 않는 교육"(不言之敎)과 의미가 통한다. 노자는 백성들을 방해하는 정치를 행해서는 안 되며, 백성들을 방해하는 것은 "자연"에 부합하지 않는다고 보았다. 그렇지 않고 강풍과 소나기 같은 가혹한 정령을 내려서 백성들의 피해를 초래한다면 이러한 정치는 오래 지속될 수 없을 것이다. 폭정이 오래 지속되지 못하는 것은 바로 "자연"에 부합하지 못하기 때문이다.

제51장에는 "도"가 존숭 받고 "덕"이 귀중하게 여겨지는 것은 이들이 다른 사물에게 간섭하지 않고 만물이 "자연"을 따르도록 하기 때문임을 매우 명확하게 밝히고 있다.

제64장에서 언급한 "만물의 자연스러운(自然) 변화를 보조하되 간섭을 더하지 않음"은 제51장의 "간섭하지 않고 만물이 '자연'에 순응하여 따르도록 하는 것에 있다"고 한 것과 의미가 통한다. 이들은 모두 "도"가 만물을 보조하는 입장에 있음을 밝히고 있다. 이때 보조함이란 만물이 각자의 본래 그러한 상태에 따라 발전하도록 한다는 것이다. "도"를 체득한 "성인" 즉 이상적 통치자의 통치방식 역시 이러한 정신을 드러내고 있다. 바로 백성들이 스스로 발전하고 어떠한 제약도 받지 않도록 돕는 것이다.

이상의 논의를 통해 우리는 노자가 "자연" 개념을 제기한 목적이 외재적 힘과 의지의 방해 및 개입을 거부하고 모든 사물들이 본래부터 가지고 있던 가능성과 경향을 따라 운행해 나갈 수 있도록 하는 것임을 알 수 있었다.

노자는 제5장에서 "천지는 편애함이 없어 만물이 알아서 생장하도록 놓아두고,

성인聖人은 편애함이 없어 백성이 알아서 살아가도록 놓아둔다"[68]라고 말했다. 이는 천지가 무엇도 편애하지 않고 만물이 자유롭게 생장할 수 있도록 해 주며, 성인은 누구도 편애하지 않고 모든 백성들이 스스로 발전할 수 있도록 해 준다고 말한 것이다. 이것이 바로 "자연·무위"사상의 의미이다. "자연"은 보통 천지의 운행 등과 관련해서 사용되며, "무위"는 보통 인간의 행위와 관련해서 사용된다. "무위"는 "자연"을 구체적으로 형상화한 것이라 할 수 있다. "자연"과 "무위"는 둘이면서 하나인 관계이다.

노자는 제37장에서 "도는 영원토록 '자연'에 맡겨 두지만, 그 어떤 일도 도가 하지 않은 것이 없다"고 말했다. 노자는 "자연"에 맡기는 "무위"의 "도"를 형이상적 차원에서 정치의 차원으로 구체화시켰다. "무위"를 통해 "도"를 설명한 제37장 외에도, 『노자』에서 "무위"를 논한 대목들은 모두 정치적 입장에서 논의를 진행했다.

노자가 "무위"를 제창한 동기는 "유위有爲"가 횡행했던 당시 상황에서 형성되었다. "유위"는 바로 당시 통치자들을 겨냥한 비판이었다.[69]

---

68) 제5장, "天地不仁, 以萬物爲芻狗, 聖人不仁, 以百姓爲芻狗."

69) 호적은 『中國哲學史』 上, 47쪽에서 노자가 "유위"의 정치에 반대하여 "무위"의 정치를 주장했던 동기에 대해 언급했다. 그는 다음과 같이 말했다. "노자는 '유위'의 정치에 반대하면서 '무위·無事'의 정치를 주장했는데, 이는 당시 정치 행태에 대한 반발이었다. '무위'의 정치철학 역시 통치자들의 간섭에 대한 반동이었다. 왜냐하면 간섭 정책을 펴는 정부는 사실 제대로 간섭을 할 능력도 없었기에 간섭을 할수록 더욱 망치게 될 뿐이기 때문이다. 그래서 일종의 반동으로 방임과 무위를 주장했던 것이다. 18세기 유럽의 수많은 경제학자들과 정치학자들이 자유방임주의를 주장했던 것은 정부가 너무나 부패하고 무능하여 국민들의 삶에 간섭할 자격이 없었기 때문이다. 내가 보기에, 노자가 무위주의를 주장한 것은 당시 정권들이 '유위'할 자격도 없으면서 '유위'하려고 하며, 간섭할 자격도 없으면서 간섭하려 했기 때문이다. 그래서 그는 '천하의 금기가 많아질수록 백성들은 더욱 빈곤에 빠진다. 인간 사회에 날카로운 무기가 많아질수록 국가는 더욱 혼란에 빠진다. 사람들의 간교함이 많아질수록 사악한 일이 연달아 발생한다. 법령이 삼엄할수록 도적들은 도리어 끊임없이 증가한다'고 했던 것이다. 『詩經』「大雅·瞻仰」에서는 '다른 사람에게 땅이 있으니, 너는 도리어 그것을 빼앗고, 다른 사람에게 백성이 있으니, 너는 그것을 도리어 침탈하는구나. 이 사람은 마땅히 죄가 없으나 너는 도리어 벌을 주고, 저 사람은 마땅히 죄가 있으나 너는 도리어 예뻐하는구나'라고 노래했다. 이러한 학정의 결과는 만백성으로 하여금 '메추리도 아니고 기러기도 아닌데 하늘로 날아서 도망가고 잉어도 아니고 다랑어

이른바 "유위"는 통치자들이 제멋대로 행위하면서 자신들의 욕구를 마음대로 채우던 것을 가리킨다. 노자는 "유위"의 통치로 인한 폐해가 이미 심각한 상황에 이르렀다고 보았다. 그는 다음과 같이 말했다.

> 천하의 금기가 많아질수록 백성들은 더욱 빈곤에 빠진다.…… 법령이 삼엄할수록 도적들은 도리어 끊임없이 증가한다.[70]

> 백성이 기아에 빠지게 되는 원인은 바로 통치자가 부세를 지나치게 착복하기 때문이다. 이로 인해 기아에 빠지게 되는 것이다. 백성을 통치하는 것이 어려워지는 원인은 바로 통치자가 억지를 부리며 마음대로 행동하기 때문이다. 이로 인해 통치가 어려워지는 것이다.[71]

금기가 많아지면 백성들은 손발을 어디에 둘지도 모르게 되고, 법령이 삼엄해지면 백성들은 꼼짝도 못하게 속박된다. 엄혹한 형벌을 남용하는 포악한 학정에 더해 무거운 세금으로 수탈까지 하니 백성은 안심하고 살 수가 없었다.

통치자들은 세금을 수탈했으며, 정부는 소수 지배층의 이익만 보호하고 다수의 백성들에게 포악한 통치를 행했다. 노자 당시 정부가 제멋대로 백성들의 권리를 박탈하는 일은 너무나 일상적이었다. 집중된 정치권력에 의한 통제가 강고해질수록 백성들에 대한 침탈은 더욱 극심해졌다. 정부가 존재하는 원래의 목적은 백성들에게 봉사하는 것이지만, 노자 당시의 정부는 백성들을 핍박하는 도구로 변질되어 버린 상태였다. 노자는 당시의 상황에 대해 다음과 같이 침통하게 증언했다.

> 조정의 부패가 극심하여 농토는 매우 황폐해지고 창고는 완전히 텅 비고 말았는데, 여전히 수놓인 화려한 의복을 입고 예리한 보검을 차며 맛있는 음식을 배불리

도 아닌데 물속에 숨는구나'와 같은 비통한 감상을 품게 하였다."
70) 제57장, "天下多忌諱, 而民彌貧,……法令滋彰, 盜賊多有."
71) 제75장, "民之饑, 以其上食稅之多, 是以饑. 民之難治, 以其上之有爲, 是以難治."

먹고 지나치게 많은 재화를 착취하고 있다. 이것을 바로 '도적의 수괴'라고 말한다. 얼마나 무도한가!

이 대목은 권력자들의 지나친 사치를 매우 생생하게 묘사했다. 통치자들은 공익을 침탈하고 사욕을 채우면서 화려한 생활을 하지만 농민들은 농토가 피폐해져서 끼니도 잇지 못하고 있고, 농민들의 창고는 텅 비었지만 통치자들의 창고에는 돈과 곡식이 쌓여만 갔다. 이러한 상황에서 노자는 "어떻게 이렇게 무도할 수 있다는 말인가!"라고 비탄하지 않을 수 없었다. 권력자들이 날카로운 검을 차고 백성들을 위압하면서 강함을 드러내니, 기아로 인해 죽음을 목전에 둔 백성들이 어떻게 감히 원망의 말을 할 수 있었겠는가? 이러한 광경을 목도한 노자가 "이 자들이 바로 도적의 수괴구나!"라고 비분강개했던 것은 조금도 이상한 일이 아니다.

그러나 과도한 핍박은 결국 거대한 혼란을 불러오게 되었다. 노자는 "백성이 통치자의 위압을 두려워하지 않으면 더 큰 재앙이 발생할 것이다"[72]라고 말했다. 통치자들이 위세를 부리며 부를 추구하고 백성을 핍박함이 극에 달하면, 이러한 위압은 결국 반작용을 불러오게 된다. 노자는 또 "백성이 죽음을 두려워하지 않는데 왜 죽음으로 그들을 위협하는가?"[73]라고 말했다. 백성들이 이러한 극단적 상황에 내몰리게 되면 결국 이판사판으로 행동하게 될 것이다. 이 지경에 이르러서 백성들의 목숨을 위협한다고 한들 이미 죽기는 매한가지라고 생각하는 이들에게 무슨 효과가 있겠는가?

노자는 이러한 시대적 상황 속에서 자신에게 타인의 운명을 결정하고 타인들의 이상적 상태가 무엇인지 재단할 자격이 있다고 생각하는 사람들과 그들의 행위야말로 세상이 평안하지 못하고 잔인함과 포악함이 난무하게 된 근본적 원인이라는 점을 깊이 통찰해 냈다.

노자는 당시의 통치자들이 무언가를 하기에 부족함에도 한사코 하려고 하며,

---

72) 제72장, "民不畏威, 則大威至."
73) 제74장, "民不畏死, 奈何以死懼之?"

그 결과로 백성들이 재앙을 당한다고 보았다. 이러한 상황 속에서 노자는 온 힘을 다해 "무위"의 정치를 행할 것을 주장했다. 그는 오직 이것만이 근본적인 해결 방법이라고 보았다.

"무위"사상의 제창은 『노자』 이론체계 성립의 가장 핵심적인 동기와 목적이라고 할 수 있다. 노자 형이상학 역시도 "무위"사상에 기반하여 세워진 것이라고 할 수 있다.

"무위" 개념은 『노자』 곳곳에서 등장하며, 그중에서도 제57장에서는 "무위"의 결과에 대해 설명하고 있다.

> 내가 무위하면 백성들은 자기 자신을 화육한다. 내가 고요함을 좋아하면(好靜) 백성들은 저절로 궤도에 오른다. 내가 방해하지 않으면(無事) 백성들은 저절로 풍족해진다. 나에게 탐욕이 없으면(無欲) 백성들은 자연스럽게 소박해진다.[74]

"고요함을 좋아함"(好靜), "방해하지 않음"(無事), "탐욕이 없음"(無欲) 등은 모두 "무위"사상에 대한 묘사이다. "고요함을 좋아함"은 당시 통치자들이 백성들을 혼란스럽게 하는 것을 겨냥해 제기한 것이고, "방해하지 않음"은 통치자들이 번잡하고 가혹한 정치행위를 하는 것을 겨냥해 제기한 것이며, "탐욕이 없음"은 통치자들이 자신들의 욕구를 확장해 나가는 것을 겨냥해 제기한 것이다. 우리는 이러한 사상들이 모두 "무위"의 내용임을 알 수 있다. 만약 "무위"의 정치를 행하여 백성들이 스스로 화육하고 발전하여 완성할 수 있도록 한다면, 백성들은 자연히 안정되고 풍족해질 것이고 사회는 저절로 조화와 안정을 이룰 것이다.

"무위" 주장은 매우 자유로운 방임 사상을 형성했다. 이러한 주장은 불간섭주의에서 비롯된 것으로, 노자는 통치계급의 팽창이 백성들의 자유와 안녕을 위협할 것이라고 보았기 때문에 "무위"의 관념을 제기함으로써 통치자들의 강압과 관여를

---

74) 제57장, "我無爲, 而民自化; 我好靜, 而民自正; 我無事, 而民自富; 我無欲, 而民自樸."

배제하고자 했다. 노자가 구상한 사회를 "민주"의 관념을 가지고 견강부회하는 것은 지나친 일이겠지만, 그 분위기가 자유로웠음은 분명하다.

노자의 "무위"는 어떤 것도 하지 않겠다는 것이 결코 아니다. 여기에는 함부로 행위하지 않는다는 의미가 담겨 있다. "무위"의 사상은 상당한 오해를 낳았는데, 특히 "무위이무불위無爲而無不爲"에 대해, 표면적으로는 아무런 일도 하지 않지만 남몰래 모든 일을 해낸다는 의미라는 오해가 광범위하게 퍼져 있다. 이러한 까닭에 노자는 권모술수의 인물로 오해되었다.[75] 그러나 노자는 결코 권모술수의 인물이 아니며, 그의 책 어디에서도 음모나 모사와 관련된 사상을 찾아볼 수 없다. 이러한 오해는 노자철학의 특수한 개념들에 대한 오독으로 인해 비롯된 것이다. "무위이무불위"의 의미는 제멋대로 행위하지 않으면 그 어떤 일도 이루어지지 않는 것이 없다는 것이다. "무위"가 일을 처리하는 태도와 방법이라면 "무불위"는 그로 인한 결과이다. 이는 『노자』 제3장의 "무위無爲의 원칙에 기반해서 세상일을 처리하면 궤도에 오르지 못하는 경우가 없게 된다"(爲無爲, 則無不治)라고 한 것과 의미가 통한다. 이 대목은 "무위"의 원칙에 기반해서 세상일을 처리하면 궤도에 오르지 못하는 경우가 없게 된다고 말한 것이다. "위무위"는 "무위"의 태도로 행위한다는 것이다. 이를 통해 우리는 노자가 결코 인간의 노력에 반대한 것이 아니며, 오히려 행위하라고 독려했음을 알 수 있다. 또한 노자는 "만물을 키워도 제 능력에 스스로 우쭐하지 않는다"(爲而不恃), "인간의 행위는 시혜를 베풀 뿐 빼앗지 않는다"(爲而不爭)고 말한 바 있다. 그는 행위할 것을 독려했다. 즉 자신의 주체성과 능동성을 발휘하고 자신의 능력을 바쳐 기여하라는 것이다. 그러나 이와 동시에 그는 대상에 집착하지 말고, 다투지 말며, 노력의 성과에 대해 소유욕을 가지지 말라고 했다.

노자는 모든 사람이 자신의 필요에 따라 품부된 선천성을 발전시켜 나가는 것이 허용되어야 한다고 주장했으며, 그래서 "자연" 개념을 제기했다. 또한 각기

---

75) 이러한 오해는 매우 광범위하게 퍼져 있다. 錢穆의 『莊老通辨』에서는 반복해서 노자를 권모술수의 인물이라고 하는데, 이는 엄청난 오해이다.

다른 바람들 간의 조화와 균형을 이루도록 하기 위해 "무위" 개념을 제기했다. 노자의 "자연·무위" 개념은 정치론의 측면에서 백성들의 주체성을 최대한 인정했으며, 이들이 각자의 특수성을 발전시켜 나갈 수 있도록 허용했다. 즉 개별 인격이 충분히 발전되고 개인들의 욕구가 충분히 추구되는 것을 허용했다. 단 어디까지나 타인의 영역을 침범하지 않는 범위 안에서 말이다. 또한 그는 통치자에 대해서는 "무위"의 관념을 제기함으로써 그들의 독단적인 의지와 행위가 함부로 확장될 수 없도록 하였고, 이를 통해 백성들의 권리를 핍박하고 병탄하지 못하게 저지했다.

노자의 "자연·무위"사상은 나름의 역사적 배경 아래에서 개진되었다. 「격양가擊壤歌」의 "해 뜨면 나가서 일하고 해지면 들어와서 쉬니…… 제왕의 힘이 나와 무슨 상관이란 말인가?"라는 가사처럼 편안하고 자족했던 상고시대 사회에서, 사실 정부의 존재는 보통 백성들의 삶과 필연적으로 관련되는 것은 아니었다. 18세기 서구에서는 "가장 게으른 정부가 가장 좋은 정부"라는 말이 유행했었다. 이 당시 정부가 하는 일이라고는 고작 국민들을 대신해서 도로를 수리하는 정도였다. 그러나 20세기 들어 상황은 급변했다. 오늘날 정부는 너무나 많은 사안들을 총괄하고 있기에 "무위"를 행하는 것은 애당초 불가능해졌다. 그러나 "무위"의 관념은 독재정치가 초래하는 피해를 감소시킨다는 점에서는 여전히 유효하다. 오늘날 사람들의 삶의 방식은 갈수록 획일화되고 있으며, 이는 전 세계의 보편적 현상이 되어 가고 있다. 이러한 상황에서 우리는 개인의 생명이 권력의 지배를 받으면서 고립무원의 처지에 놓인 상황들을 빈번하게 목도하고 있으며, 권력은 갈수록 강고해지고 집중되고 있다. 이러한 상황 속에서 노자의 "자연·무위"는 여전히 시대적 의미를 지니고 있다고 할 수 있다.

2) 허虛·정靜

노자는 "'허虛'를 추구하고 '정靜'을 지키는 공부를 지극한 경지까지 하라"[76]고 말했다. 그는 만물의 근원이 "허虛·정靜"한 상태라고 보았다. 세상의 분쟁과 소요를 바라보면서 노자는 이러한 주장을 통해 사람들이 "허"를 추구하고 "정"을 지킬 수 있기를 희망했다. 아래에서는 이 두 개념을 구분해서 설명하겠다.

사마담司馬談의 『논육가요지論六家要指』에서는 도가사상에 대해 "'허虛'와 '무無'를 근본으로 삼는다"고 말한 바 있다. 이를 통해 "허"가 노자철학의 핵심 개념임을 알 수 있다. 『노자』 제4장에서 말했다.

> 도체는 비어 있건만(道沖) 그 작용이 끝나지 않는다. 깊구나! 이는 만물의 종주인가 싶기도 하다.

"도충道沖"은 "도"체가 텅 비어 있음을 형용한 것이다. 텅 비어 있는 "도"체는 마치 만물의 근원처럼 보인다. 이것은 만물의 근원일 뿐만 아니라 이것이 발휘해 내는 작용은 영원토록 고갈되지 않는다.(노자가 말하는 "허"가 결코 텅 비어서 아무것도 없는 것이 아님을 알 수 있다.) 제5장의 설명도 이와 일치한다.

> 천지 사이는 과연 풀무 같지 아니한가? 비어 있지만 고갈되는 법이 없고 작동하면서 쉼 없이 생성한다.77)

"풀무"는 텅 비어 있는 상태를 형용한 것으로, 천지 사이가 비록 비어 있는 상태이기는 하지만 그것의 작용은 결코 고갈되지 않는다. 이들의 작용이 시작되면 만물은 이 비어 있는 곳으로부터 쏟아져 나온다. 이를 통해 우리는 "허"자가 창조적 요소를 함축하고 있으며, 그 역량이 무궁무진함을 알 수 있다. 이는 바로 깊은 계곡과 같아서, 비록 비어 있는 형상을 하고 있기는 하지만, 이것은 수많은 물줄기들이 모이는 곳이다. 노자는 "허"를 설명할 때 계곡의 비유를 즐겨 사용했다. 그는 말했다.

---

76) 제16장, "致虛極, 守靜篤."
77) 제5장, "天地之間, 其猶槖籥乎! 虛而不屈, 動而愈出."

숭고함의 덕은 마치 저 아래에 있는 계곡 같다.[78]

중국에는 "계곡처럼 마음을 비우다"는 말이 있는데, 이 말이 형용하고 있는 마음의 상태에 도달했다면 그는 "숭고함의 덕"(上德)을 갖춘 사람이라고 불릴 수 있다.

노자는 계곡을 통해 "허"를 상징화했는데, "허"의 관념이 인간사에 적용되었을 때에는 "깊이 간직했다"(深藏)는 의미를 내포하게 된다. 『사기史記』「노장열전老莊列傳」에서는 "좋은 장사꾼은 좋은 물건을 감추어 마치 없듯이 하고, 군자가 성대한 덕을 갖추면 그 모습이 마치 어리석은 이 같다"고 말했다. "좋은 물건을 감추어 마치 없듯이 함"은 빈 깡통이 시끄러운 소리를 내는 것과 좋은 대비를 이룬다.

"허"의 반대는 "실實"과 "영盈"이다. "실"에는 편견의 의미가 있으며, "영"은 자만의 의미를 가리킨다. 노자는 여러 차례 자만이 가지는 병폐에 대해 언급했다. 그는 제24장에서 "자기 생각을 자부하는 자는 도리어 자신을 드러낼 수 없고, 자신을 옳게 여기는 자는 도리어 빛날 수 없으며, 자신을 자랑하는 자는 도리어 공효를 이룰 수 없다"[79]고 했고, 제9장에서 "꽉 틀어쥐고 잔뜩 채우는 것은 알맞은 때에 멈추는 것만 같지 못하다. 재주를 드러내면 그 빼어난 기세가 오래 유지되기 어렵다"[80]고 했다. 이러한 대목들은 모두 자만하지 말고 깊이 간직해야 함을 말한 것이다.

"비어 있는"(虛) 사물들은 필연적으로 "고요한"(靜) 상태를 보일 수밖에 없다. 따라서 "허"를 중시한 노자는 필연적으로 "정"을 중시할 수밖에 없었다. 그는 인생살이나 인간사의 모든 측면에서 "정靜"의 작용을 매우 중시했다. 지금부터는 노자가 "정"의 관념에 대해 어떻게 설명했는지 살펴보겠다.

---

78) 제41장, "上德若谷."
79) 제24장, "自見者不明; 自是者不彰; 自伐者無功; 自矜者不長."
80) 제9장, "持而盈之, 不如其已; 揣而銳之, 不可長保."

만물이 왕성하게 생장하는 모습에서 나는 왕복·순환하는 도리를 본다.
무성한 만물은 각자 자신의 뿌리로 되돌아간다. 뿌리로 되돌아가는 것을 "정靜"이라
고 하고, 정은 근원으로 되돌아간다고 한다.[81]

노자는 만물이 왕성하게 생장해 나가는 현상 가운데에서 왕복순환의 이치를
간파해 냈다. 그의 관점에서 보았을 때 만물은 복잡하게 뒤얽혀서 천태만상을
보이지만, 이들도 종국에는 각자 그들의 근원으로 돌아가게 되며, 바로 이 지점에서
"허·정"의 상태가 드러난다. 이러한 관점은 인간 사회와 정치에도 적용될 수 있다.
노자는 복잡하고 소란스러운 모든 인간사 역시 "청정淸靜"의 상태로 돌아가야 한다고
보았다.

노자는 "정"을 논할 때 특히 정치의 측면에 강조점을 두어 논의를 전개했다.
그는 "'청정'하고 '무위'할 수 있다면 백성들의 모범이 될 수 있다"[82]고 하였다.
이를 통해 "청정"의 작용이 얼마나 큰지 알 수 있다. 그는 또 "탐욕이 일어나지
않고 고요함(靜)을 추구하게 된다면 천하는 저절로 안정된 상태로 되돌아가게 될
것이다"[83]라고 말했다. 탐욕에 의해 동요되지 않아야만 비로소 "청정"의 경지에
도달할 수 있다. 따라서 "청정"의 경지는 "무욕"의 상태이기도 한 것이다. 노자는
"청정"과 "무욕"의 중요성을 매우 분명하게 밝혔다.

내가 고요함을 좋아하면(好靜) 백성들은 저절로 궤도에 오른다.…… 나에게 탐욕이
없으면(無欲) 백성들은 자연스럽게 소박해진다.[84]

여기에서 "무욕"과 "청정"은 밀접하게 관련되어 있다. (내가) "무욕"하면 백성들
은 저절로 소박해지고, 백성들이 소박해졌다면 저절로 궤도에 오르기에 충분하다.

---

81) 제16장, "萬物竝作, 吾以觀復. 夫物芸芸, 各復歸其根. 歸根曰靜, 靜曰復命."
82) 제45장, "淸靜爲天下正."
83) 제37장, "不欲以靜, 天下將自正."
84) 제57장, "我好靜, 而民自正;……我無欲, 而民自樸."

"나에게 탐욕(欲)이 없으면 백성들은 자연스럽게 소박해진다(樸)"에서 "욕(欲)"과 "박(樸)"은 서로 대비해서 제기된 것이다. 여기에서 우리는 "욕"이 곧 심리작용 상의 교활한 욕망임을 알 수 있다. 따라서 "무욕"은 심리작용 상의 교활한 욕망을 제거하는 것이지 본능적인 자연적 욕구를 제거하라는 것이 결코 아니다. 노자가 보았을 때, 통치자들이 "청정"하여 욕망을 좇지 않을 때 비로소 사회는 안정의 길로 들어설 수 있다.

"정(靜)"의 반대는 조급함과 번잡함이다. 바로 이러한 반대의 의미에서 바라볼 때 노자가 "정"을 중시한 이유를 이해할 수 있다. 노자는 제26장에서 말했다.

> 진중함(重)은 경솔함의 근본이고, 고요함은 조급함의 주축이다. 그러므로 군자는
> 온종일 다니면서도 짐수레를 떠나지 않는다. 비록 화려한 생활이 있더라도 편안하게
> 살며 태연자약하다. 자신이 대국의 군주가 되었으면서 어째서 경솔하고 조급하게
> 천하를 다스리는가? 경솔하면 근본을 잃고, 조급하면 주축을 잃는다.[85]

"정"과 "중(重)"은 서로 연결된 것으로, "중"을 견지한 자는 항상 "정"할 수 있다. 그래서 노자는 "정"을 중시하면서 "중"도 귀하게 여겼던 것이다. 그는 통치자는 일상생활 중 항상 "정(靜)·중(重)"을 견지해야 한다고 보았다. 그렇게 하기만 한다면 통치자가 설사 화려한 생활을 한다고 하더라도 편안하고 태연할 수 있는데, 이것이 바로 "정·중"이 드러나는 방식이다. 그러나 노자는 당시 통치자들이 과도하게 사치스럽고 부패한 생활을 하면서 조급하고 경솔한 기풍을 드러내는 것을 목도하였기에 "대국의 군주가 되어 어째서 자기 자신을 천하에서 가장 가벼운 것으로 만들어버리는가?"라고 비분강개했던 것이다.

통치자들은 경솔하고 조급하면 안 되고 특히나 백성들을 괴롭혀서는 안 된다. 그래서 노자는 "대국을 다스리는 것은 마치 작은 생선을 삶는 것과 같다"(제60장)고

---

85) 제26장, "重爲輕根, 靜爲躁君. 是以君子終日行不離輜重. 雖有榮觀, 燕處超然. 奈何萬乘之
主, 而以身輕天下? 輕則失根, 躁則失君."

말했던 것이다. 국가를 다스리는 것은 마치 작은 생선을 삶는 것과 같아서 변동이 잦아서는 안 된다. 변동이 잦으면 볼품없이 될 것이다. 노자는 국가 통치를 작은 생선을 삶는 것에 비유했는데, 이는 "정"이 국가 통치의 원칙이 되어야지 백성들을 방해해서는 안 됨을 암시한 것이다. 가혹한 형벌과 무거운 세금은 백성들을 방해하는 정치행위로, 통치자들은 이 점을 깊이 경계해야 한다.

노자가 "정" 관념을 제기하게 된 것에는 사상적 배경이 있다. 첫째, 그는 당시 통치계급이 방종한 생활을 하면서 말초적 자극에만 함닉되어 감각적 유희에 몰두하는 것을 목격했다. 그래서 그는 "화려한 색채는 사람의 눈을 어지럽히고, 복잡한 음조는 사람의 청각을 예민하지 못하게 하고, 음식을 질릴 만큼 배불리 먹는 일은 사람의 혀가 맛을 느끼지 못하게 하고, 마음 내키는 대로 사냥질하는 것은 사람의 마음을 요동치게 한다"[86]고 경계했다. 그는 욕구의 범람 속에서 "청정"을 추구하라고 요구했던 것이다. 둘째, 그는 당시 통치자들이 무거운 세금과 가혹한 형벌로 백성들을 괴롭히는 현장을 목도했다. 그래서 그는 "청정"의 정치를 행해야지 백성들을 괴롭혀서는 안 된다고 거듭 호소했다. 제16장을 제외하면 『노자』에서 "정靜"자를 논한 대목들은 모두 정치적인 주제 특히 통치자들의 폐단을 겨냥하여 논의를 전개했다.

노자는 정치 행위상에서뿐만 아니라 인간사의 모든 번다한 활동에서도 "청정"을 추구해야 한다고 주장했다. 그는 번거롭고 바쁜 와중에서도 마음을 고요하게 가라앉히고 급박한 와중에도 자신을 안정시키라고 요구했다. 속담에서는 "마음이 고요하면 (靜) 자연히 시원해진다", "고요함(靜)으로 움직임을 제어한다", "안일함으로 수고스러움을 기다린다"라고 말했다. 이러한 "움직임 속에서 고요함을 취한다"는 이치는 이미 오래전부터 우리의 생활 경험 안에서 일상적인 지혜가 되었다. 이를 통해 우리는 "정"이 결코 뻣뻣하게 아무 움직임도 없거나 한 발짝도 나아가지 않는 것이 아니며, 못에 고인 물처럼 완전히 정체된 상태도 아닌, "고요함 속에 움직임이 있고 움직임 속에 고요함을 함축한" 상태임을 알 수 있다. 노자는 "누가 요동치는

---

86) 제20장, "五色令人目盲; 五音令人耳聾; 五味令人口爽; 馳騁畋獵, 令人心發狂."

가운데 고요해져 천천히 맑아질 수 있는가? 누가 안정된 가운데 움직여 천천히 나아갈 수 있는가?"[87]라고 말했다. 여기에서 노자는 "움직임이 지극해지면 고요해지고 고요함이 지극해지면 움직인다"는 이치를 매우 분명하게 긍정하고 있다.

3) 유약柔弱과 다투지 않음(不爭)

노자는 "도의 작용은 유약柔弱하다"[88]고 했으며, 또한 "이는 연이어져 끊이지 않고 영원히 존재하며, 작용이 무궁무진하다"[89]고 말했다. 이는 "도"가 만물을 창생하는 작용이 비록 유약하기는 하지만 연이어져 끊어지지 않고 무궁무진하게 작용함을 말한 것이다. "도"의 창생 과정에서 드러나는 "유약함"은 "무위"의 상태에 대한 묘사라고 할 수 있다. 즉 "도"가 그러한 "유약함"을 드러냈기 때문에 만물은 자신들이 어떠한 강압에 의해 만들어진 것이 아니라 스스로 낳고 성장했다고 느끼는 것이다.

"유약"의 작용은 인간 사회에도 적용될 수 있다. 노자는 "유약함이 강건함을 이긴다"고 보았으며, "완강한 것은 죽음에 속하는 부류이고, 유약한 것은 삶에 속하는 부류이다"라고 보았다. 그는 제76장에서 다음과 같이 말했다.

> 사람이 살아 있을 때 신체는 유연하지만, 죽을 때가 되면 경직되고 만다. 초목이 생장할 때 형질은 유연하지만, 죽을 때가 되면 마르고 만다. 그러므로 완강한 것은 죽음에 속하는 부류이고, 유약한 것은 삶에 속하는 부류이다. 이로 인해 군대를 움직일 때 위세를 부리면 멸망을 당하게 되고, 나무가 크고 강하면 벌목을 당하고 만다.[90]

---

87) 제15장, "孰能濁以靜之徐淸; 孰能安以動之徐生."
88) 제40장, "弱者道之用."
89) 제6장, "綿綿若存, 用之不勤."
90) 제76장, "人之生也柔弱, 其死也堅强. 草木之生也柔脆, 其死也枯槁. 故堅强者死之徒, 柔弱者生之徒. 是以兵强則滅, 木强則折."

노자는 경험세계의 사물과 현상에서 자신의 논거를 제시하고 있다. 그는 "완강한"(堅强) 것들은 죽음에 속하는 부류이고 "유약한" 것들은 삶에 속하는 부류라고 설명했다. 노자는 사람의 신체를 예로 들면서, 사람이 살아 있을 때는 신체가 부드럽지만 죽으면 경직된다고 했다. 또한 초목을 예로 들면서, 초목이 무럭무럭 자랄 때에는 그 형체와 질감이 부드럽지만, 꽃이 지고 잎이 떨어지면 메마르게 된다고 했다. 그는 이 두 가지 사례에 대한 논의에서 "완강한 것은 죽음에 속하는 부류이고, 유약한 것은 삶에 속하는 부류이다"라는 결론을 도출해 냈다. 이 결론은 "완강한" 것이 이미 생기를 상실했으며, "유약한" 것이 생기로 가득 차 있다는 의미를 내포하고 있다. 이것은 사물의 내재적 발전의 양상을 말한 것이다. 외재적으로 드러난 측면에서 보자면, "완강한" 것들이 "죽음에 속하는 부류"인 것은 이러한 완강함이 겉으로 표출되어 외재적 압력이 가해졌을 때 가장 먼저 충돌하기 때문이다. 이것이 바로 노자가 말한 "재주를 드러내면 그 빼어난 기세가 오래 유지되기 어렵다"는 것이다. 재주를 겉으로 드러내면 시기를 받아 해를 입기 쉽다. 이는 크고 높은 나무가 사람들의 이목을 끌어 벌목되기 쉬운 것과 같다. 이것이 바로 "인위"의 재앙이다. 자연계에서의 재난 역시 이와 마찬가지이다. 태풍이 몰아칠 때 크고 높은 나무는 종종 부러지며, 심지어는 뿌리째 뽑혀 나가기도 한다. 그러나 풀의 경우 바람이 부는 대로 나부끼니, 바로 그들의 부드러움으로 인해 바람에 휘날릴지언정 절대 부러지지 않는 것이다. 속담에 "어떠한 광풍도 버드나무 가지를 부러뜨릴 수 없으며, 이는 빠져도 혀는 오래 남는다"고 하고, "혀는 부드러워서 입에 남아 있지만 이는 단단하여 잘 부러진다"라고도 한다. 이러한 이치는 우리 모두가 아는 것이다. 물의 경우 가장 약한 것이지만 도리어 결코 격파할 수 없다는 특징이 있다. 마치 "칼로 물 베기"가 절대 불가능한 것처럼 말이다. 노자는 경험세계로부터 이러한 사례들을 취합하여 "강한 것은 쉽게 부서지고 약한 것은 도리어 부서지기 어려우니, 가장 영구히 지속되는 것은 완강한 것이 아니라 '유약한 것이다'"와 같은 결론을 도출해 냈다. 그래서 그는 다음과 같이 말했다.

세간에는 물보다 유약한 것이 없지만, 단단한 것에 충격을 가할 때에는 이보다 나은 것이 없다. 왜냐하면 어떤 것도 이를 대체할 수 없기 때문이다. 약함이 강함을 이기고, 부드러움이 굳셈을 이긴다. 천하에 이를 모르는 사람이 없지만 실행할 수 있는 사람은 없다.[91]

세상에서 가장 유연한 것이 세상에서 가장 단단한 것을 제어할 수 있다.[92]

노자는 세상에 물보다 유약한 것은 없지만 완강한 것을 공격할 때 물보다 더 나은 것이 없다고 보았다. 한 번 살펴보자. 처마 밑으로 똑똑 떨어지는 물방울이 오랜 시간 누적되면 바위도 움푹 파이게 한다. 홍수 때 물이 범람하면 집과 전답도 모두 덮어 버리고 교량도 끊어지는 등 어떤 견고한 것도 이를 건더 내지 못한다. 그래서 노자는 "유약함"이 완강함을 이긴다고 말했던 것이다. 여기에서 우리는 노자가 말하는 "유약"이 결코 통상적인 의미에서의 나약함이나 무력함을 의미하는 것이 아니며, 더할 나위 없는 강인함이 그 안에 담겨 있음을 알 수 있다.

노자의 "유약"사상은 "강함을 드러내는" 작위를 겨냥해서 제기된 것이다. 강함을 드러내는 자는 필시 완고하여 남의 충고를 듣지 않고 자신만 옳다고 여기는 자이다. 즉 노자가 비판한 자신을 뽐내고, 자신을 자랑하며, 자신만 옳다고 여기고, 자신을 드러내며, 자신을 높이는 사람이다. 세상에서 벌어지는 분쟁의 대다수는 바로 이러한 마음가짐과 행위로 인해 발생한다. 이러한 상황에서 노자는 "유약"을 주장하고 또한 "낮은 곳에 머무름", "다투지 않음"의 관념을 제기했던 것이다.

노자는 자신의 이치를 설명하기 위해 물의 비유를 즐겨 사용했다. 그는 유약한 물이 낮은 곳에 머물고 다투지 않으며 다른 사물들을 이롭게 하는 특징이 있다고 말했다. 삶의 태도 역시 이와 같아야 한다. 즉 낮은 곳에 머물고 남과 다투지 않으며 백성들을 이롭게 할 수 있어야 한다.

---

91) 제78장, "天下莫柔弱於水, 而攻堅强者莫之能勝, 以其無以易之. 弱之勝强, 柔之勝剛, 天下莫不知, 莫能行."
92) 제43장, "天下之至柔, 馳騁天下之至堅."

"낮은 곳에 머무름"은 "유약"의 이치를 응용해 낸 것들 중 하나이다. 여기에는 겸허하게 다른 사물을 용납한다는 의미가 내포되어 있다. 노자는 항상 강과 바다의 비유를 사용했는데, 그들은 움푹 파인 낮은 곳에 머물기 때문에 모든 하천은 바다로 흘러든다. 노자는 세상 사람들이 모두 높은 곳, 볕이 잘 드는 곳을 차지하기 위해 다투는 것을 불만스럽게 여겼기 때문에 "강과 바다가 하천과 계곡이 흘러들어 만들어짐"을 통해 낮은 곳에 머무는 것이 가지는 장점을 설명했다. 그는 사람들이 낮은 곳에 머물 수 있다면 모든 분쟁의 실마리를 없애서 다른 사람을 용납하는 마음가짐을 기를 수 있다고 보았다.

　"다투지 않음"(不爭)의 관념 역시 "유약"에서 기인했다. 현실 사회에서는 그 어느 곳도 자신의 사사로운 이익을 위해 다투지 않는 곳이 없는데, 그는 이것을 불만스럽게 여겼기 때문에 "만물을 윤택하게 하면서 만물과 다투지 않아야" 하며, "인간의 행위는 시혜를 베풀 뿐 빼앗지 않아야" 한다고 주장했다. 노자의 "다투지 않음"은 자신을 포기하거나 나아가 모든 일·모든 사람을 포기하는 것이 결코 아니며, 사회에서 도피해서 산속으로 숨어드는 것도 아니다. 이 관념은 인간 사회를 혼란스럽게 하는 분쟁의 실마리를 제거하기 위해 제기된 것이다. 그는 여전히 "행위"할 것을, 그리고 이 "행위한 바"가 "만물을 윤택하게 할 것"을 요구하고 있다. 이때의 "행위"는 "자연"에 따라 인간의 노력을 발휘한 것이다. 이러한 노력의 결과가 반드시 그 자신의 소유가 되는 것은 아니다. 이러한 타인을 위한 기여 및 타인과 공적 및 명성을 다투지 않는 정신은 위대한 도덕 행위라고 할 수 있다. 노자가 말한 "업적이 성취되어도 스스로 으스대지 않음"[93], "업적이 성취되어도 그것을 자신의 공이라 여기지 않음"[94], "공업이 완수되면 삼가 물러남"[95] 등이 바로 "다투지 않음"의 사유가 연장된 것이다. 여기에서 우리는 노자의 "겸양"이나 "뒤에 머무름"(居後) 등의 관념이 "다투지 않음"의 사상 안에 포함되어 있으며,

---

93) 제2장, "功成而弗居."
94) 제34장, "功成而不有."
95) 제9장, "功成名逐身退."

인간의 소유욕을 제거하는 것이 그 주된 목적임을 추론할 수 있다.

4. 결론 및 노자에 대한 비판

앞에서 노자철학 체계가 "도" 개념으로부터 전개되었다고 말한 바 있다. 노자는 "심원하고 심원하며" "아련하고 어렴풋한" "도"가 정말로 존재한다고 보았다. 그렇다면 우리는 여기에서 다음의 질문을 던질 수밖에 없다. 이 세계에는 정말 노자가 말한 것과 같은 "도"가 정말로 존재하는가? 이는 실제적 존재인가, 아니면 개념적으로 구성된 존재인가? 이러한 질문들에 대해 우리는 아주 명확하게 "도"는 개념적으로 구성된 존재일 뿐이라고 답할 수 있다. "도" 개념에 함축되어 있는 여러 특성들은 모두 노자가 규정한 것이다. 사실 상식의 관점에서 보았을 때 노자가 말한 도의 특성들은 어떤 의미도 없다고 할 수 있다. 예를 들어 "도"에 대한 "아련하고 어렴풋함", "독립적으로 항구히 존재함", "천지의 본원" 등의 설명은 모두 비경험적인 것들로, 외재적 세계에서 검증이 불가능하다. 그러나 "도"의 문제를 경험지식의 문제로만 취급할 수는 없다. 이것은 인간 사회의 여러 문제들을 다루고 해결하기 위해 요청된 일종의 전제 혹은 희망이다. 우리는 정치철학의 전제인 "모든 인간은 태어나면서부터 평등하다"에 대해 "인간은 정말 태어나면서부터 평등한가?"라는 질문이 제기되었을 때 이러한 전제를 부인할 수도 없고 그렇다고 그것을 증명할 수도 없다. 하나의 전제로서의 "도" 역시 마찬가지이다.[96] 우리는 이 문제를 존재의 관점(existential viewpoint)이 아닌 가설적 관점(hypothetical viewpoint)에서만 논할 수 있다.

만약 우리가 "도"에 대해 더 깊이 이해하게 된다면, 우리는 "도"에 관한 노자의

---

96) 金岳霖은 말했다. "나는 철학이란 어떤 도리를 제기하는 관점이라고 생각한다. 철학은 이러한 관점을 가질 수밖에 없으며, 철학적 관점은 윤리 문제에서 가장 근원적인 부분, 전제 혹은 신념에 관한 것들이다. 엄격하게 말해서, 이러한 사상들 중 대부분은 한동안은 혹은 영원토록 증명되거나 반증될 수 없다."(「馮友蘭『中國哲學史』審査報告」에서 인용했다.)

논의가 곧 인간 내재적 생명에 대한 진심어린 토로라고 말할 수 있을 것이다. 그는 변화하는 사물 가운데에서 불변하는 토대를 확보하고자 했으며, 개별 자아의 한계를 극복하고자 시도했다. 그는 개별 자아를 현실세계의 굴레에서 해방시키고, 인간의 정신생명을 끝없이 확장시켜서 우주적 정신과 일치시킨 후 우주론적 관점에서 인간의 존재를 이해하고 인간 존재의 지위를 승격시키고자 했다.

그러므로 어떤 이들은 노자의 형이상적 "도"가 개념의 유희에 빠져 있는 것이라고 여기기도 하지만, 노자의 형이상적 "도"로 인해 인간 사유 활동의 범위가 확장되었으며, 현실 문제의 질곡에서 벗어나 한층 더 높은 차원에 대해 사유할 수 있게 되었다. 그 밖에도 노자의 우주생성론은 매우 중대한 사상사적 의미를 지니고 있다. 노자는 "도"를 제기함으로써 인격신에 의한 천지창조설을 타파할 수 있었다.[97] 그는 "도"가

---

97) 노자의 우주론은 인격신에 의한 천지창조설을 타파했다. 이러한 관점은 이미 여러 학자들이 언급한 바 있으나, 이러한 관점을 보다 강조하기 위해 아래에 여러 학자들의 설명을 인용한다.
梁啓超가 말했다. "노자의 '천지가 형성되기 전에 존재했다', '천지의 근원', '천제의 시조' 등의 말들은 그가 '천'을 초월하여 '도'의 본체를 구하고자 했음을 명백하게 보여 준다. 이는 고대의 인격신에 의한 천지창조설을 타파하기 위해 최선을 다한 것이다. 훗날 子思가 '하늘(天)이 명한 것이 성이고, 이 성을 따르는 것이 도이다'라고 한 것과 董仲舒는 '도의 큰 원천은 하늘(天)로부터 나왔다'고 한 것은 모두 뒤집어 말한 것이다. 노자가 '도는 천을 본받는다'고 하지 않고 '천이 도를 본받는다'고 한 것은 그의 사상의 정수이다."(『老子哲學』)
章太炎이 말했다. "노자는 천제나 귀신, 점술을 신뢰하지 않았다. 공자 역시 노자사상의 영향을 받아서 귀신을 믿지는 않았지만, 다만 완전히 쓸어 내지 못했을 뿐이다. 그러나 노자는 이러한 것들을 완전히 쓸어 내 버렸다."(『演講錄』)
夏曾佑가 말했다. "『노자』는 지금도 남아 있지만, 그 내용을 연구해 보면 귀신이나 술수의 잘못을 반복해서 밝히는 것에 그 종지가 있다. '무성한 만물은 각자 자신의 뿌리로 되돌아간다. 뿌리로 되돌아가는 것을 靜이라고 하고, 정은 근원으로 되돌아간다고 한다'고 한 것은 귀신의 일은 사람의 이치로 추론할 수 없는 것을 알아서 제사에 관한 일체의 설을 타파한 것이다. '혼연일체의 무언가가 천지가 형성되기 전에 존재했다'고 한 것은 천지와 산천, 오행, 만물이 모두 근원적인 것이 아니라서 천인 간의 인과관계를 밝히기에 부족함을 안 것으로 점술에 관한 설을 타파한 것이다. '재앙이여! 행복은 그 안에서 기대고 있다. 복이여! 재앙은 그 안에 숨어 있다'고 한 것은 화복은 인사 가운데에 숨어 있는 것이지 그 이전에 미리 정해진 것이 아님을 안 것이니, 천명에 관한 설을 타파한 것이다."(王力, 『老子硏究』에서 인용했다.)
호적이 말했다. "천도는 노자철학의 근본 관념이다. 노자 이전 천도에 대한 관념은

"천제天帝의 시조"98)라고 말함으로써 신의 존재 기반을 없앴으며, "하늘은 '도'를 본받고, '도'는 순전히 '자연'을 따른다"고 함으로써 그의 철학체계 안에서 인격신 관념의 흔적조차 남기지 않았다. 또한 "천지는 편애함이 없어 만물이 알아서 생장하도록 놓아둔다"고 했는데, 그의 이러한 자연방임의 사상은 고대 종교와 미신의 질곡으로부터의 철저한 해방이었다. 노자가 말한 "천天"은 모두 "자연"을 지칭하는 것으로, 그는 의지를 가지고 행위하는 "천"의 개념을 소거해 버리고 최고의 권위를 가진 불가침한 것으로 여겨지던 "천"을 끌어내려 혼연한 "도" 아래에 위치시킴으로써, "천"은 그저 무심하게 존재하는 자연계의 하늘이 되어 버렸다. 요컨대 노자는 우주현상을 설명함에 있어 인격신에 의한 창조라는 설명 방식을 파기하고 만물이 스스로 낳고 자라며 순전히 "자연"을 따르는 과정을 중시했다. 이러한 측면에서 볼 때 노자의 형이상학은 매우 중대한 의미를 가진다.

형이상의 "도"는 인간 사회의 준칙으로서의 "도"로 구체화되었는데, 이것이 인간에 대해 가지는 의미는 매우 분명하다. 인생론 층위에서의 "도"는 "자연·무위", "허·정", "유약함", "다투지 않음", "만물을 키워도 제 능력에 스스로 우쭐하지 않으며, 만물을 성장시키지만 주재하지 않으며, 업적이 성취되어도 스스로 으스대지 않음" 등의 특징을 지니고 있다. 우리는 노자가 규정한 "도"의 특성으로부터 노자사상이 어떠한 의도로 제기되었는지 깊이 깨달을 수 있다. 노자사상의 핵심적 동기는

천을 의지, 지식 및 희로의 감정을 가지고서 권능을 휘두를 수 있는 주재자로 여기는 것이었다.…… 온갖 분쟁으로 혼란한 시대를 살았던 노자는 전란으로 인해 사람들이 죽어 가고 집이 부서지며 국가가 멸망하는 참화를 직접 목도하고서, 만약 의지와 지각을 가진 천제가 있다면 결코 이러한 참화가 발생하지 않았을 것이라고 생각했다."(『中國古代哲學史』)
서복관이 말했다. "종교의 몰락으로 인해 '천'은 자연적 존재가 되었다. 이는 인류 지성의 각성 이후의 일반적인 상식에 부합한다. 『시경』, 『춘추』의 시대에도 이미 이러한 자연적 존재로서의 천에 대한 관념의 맹아가 드러났다. 노자사상의 가장 큰 공헌 중 하나는 자연성을 가진 천의 생성 및 창생 과정에 대한 새롭고 체계적인 설명을 했다는 점이다. 이러한 설명이 나오고서야 비로소 원시종교의 잔재를 말끔히 제거할 수 있었다. 노자 이후 중국에서는 합리적 사유에 따라 구성된 형이상학적 우주론이 출현했다."(『中國人性論史』)
98) 제4장, "象帝之先."

인간 사회의 갈등을 줄이는 것이다. 인간 사회 갈등의 근원에는 탐욕스러운 위정자들의 무분별한 이기적 소유욕이 있었다. 노자가 주장한 "무위", "질박함", "무욕", "겸양", "다투지 않음" 등의 관념들은 모두 인간의 소유욕으로 인한 갈등을 줄이기 위한 것들이었다. 고금을 통틀어 어느 사회든 마찬가지겠지만, 특히 노자가 살았던 사회는 유형과 무형의 갈등이 끊임없이 이어지고 있었다. 전쟁에서의 살육은 "유형"의 갈등 중 가장 참담한 것이다. 이러한 참담한 전쟁은 대부분 탐욕스러운 위정자들의 야심과 기분을 충족시키기 위해 벌어지며, 그로 인해 수많은 백성들이 무의미한 죽음으로 내몰렸다. 『노자』는 강렬한 반전의식을 표출하고 있다. 그는 "병기는 상서롭지 못한 물건이라서 모두가 이것을 꺼려하기에 '도(道)'를 터득한 이는 이것을 사용하지 않는다"(제31장)고 했으며, 또한 설사 포악한 적의 공격을 받아서 "부득이하게 이를 사용할 때에는 담박하게 그 상황에 대처하는 것을 최고로 여기고 승리했을 때에도 득의양양하지 않는데, 득의양양하다면 이것은 사람 죽이기를 즐기는 것이다"(제31장)라고 말했다. 한 번 생각해 보라. 전쟁에서 승리하려면 수많은 사람들을 죽여야 하는데, 이때 살해당한 한 명 한 명 모두 우리와 마찬가지로 갓 태어났을 때부터 어머니가 온갖 고생을 다해 키워 냈을 것이다. 청년들 한 명 한 명의 얼굴에는 모두 모성애가 깃들어 있고 그 모성애 안에는 피눈물이 서려 있는 있는데, 어찌 무고하게 전장으로 내몰려 순식간에 피투성이가 되어 그들의 피가 강처럼 흐르도록 한다는 말인가! 그래서 노자는 "사람을 많이 죽이게 되므로 애통한 마음으로 전쟁에 임하며, 승전했더라도 상례의 의식을 사용해 일을 처리한다"(제31장)고 엄중하게 말했던 것이다. 이 얼마나 위대한 인도주의 사상의 표출인가! 그는 인간에 대한 연민의 마음을 품고 있었기 때문에 "자애로움"(慈)을 주장했고, 이러한 자애로움을 강력히 발휘하여 백성들을 함부로 죽이지 말라고 요구했던 것이다. 전란의 참화가 이어지던 시대, 쟁탈이 끊이지 않는 사회를 살아가면서 노자는 간절하게 인간 사회의 분쟁의 실마리를 제거하고자 했다. 『노자』라는 책을 지은 동기는 여러 가지로 설명될 수 있겠지만, 가장 근원적인 출발점인 이 지점을 이해해야 비로소 노자사상의 진정한 의도를 파악할 수 있다. 또한 바로 이 지점을 깊이 공감했을 때 우리는 비로소 노자가 구세의 뜻을 품고 있었음을 이해할 수 있을 것이다. 흔히 노자사상은 소극적이고 비관적이며 출세간적이라고 한다. 이는 완벽한 오해이다. 노자는 "만물을 낳고 길러도 자신의 소유로 삼지 않음", "만물을 키워도 제 능력에 스스로 우쭐하지 않음", "만물을 성장시키지만 주재하지 않음", "업적이 성취되어도 스스로 으스대지 않음", "만물을 양육하면서도 자신을 주인이라 여기지 않음", "인간의 행위는 시혜를 베풀 뿐 빼앗지 않음", "만물을 윤택하게 하면서 만물과 다투지 않음"을 주장했다. 이를 통해 우리는 노자가 "행위"할 것을 요구했음을 알 수 있다. 즉 만물을 낳고 기르고 자신의 역량으로 기여할 것을 요구했던 것이다.(夫養萬物, 利萬物) 사실 노자는 인간의 성취와 공적을 결코 부정하지 않았다. 다만 그는 모든 사회 구성원들이 명예와 이익, 공적을 다투고 자신의 내세우며, 무임승차를 노리고, 이익을 탐내며, 공도 없으면서 성과물을 다투고, 공이 있으면 더욱 독점하려는 것들을 목도했기에 업적이 성취되어도 스스로 으스대지 않고, 일을 이루었음에도 명예와 지위를 다투지 말아야 한다고 주장했던 것이다. 아울러 그는 넉넉한 것은 덜어 내어 부족한 이에게 보태 주고, 자신의 능력을 모두 발휘하여 세상에 기여해야 한다고 호소했다.

그 밖에도 우리는 노자가 주장한 "허·정"의 관념에 주목해야 한다. 이는 우리 삶에 대해 비판적이면서 시사하는 바가 있는 관념이다. "허·정"한 삶이란 우리 마음이 응축되고 간직함의 태도를 유지한다는 의미를 담고 있다. 오직 이러한 태도를 유지할 때 우리는 고상한 심지와 순박한 기질을 유지할 수 있으며, 깊고 탄탄한 창조 역량을 이끌어 낼 수 있다. 현대인들의 삶을 돌이켜 보면, 정신없고 겉만 화려하다 보니 자연히 심오한 사상을 교육하기 어렵다. 실제로 이러한 번잡하고 조급한 삶은 우리 마음의 모든 위대한 창조역량을 말살하고 있다. 노자는 바로 이러한 내재적 생명을 길러내는 것에 집중하라고 호소했던 것이다. 노자의 이러한 호소는 우리 현대인들의 무신경하고 피상적인 삶의 방식과 마음자세에 여전히 중요한 의미를 던지고 있다.

마지막으로 노자철학의 결점들에 대해 논하겠다. 먼저 우리는 그가 주로 유비

(Analogy)를 통해 자신의 주장을 지지하고 있음을 쉽게 발견할 수 있다. 예컨대 그는 유약한 물이 어떤 견고한 것도 부술 수 있다는 점으로부터 유약함이 강고함을 이긴다는 결론을 도출해 냈다. 이러한 유비추리는 설득력과 지시성을 가지기는 하지만 논거로서 충분한 힘을 가지지는 못한다. 왜냐하면 유비추리의 방식은 전제들에 변화를 줄 경우 상반되는 결론을 도출할 수도 있기 때문이다. 예컨대 같은 방식으로 견고한 망치로 모든 유약한 것들을 부술 수 있으므로 견고한 것이 유약한 것을 이긴다는 결론을 도출할 수도 있다. 여기에서는 오직 노자가 사용한 유비추리에 대해서만 비판을 하도록 하겠다. 물론 우리는 노자의 의도를 명확히 알고 있다. 그는 경험세계 안에서 자신이 주장하는 이치를 뒷받침하는 논거를 찾고자 했던 것이다. 설사 이러한 논거들이 그가 도출한 결론들의 필연성을 보장하는 것은 아니라고 하더라도, 그가 주장한 이치가 경험세계 안에서 적용될 수 있다는 점이 부정되지는 않는다.

노자사상의 내용 중에도 비판을 받을 만한 지점이 다수 존재한다.

첫째, "근본으로 되돌아가서 처음의 상태를 회복함"(返本復初)의 사상은 매우 심오한 것이다. 하지만 이러한 근본과 처음의 상태로 돌아가는 것이 정말로 가능한가? 또한 이러한 상태가 정말 노자가 말한 것처럼 아름다운 상태인가? 이러한 사상은 사물의 발전과 진보를 방해하는 것은 아닌가?

둘째, 노자는 사물의 운동과 발전이 순환의 과정 속에 있다고 보았다. 그러나 사물의 발전 양상은 매우 복잡다단하여, 곡선의 형태로 발전하기도 하고, 직선의 형태로 발전하기도 한다. 이러한 무수한 양상들을 왕복순환이라는 단일한 틀로 모두 포괄할 수 없다.

셋째, 노자는 "무지無知"와 "지혜를 버릴"(棄智) 것을 주장했다. 모든 교묘한 속임수와 같은 것들이 인간의 간교한 심지心智 활동에서 비롯된다고 보았기 때문이다. 또한 그는 "학문을 끊어버릴"(絶學) 것을 주장했다. 노자가 말하는 학문이란 인·의·예·법에 대한 학문을 가리킨다. 그는 이러한 성인의 지혜, 예, 법을 추구하는 것이 공연히 간교한 속임수만 늘린다고 보았다. 그러나 그는 "지혜"나 "학문"이 인간을 더 높은 경지로 인도하고 선한 방향으로 이끈다는 점을 간과했다.

넷째, 노자는 사물이 대립관계 속에서 전환되는 것을 중시했다. 그는 마치 고리에 시작과 끝이 없는 것처럼 행복과 재앙이 상호 원인이 된다고 보았지만, 이러한 설명방식은 개별 주체의 역량이 가지는 중요성을 간과한 것이다. 따라서 개인들이 굳이 자신의 역량을 발휘하여 참여하지 않아도 재앙이 저절로 행복으로 변화되고 행복이 저절로 재앙으로 변한다고 오해하기 쉽다. 그러나 개별 주체의 노력은 화복을 결정하는 핵심적인 요소이다.

다섯째, 노자는 인간이 자연에 순응해야 한다고 거듭 강조했다. 그러나 온전히 자연에 방임한 결과 모든 사물이 당초에 기대했던 만큼 발전을 이룰 수 있는지의 여부는 다소 회의적이다. 그 밖에도 도가사상은 인간과 자연사물이 일체라고 긍정했는데, 인간과 자연사물이 본질적으로 동일한 것인가? 이는 확실히 문제가 있어 보인다. 실제로 인간은 의지, 이성, 감정을 가지고 있다. 의지의 표출, 이성의 작용, 감정의 분출 등은 인간을 인간으로 만들고 자연사물과 본질적으로 구분되게 한다.

여섯째, 노자가 구상한 이상국가의 시적인 분위기의 안분지족하고 조화로운 삶은 우리로 하여금 갈망을 불러일으킨다. 이는 당시 사회 환경에 근거해서 볼 때는 완전히 비현실적인 목표는 아니었을 것이다.(고대의 농촌사회는 수많은 자급자족의 촌락들로 구성되어 있었기 때문이다.) 그러나 이러한 단순하고 단조로운 생활 방식 중에 과연 얼마나 정신활동이 가능할지 회의적이다.

일곱째, 노자는 "'청정·무위'하며 유약함으로 낮은 곳에 머물러라"라고 거듭 주장했는데, 이러한 사상적 분위기에 오랫동안 젖어 들다 보면 분발하고자 하는 정신이 잠식되거나 관념적 탐색과 사상적 진보를 해 나갈 용기가 사그러들 수 있다. 요컨대 노자가 구상한 세상에서는 정신적 평화와 안녕은 얻을 수 있겠지만 창조를 향한 충동은 상대적으로 감소될 수 있다.

비록 상술한 결점들이 있다고 해서 노자철학의 가치가 완전히 가려지는 것은 아니다. 그가 제기한 여러 관념들, 예컨대 그가 거듭 제기한 "만물을 낳고 길러도 자신의 소유로 삼지 않으며, 만물을 키워도 제 능력에 스스로 우쭐하지 않으며,

만물을 성장시키지만 주재하지 않고, 업적이 성취되어도 그것을 자신의 공이라 여기지 않음"은 이미 중국문화의 정수로 자리 잡았다.

"영원히 마르지 않는 우물처럼 보물들을 가득 품고 있어서 두레박만 내린다면 쉽게 손에 넣을 수 있다"는 독일의 철학자 프리드리히 니체(F. Nietzsche)의 말처럼 오천 자로 이루어진 『노자』는 심오한 지혜로 가득 차 있다.

본문

(노자 제1장~제81장)

제1장

【원문】

道可道, 非常"道"①; 名可名, 非常"名"②.

"無", 名天地之始; "有", 名萬物之母③.

故常"無", 欲以觀其妙; 常"有", 欲以觀其徼④.

此兩者, 同出而異名⑤, 同謂之玄⑥. 玄之又玄, 衆妙之門⑦.

【주석】

① 도가도道可道, 비상"도"非常"道": 첫 번째 "도道"는 사람들이 통상적으로 말하는 도이다. 즉 오늘날 사람들이 말하는 "이치"(道理)이다. 두 번째 "도"는 "말하다"(言說)를 의미한다. 세 번째 "도"는 노자철학에서의 전문용어로, 이 장에서는 우주宇宙를 조성하는 실체實體 또는 동력動力을 가리킨다. "상常"은 마왕퇴馬王堆 한묘漢墓 백서帛書 『노자』 갑甲본과 을乙본에 모두 "항恒"으로 되어 있다.

　"상도常道"의 "상"은 진실하며 영원하고(眞常) 영속적(永恒)이라는 뜻이다. 보통 "상도"를 영속적이면서 불변不變하는 도道라고들 해석하는데, 이를 '영속적'이라고 해석할 수는 있지만 '불변'하다고 해석하는 일은 타당하지 않다. 노자가 우주의 실체이자 만물萬物의 본원이라고 간주한 "도"는 항상 변하고 항상 움직이는 것이기 때문이다. 『노자』 제40장에 "도의 운동은 순환적이다"(反者道之動)라한 말이 바로 도를 움직이는 어떤 것으로 본 예이고, 제25장에서 도의 운행을 "순환 운행하며 쉼 없이 생성한다"(周行而不殆)고 형용한 말 역시 도체道體가 쉼 없이 생성함을 그린 예이다.

주겸지朱謙之가 말했다. "대체로 '도道'는 변화의 총칭이다. 시간과 더불어 전변하며 사물에 발맞추어 변화한다. 변동하는(變易) 면이 있으면서도 바뀌지 않는(不易) 면이 있다. 이 점에서 상常이라 표현하였다.…… 노담老聃이 말하는 도는 바로 변동하며 멈춤 없고 여섯 방위를 두루 휘도는 것이니 영구불변의 도道도 없고 영구불변의 명名도 없다.…… 천지天地의 도는 영속하면서도 그침이 없고 사시사철 변화하면서도 오래도록 이루어 갈 수 있는 것이다. 만약 변화할 수도 없고 바뀔 수도 없다면 어찌 상常이라고 표현할 리가 있겠는가?'(『老子校釋』) 내가 생각하기에 주겸지의 설명이 옳다. 정이程頤는 『이천역전伊川易傳』에서 『주역周易』의 「항괘恒卦」를 해설할 적에 "천하天下의 이치상 변동하지 않으면서 영속(恒)할 수 있는 것은 여태껏 없었다. 변동하는 것은 끝마쳐도 다시 시작하니 이에 영속할 뿐 끝나 버리지는 않는다. 무릇 천지가 생성하는 사물은 굳건하고 두터운 산악조차도 변하지 않을 수가 없다. 따라서 '영속함'은 '고정됨'(一定)을 말하는 것이 아니다. '고정'되면 영속적일 수 없다. 때에 따라 변동하는 것이라야만 상도常道이다"라고 지적했는데, 정이가 "상도"를 "때에 따라 변동하는 것"으로 설명한 부분이 바로 노자의 뜻에 부합한다.

② 명가명名可名, 비상"명"非常"名": 첫 번째 "명名"자는 구체적인 사물의 명칭을 가리킨다. 두 번째 "명"자는 지칭한다는 뜻으로, 동사로 사용되었다. 세 번째 "명"자는 『노자』에서 특수하게 사용한 술어로, 도의 명칭을 가리킨다.

장석창蔣錫昌이 말했다. "『관자管子』「심술心術」에서 '명名은 성인聖人이 만물을 처리하는 수단이다'라 하였고, 「칠법七法」의 주注에서 '명名은 무언가를 명명하는 수단이다'라 하였다. 여기서의 명名은 바로 세상 사람들이 사물에 붙이는 이름이니 그 함의는 일반의 누구에게나 이해될 수 있는 것이다. 첫 번째 '명'자는 이렇게 이해해야 한다. 두 번째 '명'자는 동사로 쓰였다. '상명常名'은 진실하며 영원하고(眞常) 바뀌지 않는(不易) 명名으로, 이는 바로 『노자』에서 특수하게 쓰이는 명名을 가리킨다. 『노자』에서 쓰이는 명名은 그 함의가 세상 사람들이 흔히 쓰는 것과는 많이 다르다. 노자는 후대 사람들이 각자의 시대에서 통상적으로 쓰는 명名으로 『노자』를 해석하면 차후 원의와 많이 멀어질 것을 크게 염려하였기에 초반부터 이 문제를 지적하여 주의를 환기한 것이다."(『老子校詁』)

장대년張岱年이 말했다. "명명하는 언어(名言)로 진지眞知를 드러낼 수 있는지 여부는 중국고대철학에서 중대한 문제 중 하나이다. 도가道家는 명명하는 언어가 진지를 표현하기에 충분치 못하며 진지는 명명하는 언어를 뛰어넘는 것이라고 본다."(『中國哲學大綱』)

③ "무無", 명천지지시名天地之始; "유有", 명만물지모名萬物之母: "무無"는 천지의 본원이고 "유有"는 만물의 근원이다. "무"와 "유"는 "도"를 지칭한 것으로, "도"가 형질形質이 없는 것에서 형질이 있는 것으로 구체화되는 과정을 나타낸다.

"무명천지지시無名天地之始, 유명만물지모有名萬物之母"는 역대로 두 가지의 구두법이 있다. 첫째는 "'무', 명천지지시; '유', 명만물지모"이고, 둘째는 "'무명', 천지지시; '유명', 만물지모"이다. 엄준嚴遵과 왕필王弼이 "무명"과 "유명"에서 끊어 읽었는데 예전 사람들은 대부분 왕필 식 관점을 따랐다. 그러나 왕안석王安石은 "무"와 "유"에서 구두했다. 그는 "'무'는 그로써 천지의 처음을 명명하는 것이다. '유'는 그로써 그 끝을 명명하는 것이므로 만물의 어미라 한다"라 하였다.(容肇祖가 정리한 『王安石老子註輯本』에서 인용함) 목이서繆爾紆는 "여기에서 '무'와 '유'로 구두하는데, '무명'과 '유명'으로 구두하는 것도 가능하다"(『老子新注』)라 하였다.

내 생각은 다음과 같다. "무"와 "유"는 중국철학의 존재론 또는 우주론에서 한 쌍의 중요한 범주로, 노자가 창안한 것이다. 통행본 『노자』 제40장의 "천하만물은 유에서 생겨나며, 유는 무에서 생겨난다"("天下萬物生於有, 有生於無." 湖北 郭店 戰國 楚墓 竹簡 『노자』에는 "天下之物生于有·生于無"로 되어 있음)도 "무"와 "유"에서 구두하는 예이다. 그런데 "무명"과 "유명"에서 구두할 것을 주장하는 사람들도 『노자』 내에서 논거를 찾을 수는 있다. 제32장의 "도는 영원토록 무명無名이다"(道常無名), 제25장의 "나는 그것의 이름(名)을 모르지만 억지로 그것을 '도道'라고 부른다"(吾不知其名, 强字之曰道)가 그 예이다. 즉 두 학설이 병존하고 있는 것이다.

필자는 철학적 관점에 입각하여 "무"와 "유"로 구두하는 학설을 취한다.

④ 상"무"常"無", 욕이관기묘欲以觀其妙; 상"유"常"有", 욕이관기교欲以觀其徼: 언제나 "무"에 입각해 "도"의 오묘奧妙를 살피고, 언제나 "유"에 입각해 "도"의 경계(邊際) 를 살핀다.

　"교徼"는 이전 사람들의 몇 가지 해석이 있다. 첫째는 끝마치게 되는 곳(歸結)이 다. 가령 왕필의 주에 "교徼는 끝마치는 지점(歸終)이다"라 하였다. 둘째는 '규竅'로 고치는 것이다. 가령 황무재黃茂材의 책에서 '규竅'자가 사용되었고, 마서륜馬敍倫 은 "교徼는 규竅로 고쳐 써야 한다. 『설문해자說文解字』에 '규는 구멍(空)이다'라 하였다"라고 해설하였다.(『老子校詁』) 셋째는 "교曒"로 고쳐 해석하는 것이다. 돈황敦煌본의 경우 "교曒"로 되어 있다. 주겸지는 "돈황본을 따라 '교曒'로 고쳐 써야 한다.……' 상무관기묘常無觀其妙'에서 '묘妙'는 미묘微眇를 이르는 말로, 순열荀悅의 『신감申鑒』에서 '이치가 은미(微)한 것을 묘라고 일컫는다'라 언급한 그것이다. '상유관기교常有觀其曒'에서 '교曒'는 밝은 것(光明)을 이르는 말로 '묘'와 대비되는 글자이다. 뜻으로 말하자면 이치가 드러난 것을 교曒라 일컫는다 하겠다"라 하였다. 넷째는 경계(邊際)이다. 육덕명陸德明은 "교徼는 가장자리(邊)이 다"(『老子音義』)라 하였다. 동사정董思靖은 "교徼는 길가(邊際)이다"(『道德眞經解』)라 하였다. 진경원陳景元은 "대로변(大道邊)에 있는 작은 길을 교徼라 이른다"라 하였다. 오징吳澄은 "교徼란 끄트머리(邊際) 부분을 말하는 것이나 마찬가지이니 맹자孟子가 말한 단端이 이에 해당한다"라 하였다. 지금 번역에서는 넷째를 좇아 일단 "경계"(端倪)로 옮긴다.

　"상무욕이관기묘常無欲以觀其妙, 상유욕이관기교常有欲以觀其徼"는 "무無"와 "유 有"에서 구두하기도 하고 "무욕無欲"과 "유욕有欲"에서 구두하기도 한다. 왕필이 "무욕"과 "유욕"으로 읽은 뒤로 후대 사람들이 대부분 이를 따랐다. 그러나 이 장은 형이상形而上적인 "도"체를 논하였고 인간의 삶에 대한 노자의 관점에서 "유욕"은 인식을 방해하는 것이니, "상유욕常有欲"하다면 자연히 "도"의 경계(邊 際)를 살필 수 없게 된다. 따라서 여기서는 앞 구절을 이어받아 "무"와 "유"에서 구두해야 한다. 또한 『장자莊子』 「천하天下」에서 "노담은 그런 경향을 인지하면 곧바로 기뻐하였고, 상무유常無有의 학설을 세웠다"라 하였는데, 장자가 언급한 "상무유"가 바로 이 장에서의 "상무"·"상유"이다. 이제 송대 왕안석에서 오늘날 고형高亨에까지 이르는 각 주석가들의 견해를 예시하여 참고할 수 있도록 하겠다.

왕안석이 말했다. "도道에서 본本의 측면은 무無에 있는 것이므로 상무常無하면 이에 그 묘妙를 자연히 알게 되고, 도에서 용用의 측면은 언제나 유有에 귀속되는 것이므로 상유常有하면 이에 그 교徼를 자연히 알게 된다."

소철蘇轍이 말했다. "성인聖人은 도道를 체득해 천하天下에 활용한다. 온갖 유有에 들어서서도 '상무常無'하니 이에 그 묘妙를 알고, 지극한 무無에 뿌리박고 있으면서도 '상유常有'하니 이에 그 교徼를 안다."(『老子解』)

왕초王樵가 말했다. "옛 주석대로 '유명'과 '무명'으로 읽으면 도리어 본문의 원의와는 관련 없게 되며, '무욕'과 '유욕'으로 읽으면 아마 종지宗旨를 가로막게 될 듯하다. 노자가 '무욕'뿐 아니라 '유욕'까지 설파하였다는 말은 들어본 적이 없다."(『老子解』)

유월兪樾이 말했다. "사마광司馬光과 왕안석은 모두 '무'와 '유'에서 구句를 끊었는데 이것도 따라야 한다.…… 뒤에서 '차양자동출이이명此兩者同出而異名, 동위지현同謂之玄'이라 한 말이 바로 '유'와 '무' 둘을 이어받는 말이다. 만약 '무욕'과 '유욕'으로 붙여 읽는다면 '유욕'을 어찌 '현玄'이라 일컬을 수 있겠는가?"

(『諸子平議』에서 인용함)

역순정易順鼎이 말했다. "내 생각은 다음과 같다. 『장자』 「천하」에 '노담은 그런 풍조를 들으면 기뻐하였고, 상무유常無有를 세웠다'라 하였는데, '상무유'가 바로 이 장에서의 '상무常無'·'상유常有'이다. '상무'와 '상유'에서 구두하는 것은 『장자』에서도 그리하였던 것이다."(『讀老札記』)

고형이 말했다. "'상무'로 붙여 읽고 '상유'로 붙여 읽는다. '상무욕이관기묘常無欲以觀其妙'는 상무常無에 입각해 그 묘妙를 보려 한다는 말과 같고, '상유욕이관기교常有欲以觀其徼'는 상유常有에 입각해 그 교徼를 보려 한다는 말과 같다. '상무'와 '상유'를 특별히 중시했기에 구句의 첫머리에 놓았다. 이런 식의 구법句法은 고서古書에서 늘 있는 것이다."(『老子正詁』)

⑤ 차양자此兩者, 동출이이명同出而異名: 백서본에는 "양자동출兩者同出, 이명동위異名同胃(謂)"로 되어 있다. "차양자此兩者"는 앞 구절의 "무"와 "유"를 가리킨다.

왕안석이 말했다. "'양자兩者'는 유有, 무無로 불리는 것들인데 다 같이 도道에 있는 것이다.…… 세속의 학자들은 '무'가 정미한 것(精)이고 '유'가 조잡한 것(粗)이라고 항시 생각하지만 둘이 모두 도에 있다는 사실을 알지는 못한다. 그래서 '동위지현同謂之玄'이라 한 것이다."

동서업童書業이 말했다. "'무'와 '유' 또는 '묘妙'[1]와 '교徼'가 '동출이이명同出而異名'한 것이다. '동同'의 측면에서 보면 혼돈混沌한지라 분리되지 않으니 이 점에서 '현玄'이라고 칭하였다."

⑥ 현玄: 은미하면서도 심원하다는 뜻이다.

소철이 말했다. "무릇 아득하여 끝에 닿을 수 없는 것은 그 색이 틀림없이 현玄하다. 그래서 노자는 현玄을 써서 궁극을 빗대곤 하였다."(『老子解』)

범응원范應元이 말했다. "현玄이란, 심원하면서도 분별分別이 불가함을 의미한다."(『老子道德經古本集註』)

오징이 말했다. "현玄이란 은미하여 파악할 수 없음을 뜻한다."(『道德眞經註』)

장대년이 말했다. "'현' 개념은 '도' 개념의 변용이기도 하다."(『中國哲學大綱』)

⑦ 중묘지문衆妙之門: 모든 오묘奧妙의 출입문으로, 바로 도를 가리키는 표현이다.

【번역】

언어로 표현할 수 있는 도道는 영속적인 도(常道)가 아니고, 말할 수 있는 명名은 영속적인 명(常名)이 아니다.

무無는 천지天地의 본원이고, 유有는 만물萬物의 근원이다.

---

1) [역자주] 저본에 '妙'로 적혀 있어서 일단 맞추어 옮겼지만, 역자가 찾아본 동서업의 책에는 '杪'로 되어 있다. 童書業 著, 童敎英 整理, 『童書業著作集(1)』(中華書局, 2008), 824쪽.

그러므로 항시 무에 입각하여서는 도의 오묘奧妙를 살피게 되고, 항시 유에 입각하여서는 도의 경계를 살피게 된다.

무와 유 이 둘은 원천이 같고 명칭은 다르나, 심원한 것이라고 아울러 일컬을 수는 있다. 심원하고 심원하니 모든 오묘의 출입문이다.

【해설】

장章 전체에 걸쳐 "도"에 대해 묘사하고 있다. 이 "도"는 형이상적 실재로서의 "도"인데, 이런 형이상적인 "도"는 말로 나타낼 수가 없는 것이다. 이는 어떠한 언어나 문자도 표현할 수 없으며 어떠한 개념으로도 지칭할 수 없다.

"도"는 노자철학에서 최고의 범주이다. 이는 『노자』에서 몇 가지의 의미를 지닌다. 첫째 의미는 세계를 조성하는 실체, 둘째 의미는 우주를 생성하는 동력, 셋째 의미는 만물을 추동하는 이법, 넷째 의미는 인간 행위의 준칙으로 간주되는 어떤 것이다. 이 장에서 언급된 "도"는 모든 존재의 근원을 가리키는데 이는 자연계에서 최초로 움직임을 일으키는 것이다. 이것은 무한한 잠재력과 생성력을 갖추고 있다. 천지天地에서 만물이 기운차게 생장하는 일은 모두 부단히 작용하는 "도"의 잠재력이 드러나는 것이다.

"무"와 "유"는 '도'를 지칭하려고 쓴 것이다. 도가 형질이 없는 것에서 형질이 있는 것으로 구체화되는 과정을 표현하는 데에 쓰였다.

노자가 말하는 "무"라는 것은 결코 영零(0)은 아니다. 다만 도는 일종의 잠재태(Potentiality)이므로 그것이 아직 현실태(Actuality)로 이루어지지 않은 시기에는 "은미한 상태"(隱)에 있다. 이 은미하여 아직 드러나지 않은 "도"는 우리의 감관에 감지될 수 없다. 그래서 노자는 "무"자를 써서 그 모습이 보이지 않는 "도"의 특성을 가리켰다. "도"는 이렇게 모습이 보이지 않아 "무"라 불리기도 하지만 한편으로는 천지만물을 생성할 수 있는 것이기도 하다. 노자는 형이상적인 "도"가 구체화될 시에 형질 없는 것과 형질 있는 것의 사이에 개입되는 어떤 상태를 "유"로 표현했다. 노자가 말하는 "무"란 무한하면서도 아직 드러나지 않은 생성의 계기(生機)를 포함하므로 결국 "무"가 무한한 "유"를 품은 것임을 알 수 있다.

이렇게 "무"와 "유"가 잇닿게 된 것이야말로 형이상적인 도가 구체화되어 천지만물을 생성하는 과정을 분명하게 보여 준다. 이런 과정 덕택에 초월성의 도와 구체적인 세계가 밀접한 관련을 맺어서 형이상적 "도"가 허황되지 않은 개념이 된 것이다.

이 장의 요지는 결국 두 가지이다. 첫째, "도"는 말로 나타낼 수 없다는 특성이 있으며, 개념화할 수 없는 그 무엇이다. 둘째, "도"는 천지만물의 근원이자 시원이다. 많은 사람들이 노자의 이론이 불명확하기에 "현지우현玄之又玄"이라 한다고 생각하는데, 사실 노자의 그 언급은 저 심원하기 그지없는 근원적인 것이야말로 만물이 연원하는 "도"임을 설명한 것에 지나지 않는다. 한편, "도"를 말할 수 없다(不可名)고 노자가 말한 것은 사실 우리에게 도의 언어로 나타낼 수 없고 개념화할 수 없는 등의 특성을 말해준 셈이다. 제25장에서 노자는 이런 형이상적 실체가 혼연한 상태의 그 무엇인데 이것을 이름할 수 없어 억지로 "도"라 부른다고 한다. 이는 단지 방편적인 목적으로 그렇게 하는 것일 뿐이다. 노자는 "도道"체體를 설명할 때 반현법反顯法[2]을 쓰곤 한다. 그는 우선 수많은 경험세계의 어휘를 활용해 해설하지만 그런 다음에는 다시 낱낱이 무너뜨려서, 그런 경험세계의 어휘로는 완전하게 형용할 수 없다는 것을 보여 주고, 이리하여 "도"의 정심精深하고도 오묘奧妙한 특성을 반현反顯한다.

---

2) [역자주] '반현'은 "서로 대립되는 것들이 상호 성립의 조건이 되어 전체의 온전한 본질을 드러낸다는 말. 오염과 청정 등의 대립되는 차별들이 각각의 본질을 부정하지 않고 '도리어 그 본래의 속성을 드러낸다'는 뜻이다." 李智冠 編, 『伽山佛教大辭林 8』(가산불교문화연구원, 2006), 290쪽.

제2장

【원문】

天下皆知美之爲美, 斯惡已^①; 皆知善之爲善, 斯不善已.

有無相生^②, 難易相成, 長短相形^③, 高下相盈^④, 音聲相和^⑤, 前後相隨^⑥.

是以聖人^⑦處無爲^⑧之事, 行不言^⑨之敎; 萬物作而不爲始^⑩, 生而不有, 爲而不恃^⑪, 功成而弗居. 夫唯弗居, 是以不去.

【주석】

① 천하개지미지위미天下皆知美之爲美, 사악이斯惡已: 천하 모두가 아름다움(美)에 대해 아름답다고 인식할 시에는 추함(醜)이라는 관념도 발생해 있다. "악惡"은 추함을 가리킨다. "이已"는 소철蘇轍본에 "의矣"로 되어 있는데 "이已"와 "의矣"는 옛날에 통용되었다.

왕안석이 말했다. "미美란 악惡의 반대말이고 선善이란 선하지 않음(不善)의 반대말이다. 이는 사물의 한결같은 이치이다."

오징이 말했다. "미美, 악惡 등의 관념들은 서로 의존해서 있다."

진의전陳懿典이 말했다. "미美를 미인 줄로 알기만 하면 불미不美도 있게 된다."

왕부지王夫之가 말했다. "천하에 변화하는 것이 수만 가지이나 결국 이들은 각기 상대적 쌍(兩端)으로 소급된다. 이런 상대적 쌍은 하나되어 있는 데서 비롯하는 것이다. 그러므로 '미'가 있게 되면 이에 '악도 있게 된다."(『老子衍』)

이상의 각 설들은 다들 "미"와 "악"의 발단 또는 개념이 상호 의존(對待)하여 생겨나는 것임을 설명하였다.

내 생각은 다음과 같다. 보통 사람들은 대개 이 두 구절을 "천하가 다들 아름다움을 아름답다고 인식하면 이는 추함으로 바뀐다"는 식으로 해석하는데, 노자의 원의는 아름다움이 추함으로 "바뀐다"는 것이 아니라, 아름다움의 관념이 있게 되면 추함의 관념 또한 동시에 발생하게 된다는 것이다. 뒤의 구절 "개지선지위선皆知善之爲善, 사불선이斯不善已" 역시 서로 상반되면서 서로 의존하는 관념에 대해 마찬가지로 설명하는 것이다. 뒷부분의 "유무상생有無相生" 등 여섯 문구들은 모두 관념이 대립적으로 형성되고 또 상호 의존 관계에서 드러난다는 점을 설명하려 한 것이다.

② 유무상생有無相生: "유"와 "무"는 현상계現象界의 사물에서 존재하는 것과 존재하지 않는 것을 가리키는 말이다. 여기서의 "유"와 "무"는 제11장 "'유가 사람에게 편의를 가져다주는 것은 '무'가 그것의 작용을 일으켜서이다"(有之以爲利, 無之以爲用)에서의 "유"·"무"와 뜻이 동일하지만, 앞 장(제1장)에서 본체계本體界의 도체道體를 표현한 "무"·"유"와는 동일하지 않다. "유무상생有無相生" 문구 앞에, "고故"자가 통행본에는 있지만 돈황본·수주비遂州碑본·고환顧歡본에는 없다. 곽점郭店 죽간본과 백서 갑본·을본도 마찬가지이니1), 이에 의거하여 산삭한다.

③ 형形: 왕필본에는 원래 "교較"로 되어 있다. 하상공본, 부혁傅奕본 및 기타 고본들에는 다 "형形"으로 되어 있다. 백서 갑본·을본에는 모두 "형刑"으로 되어 있다. "형刑"과 "형形"은 발음이 비슷해 가차假借한다. "형刑"은 곧 "형形"이다.(許抗生의 『帛書老子註譯與硏究』)

필원畢沅이 말했다. "옛적에는 '교較'자가 없었다. 본문에서 '형形'과 '경傾'으로 운韻을 이루니 '교較'를 쓰는 것은 맞지 않다."(『老子道德經考異』) 필원의 설은 따를 만하다. 이에 하상공본과 부혁본에 의거해 수정한다.

④ 영盈: 통행본에는 일괄되게 "경傾"으로 되어 있으나 백서본에 의거해 수정한다.

---

1) [역자주] 백서 을본은 이 부분이 훼손되어 정확한 모습을 알 수 없는 것으로 보인다. 高明 撰, 『帛書老子校注』(中華書局, 1996), 229쪽; 尹振環, 『帛書老子與老子術』(貴州人民出版社, 2000), 337쪽; 鄒安華 編著, 『楚簡與帛書老子』(民族出版社, 2000), 117쪽 등 참조

내 생각은 다음과 같다. "영뭏"은 "정뭏"자를 대신해 쓴 것이고(盈聲 및 呈聲에 해당하는 글자는 옛날에 많이 通假되었다.) "정뭏"과 "형形"은 의미가 같다. "고하상정高下相뭏"은 높음(高)과 낮음(下)이 상호 의존 관계에 있기에 드러난다는 말이다. 곽점 죽간본에는 "영涅"으로 올바르게 되어 있는데, "영涅"은 "영盈"과 통한다.

⑤ 음성상화音聲相和: 악기樂器의 소리(音響)와 사람의 목소리(聲音)가 서로 조화한다.

⑥ 전후상수前後相隨: 백서 갑본·을본 모두 이 문구 뒤에 "항야恒也"가 있다.

　　장순휘張舜徽가 말했다. "'항야'는 앞서의 여섯 문구들을 총결한 말로 결코 없애서는 안 되는데 오늘날 통행본에 빠져 버린 지 오래되었다. 『노자』가 말한 표현할 수 있는(可名) 것들, 이를테면 있음(有)과 없음(無), 어려움(難)과 쉬움(易), 긺(長)과 짧음(短), 높음(高)과 낮음(下), 음音과 소리(聲), 앞(前)과 뒤(後) 등은 제각기 서로 짝지어 존재하는 데다가 다들 상호 의존해 있고 서로 전화轉化하니 소박한 변증법 사상을 내포하고 있는 셈이다."(『周秦道論發微』, 「老子疏證」 卷下) 그러나 곽점 죽간본과 통행본을 확인해 보면 어디에도 "항야"가 없다. 백서본의 "항야"는 후대인이 첨가한 것이다.

⑦ 성인聖人: 이는 도가道家에서 최고의 이상적 인물인데 그 인격의 양상이 유가儒家와는 다르다. 유가의 성인은 모범이 되는 도덕적 인간이지만, 도가의 "성인"은 자연自然에 따르며 내부에 있는 생명력은 확충하고 심신의 자유로운 활동을 제약하는 모든 걸림돌은 솎아 내 버린다. 도가의 "성인"과 유가의 성인은 정치, 인생, 우주 등 그 어떤 것에 대해서도 관점이 하나같이 서로 다르니 둘은 혼동해 취급해서는 안 된다.(본서에서 "성인"은 모두 嚴靈峰의 『老子達解』 번역에 따라 "道를 터득한 사람"[有道의 시으로 새긴다.)

　　전종서錢鍾書가 말했다. "노자가 말한 '성聖'이란 인간의 능력을 극도로 발휘하여 천지 운행의 무사無事함을 본받는 것일 뿐이다."(『管錐編』 제2책, 421쪽에서 인용함)

⑧ 무위無爲: 헛짓을 하지 않는 것, 훼방을 놓지 않는 것.

　　장대년이 말했다. "무위의 학설은 노자에게서 나왔다.…… '무위'는 자연自然의 의미가 있다."

홈스 웰치(Holmes Welch)가 말했다. "무위는 결코 모든 행위를 기피한다는 뜻이 아니다. 공격적으로 침탈하는 행위를 일절 기피하는 것이다."(Taoism, 33쪽)

진영첩陳榮捷이 말했다. "무위는 특수한 행위 방식인데, 보다 정확히는 자연스러운 행위 방식을 말한다.…… 무위의 도道는 바로 자연적인 도이다."(The story of Chinese philosophy. 무어[Moore]가 편찬한 The Chinese mind에 수록되어 있다.)

벤자민 슈워츠(Benjamin Schwartz)가 말했다. "또한 엄복嚴復은 통치자가 '무위'한다는 노자의 사상을 유능한 통치자가 인민을 주체적으로 행위하도록 해 줄 수 있다는 것으로 해석했다. 인민의 체력, 지적 능력, 도덕적 역량이 완전히 발휘되는 곳이라면…… 부강함을 이루어 낼 것이다."(In search of wealth and power)

후쿠나가 미쓰지(福永光司)가 말했다. "노자의 무위란, 일처리를 자의적으로 하지 않고 사욕을 추구하는 데 힘쓰지 않음으로써 사적인 모든 심사숙고를 내버리고 한결같이 천지자연의 이법에 따라 행하는 것을 의미한다. 천지자연의 세계에서 만물은 갖가지 모습으로 생겨나고 생장하고 변화하여 다양한 형태를 이루는데 각자 제 몫에 알맞은 생명력을 발현한다. 강가의 버드나무는 초록빛 싹을 틔우고 산 속의 동백꽃은 분홍색 망울을 터뜨리고 새는 고공高空에서 날고 물고기는 깊은 물에서 튀어 오른다. 이런 세계에는 어떠한 작위적인 의지도 없고 또 어떠한 가치의식도 없으며 모든 것이 다 자연自然히 그러하여 어떠한 조작도 전혀 없다."(陳冠學이 옮긴 후쿠나가의 『노자』)

⑨ 불언不言: 명령을 내리지 않고 정령政令을 사용하지 않는다. "언言"은 정치적 명령을 가리킨다. "불언지교不言之敎"란 형식적 규정으로 계도하는 것이 아니라 부지불식간에 감화되도록 이끄는 것을 뜻한다.

엽몽득葉夢得이 말했다. "명령하고 계도하는 것은 '말'(言)이 아닌 것이 없다."(『老子解』)

⑩ 만물작이불위시萬物作而不爲始: 왕필본에는 "만물작언이불사萬物作焉而不辭"로 되어 있는데, 부혁본과 돈황본에는 "만물작언이불위시萬物作焉而不爲始"로 되어 있고 백서 을본에도 "시始"가 쓰였다. 죽간본에는 "시𣱰"로 되어 있다. "언焉"은

육희성陸希聲본, 개원開元본, 『태평어람太平御覽』 권76의 인용문에 모두 없고 마침 죽간본과 백서본도 마찬가지이니, 이에 의거하여 산삭한다.

역순정이 말했다. "제17장의 왕필 주에서 '대인大人은 윗자리에 있을 적에 무위의 일에 처하고 불언의 교육을 행할 뿐이다. 그 덕택에 만물이 자라나건만 자기가 시작하게 하였다고 여기지 않는다(不爲始)'라고 한 것 등등의 언급을 살펴보건대 모두 이 장의 경문을 인용한 것이다. 이는 왕필본에 '불위시不爲始'로 되어 있었음을 입증해 준다."

도소학陶邵學이 말했다. "현재 왕필본에 '사辭'로 되어 있는 것은 후대 사람이 함부로 고친 것이다. '불위시不爲始'가 의미상으로도 더 낫고 또 뒤의 구절과 협운協韻도 된다."(『校老子』)

정원식丁原植이 말했다. "'시怡'의 자형에서 우변右邊은 '사司'자의 생략형으로 보아야 할 것이다.…… 인신引申되어 주재主宰, 주도主導의 함의를 갖는다."(『郭店竹簡老子釋析與硏究』)

팽호彭浩가 말했다. "'시怡'는 '시始'로 읽는다. 백서 을본과 부혁본에 '시始'로 되어 있다.…… '사辭'와 '시始'의 음音이 같아서 착오가 났던 것이다."(『郭店楚簡老子校讀』)

⑪ 생이불유生而不有, 위이불시爲而不恃: 두 "불不"자가 백서본에는 "불弗"로 되어 있다. 곽점 죽간본에는 "생이불유生而不有"라는 문구가 없다. 이 뒤의 구절 "공성이불거功成而弗居"는 죽간본에 "성이불거成而弗居"라 되어 있다. 죽간본의 글이 넉 자로 구를 이루어 앞뒤 글이 대칭되니 여타의 판본들보다 더 낫다.

【번역】

천하 모두가 아름다움(美)에 대해 아름답다고 인식할 때는 추함(醜)이라는 관념도 동시에 발생해 있고, 모두가 선함(善)에 대해 선하다고 인식할 때는 선하지 않음(不善)의 관념도 동시에 발생해 있다.

있음(有)과 없음(無)은 서로 이룬다. 어려움(難)과 쉬움(易)은 서로 돋운다. 긺(長)과 짧음(短)은 서로 나타내 준다. 높음(高)과 낮음(下)은 서로 드러내 준다. 악기

소리(音)와 사람 목소리(聲)는 상호 호응한다. 앞(前)과 뒤(後)는 맞물려 연잇는다. 그러므로 도道를 터득한 사람은 무위無爲의 태도로 세상일을 처리하며 "명령하지 않는"(不言) 교육을 행하고, 만물이 이는데 사태의 싹을 조작造作하지 않고, 만물을 낳고 길러도 제 것으로 점유하려 들지 않고, 만물을 키워도 제 능력에 스스로 우쭐하지 않고, 업적이 성취되어도 스스로 으스대지 않는다. 바로 그가 스스로 으스대지 않기에 그의 공로는 사그라질 수 없는 것이다.

【해설】

노자는 형이상적인 도는 "독립적으로 항구히 존재하며 영원히 멈추지 않는"(獨立不改) 것이자 영속적으로 있는 것이지만, 현상계의 모든 사물은 상대적이며 변동되는 것이라고 여겼다.

이 장은 미·추와 선·악을 들어 모든 사물 및 그것의 명칭과 개념 그리고 가치판단이 다들 상호 의존적 관계에서 비롯되는 것임을 설명한다. 상호 의존적인 관계는 언제나 변동되는 것이기에 모든 사물 및 그것의 명칭과 개념 그리고 가치 판단도 끊임없이 변동 중에 있다. "있음과 없음은 서로 이룬다. 어려움과 쉬움은 서로 돋운다. 길고 짧음은 서로 나타내 준다. 높음과 낮음은 서로 드러내 준다. 악기 소리와 사람 목소리는 상호 호응한다. 앞과 뒤는 맞물려 연잇는다"는 모든 사물이 상반된 관계에서 서로 드러내고 이루어 주는 작용을 설명한 것이다. 이것들은 서로 대립되면서도 상호 의존하고 보충해 준다.

인간 세상의 모든 개념과 가치는 인위적으로 설정된 것이며, 여기에는 주관적 집착과 독단적 판단이 넘쳐난다. 그래서 논란과 분쟁이 끊임없이 일어난다. 그러나 도道를 터득한 사람은 일처리를 자의적으로 하지 않고 부추기거나 조작하지 않으며 주관적 집착과 독단적 판단을 초월함으로써 "무위無爲"로 일을 처리하고 "불언不言"으로 교육한다.

여기서 언급된 "성인"은 이상적 인격상이 투사投射되어 있는 것이다. 성인은 일반인과 계급으로 구별되는 것이 아니라 그저 자각적 활동 과정에서 일반인보다 한 발짝 앞서 있을 뿐이다. 성인의 일처리는 자연自然의 이치를 따를 뿐 굳이 헛짓을 하지는 않는다. 천지에서 만물이 무럭무럭 자라나고 각자 제 형태를 갖추는데 성인은 그저 곁에서 돕기만 하고 각자의 생명력이 그 충만한 잠재력을 확충해 가도록 놓아둔다.

　노자는 사회적 생활에서 사람들이 창조적 역량을 발휘하되 독점하려는 욕심을 내어서는 안 된다고 강조한다. "만물을 낳고 길러도 제 것으로 점유하려 들지 않고, 만물을 키워도 제 능력에 스스로 우쭐하지 않고, 업적이 성취되어도 스스로 으스대지 않는" 것이 바로 그런 의미이다. "낳고 기르는 것"(生), "키우는 것"(為), "업적이 성취되는 것"(功成)이란, 바로 사람이 일하고, 만들어 내고, 주체적 능동성을 발휘하고, 자신의 능력을 통해 기여하고, 백성을 위한 일을 잘 해내야 함을 의미한다. "낳고 기르는 것"(生)과 "키우는 것"(為)이란 바로 자연自然한 상태에 맞추어 인간의 노력을 발휘하는 것이다. 그런데 인간이 노력으로 획득한 성과라도 꼭 자기 소유로 차지해야 하는 것은 아니다. "제 것으로 점유하려 들지 않는 것"(不有), "제 능력에 스스로 우쭐하지 않는 것"(不恃), "스스로 으스대지 않는 것"(弗居)은 바로 자신의 독점하려는 욕심을 해소해야 함을 의미한다. 인간 사회에서 다툼은 저마다 자기가 독점하려는 욕심을 키우는 데 그 원인이 있다. 그래서 노자는 "성취가 있어도 스스로 으스대지 않는"(有而弗居) 정신을 힘써 천명하였다.

제3장

【원문】

不尙賢①, 使民不爭②; 不貴難得之貨, 使民不爲盜; 不見可欲③, 使民心不亂④.
是以聖人之治, 虛其心⑤, 實其腹, 弱其志⑥, 强其骨. 常使民無知無欲⑦. 使夫
智者不敢爲也⑧. 爲無爲⑨, 則無不治.

【주석】

① 상현尙賢: 현능한 인물(賢才)을 추켜세운다는 말이다. 이와 달리, "불상현不尙賢"에
   대해 많은 재물을 숭상하지 않는다는 말과 같다고 해석하기도 한다.(장석창의
   설 참조)

   하상공의 주에서 말했다. "'현賢'이란 세속의 현자를 말한다.…… 이들은
   질박함을 버리고 화려함(文)을 숭상한다. '불상不尙'은 봉록과 관직으로 존귀하게
   대우하지 않는다는 의미이다."(『老子章句』)

   감산덕청憨山德淸의 주에서 말했다. "상현尙賢이란 명성(名)을 좋아하는 것이다.
   명성은 다툼의 발단이다."(『道德經解』)

   장석창이 말했다. "『설문해자』에 '현賢은 재화가 많다(多財)는 뜻이다. 패貝를
   의미부로 하고 현臤을 소리부로 한다'라 하였다. 불상현不尙賢은 재화가 많음을
   숭상하지 않는다는 것과 같은 말이라 뒤의 문구 '얻기 어려운 재화를 귀하게
   여기지 않는다'(不貴難得之貨)와 '욕심낼 만한 것을 내보이지 않는다'(不見可欲)와도
   일관되니 이 모두가 재물을 염두에 둔 말이다. 돈황본에는 '현賢'이 '보寶'로
   되어 있는데 아마 후대 사람이 옆에 주석해 놓은(旁注) 글자였을 것이다. 재화가

많음을 숭상하지 않으면 백성이 다투지 않게 된다는 것이 노자의 진정한 의도이며 본래의 의미이다."(『老子校詁』) 장석창의 설도 제법 참고할 만하다.

　　풍달보馮達甫가 말했다. "오늘날 여러 학자들은 왕필의 주석을 으뜸으로 치는 경우가 많지만, 잘 따져 보아야 할 듯하다. 『육서고六書故』에서는 '연賢[1]'이란 사람에게 재화(貨貝)가 많은 것이다'라 하였다."(『老子譯注』)

② 부쟁不爭: 공명功名을 다투지 않고 자연自然으로 돌아가는 것(하상공 주)을 가리킨다.

③ 가욕可欲: 욕심이 많다는 뜻이다.

　　내 생각은 다음과 같다. 서인보徐仁甫는 『광석사廣釋詞』에서 "가可는 다多와 같다.……『노자』 제46장에 '죄막대어가욕罪莫大於可欲'이라 하였는데 『한시외전韓詩外傳』에서 이를 인용하면서 '가욕可欲'을 '다욕多欲'으로 썼다.……『초사楚辭』「구장九章·애영哀郢」에서 '일찍이 궁전이 폐허가 될 줄도 몰랐거니와 어째서 동쪽 관의 두 성문마저 황량해졌는가(可蕪)'라 하였는데…… '가무可蕪'는 잡초가 무성해짐을 말한 것이다"라 하였다. "가욕可欲"은 "다욕多欲"으로 해석해야 하고, "가可"는 "화䏁"로 읽어야 할 것 같다. 가可와 화䏁는 모두 가부歌部의 글자이다. 『설문해자』에서는 "제齊나라에서는 다多의 의미를 화䏁로 나타낸다"고 하였다. 『방언方言』 권1에서 "무릇 무언가가 풍성하고 많은 것을 일러 구裒라 하는데 제나라와 송宋나라의 교외 지역 및 초楚나라와 위魏나라의 국경 부근에서는 화䏁라고 한다"고 하였다. 『사기색은史記索隱』「진섭세가陳涉世家」의 주에서는 복건服虔의 "초나라 사람들은 다多의 의미를 화䏁로 나타낸다"라고 한 말을 인용하였다. 노자와 굴원屈原은 다들 초나라 사람이니 "화䏁"("可")자를 쓴 것이다.

④ 사민심불란使民心不亂: 왕필본에는 "민民" 뒤에 "심心"자가 있는데, 백서 갑본과 을본에는 "심"자가 없다.

⑤ 허기심虛其心: 사람의 마음을 너르게(開闊) 한다.

---

1) [역자주]『육서고』에서는 '賢'의 해당 용법에서 발음을 '연'으로 제시한 것으로 보인다.("由堅 切". 이 반절법은 『說文解字繫傳』에도 나온다.) 우리에게 익숙하지 않은 독음이기는 하나, 지금은 『육서고』 내용을 번역하는 것이므로 이에 맞추어 발음을 적었다.

감산덕청이 말했다. "망상妄想하거나 사려思慮하는 마음부터 끊어내도록 하는
것이니…… 그래서 '허기심虛其心'이라 하였다."

진영첩이 말했다. "허虛는 마음의 평온함과 청정함이 지극하여 우려憂慮와
사욕私欲이 없는 것을 뜻한다."(*A source book in Chinese philosophy*, 141쪽의 번역)

엄복이 말했다. "허기심虛其心은 도道를 받아들이는 방도이고, 실기복實其腹은
자기를 위하는 방도이고, 약기지弱其志는 이치에 따라 얽매임이 없도록 하는
방도이고, 강기골強其骨은 자립自立하여 일을 처리하는 방도이다."

⑥ 약기지弱其志: 사람의 의지를 유연하고도 강인하게 한다. 내가 생각하기에 "허虛"
와 "약弱"은 노학老學에서 특유하게 쓰는 용어인데 둘 다 긍정적인 의미를
띤다.(예를 들어 제16장의 "虛를 추구한다", 제40장의 "도의 작용은 유약하다" 등이 모두 긍정적인
의미를 띠는 것이다.) 이 장에서의 "허虛"는 마음 상태가 너른 것을 뜻하고, "약弱"은
의지 작용이 유연하고도 강인한 것을 뜻한다.

장순휘張舜徽가 말했다. "4개의 '기其'자는 모두 군주 본인을 가리킨다. '허기심
虛其心'은 욕심이 적은 것을 말하고, '실기복實其腹'은 폭넓게 수용하는 것을
말하고, '약기지弱其志'는 겸허할 때 타인을 아랫사람으로 둘 수 있음을 말하고,
'강기골強其骨'은 확고해서 자립自立할 수 있음을 말한다." 이것도 하나의 학설이
될 수는 있다.

⑦ 무지무욕無知無欲: 속이려는 심지心智가 없고 쟁탈하려는 욕심(欲念)이 없다.

왕필은 "그 꾸밈없는 상태(眞)를 지키는 것이다"라고 주석하였는데 이는
바로 마음의 순수하고 질박한 상태를 유지한다는 말이다. 제57장에 "나에게
탐욕이 없으면 백성들은 자연스럽게 소박해진다"고 하였으니, 노자가 "무욕無欲"
으로 마음속 질박함을 유지하라고 주장했다는 것과 "무욕"이 성인의 수양에
있어서 일종의 드높은 마음 상태라고 주장했다는 것을 입증할 수 있다.

⑧ 지자불감위야智者不敢爲也: 스스로 총명하다고 생각하는 사람이 쓸데없는 짓을
함부로 못하게 된다. "불감위不敢爲"라는 말은 제64장에도 보인다. 이 문구와
뒤의 문구는 돈황 갑본에 "사지자불감使知者不敢, 불위不爲, 즉무불치則無不治"로

되어 있고, 백서 을본에 "사부지지자불감使夫知者2)不敢, 불위이이弗爲而已, 즉무불치의則無不治矣"로 되어 있다.

⑨ 위무위爲無爲: 무위의 방식으로 행위한다. 즉 자연自然에 따르는 태도로 일을 처리한다.

동서업童書業이 말했다. "노자의 '무위'사상도 춘추春秋시대의 자연주의 사조에서 유래된 것이다. 춘추시대에 이미 '무위'사상의 맹아가 있었는데 노자가 그 사상을 발전시켜 '무위'사상을 자기 정치 이론의 중핵으로 삼았다. 이는 그의 처세 철학과도 결부되는 것이다. 노자의 처세 철학은 물러나는 것을 나아가는 것으로 여기고 뒤처지는 것을 앞서는 것으로 여기는데, 이를 정치에 응용한 것이 바로 '청정무위淸淨無爲'이다. 이러한 '무위'사상은 당연히도 적게 소유한 자의 이익을 반영하는 계급적 특성이 있다. 적게 소유한 사람인 은사隱士는 통치자의 작위作爲에 반대한다. 그들은 통치자의 모든 작위가 다 천하를 어지럽히고 백성을 못살게 하는 것이라고 생각했다. 그들은 통치자가 조금도 작위함이 없고 자연自然을 본받아 백성들이 주체적으로 살아가고 자유롭게 삶을 꾸려가도록 해 줄 것을 요구하였다."

【번역】

남다른 능력의 현자를 추켜세우지 않아 백성이 공명功名을 다투지 않도록 해 주고, 얻기 어려운 재화를 값있게 쳐주지 않아 백성이 도둑질하지 않도록 해 주고, 욕심낼 만한 사물을 보이지 않아 백성이 미혹되지 않도록 해 준다. 그러므로 도道를 터득한 사람은 정사政事를 처리할 적에 사람의 마음을 너르게 해 주려 하고, 생활을 편안하면서도 배부르도록 해 주려 하고, 의지를 유연하면서도 강인하게 해 주려 하고, 몸을 튼실하게 해 주려 한다. 늘 민중이 (속이는) 심지心智가 없고 (쟁탈하는) 욕심이 없도록 한다. 스스로 총명하다고 생각하는

---

2) [역자주] 백서 을본에는 '者'가 없는 것으로 보인다. 高明 撰, 『帛書老子校注』(中華書局, 1996), 237쪽; 尹振環, 『帛書老子與老子術』(貴州人民出版社, 2000), 338쪽; 鄒安華 編著, 『楚簡與帛書老子』(民族出版社, 2000), 125쪽 등 참조.

몇몇 사람들이 헛짓을 함부로 못하게 한다. 무위無爲의 원칙에 기반해서 세상일을 처리하면 궤도에 오르지 못하는 경우가 없게 된다.

【해설】

명예·지위는 사람들의 실랑이를 야기하기 딱 좋고, 재화는 사람들의 탐욕을 불러일으키기 딱 좋다. 명예·지위의 실랑이와 재화의 탐욕으로 인해 속이고 꾸며 대는 심지心智의 활동이 끝없이 일어나게 된다. 이는 사회의 혼란과 갈등을 초래하는 주요 요인이다. 이를 해결하는 방법은 사람들의 생활을 편안하고 배부르게 해 주고, 또 사람들의 마음을 너그게 해 주는 것이다. 이른바 "무지無知"란 우민정책을 행하는 것이 아니라 간교한 심지心智를 없애는 것이다. 이른바 "무욕無欲"이란 자연적 본능을 제거하는 것이 아니라 지나치게 확장된 탐욕을 없애는 것이다.

이 장 역시 물욕物欲을 부추기는 문명에 대한 노자의 비판을 담고 있다.

제4장

【원문】

道沖, 而用之或不盈①. 淵兮, 似萬物之宗; 〔挫其銳, 解其紛, 和其光, 同其塵②,〕 湛兮③, 似或存. 吾不知誰之子, 象帝之先④.

【주석】

① 도충道沖, 이용지혹불영而用之或不盈: 도체道體는 허虛하지만 그 작용作用은 끝나지 않는다. 여기서는 도의 체용體用 문제를 설명하였다. "충沖"은 고자古字가 "충盅"인데 비어 있다(虛)는 의미로 새긴다. "충沖"은 부혁본에 "충盅"으로 되어 있다. 『설문해자』에서는 이렇게 설명하였다. "충盅은 그릇(器)이 빈 것을 뜻한다.……『노자』에 '도충이용지道盅而用之'라 하였다." 불영不盈은 꽉 차지 않음(不滿)이자 고갈되지 않음(不窮)이다.

엄복이 말했다. "이 장은 특별히 도체道體에 대해 형용하였다. '혹或'자와 두 '사似'자를 잘 살펴야 비로소 이를 터득할 수 있다. 도라는 것은 원래는 형용할 수가 없는 것이다."(『老子道德經評點』)

진영첩이 말했다. "이 장은 도가道家사상에서 '용用'의 중요성이 '체體'에 못지않음을 보여 준다. 『노자』 제14장과 제21장에는 체體에 대한 보다 상세한 서술이 있고, 본 장과 제11·45장에서는 '용用'에 대해서도 중시하는 것을 볼 수 있다. 어떤 불교佛敎 종파의 경우는 현상現象을 부인하는 관점이 있기도 하지만, 여기서는 그런 것이 보이지 않는다."(*A source book in Chinese philosophy*, 제7장 「The natural Way of Lao Tzu」)

② 좌기예挫其銳, 해기분解其紛, 화기광和其光, 동기진同其塵: 이 네 마디는 제56장이 착간錯簡되어 중복해 나타난 것 같다. 앞의 구절 "연혜사만물지종淵兮似萬物之宗"과 뒤의 구절 "담혜사혹존湛兮似或存"이 서로 짝을 이루는 문구이기 때문이다. 이 네 마디는 【번역】에서 생략하도록 하겠다.

담헌譚獻이 말했다. "제56장에도 '좌기예挫其銳' 등의 네 마디가 나오니 무엇인가 착오가 있는 듯하다."(『復堂日記』)

마서륜이 말했다. "'좌기예' 등의 네 마디는 제56장의 착간인데 편집자가 덧붙이기만 하고 산삭하지 않아서 결국 중복해 나타나게 된 것이다."(『老子校詁』)

진주陳柱가 말했다. "생각건대 마서륜의 설이 옳다. '연혜사만물지종'과 '담혜사혹존'이 서로 이어지는 것이다. '좌기예' 등의 네 마디가 중간에 있으면 문의文義가 상당히 억지스러워진다."

내 생각은 다음과 같다. 이상의 각 학설들은 참으로 옳다. 다만 백서 갑본과 을본 모두 이 네 마디가 있는데, 그런 착간의 중복 출현 현상이 일찍이 전국시대부터 있었던 것이다.

③ 담湛: 잠겨 있음(沈), 깊음(深). "도道"가 은미하여 드러나 있지 않음을 형용한 것이다.

오징이 말했다. "담湛은 잠잠하다(澄寂)는 뜻이다."

해동奚侗이 말했다. "도道는 볼 수 없다. 그래서 '담湛'이라 한 것이다. 『설문해자』에서는 '담湛'은 몰沒의 뜻이다'라 하였다."(『老子集解』)

④ 상제지선象帝之先: 도道가 천제天帝 이전에 있었을 듯하다는 것으로, 이는 도道가 천지天地에 앞서 있다는 말이다.(하상공의 주)

내 생각은 다음과 같다. "상제지선象帝之先"의 "상象"은 두 가지 해석이 가능하다. 첫째는 "명명함", 일컬음의 의미로 해석하는 것이고, 둘째는 흡사함(比擬), 비슷함(比喻)의 뜻으로 해석하는 것이다. "선先"은 앞 구절 "만물지종萬物之宗"의 "종宗"과 같다.

왕안석이 말했다. "'상象'이란 형체 있음(有形)의 시초(始)이고, '제帝'란 만물을 생성하는 시조(祖)이다. 그래서 「계사전繫辭傳」에서 '나타나는 것(見)을 상象이라 부른다'라 하였고, '제帝가 진震에서 만물을 생성한다'라 하였다. 여기서의 도道는 천지天地에 앞서 있는 것이다."(『王安石老子註輯本』)

【번역】

도체道體는 비어 있건만 그 작용作用이 끝나지 않는다. 깊구나! 이는 만물의 종주宗主인가 싶기도 하다. 잠잠하구나! 없는 듯한데도 실제로는 있도다. 나는 이것이 어디에서 생겨났는지 알지 못하지만 천제天帝의 시조라고 부를 수는 있다.

【해설】

도체道體는 비어 있는(虛狀) 것이다. 이런 허虛한 체體는 전혀 아무것도 없는 것은 아니다. 외려 이것은 꺼지지 않는 생성력의 요인을 간직하고 있다. 그래서 이것의 작용이 끝나지 않는 것이다.

이러한 비어 있는 것으로서의 도체가 만물의 근원이다. 여기서 노자는 신神이 만물을 창조한다는 설을 깨뜨려 버렸다.

제5장

【원문】

天地不仁^①, 以萬物爲芻狗^②; 聖人不仁^③, 以百姓爲芻狗.

天地之間, 其猶槖籥^④乎! 虛而不屈^⑤, 動而愈出.

多言數窮^⑥, 不如守中^⑦.

【주석】

① 천지불인天地不仁: 천지는 편애함이 없다. 이는 천지가 물리적 · 자연적 존재일
   뿐 결코 인간처럼 감정을 지니고 있지는 않음을 의미한다. 천지 사이의 만물은
   자연적 법칙에 발맞추어 움직이고 있을 뿐이니 결코 유신론有神論에서 상정하는
   것과는 같지 않다. 천지자연의 법칙이 어떤 사물을 애정(혹은 혐오)하는 것이라고
   생각한다면 이는 기실 인간의 감정을 투사하는 일일 뿐이다.

   왕필의 주에서 말했다. "천지는 자연自然에 맞게 놓아두어 개입함(爲)도 조작操
   作함(造)도 없으니 만물이 스스로 질서를 이룬다. 이 점에서 불인不仁하다는
   것이다. 만약 인仁하다면 필시 조작이 일어나고 시혜(施)가 생겨나 은덕(恩)과
   개입이 있게 될 터이다."

   하상공의 주에서 말했다. "천天이 베풀어 주고 지地가 화육해 주는 것은
   인仁과 시혜(恩)로써 하는 것이 아니라 자연自然에 맞게 놓아두는 것이다."

   소철이 말했다. "천지는 무사無私하기에 만물의 자연自然을 따른다. 그래서
   만물이 자체적으로 살고 죽는다. 죽는 것은 내가 그들을 학대해서가 아니고
   사는 것은 내가 그들을 인仁하게 대해서가 아니다."(『老子解』)

오징이 말했다. "인仁이란 애착의 마음이 있는 것이다.…… 천지는 사물에 애착하는 마음이 없으며 자체적으로 생겨나고 이루어 가도록 놓아둔다."(『道德眞經註』)

고형이 말했다. "불인不仁이란 친애親愛하는 바가 없다는 뜻일 뿐이다."(『老子正詁』)

호적胡適이 말했다. "노자의 '천지불인'설은 천지가 인간과 성격을 같이하지 않는다는 뜻을 함유하는 듯싶다.…… 노자의 이러한 관념은 고대古代 천인동류天人同類의 잘못된 설을 타파하고 후대 자연철학의 기초를 세운 것이다."(『中國古代哲學史』)

진영첩이 말했다. "'불인不仁'이라는 말에 대해 논란이 많다. 이는 노자가 유가儒家의 인의仁義사상에 반대하는 강경한 표현이라고 여겨질 수 있을지도 모르겠다. 그러나 사실 여기서 서술된 도가道家의 관념은 긍정적인 쪽이지 부정적인 쪽은 아니다. 그것은 천지가 불편부당不偏不黨하고 공정무사公正無私하며, 인위적이거나 의도적인 인애仁愛의 뜻을 조금도 품고 있지 않다는 의미이다. 이 점은 주석가들 거개가 익히 잘 알고 있는 것이며, 특히 『장자』에서 분명하게 발휘된 것이다. 이를 블래크니(Blakney)처럼 매정함(unkind)으로 번역한 경우는 도가철학을 완전히 오해하였다고 말할 수 있다."(『中國哲學文獻選編』)

후쿠나가 미쓰지가 말했다. "천지자연의 이법(道)은 인간이 갖는 의지, 감정 및 목적이 있는 의도와 가치 의식이 없는 무정한 존재이다.…… 천지자연의 이법은 결국 물리적이고 자연적인 존재일 뿐이다."

② 추구芻狗: 풀로 엮은 개이다. 제사를 지낼 때 사용한다.

소철이 말했다. "꼴풀을 엮어 개를 만들어서 제사지내는 데에 갖다 놓고 한껏 치장해 봉헌하는데, 이 어찌 그것을 좋아해서랴. 상황에 알맞게 한 것이다. 이를 제사를 마치고서 갖다 버리면 지나가는 사람들이 밟고 가는데, 이 어찌 그것을 싫어해서랴. 마찬가지로 알맞게 한 것이다."

오징이 말했다. "추구芻狗는 풀을 묶어 개의 형태로 만든 것인데 가우제(禱雨)에 사용된다. 기도를 마치면 그것을 버리고, 돌아보며 아까워하지 않는다. 천지는 사물에 대해 애착하는 마음이 없으며 자체적으로 생겨나고 이루어 가도록 놓아둔다. 성인은 백성에 대해 애착하는 마음이 없으며 알아서 일하고 쉬도록 놓아둔다. 이런 점에서 추구芻狗에 빗댄 것이다."

임희일林希逸이 말했다. "추구芻狗란 제사 지낼 적에 사용하고 제사를 마치면 버리는 것으로, 집착하지 않고 잊고 마는 것의 비유이다.…… 일각에서 백성을 초개草芥처럼 본다고 새긴 설은 오류이다."

전종서가 말했다. "만물을 추구芻狗로 여긴다 함은, 천지가 무심하기에 상관하지도 않는다는 뜻이지 천지가 마음을 억누르고 애닳아하지 않으려 한다는 것은 아니다."(『管錐編』 제2책, 419쪽에서 인용함)

③ 성인불인聖人不仁: 성인은 편애하는 바가 없다. 이는 천지가 자연自然에 순전히 맡겨 두는 것을 성인이 본받는다는 의미이다.

하상공의 주에서 말했다. "성인이 만민萬民을 아껴 주고 길러 주는 일은 인仁과 시혜(恩)로 하는 것이 아니다. 천지를 본받아 자연自然에 맞게 놓아두는 것이다."

왕필이 말했다. "성인은 그 덕德이 천지天地와 합치된다."

오징이 말했다. "성인은 심心이 허虛한지라 얽매여 있는 것이 없다." 내가 보기에 여기서 '심心이 허虛하다'는 말은 심心에 선입견(成見)이 없다는 의미를 담고 있다.

④ 탁약槖籥: 풀무(風箱).

범응원이 말했다. "공기주머니(囊底)를 '탁槖'이라 하고, 대나무 관(竹管)을 '약籥'이라 한다. 야련冶煉하는 데에서 약籥을 사용해 주머니(囊橐) 속의 공기를 화로 안으로 유입시킨다."

오징이 말했다. "탁약槖籥은 야주冶鑄하는 데 쓰이는 것으로, 바람을 유입시켜 불길을 돋우는 기구이다. 실린더(函)로 외부를 에워싼 부분이 '탁槖'이고, 피스톤 (輴)으로 내부에 바람을 일으키는 부분이 '약籥'이다. 천지 사이는 탁약槖籥과도 같다. 탁橐은 태허太虛를 표상한 것으로, 두루 보듬는 체體에 해당한다. 약籥은 원기元氣를 표상한 것으로, 원기(絪縕)가 유행流行하는 용用에 해당한다."

풍달보가 말했다. "탁약의 힘(功能)으로 자연의 힘을 비유하였다. 자연은 쉼 없이 생성하는 것이다."(『老子譯注』)

⑤ 불굴不屈: 고갈되지 않는다.

엄복이 말했다. "'굴屈'은 '굴掘'로 발음하며, 고갈됨(竭)을 의미한다. '허이불굴虛而不屈'이란 허虛하면서도 고갈되는 법이 없다는 것이다."

⑥ 다언삭궁多言數窮: 정령政令이 지나치게 번잡하면 패망을 앞당기게 된다. "언言"은 교화를 도모하는 법령法令을 의미한다. "다언多言"은 정령政令이 번다하다는 의미이다. "삭數"은 '속速'과 통한다.

장석창이 말했다. "'다언多言'은 '불언不言'과 반대되고, 또 '무위無爲'와도 반대된다. 그러므로 '다언'은 곧 유위有爲이다."(『老子校詁』)

오징이 말했다. "삭數은 속速과 같다."

마서륜이 말했다. "'삭數'은 '속速'을 대신해 쓴 것이다. 『예기禮記』「증자문曾子問」에 '마치는 시점이 늦을지 이를지(遲數) 알지 못합니다'라 하였는데 주注에서 '삭數은 속速으로 읽는다'라 하였고, 『장자』「인간세人間世」에 '그것으로 관곽棺槨을 짜면 빠르게 썩는다(速腐)'라 하였는데 최선崔譔의 판본에 '속速'이 '삭數'으로 되어 있다. 이 모두가 증거이다."

⑦ 수중守中: 중허中虛를 지키는 것. 도가道家에서는 "중中"사상을 중시한다. 예를 들어 장자莊子는 "양중養中"을 설파했고, 마왕퇴 백서 『황제사경黃帝四經』에서는 "평형平衡"을 설파했다.

엄복이 말했다. "저 '중中'이라는 것은 무엇인가? 도道의 중추(要)일 뿐이다."

장석창이 말했다. "이 '중中'은 노자가 중정中正의 도道를 나름의 언어로 일컬은 것인데, 이는 바로 '무위無爲'의 도道이다.…… '다언삭궁多言數窮, 불여수중不如守中'이란, 군주가 '유위有爲'하면 빨리 막다르게 되므로 이보다 나은 청정淸靜의 도道를 지킴만 못하다는 말이다."

장묵생張默生이 말했다. "'불여수중不如守中'의 '중中'자는 유가儒家에서의 용법과는 다르다. 유가의 '중中'은 극단으로 가지 않고 '중용中庸'의 이치에 부합되어야 하지만 노자는 그렇지 않다. 그가 말하는 '중中'은 '비어 있음'(中空)의 의미가 있는 것으로, 이를테면 탁약橐籥이 사람에 의해 작동하지 않을 때의 상태와도 같으니 바로 허정무위虛靜無爲한 도체道體를 상징하는 것이다."(『老子章句新釋』)

허항생이 말했다. "오징이 '중中'이란 탁橐의 내부이자 약籥이 움직이는 곳을 말한다라 해설하였는데, 이는 바로 풀무 속 공간을 가리킨 것이다. '수중守中'이란 여기서는 천지에서의 허정虛靜한 상태를 견지한다는 의미이다."(『帛書老子註譯與硏究』)

내 생각은 다음과 같다. 곽점 죽간본에는 이 장의 중간 단락("천지 사이는 과연 풀무 같지 아니한가? 비어 있지만 고갈되는 법이 없고 작동하면서 쉼 없이 생성한다"[天地之間, 其猶橐籥歟? 虛而不屈, 動而愈出])만 발췌되어 있는데, 문의文義는 통행본과 같다.

【번역】

천지天地는 편애함이 없어 만물이 알아서 생장하도록 놓아두고, 성인聖人은 편애함이 없어 백성이 알아서 살아가도록 놓아둔다.

천지 사이는 과연 풀무 같지 아니한가? 비어 있지만 고갈되는 법이 없고 작동하면서 쉼 없이 생성한다.

정령政令이 까다로우면 도리어 패망을 앞당기니, 허정虛靜을 지키는 것만 같지 못하다.

【해설】

이 장은 세 부분으로 나누어 설명하겠다.

1. "천지는 편애함이 없다"(天地不仁)는 천지가 자연自然에 따를 뿐 편향되어 애착하는 바는 없음을 설명한 구절로, 이는 천지의 무사무위無私無爲함에 입각해 말한 것이다. "만물이 알아서 생장하도록 놓아둔다"(以萬物爲芻狗)는 바로 천지의 무사無私함을 표현한 것이다.

노자의 관점에 의하면, 천지 사이의 모든 사물들은 자체의 발전 법칙과 각자에게 내재된 원인에 의해 움직이고 성장한다.

이전의 사람들은 다들 일월성신日月星辰 및 산하山河와 대지大地가 모두 어떤 주재자가 위에서 관여하고 있는 것이며 아울러 주변의 모든 자연 현상이 다 생명을 지닌 것이라고 생각했다. 아동기의 인간은 늘 자기의 심상(影像)으로 자연을 인식하려 하고 자연을 왜곡하려 한다. 인간은 늘 개인의 희망을 투사해서 자연세계를 인격화하기에 자연세계가 인간에 대해 어떤 특별한 관심이나 특별한 애정을 갖는다고 여긴다. 그러나 노자는 이러한 의인론擬人論(Anthropomorphism)적 견해에 반대하였다. 그는 천지 사이의 모든 사물이 다 자연自然의 법칙("道")에 의해 움직이고 진행되며, 여기에 결코 인간이 갖는 호오好惡의 감정이나 목적성의 의도가 없다고 보았다. 여기에서 노자는 주재主宰설을 타파한 것이다. 무엇보다도 그는 천지간의 만물이 자연自然에 맞게 생장하는 것을 강조하였으며, 그러한 상태에 입각해 이상적 통치자가 자연自然의 법칙을 본받고("人道"가 "天道"를 본받는다는 기본 정신이 바로 여기에 있다.) 또 백성이 알아서 살아가도록 놓아둘 것을 분명하게 설파했다. 이러한 자유自由론은 외부의 강제와 간섭을 없애려 한 것이자 인간의 개별성과 특수성 및 차이점이 충분히 펼쳐지게 해 주고자 한 것이다.

2. 천지 사이는 비어 있는(Vacuous) 상태이다. 비록 "허虛"의 상태이지만 오히려 그 작용은 소진됨이 없다. 이는 제4장의 표현법과 마찬가지이다. 이 "허虛"는 소진되지 않는 생성의 요인을 품고 있다. 그래서 "작동하면서 쉼 없이 생성한다"(動而愈出), 즉 천지가 운행運行하면서 만물이 쉼 없이 생성된다고 하였다. 여기서의 "동動"(빈 공간 내에서의 "움직임")은 바로 온갖 것들을 발생시키는 근원이 된다. 노자가 말한 "허虛"가 소극적인 관념이 아니라 외려 적극적인 관념임을 알 수 있다.

3. "천지는 편애함이 없음"(天地不仁) 및 천지가 비어 있다는 것(天地虛空)은 모두 노자의 "무위無爲"사상이 확장된 것이다. 천지는 "무위無爲"(자연自然에 맞게 놓아둠)하건만 만물은 끝없이 생겨나고 변화할 수 있다. "무위無爲"의 반대는 굳이 헛짓을 하는 것과 정령政令이 까다로운 것("多言")으로, 패망이라는 결과를 초래하기 마련이다. 이는 백성을 못살게 하는 정치에 맞서 노자가 내어놓는 경고이다.

제6장

【원문】

谷神不死^①, 是謂玄牝^②. 玄牝之門, 是謂天地根. 綿綿若存^③, 用之不勤^④.

【주석】

① 곡신불사谷神不死: "곡谷"은 비어 있음(虛空)을 형용한 것이다. "신神"은 파악할 수 없는 변화를 형용한 것이다. "불사不死"는 변화가 그침이 없음을 비유한 것이다.

주희朱熹가 말했다. "'곡谷'은 다만 비어 있기에 받아들일 수 있는 것이다. '신神'이란 조응하지 못하는 것이 없음을 말한 것이다."(『朱子語類』, 권125)

엄복이 말했다. "비어 있다는 점에서 '곡谷'이라 하고, 조응이 무궁하다는 점에서 '신神'이라 이르고, 고갈되지 않고 줄곧 생성한다는 점에서 '불사不死'라 하였다."(『老子道德經評點』)

후외려侯外廬가 말했다. "『노자』에서의 '도道'는 공자나 묵자의 천도天道관에서의 '도'보다 더 진전된 것이다. 더 진전되었다고 하는 이유는, 공자나 묵자에게서는 '도道'에 종교적 성격이 가미되어 있지만 『노자』에서는 '도道'가 합리적인 것으로 어느 정도 자연적 법칙의 성격을 띠기 때문이다. 또한 『노자』에는 '곡신불사谷神不死'에서의 용례와 같은 '신神'자가 출현하는데, 이후 주자朱子가 이를 부풀린(瞠脹) 적도 있지만, 『노자』에서의 '신神'은 범신泛神적 개념이며 완전히 합리화되어 있는 것이다."(『中國思想通史』 제1권, 266쪽)

② 현빈玄牝: 미묘한 모성母性으로, 모든 천지만물이 생겨나는 곳을 가리킨다.(張松如,

『老子校讀』) 여기서는 "도道"의 불가사의한 생성 능력을 형용한 것으로 생각된다. "빈牝"이 바로 생성력이다. "도道"("谷神")가 천지만물을 생성하건만 그 생성의 전체 과정은 외려 추적할 수 있는 형적이 조금도 없으므로 이 점에서 "현玄"으로 형용한 것이다. "현玄"은 심원하여 파악할 수 없음을 의미한다.

주희가 말했다. "'현玄'은 미묘함이다. '빈牝'은 수용력도 있고 만물을 생성하는 능력도 있는 것이다. 지극히 묘妙한 리理에는 생성하고 또 생성하려는 성향(生生之意)이 있다."

소철이 말했다. "'곡신谷神'이라 일컬은 것은 그것의 덕德에 대해 말한 것이고, '현빈玄牝'이라 일컬은 것은 그것의 힘(功)에 대해 말한 것이다. 빈牝이 만물을 생성하는데도 그것을 현玄하다고 일컬은 것은, 그 생성된 것은 보이지만 생성하는 근원은 보이지 않음을 표현한 것이다."(『老子解』)

차재車載가 말했다. "'곡신谷神'은 '도道'를 형용한 것이고, '불사不死'는 도道의 영원성을 표현한 것이다. '곡신불사谷神不死'는 '상도常道'를 가리킨 것이다. 빈牝은 사물을 생성할 수 있는 존재임을 가리켜 말한 것이다. 현玄은 전체적, 공통적, 통일적 방면에 착안해 말한 것이다. 현빈玄牝은 모든 사물이 생겨나는 곳을 가리킨다."(『論老子』, 50쪽)

③ 면면약존綿綿若存: 영속적이며 끊이지 않는다.

소철이 말했다. "면면綿綿이란 희미한데도 끊어지지는 않는 것이다. 약존若存이란 존재하는데도 볼 수는 없는 것이다."

④ 불근不勤: 지치지 않는다. 끝나지 않는다.

【번역】

비어 있는 것의 변화는 영속적이며 그침이 없다. 이것이 바로 미묘微妙한 모성母性이다. 미묘한 모성의 문이 천지天地의 근원이다. 이는 연이어져 끊이지 않고 영원히 존재하며, 작용이 무궁무진하다.

【해설】

　　이 장은 형이상적으로 실재하는 도道를 간결한 언어로 그려낸다. 1. "도道"체體의 "허虛"한 상태를 "곡谷"으로 표상하고, "도道"가 만물을 생성하는 것이 연이어져 끊이지 않음을 "신神"으로 표현한다. 2. "현빈지문玄牝之門"과 "천지근天地根"은 "도道"가 천지만물을 생성하는 시원이 된다는 것을 설명한다. 3. "면면약존綿綿若存, 용지불근用之不勤"은 "도道"의 힘이 만물을 이루어 주고 길러 주며 쉼 없이 생성하는 것을 형용한다.

제7장

【원문】

天長地久. 天地所以能長且久者, 以其不自生^①, 故能長生^②.

是以聖人後其身而身先^③; 外其身而身存. 非以其無私邪? 故能成其私^④.

【주석】

① 이기부자생以其不自生: 천天과 지地가 스스로를 위하여 운행하는 것은 아님을
   가리킨다.

   성현영成玄英의 소疏에서 말했다. "자기의 생生을 이기적으로 위하지 않는다."
   (『道德經開題序訣義疏』)

   감산덕청이 말했다. "제 생生을 이기적으로 고려하지 않기 때문이다."

② 장생長生: 장구長久하다.

   경룡비본·『차해次解』본·오징본·구재질寇才質본·위대유危大有본에는 "장
   생長生"이 "장구長久"로 되어 있다.

③ 후기신이신선後其身而身先: 자기를 뒤에 두면 외려 사람들에게 추대받을 수 있게
   된다. "후기신後其身"은 백서 을본에 "퇴기신退其身"으로 되어 있다.

   하상공이 말했다. "타인을 앞에 두고 자기를 뒤에 두는 사람은 천하가 그를
   공경하고 앞세워 장長으로 삼는다." 이는 서로 대립하면서 서로 이루어 주는(相反
   相成) 이치이다.(高明, 『帛書老子校注』)

   감산덕청이 말했다. "자신을 이기적으로 고려하지 않아서 타인에 앞서게
   되는 것이므로 사람들이 그를 기꺼이 추대하고 싫어하지 않는다."

왕회王淮가 말했다. "이른바 '후기신後其身'이란…… 바로 겸양謙讓과 물러남(退藏)과 삼감(收斂)의 정신인 것이다."

④ 성기사成其私: 그 자신의 이상적인 삶을 이루게 된다.

설혜薛惠가 말했다. "성인聖人이 무사無私한 것은 애당초 사심(私之心)을 성취하려는 욕심이 없어서이다. 사적으로 성취하더라도 자연自然의 도道에 맞는 경우만 있을 뿐이다.…… 정자程子가 '노자의 언어는 열림과 닫힘의 이치(闔闢)를 훔쳐 장난질한 것이다'라 말한 적 있는데, 나는 예전에는 정자의 말이 옳다고 여겼지만 지금 살펴보니 옳지 않은 듯하다. 이 장章의 경우, 그 의미를 깊이 천착하지 않으면 과연 정자가 힐난한 대로 이해하게 될 것이다. 하지만 이 장의 핵심은 결국 무사無私이다. 무사無私하라는 것이 어찌 열림과 닫힘의 이치를 훔쳐 장난치는 말이겠는가!"(『老子集解』)

【번역】

천天과 지地는 장구長久하다. 천과 지가 장구할 수 있는 것은 바로 그들의 모든 움직임이 자기를 위하지 않아서이다. 그래서 장구할 수 있는 것이다.
그래서 도道를 터득한 사람은 자기를 뒤쪽에 물러나 있게 하니 오히려 추대받을 수 있고, 자기를 마음에 두지 않으니 오히려 생명을 보전할 수 있다. 바로 그가 이기적이지 않아서가 아니겠는가? 이에 외려 자기를 이룰 수 있게 되는 것이다.

【해설】

노자는 천天과 지地가 자기를 위해 운행하지 않는다는 것을 통해 성인聖人의 행위에 사私적인 것을 탐하는 생각이 없음을 비유하였다. 대개 높은 지위에 오른 사람은 기회가 있을 때 자신의 소유욕을 절제하지 못하고 분출하곤 한다. 이와 달리 노자의 이상理想적인 통치자는 "자신을 뒤쪽에 물러나 있게 하고"(後其身) "자신을 마음에 두지 않을"(外其身) 수 있으니, 자기의 의욕意欲을 우선시하지도 않고 자기의 이해관계를 먼저 고려하지도 않는다. 이는 놀라운 겸양과 물러남의 정신이다.

자기의 의욕을 우선시하지 않는 사람("後其身")은 자연히 모두에게 추대받을 수 있고("先身"), 자기의 이해관계를 먼저 고려하지 않는 사람("外其身")은 자연히 그의 정신생명精神生命을 완성할 수 있다("身存"). 이런 사람은 도처에서 다른 사람들을 염두에 두기에 외려 그의 이상적인 삶을 이룰 수 있는 것이다.

제8장

【원문】

上善若水①. 水善利萬物而不爭, 處衆人之所惡, 故幾於道②.
居善地, 心善淵③, 與善仁④, 言善信, 政善治⑤, 事善能, 動善時⑥.
夫唯不爭, 故無尤⑦.

【주석】

① 상선약수上善若水: "상선上善의 사람은 그 성性이 물과 같다."(하상공의 주)

　　진영첩이 말했다. "물(水), 암컷(牝) 및 아기(嬰兒)는 노자가 도道를 표상할 때 활용하는 것으로 매우 유명하다. 이러한 상징은 주로 윤리적인 것이지 형이상적인 것은 아니다. 꽤 음미해 볼만한 점은, 물과 생성(創造)에 대해 초기 인도印度 사람들은 서로 연관되는 것으로 보았고, 헬라스(希臘) 사람들은 이를 자연적 현상으로 보았으며, 고대 중국의 철학자들은 노자나 공자를 막론하고 그 속에서 도덕적 가르침을 구했다는 것이다. 거칠게 말하자면 그러한 상이한 사고방식들이 인도, 서방西方 및 동아시아의 상이한 문화적 특색을 형성했다."

② 기어도幾於道: "기幾"는 가까움(近)이다.

　　장송여張松如가 말했다. "이 뒤의 일곱 문구들은 모두 물의 덕德을 그리고 있는데, 실제로는 상선上善의 사람을 가리키는 것이다. 물의 모습을 통해 표현된 '성인聖人'은 도道를 체현體現하는 사람이기도 하다."

③ 연淵: 잠잠함(沈靜)을 형용한 것이다.

④ 여선인與善仁: "여與"는 다른 사람들과 상호 교류하는 것을 가리킨다.

⑤ 정선치政善治: 다스림(爲政)에 있어서 훌륭한 치적治績을 잘 완수하는 것이다. "정政"은 왕필본에 "정正"으로 되어 있다. "정正"과 "정政"은 같다. 경룡비본·부혁본·소철본·임희일본·범응원본·오징본 및 갖가지 고본古本에 "정선치政善治"로 되어 있다.

장송여가 말했다. "고서古書에서는 원래 '정政'과 '정正'이 많이 통용되었다. 『한서漢書』 「육가전陸賈傳」에 '부진실기정夫秦失其正'이라고 하였는데 여기서 '정正'은 '정政'을 대신하여 쓴 글자이다. 이런 예는 매우 많다. 제58장의 '기정민민其政悶悶, 기민순순其民淳淳; 기정찰찰其政察察, 기민결결其民缺缺'에서 '정政'은 백서본에 모두 '정正'으로 되어 있다.1) 『노자』에서도 '정政'과 '정正'은 서로 통하는 것이다."

이상의 각 문구에 대해서는 설혜가 일찍이 간명한 주석을 내놓았다. 설혜의 주석에서 말했다. "제 몸가짐에 있어서 다투지 않으며 높은 곳을 피하고 낮은 곳에 처하는 것이 '선지善地'이다. 마음속에 감춘 것이 미묘하여 깊이를 파악할 수 없는 것이 '선연善淵'이다. 겸애兼愛를 시행하여 무사無私한 것이 '선인善仁'이다. 말하는 것에 증거가 있고 잘못이 없는 것이 '선신善信'이다. 나라를 다스리면 청정淸靜하여 자연히 바르게 되는 것이 '선치善治'이다."

⑥ 동선시動善時: 행동함에 있어서 시기를 잘 잡는다.

장석창이 말했다. "『장자』 「천하」에서 노담의 학문을 이렇게 서술했다. '움직일 적에는 물 같고, 고요히 있을 적에는 거울 같고, 반응할 적에는 메아리 같고.' 사마천司馬遷은 도가道家의 학문을 이렇게 설명했다. '때에 맞추어 옮겨가고 사물에 조응하며 변화한다.' 이 모두가 이른바 '움직일 적에 시기를 잘 잡아 응함'(動善時)인 것이다. 사실 노자가 말한 '움직일 적에 시기를 잘 잡아

---

1) [역자주] 백서 갑본의 경우는 "其政悶悶" 부분이 훼손되어 있어서 "其正悶悶"으로 쓰였는지의 여부를 알 수 없는 것으로 보인다. 高明 撰, 『帛書老子校注』(中華書局, 1996), 108쪽; 尹振環, 『帛書老子與老子術』(貴州人民出版社, 2000), 324쪽; 鄒安華 編著, 『楚簡與帛書老子』(民族出版社, 2000), 80쪽 등 참조.

응함'은 성인 자신이 어떤 적극적인 행동을 한다는 것이 아니라 때에 맞추어 변화에 응할 수 있다는 것이다. 이는 성인이 무위무사無爲無事하여 묵묵히 움직이지 않고 그저 백성이 알아서 일하고 쉬게끔 놓아두는 것이다."

⑦ 우尤: 힐책받다(怨咎).

　　마서륜이 말했다. "'우尤'는 '우訧'의 생략형이다. 『설문해자』에서는 '우訧는 죄罪이다'라 하였다."

【번역】

상선上善의 사람은 마치 물과 같다. 물은 만물을 윤택하게 하면서 만물과 다투지 않는 일 및 사람들이 싫어하는 곳에 머무는 일을 잘한다. 그래서 도道에 매우 가깝다.

거처할 적에 자리를 골라잡는 것, 속마음에 있어 잠잠한 상태를 유지하는 것, 사람을 대할 때 진심으로 아껴 주는 것, 말할 때 신용을 지키는 것, 다스릴 때 일처리를 깔끔하게 하는 것, 일할 적에 장점을 발휘하는 것, 행동할 적에 제때를 잡는 것을 잘한다.

단지 다투지 않는 미덕이 있기에 힐책받을 일이 없는 것이다.

【해설】

　　이 장에서는 물의 특성을 통해 상덕上德을 갖춘 사람의 인격을 비유했다. 물의 두드러지는 특성과 작용은 다음과 같다. 첫째, 유연하다. 둘째, 비천한 곳에 머문다. 셋째, 만물을 윤택하게 해 주면서도 서로 다투지는 않는다. 노자는 가장 완전한 인격이라면 당연히 이런 마음씨와 행위가 있다고 생각하여 "모두가 싫어하는 곳에 머문다"(處衆人之所惡)라 하였다. 다른 사람들이 가고자 하지 않는 곳일지라도 그는 가고자 하며, 다른 사람들이 하고자 하지 않는 일일지라도 그는 하고자 한다. 그는 낙타 같은 정신을 갖추고 무거운 짐을 꿋꿋이 지며 비천한 데에 처하고 부끄러운 것을 감내한다. 그는 자신의 힘을 다해 최대한 타인을 도우려 하지만, 다른 사람과 업적이나 명성 혹은 이익을 다투지는 않는다.

이러한 것이 노자의 "만물을 윤택하게 하면서 만물과 다투지 않는 일을 잘하는"(善利 萬物而不爭) 사상이다.

제9장

【원문】

持而盈之①, 不如其已②;

揣而銳之③, 不可長保.

金玉滿堂, 莫之能守;

富貴而驕, 自遺其咎.

功遂④身退⑤, 天之道也⑥.

【주석】

① 지이영지持而盈之: 꽉 틀어쥐고 잔뜩 채운다는 것으로, 스스로 흡족해하고 교만하다는 의미를 담고 있다.

② 이已: 멈추다.

③ 추이예지揣而銳之: 두드려서 그것을 날카롭게 한다는 것으로, 재주를 드러낸다는 의미를 담고 있다.

   "예銳"는 왕필본에 "예梲"로 되어 있다. 하상공본 및 기타 고본古本에는 모두 "예銳"로 되어 있다. 왕필의 주석문에 "예지령리銳之令利"라 하였으니 왕필본 고본에 원래는 "예銳"로 되어 있었음을 알 수 있다.

④ 공수功遂: 공업功業이 성취되다.

   하상공본, 부혁본 및 여러 고본에는 "공수功遂"가 "공성명수功成名遂"로 되어 있다.1)

역순정이 말했다. "『문자文子』「상덕上德」, 『회남자淮南子』「도응훈道應訓」, 『모자牟子』에는 모두 '공성功成, 명수名遂, 신퇴身退'로 인용되어 있다."[2] (『讀老子札記』)

⑤ 신퇴身退: 재주를 숨기는 것을 가리킨다.

왕진王眞이 말했다. "신퇴身退라 함은 꼭 그 자리를 벗어나 떠남을 말하는 것은 아니다. 단지 업적(功)이 성취되었어도 제 것으로 여기지 않으려 한다는 말일 뿐이다."(『道德經論兵要義述』)

진영첩이 말했다. "사람은 일을 마치고 나면 물러나야 한다. 은사隱士들이 도가道家의 용어를 차용한 적이 많기는 하지만 도가의 생활 방식은 은사의 생활 방식이 아니다. 은둔이라는 관념은 유가儒家사상에도 완전히 없는 것은 아니다. 맹자孟子는 공자孔子의 도道에 대해 '물러나는 것이 적절할 때에는 속히 물러나셨다'라 하였다."

⑥ 천지도야天之道也: 자연自然의 법칙을 가리킨다. "야也"는 통행본에는 빠져 있으나 백서본에 의거해 보충하였다.

성현영의 소疏에서 말했다. "천天이란 자연自然을 일컬은 것이다."

【번역】

꽉 틀어쥐고 잔뜩 채우는 것은 알맞은 때에 멈추는 것만 같지 못하다.
재주를 드러내면 그 빼어난 기세가 오래 유지되기 어렵다.
금金과 옥玉이 집을 가득 채우면 간수할 길이 없다.
부귀하면서 교만하면 재앙과 우환을 얻게 마련이다.
공업功業이 완수되면 삼가 물러나는 것이 자연自然의 이치에 부합하는 것이다.

---

1) [역자주] 역자가 찾아본 부혁본에는 "成名功遂"로 되어 있다. 『無求備齋老子集成初編 (4)』 Ⅴ, 5쪽 참조.
2) [역자주] 『문자』「상덕」에는 "名成功遂身退"로 되어 있는 것으로 보인다. 李定生·徐慧君 校釋, 『文子校釋』(上海古籍出版社, 2016), 228쪽 참조.

　　보통 사람들은 명예와 이익을 대면했을 적에 마음을 빼앗기지 않는 경우가
없고 우르르 달려들지 않는 경우가 없다. 노자는 여기서 나아갈 줄 알지만 물러날
줄 모르거나 잘 다투지만 잘 사양하지는 못하는 것의 위해(禍害)를 설명하여,
사람이 알맞은 때에 멈추어야 함을 주장했다.

　　지위와 녹봉을 탐내는 사람은 대개 만족할 줄 모르고 욕심이 점점 커지며,
재주를 믿고 남에게 오만한 사람은 결국 사람들의 눈이 부시게 하니, 이는 모두
스스로 깊이 경계해야 하는 것이다. 부귀하면서 교만하면 재앙과 우환을 걸핏하면
얻게 마련이니 마치 이사李斯가 진秦왕조의 재상으로 있을 때 부귀공명을 독차지했
지만 한 세대도 채 뽐내지 못하고서 결국 죄인 신세를 면하지 못한 것과 같다.
그는 형벌에 처해졌을 때 그의 자식에게 말했다. "내가 너와 함께 누렁이를
데리고 상채上蔡의 동쪽 문을 나가 토끼를 사냥하고 싶었는데 이제 어떻게 그리하겠
느냐?" 장자莊子는 부귀공명을 탐내는 일의 최후에 대해 매우 잘 설명하였다.
초나라 왕이 그를 초빙해 재상이 되어 달라고 했을 때 그는 웃으면서 사자使者에게
말했다. "천금千金은 크나큰 이익이고 경상卿相은 존귀한 지위입니다만, 당신은
도대체 교사郊祀에서 제물로 쓰이는 소를 보지 못하셨습니까? 수년에 걸쳐 길러
주고서 화려한 무늬의 옷을 입혀 태묘太廟에 들여보내면 이때에 이르러서는
보잘것없는 돼지처럼 되고 싶어 한들 어떻게 그리할 수 있겠습니까?" 한신韓信이
토사구팽 당한 일과 소하蕭何가 투옥된 일로 미루어 보면 우리는 노자가 세상에
경종을 울린 뜻이 얼마나 심원한지 알 수 있다.

　　이 장에서는 "영盈"에 대해 논하고 있다. "영盈"은 넘쳐남, 과도함을 뜻한다.
스스로 흡족해하고 교만하다는 것이 "영盈"을 표현한 것이다. "영盈"을 고수하면
그 결과 뒤엎어지는 환난을 피하지 못하게 된다. 그래서 노자는 사람들이 "영盈"해서
는 안 된다고 힘써 훈계하였다. 사람이 업적과 명예를 성취한 이후 "신퇴身退"하여
채우지(盈) 않을 수 있다면 이것이야말로 길이 보전하는 도道이다.

　　"신퇴身退"는 결코 몸을 일으켜 떠나는 것이 아니며, 종적을 감추는 것은
더더욱 아니다. 이에 관해서는 왕진이 올바르게 설명했다. "신퇴身退라 함은

꼭 그 자리를 벗어나 떠남을 말하는 것은 아니다. 단지 업적(功)이 성취되었어도 제 것으로 여기지 않으려 한다는 말일 뿐이다." "신퇴身退"란 삼가는 것이며 드러내지 않는 것이다. 노자는 사람이 공업功業을 완수한 이후에는 집착하지 않고 점유하지 않고 재주를 드러내지 않고 남에게 소리 지르며 핍박하지 않아야 한다고 보았다. 노자가 말한 "신퇴身退"가 결코 사람들이 은사隱士가 되어야 한다는 것이 아니라 단지 사람들이 자아를 부풀리지 않아야 한다는 것임을 알 수 있다. 노자의 철학은 결코 세상으로부터 은둔하는 사상이 아니다. 그는 사람들에게 일을 다 한 뒤 성과를 탐내려 하지 말고, 하는 일 없이 자리만 차지하고 있지 말며, 욕심은 누르고 힘은 간직해 둘 것을 주의시켰을 뿐이다.

제10장

【원문】

載①營魄②抱一③, 能無離乎?

專氣④致柔, 能如嬰兒乎⑤?

滌除玄覽⑥, 能無疵乎?

愛民治國, 能無爲乎⑦?

天門⑧開闔⑨, 能爲雌乎⑩?

明白四達, 能無知乎⑪?

　[生之畜之. 生而不有, 爲而不恃, 長而不宰, 是謂"玄德"⑫.]

【주석】

① 재載: 어조사(助語詞)이다.

　　육희성陸希聲이 말했다. "재載는 부夫와 같다. 발어發語하는 시작점(端)이다."(『道德眞經傳』)

　　장묵생이 말했다. "예를 들어 『시경詩經』의 '재소재언載笑載言'에서의 '재載'가 '부夫'와 용법상 큰 차이가 없다."

② 영백營魄: 혼백魂魄이다.

　　하상공이 말했다. "영백營魄은 혼백魂魄이다."

　　범응원이 말했다. "영백은 혼백이다. 『내관경內觀經』에서 말했다. '움직이며 신身을 휘도는 것을 일러 혼魂이라 하고, 잠잠한 채 형形을 안정되게 하는 것을 일러 백魄이라 한다.'"

③ 포일抱一: 합일合一이다. 제22장의 "그러므로 도道를 터득한 사람은 세상만사 모든 도리들의 전범이 되는 이 하나의 원칙을 굳게 지킨다"(是以聖人抱一一爲天下式)에 서 "포일抱一"은 "'도道'를 지키다(抱)"로 해석된다. 제39장의 "지금까지 일一을 체득했던 경우들을 말하자면"(古[1]之得一者)에서 "일"은 "도道"를 가리킨다. 여기 제10장에서의 "포일抱一"은 혼魂과 백魄이 합合하여 하나를 이룬 것을 가리킨다. 혼과 백이 합하여 하나를 이룬 것은 "도道"에 합하는 것이기도 하다.(이때의 "道"는 融和와 統一의 의미를 포함한다.)

임희일이 말했다. "포抱란 결합(合)을 뜻한다."

고형이 말했다. "일一이란 신身을 말하는 것이다."(『老子正詁』) 내 생각으로는 "신身"이란 혼魂과 백魄을 포함하니 바로 정신과 육체가 하나로 결합된 것이다.

④ 전기專氣: 기氣를 결집시키는 것(Concentrate the vital force)이다.

고형이 말했다. "『관자』「내업內業」의 '기氣를 결집시켜(搏) 신神과 같아지면 만물萬物이 다 갖추어진다'에 대해 윤지장尹知章은 다음과 같이 주석하였다. '단搏이란 결집(結聚)을 일컫는다.' 『노자』의 '전기專氣'와 『관자』의 '단기搏氣'는 같다."

풍우란馮友蘭이 말했다. "'전기專氣'란 바로 '단기搏[2]氣'인데, 이 기氣는 후대에 형기形氣 및 정기精氣라 불리는 것들을 포괄한다. 단기搏氣란 바로 형기와 정기를 하나로 결집하는 것이다. '치유致柔'란 사람이 태어날 적의 유약柔弱 상태를 아기처럼 유지하는 것이다. 이러한 사상은 『장자』「경상초庚桑楚」에서 '위생지경 衛生之經'이라 이르며 보다 자세히 해설하였다."(『中國哲學史新編』)

⑤ 능여영아호能如嬰兒乎: 마치 아기가 정精이 충만하고 기氣가 조화로운 것처럼 될 수 있겠느냐는 말이다. 제55장의 "정기가 충만하다"(精之至也), "원기가 순수하

---

1) [역자주] 저본상의 제39장 경문에는 '昔'으로 되어 있다.
2) [역자주] 일단 저본의 모습대로 번역했지만, 역자가 찾아본 풍우란의 글에 쓰인 글자 는 '搏'이 아니라 '摶'이다. 이는 뒤의 문장에서도 마찬가지이다. 馮友蘭, 『三松堂全集 (第7卷)』(2版, 河南人民出版社, 2001), 268쪽 참조. 다만 진고응이 참고한 판본이 무엇 인지 확인할 수 없어서 이 부분은 수정하지 않고 저본상의 모습을 유지한다.

고 조화롭다"(和之至也)는 아기의 정精이 충만하고 기氣가 순정한 상태에 대해 서술한 것이고, 여기 제10장의 대목은 "기를 결집시키고(專氣) 부드러움을 유지함(致柔)"이라는 수양공부를 통해야 그 경지에 이를 수 있음을 가리킨 것이다. 그래서 "여如"를 쓴 것이다.

유월이 말했다. "하상공본과 왕필본은 '여如'자가 없어 문의文義가 온전하지 못하다. 부혁본에만 '여如'자가 있어 고본古本과 부합한다."(『諸子平議』에 있는 「老子平議」)

엄영봉이 말했다. "왕필의 주석에서 말했다. '자연自然한 기氣에 내맡기고 지극히 부드러운 조화로움을 이루어 마치 아기'처럼'(若) 무욕無欲한 상태가 될 수 있겠는가.' 이 주석에서는 '처럼'(若)이라는 말로 '여如'를 해석한 것이니 당연히 왕필의 저본에도 '여如'자가 있었을 것이다.…… 제20장에서는 '나 홀로 담담하고 고요하여 중ㅸ에서 움직임이 없네. 마치 아기가 아직 웃음을 터뜨리지 않은 것처럼'(我獨泊兮其未兆, '如'嬰兒之未孩)이라 하였다. 제49장에서는 '성인은 그들을 갓난아기처럼 본다'(聖人皆孩之)라 하였는데 이에 대해 왕필은 '모두 조화로우면서도 무욕無欲하여 아기'처럼'(如) 되도록 하는 것이다'라고 주를 달았다. 이상의 사례들을 보건대 역시 '여如'자가 있어야 한다. 『회남자』「도응훈」에 인용된 『노자』의 '전기치유專氣致3)柔 능여영아호能如嬰兒乎?'가 아마 고본古本을 인용한 것일 텐데, '여如'자가 있기에 문의文義가 온전하다. 유월의 설과 부혁본에 의거하여 보정補正한다."

⑥ 현람玄覽: 백서 을본에는 "현감玄鑒4)"으로 되어 있다. 이는 마음 깊은 곳이 거울처럼 투명하고 깨끗함을 비유한 것이다. "현玄"은 사람 마음이 심오하고

---

3) [역자주] 역자가 찾아본 『회남자』에는 이 글자가 '至'로 되어 있다. 劉文典 撰, 『淮南鴻烈集解』(全2冊)(中華書局, 1989), 404쪽; 楠山春樹, 『新釋漢文大系: 淮南子』(全3冊)(明治書院, 1994), 658쪽; 張雙棣, 『淮南子校釋』(全2冊)(北京大學出版社, 1997), 1282쪽; 何寧 撰, 『淮南子集釋』(全3冊)(中華書局, 1998), 878쪽 등 참조.

4) [역자주] 백서 을본에는 이 글자가 '監'으로 되어 있는 것으로 보인다. 高明 撰, 『帛書老子校注』(中華書局, 1996), 265쪽; 尹振環, 『帛書老子與老子術』(貴州人民出版社, 2000), 341쪽; 鄒安華 編著, 『楚簡與帛書老子』(民族出版社, 2000), 174쪽 등 참조.

영묘함을 형용한 것이다.

고형이 말했다. "'람覽'은 '감鑒'으로 읽는다. '람覽'과 '감鑒'은 옛날에 통용되었다.…… 현감玄鑒이란 내심內心이 밝은 것으로, 형이상적 거울이라 사물을 비출 수 있기에 현감이라고 부르는 것이다. 『회남자』「수무훈修務訓」에 '마음에서 현감을 잡아 사물을 밝게 비추어 본다'라 하였고, 『태현경太玄經』「동童」에 '그 현감을 닦았다'라 하였다. '현감'이라는 용어는 아마 모두 『노자』에서 연원했을 것이다. 『장자』「천도天道」의 '성인聖人의 마음은 천지天地의 거울(鑑)이나 만물의 거울(鏡)처럼 허정하다'[5] 또한 마음을 거울(鏡)에 비유한 것이다."

고형과 지희조池曦朝가 말했다. "'람覽'자는 '감鑒'으로 읽어야 한다. '감鑒'은 '감鑑'과 같으니 바로 거울(鏡子)을 뜻한다.…… 을본에는 '감監'으로 되어 있는데, '감監'자는 '감鑒'의 옛 글자이다.…… 옛사람들은 장식된 그릇의 물을 거울처럼 이용해서 얼굴을 비추어 보았는데 이것을 '감監'이라 하였다. 그래서 '감監'자는 마치 사람이 그릇에 담긴 물을 내려다보는 모습과도 같다.…… 후대 사람들이 '감監'자의 본의本義를 이해하지 못해 '람覽'자로 고친 것이다."(「試談馬王堆漢墓中的帛書老子」, 『文物雜志』 1974年 11期)

장대년이 말했다. "노자는…… '도를 행하기'(爲道)를 주장했다. 그래서 직각直覺의 방법을 내세워…… 우주의 근본을 직접적으로 꿰뚫어 알 것을 강조하였다.…… '현람'이란 일종의 직각直覺이다."(『中國哲學大綱』)

풍우란이 말했다. "『노자』는 '도道'를 인식하려면 '관찰'(觀)의 방법을 사용해야 한다고 생각하였다. '상무常無라는 범주로 천지만물의 근원을 관찰하고, 상유常有라는 범주로 천지만물의 한계를 관찰한다'(제1장, "常無欲以觀其眇, 常有欲以觀其徼")가 '도'에 대한 '관찰'이다. 이에 의하자면 관찰은 별도의 방법이 필요한 것이다. 그래서 '우선 모든 욕망을 제거하고서 현람玄覽하여 흠이 없게 될 수 있겠는가?(제

---

5) [역자주] 고형은 이 원문을 "聖人之心, 靜乎天地之鑑, 萬物之鏡也."로 적었다. 그런데 이 문구는 일반적으로 '靜乎'를 앞으로 붙여 "聖人之心靜乎!……"로 읽는다.(가령 陳鼓應 註譯, 『莊子今註今譯』[全2冊], 修訂本, 商務印書館, 2016, 393쪽 등) 여기서는 고형의 독특한 표점 방식 때문에 어쩔 수 없이 통상적인 독법과 다르게 번역했다.

10장, "滌除玄覽, 能無疵乎?')라 하였다. 여기서 '현람玄覽'은 곧 '람현覽玄'이고, '람현覽玄'은 바로 도를 관찰함(觀道)이다. 도를 관찰하려면 우선 '척제滌除'해야 하는 것이다. '척제滌除'란 다름 아닌 마음속 모든 욕망을 제거하는 것으로, 이것이 바로 '나날이 없앰'(日損)이다. '없애고 또 없애'(損之又損) 무위無爲에 이르면 도를 깨달을 수 있게 된다. 도를 깨닫는 것이란 도에 대해 체험하는 것이고, 도에 대해 체험하는 것이야말로 최고의 정신 경지이다."(『中國哲學史新編』)

⑦ 애민치국愛民治國, 능무위호能無爲乎: "위爲"는 왕필본에는 "지知"로 되어 있으나 경룡비본·임희일본·오징본·초횡焦竑본에 모두 "위爲"로 되어 있다.

　　유월兪越이 말했다. "당唐대 경룡비에 '애민치국능무위愛民治國能無爲……'로 되어 있는 것이 의미가 더 나으니 이를 따라야 한다. '백성을 아끼고 나라를 다스릴 적에 무위無爲할 수 있는가'(愛民治國能無爲)는 공자孔子의 '무위하여 다스림'(無爲而治)의 취지에 해당한다."

　　왕안석이 말했다. "'애민愛民'이란 아끼지 않음(不愛)에 기반하여 아낄 적에 오래가게 되는 것이고, '치국治國'이란 다스리지 않음(不治)에 기반하여 다스릴 적에 오래가게 되는 것이다. 아끼지 않기에 아끼게 되고 다스리지 않기에 다스리게 된다는 점에서 '무위無爲'라 하였다."(容肇祖가 정리한 『王安石老子註輯本』) 유월의 학설과 왕안석의 주석이 꼭 합치된다.

⑧ 천문天門: 감각기관(感官)을 비유한 것이다. "천문天門"이라는 말에 대해서는 여러 주석가들의 견해가 일치하지 않는데, 몇 가지만 꼽아 보자면 다음과 같다. 첫째, 하상공의 주에서 말했다. "천문이란 콧구멍(鼻孔)이다." 둘째, 소철이 말했다. "천문이란 흥망성쇠가 나오는 곳이다." 셋째, 임희일이 말했다. "천문은 천지天地에서의 자연自然적인 이치이다." 넷째, 범응원이 말했다. "천문天門이란 자기 마음(心神)의 나감과 들어옴에 대해 말한 것이다." 지금 번역에서는 첫째 견해를 따라 감각기관으로 해석한다.

　　고형高亨이 말했다. "귀는 소리의 문門이고 눈은 색의 문이고 입은 음식과 언어의 문이고 코는 냄새의 문인데 이는 모두 천天이 부여한 것이다. 그러므로 천문天門이라 부른다. 『장자莊子』「천운天運」의 '마음이 적합하게 작용하지 않을 경우 천문天門이 통하지 못하게 된다'에서의 천문 또한 그 의미가 같다. 말하자면 마음이 적합하게 작용하지 않으면 귀, 눈, 입, 코가 작동하지 못하게 된다는 것이다.…… (이는 『장자』「경상초」의 '들어오고 나가지만 그 모습이 보이지 않는 것을 天門이라 부른다. 천문이란 '無' '有'이다. '無' '有'에서 萬物이 나온다'와는 의미가 다르다.)"

⑨ 개합開闔: 움직임(動)과 고요해짐(靜)이다.

⑩ 능위자호能爲雌乎: "위자爲雌"는 잠잠함을 지킨다는 뜻이다.

"위자爲雌"는 오늘날의 통행본에 "무자無雌"로 잘못 조판되었다. 경룡비본·부혁본 및 기타 고본古本에는 모두 "위자爲雌"로 되어 있다. "무자無雌"는 잘못 쓴 것이며 의미도 통할 수 없는 것이다. 백서 을본에 "위자爲雌"로 바르게 되어 있으니 백서본과 부혁본에 의거해 바로잡아야 한다.

유월이 말했다. "'천문개합능무자天門開闔能無雌'는 의미가 통할 수 없다. 아마 앞뒤의 여러 구절로 인해 여기서 혼동이 빚어져 잘못 적었을 것이다. 왕필의 주에 '천문天門이 열리거나 닫힐 적에 암컷처럼 처신할 수 있다면(能爲雌) 남들이 제 발로 찾아오게 마련이요 자신의 처지가 자연히 안정될 것이라는 말이다'라 하였으니, 왕필본에 '능위자能爲雌'로 바르게 되어 있었던 것이다. 하상공의 주에 '몸을 다스릴 적에는 암컷처럼(如雌牝) 평온하고 유약柔弱해야 한다'라 하였으니 역시 '무자無雌'로 되어 있지 않았던 것이다. 그러므로 '무無'자는 옮겨 적던 중에 잘못 쓰인 것임을 알 수 있다. 경룡비본에 의거해 정정해야 한다."

⑪ 명백사달明白四達, 능무지호能無知乎: "지知"는 왕필본에 "위爲"로 되어 있다. 하상공본 및 여러 고본古本에는 "지知"로 되어 있다. 하상공본에 의거해 수정한다.

유월이 말했다. "당唐대의 경룡비에 '…… 명백사달능무지明白四達能無知'라 되어 있는데 의미가 더 나으니 이를 따라야 한다."

⑫ 생지휵지生之畜之. 생이불유生而不有, 위이불시爲而不恃, 장이부재長而不宰, 시위是謂 "현덕玄德": 백서 을본에는 "생지휵지生之畜之, 생이불유生而弗有, 장이불재長而弗宰), 시위현덕是胃(謂)玄德"이라 되어 있다. 이 구절은 제51장에도 중복되어 나타난

다. 아마 제51장의 구절이 착간錯簡되어 중복해 나온 듯하다.

마서륜이 말했다. "'생지휵지生之畜之'부터의 부분은 그 앞의 문구와 의미가 상응하지 않는다.…… 이 모두가 제51장의 문구이다."(『老子校詁』)

엄복이 말했다. "황로黃老의 도道는 백성이 주체적인 나라에서 쓰일 것이니, 그런 경우라면 '스스로 자라남에 내가 주재하지 않고'(長而不宰) '무위無爲하니 되지 않는 일이 없을'(無爲而無不爲) 수 있다. 군주가 주도적인 나라에서는 황로의 도를 쓸 수 없으니, 한漢대의 황로 이론은 그 겉모습만 따다 취한 것에 불과하다. 군주에게 유용한 도구란 유학의 학술(儒術)밖에 없고, 신불해申不害와 한비자韓非子의 학술은 폐해를 뒤처리하는 데나 쓸모가 있었을 뿐이다."(『老子道德經評點』)

【번역】

정신과 육체가 합일되어 분리되지 않을 수 있는가?

정기精氣를 결집해 유순하게 하여 아기의 상태처럼 될 수 있는가?

잡념을 씻어내어 깊이 관조하여 결함이 없을 수 있는가?

백성을 아끼고 나라를 다스리면서도 자연무위自然無爲할 수 있는가?

감각기관이 외부 세계와 접촉하면서도 잠잠함을 지킬 수 있는가?

사방을 꿰뚫어 알면서도 술수를 사용하지 않을 수 있는가?

[만물을 생장시키고, 만물을 길러 준다. 생장시키되 점유하지 않고, 길러 주되 마음 두지 않고, 인도하되 주재하지 않는다. 이것이 바로 가장 심오한 "덕德"이다.]

【해설】

이 장은 수신修身공부를 중점적으로 논하고 있다.

"정신과 육체가 합일되어 분리되지 않을 수 있는가?"(載營魄抱一, 能無離乎?)는

---

6) [역자주] 백서 을본에는 이 문구가 "長而弗宰也"로 되어 있는 것으로 보인다. 高明 撰, 『帛書老子校注』(中華書局, 1996), 269쪽; 尹振環, 『帛書老子與老子術』(貴州人民出版社, 2000), 341쪽; 鄒安華 編著, 『楚簡與帛書老子』(民族出版社, 2000), 174쪽 등 참조.

온전한 생활이란 반드시 육체와 정신이 합일되어 이 상태에서 벗어나지 않아야 한다는 것이다. "합일"(抱一)은 바로 "도道"를 포괄한다는 말이고, "도"를 포괄할 수 있다는 것은 바로 삶에서 육체적 측면과 정신적 측면이 조화를 이루게 할 수 있다는 것이다.

"정기精氣를 결집해 유순하게 하다"(專氣致柔)는 기氣를 결집해 매우 부드러운 경지에 이르는 것이다. "기유氣柔"는 마음이 지극히 고요한 상태이다.

"잡념을 씻어내어 깊이 관조하다"(滌除玄覽)는 잡념을 씻어 내고 망견妄見을 없애서 내심內心의 본래적 광명(本明)을 스스로 관조하는 상태로 돌아가는 것이다.

노자가 논한 이 수신공부는 요가瑜伽(yoga)의 방법과는 다르다. 요가의 목적은 자아自我 및 외재적 환경을 벗어나는 데에 있다. 노자는 수신을 중시하되 수신을 한 뒤 그 남는 것을 활용해서 백성을 아끼고 나라를 다스리기까지 한다.

한편, 이 장의 내용 배치는 아마 착오가 있는 듯하다. 노자의 "이러한 도리가 한 개인에게 관철된다"(修之於身)와 "이러한 도리가 한 나라에 관철된다"(修之於天下)의 표현 사례로 미루어 보건대 본문의 배치는 다음과 같이 조정해 볼 수 있을 것이다.

載營魄抱一, 能無離乎?
滌除玄覽, 能無疵乎?
專氣致柔, 能如嬰兒乎?
天門開闔, 能爲雌乎?
明白四達, 能無知乎?
愛民治國, 能無爲乎?

"무리無離"와 "무자無疵"는 표현 방식이 일치한다. "영營"과 "백魄"은 육체(形)와 정신(神)을 구별해 말한 것이다. "척제滌除"와 "현람玄覽"도 육체(形)와 정신(神)을 구별해 말한 것으로 높은 수련修煉의 경지이다.

"여영아如嬰兒"와 "위자爲雌"는 표현 방식도 상통하고 비유하는 것도 비슷하다.

"아兒"는 "순정함"(和)을 말한 것이고 "자雌"는 "안정됨"(守)을 말한 것인데, 이는 노자의 수신修身에서 형식은 둘이되 지향점은 하나인 최고 경지이다. 제28장의 "남성성의 강함을 깊이 이해하면서도 여성성의 부드러움을 편안히 여긴다면 천하가 따라가는 길이 될 것이다. 천하가 따라가는 길이 되면 항구적인 덕을 잃지 않아서 어린아이의 상태를 회복할 것이다"(知雄守雌爲天下溪, 爲天下溪常德不離復歸於嬰兒)에서도 "영아嬰兒"와 "자雌"를 공히 거론하고 있다.

"무지無知"와 "무위無爲" 역시 표현 방식이 동일하다. "사방四方을 꿰뚫어 알면서도" 오히려 "무지無知"한 듯한 것은 "정신과 육체가 합일된 것", "잡념을 씻어 내 관조의 상태에 깊이 들어간 것", "정기精氣를 결집해 유순하게 한 것", "감각기관과 외부 세계가 접촉하는 것" 같은 수양의 최종 결과이다. 그리고 "이러한 이치가 자신에게 관철되어"(修之於身) "남는 덕德"이 절로 넘쳐흘러 작용하는 것이야말로 "무위無爲"에 기반해 "백성을 아끼고 나라를 다스리는 것"으로서 "이치가 천하에 관철되는 것"(修之於天下)이다.

제11장

【원문】

三十輻①, 共一轂②, 當其無, 有車之用③.

埏埴④以爲器, 當其無, 有器之用.

鑿戶牖⑤以爲室, 當其無, 有室之用.

故有之以爲利, 無之以爲用⑥.

【주석】

① 복輻: 수레바퀴에서 축심軸心과 바퀴 테두리(輪圈)를 잇는 나무살이다. 옛적 수레바퀴는 30개의 바퀴살로 구성되었다. 이 숫자는 월수月數(매월이 30일)를 본뜬 것이다.

② 곡轂: 수레바퀴의 가운데에 있는 동그란 구멍으로, 축을 끼우는 곳이다.

③ 당기무當其無, 유거지용有車之用: 수레의 바퀴통(轂)에 빈 공간이 있어야 수레가 움직일 수 있다. "무無"는 바퀴통의 빈 부분을 가리킨다.

④ 선식埏埴: 선埏은 반죽하는 일이고, 식埴은 흙이다.(하상공의 주) 도자기용 흙(陶土)을 반죽해 음식 그릇을 만든다.

　　마서륜이 말했다. "『설문해자』에 선埏자가 없으니 왕王본에 의거해 선挻으로 쓰고 이것이 단摶을 대신하는 글자라고 보아야 한다.…… 『설문해자』에서 '단摶은 손으로 둥글게 빚는 것이다'라 하였으니 의미에 있어서 비교적 더 적합하다. 『풍속통風俗通』에서 '속설에 의하면 천지天地가 처음 개벽했을 적에 사람이

없어 여와女媧가 흙(土)으로 사람을 빚었다(搏)고 한다'라 하였는데, '단토搏土'가
'단식搏埴'과 같은 것이다."

⑤ 호유戶牖: 출입문과 창문이다.

⑥ 유지이위리有之以爲利, 무지이위용無之以爲用: "유有"는 사람에게 편의를 가져다주
고 "무無"는 그것의 작용作用을 일으킨다. 왕필의 주석에 의하면 사람에게 편의를
가져다주는 "유有"는 "무無"와 서로 부합될 때에야 그 작용이 드러난다.("有가
유용하게 되는 것은 모두 無가 작용을 일으켜 주는 덕택이다.")

왕안석이 말했다. "'무無'가 천하에서 작용하는 것은 예禮·악樂·형刑·정政이
있어서이다. 만일 수레에서 축심과 가로대를 없애고 천하에서 예·악·형·정을
없애고서 '무無'가 작용하기를 기대한다면 정말이지 어리석은 것에 가깝다."
내 생각은 다음과 같다. 여기서 왕안석은 "무無가 작용하는 것"(無之爲用)은
긍정하면서 "유有가 유용하게 쓰이는 것"(有之爲利)은 등한시하는 세태를 비판한
것이다.

장송여가 말했다. "노자는 사물에서의 '유有'와 '무無'를 통해 '이로움'(利)과
'작용'(用)을 설명하였다. 유와 무는 서로 생기게 하고 이로움과 작용은 서로
드러내 준다.……"

풍우란이 말했다. "『노자』가 말하는 '도道'는 '유有'와 '무無'가 통합된 것이다.
그러므로 비록 '무'를 주요하게 여기기는 하지만 '유'를 경시하지도 않는다.
그것은 사실상 '유'를 중시하되 이를 최우선의 지위에 놓지 않을 뿐이다. 『노자』
제2장에 '유有와 무無는 서로 생성한다'(有無相生)라 하였고, 제11장에 '30개 바퀴살
이 하나의 축심을 공유하고 있는데 그 무無로 인해 수레를 이용하게 된다.
흙을 반죽해 그릇을 만드는데 그 무無로 인해 그릇을 사용하게 된다. 출입문과
창문을 내어 방을 만드는데 그 무無로 인해 방을 활용하게 된다. 그러므로
유有가 유용한 것은 그것의 작용을 무無가 촉발해서이다'(三十輻共一轂, 當其無,
有車之用. 埏埴以爲器, 當其無, 有器之用. 鑿戶牖以爲室, 當其無, 有室之用. 故有之以爲利, 無之以爲
用)라 하였다. 이 단락의 언어는 '유有'와 '무無'의 변증辯證적 관계를 정교하게

설명한다. 사발이나 찻잔 속은 비어 있는데 바로 그 빈 부분이 사발이나 찻잔의 기능(作用)을 활성화한다. 방 안은 비어 있는데 바로 비어 있음으로 인해 비로소 방의 기능이 활성화된다. 만약 꽉 차 있다면 사람이 어떻게 들어가겠는가? 『노자』에서는 다음과 같이 결론짓는다. '유有가 유용한 것은 그것의 작용을 무無가 촉발해서이다.'(有之以爲利, 無之以爲用) 이는 '무無'를 주요한 대립면으로 간주하는 것이다."(『老子哲學討論集』, 117쪽에서 인용)

【번역】

30개 바퀴살이 하나의 축심 가운데에 몰려 있다. 수레의 축심에서 빈 곳이 있기에 수레를 이용하게 된다.

도자기용 흙을 반죽해 가구를 만든다. 그릇에서 빈 곳이 있기에 그릇을 사용하게 된다.

출입문과 창문을 내어 방을 만든다. 출입문과 창문 및 사방의 벽에서 빈 곳이 있기에 방을 활용하게 된다.

그러므로 "유有"는 사람에게 편의를 가져다주고 "무無"는 그것의 작용을 일으켜 준다.

【해설】

보통 사람들은 차 있는 것의 작용에 주의를 기울일 뿐 비어 있는 것의 작용은 등한시한다. 노자는 예를 들어 설명한다. 첫째, "유有"와 "무無"는 서로 의존해 있고 서로를 사용한다. 둘째, 무형無形인 것이 중대한 작용을 할 수 있는데 이를 보통 사람들은 알아차리기 쉽지 않다. 노자는 특별히 이 "무無"의 작용을 보여 준다.

노자는 세 가지 사례를 든다. 수레의 쓰임(作用)은 재물을 운반하고 사람을 실어 나르는 데 있고, 그릇의 쓰임은 물건을 담는 데 있고, 방의 쓰임은 거주하는 데 있다. 여기서 수레, 그릇, 방은 사람에게 편의를 가져다주는 것이다. 그래서 "유有는 사람에게 편의를 가져다준다"(有之以爲利)라 하였다. 그런데 움직일 수 있는 수레 축심 부분에 빈 곳이 없다면 운행할 방법이 없게 되고, 무언가를 담을 수 있는 그릇 속에 빈 곳이 없다면 물건을 담을 방법이 없게 되고, 자유롭게 드나들 수 있으면서 빛도 통할 수 있는 방의 사방 벽과 출입문과 창문에서 빈 곳이 없다면 거주할 방법이 없게 된다. 속의 빈 부분이 발휘하는 작용에 대해 알 수 있는 것이다. 그래서 "무無는 그것의 작용을 일으켜 준다"(無之以爲用)라 하였다.

이 장에서 말하는 "유有"와 "무無"는 현상계現象界에 착안해 말한 것이고, 제1장에서 언급된 "유"와 "무"는 초超현상계 즉 본체계本體界에 착안해 말한 것이다. 이 둘은 층차가 다르다. 이들은 서로 표기상으로는 같아도 의미상으로는 내용이 다르다. 제1장에서의 "유"와 "무"는 노자가 특별하게 사용한 용어로, 형이상적 "도道"가 구체화되어 천지만물을 생성할 때의 활동 과정을 가리키는 것이다. 그런데 여기 제11장에서 언급된 "유"는 바로 실물實物을 가리킨다. 노자는 실물이란 "무無"(비어 있는 부분)와 결부될 때에만 활용성이 생겨날 수 있다고 설명한 것이다. 노자의 목적은 비단 사람들의 주의력이 현실 속에 나타나는 구체적 형상에만 얽매이지 않도록 이끌어 주는 데 있을 뿐 아니라, 사물이 상호 의존적(對待) 관계에서 서로 보충하고 서로 일으킨다는 것을 설명하는 데 있기도 하다.

제12장

【원문】

五色^①令人目盲^②; 五音^③令人耳聾^④; 五味^⑤令人口爽^⑥; 馳騁^⑦畋^⑧獵, 令人心發狂^⑨; 難得之貨, 令人行妨^⑩.

是以聖人爲腹不爲目^⑪, 故去彼取此^⑫.

【주석】

① 오색五色: 청색, 적색, 황색, 백색, 흑색을 가리킨다.

② 목맹目盲: 눈이 어지러운 것을 표현한 말이다.

③ 오음五音: 각角음, 치徵음, 궁宮음, 상商음, 우羽음을 가리킨다.

④ 이롱耳聾: 청각聽覺이 작동하지 않는 것을 표현한 말이다.

⑤ 오미五味: 신맛, 쓴맛, 단맛, 매운맛, 짠맛을 가리킨다.

⑥ 구상口爽: 입맛이 손상되는 병(口病)이다. "상爽"은 인신引伸되어 손상됨(傷), 잃어버림(亡)의 의미로 쓰인다. 미각味覺을 상실하는 것을 표현한 말이다.

　　왕필의 주석에서 말했다. "상爽은 상실한다는 뜻이다."

　　해동이 말했다. "『광아廣雅』「석고釋詁」권3에 '상爽은 손상함(敗)이다'라 하였고, 『초사楚辭』「초혼招魂」의 '잘 끓였으니 맛이 갔을 리 없지(不爽些)'에 대한 왕일王逸의 주석에 '초楚나라 사람들은 국이 상한 것을 이름하여 상爽이라 한다'라 하였다. 예부터 입맛이 손상되는 병을 나타내는 전문용어로 '상爽'을 썼다. 예를 들어……『회남자』「정신훈精神訓」에 '오미五味는 미각을 어지럽혀 입맛이 망가지게(爽傷) 한다'라 하였다."

⑦ 치빙馳騁: 종횡으로 내달린다는 뜻으로, 마음 내키는 대로 하는 것을 표현한 말이다.

⑧ 전畋: 동물을 사냥해 잡는 것이다.

⑨ 심발광心發狂: 마음이 요동쳐서 제지할 수 없는 것이다.

고형이 말했다. "'발發'은 연자衍字로 의심된다. '심광心狂'이라고 두 글자로만 써도 의미가 충분히 성립한다. 여기 본문에서 '사람들의 눈을 멀게 한다'(令人目盲), '사람들의 귀를 먹게 한다'(令人耳聾), '사람들의 입맛을 버린다'(令人口爽), '사람들의 마음을 날뛰게 한다'(令人心狂), '사람들의 행실을 망친다'(令人行妨) 부분은 구법句法이 일률적이다. 여기에 '발發'자를 더하면 구법을 망가뜨리게 된다. 맹盲은 눈에 병이 있는 것이고, 롱聾은 귀에 병이 있는 것이고, 광狂은 마음에 병이 있는 것이다. 그래서 고서古書에서는 종종 함께 언급할 때가 있다." 고형의 설명은 참고할 거리를 제공해 준다.

⑩ 행방行妨: 몸가짐을 망쳐 버리는 것이다. "방妨"은 해침, 손상시킴을 뜻한다.

⑪ 위복불위목爲腹不爲目: 편안함과 배부름을 추구할 뿐, 좋은 소리나 색을 마음 내키는 대로 탐닉하려 하지는 않는 것이다. 내 생각은 다음과 같다. "배"(腹)는 안이고 "눈"(目)은 바깥이다. "배"는 자신(身)을 말하고 "눈"은 외물(物)을 말한다. "배를 위한다"(爲腹)는 말은 바로 제3장에 나온 "생활을 편안하면서도 배부르도록 해 주려 함"(實其腹) · "몸을 튼실하게 해 주려 함"(强其骨)에 상당하고, "눈을 위하지는 않는다"(不爲目)는 말은 바로 제3장에 나온 "사람의 마음을 너르게 해 주려 함"(虛其心) · "의지를 유연하면서도 강인하게 해 주려 함"(弱其志)에 상당한다. 양주楊朱의 "생生을 중시함"(重生)이 여기서의 "배를 위한다"(爲腹)에 해당하고, 양주의 "외물을 도외시함"(外物)이 여기서의 "눈을 위하지는 않는다"(不爲目)에 해당한다.

장석창이 말했다. "노자는 단순하고 청정淸靜한…… 생활을 '복腹'으로 대표해 나타내고, 간교하고 욕심이 많아 결국 '눈이 멀고…… 귀가 먹고…… 입맛을 버리고…… 마음이 미치고…… 몸가짐을 망치게 되는' 생활을 '목目'으로 대표해 나타냈다. 이를 깨달으면 '배를 위하니' 무욕無欲한 생활을 하게 되고, '눈을 위하지는 않으니' 욕심을 많이 부리는 생활을 하지 않게 된다."

엄영봉이 말했다. "배는 만족시키기 쉽지만 눈은 욕망이 끝없기 십상이다.…… 여기서는 '눈'을 예로 들어서 나머지 4가지인 귀, 입, 마음, 몸체까지 개괄하였다. 여기서는 배부르기를 추구하는 데서 그치고 눈이 멀거나 귀가 먹거나 입맛을 잃거나…… 몸가짐을 망치도록 하지는 말라고 말한 것이다."

임어당林語堂의 영역英譯본 각주에서 말했다. "'배'(腹)는 내재적 자아(the inner self)…… 를 가리키고, '눈'(目)은 외재적 자아 또는 감각세계를 가리킨다."(The Wisdom of Laotse, 90쪽에 보임)

⑫ 거피취차去彼取此: 물욕物欲의 유혹을 물리치고 안정적이면서 자족적인 생활을 유지하는 것이다. "피彼"는 "눈을 위하는"(爲目) 생활을 가리키고 "차此"는 "배를 위하는"(爲腹) 생활을 가리킨다.

【번역】

화려한 색채는 사람의 눈을 어지럽히고, 복잡한 음조는 사람의 청각을 예민하지 못하게 하고, 음식을 질릴 만큼 배불리 먹는 일은 사람의 혀가 맛을 느끼지 못하게 하고, 마음 내키는 대로 사냥질하는 것은 사람의 마음을 요동치게 하고, 희귀한 재화는 사람의 행실이 선을 넘게 한다. 그래서 성인聖人은 편안함과 배부름을 추구할 뿐 소리나 색의 쾌락을 좇지 않으니, 물욕物欲의 유혹을 물리치고 안정적이면서 자족적인 생활을 유지한다.

【해설】

여기서 노자는 물질적인 것에 탐닉하는 문명 생활의 폐해를 지적한다. 그가 목격한 상층 계급의 생활 실태는 감각적 자극을 추구하는 것, 이리저리 휩쓸리며 경쟁하는 것, 음란하고 방탕한 것인데, 이는 마음이 요동쳐 안정되지 못하도록 하는 것들이다. 그래서 그는 정상적인 생활이란 "배"(腹)를 위할 뿐 "눈"(目)을 위하지는 않는 삶이고 내적인 것에 힘쓸 뿐 외적인 것을 좇지는 않는 삶이라고 생각했다. 항간의 말에 "비단이 천 상자가 있어도 그 쓸모는 따뜻하게 하는 것일 뿐이고, 음식이 방장方丈에 가득해도 그 쓸모는 배부르게 하는 것일 뿐이다"라 한다. 물질적인 것에 탐닉하는 생활은 단지 편안함과 배부름을 추구할 뿐 소리나 색의 쾌락을 마음 내키는 대로 추구하지는 않는 것이다.

"배"를 위하는 것은 내면의 평온함과 염담함을 도모하는 삶이고, "눈"을 위하는 것은 외부의 것을 탐닉하는 삶이다. 사람이 외부에 있는 것을 추구하는 데 휩쓸려 버리면 점점 빠져들어 돌이키지 못하고 스스로 자기 소외를 일으켜 마음이 나날이 공허해지게 된다. 그래서 노자는 외부의 물질적인 것을 탐닉하는 삶의 유혹을 물리치고 내심內心의 안정과 만족을 유지해서 고유하게 지니고 있는 천진天眞을 확고하게 지켜야 한다고 사람들을 일깨운 것이다.

오늘날 도시 문명의 생활에서는 모든 사람들이 동물적인 욕구의 만족과 분출을 추구할 뿐이며 영성靈性은 우리 스스로 두려워해야 할 정도로 훼손되었다. 우리가 이런 인간의 마음이 요동치는 상황을 보편적인 시각에서 바라보며 노자의 서술을 읽는다면 절로 탄식하게 될 것이다.

제13장

【원문】

寵辱若驚[1], 貴大患若身[2].

何謂寵辱若驚? 寵爲下[3], 得之若驚, 失之若驚, 是謂寵辱若驚.

何謂貴大患若身? 吾所以有大患者, 爲吾有身, 及吾無身, 吾有何患[4]?

故貴以身爲天下, 若可寄天下; 愛以身爲天下, 若可託天下[5].

【주석】

[1] 총욕약경寵辱若驚: 총애를 받는 것과 치욕을 당하는 것 모두 사람을 놀라게 한다.

　　하상공이 말했다. "자신이 총애를 받아도 놀라고, 자신이 치욕을 당해도 놀란다."

　　왕필이 말했다. "총애를 받으면 필시 치욕을 당하게 되고 영화를 누리면 필시 근심거리가 있게 되니, 총애와 치욕은 동등하고 영화와 근심도 똑같다."

[2] 귀대환약신貴大患若身: 신체[1]를 중시하는 것은 큰 우환을 중시하는 것과 똑같다.

---

1) [역자주] 여기서 진고응이 원문의 '身'을 '身體'로 해석한 것에 의거해 제13장에서 등장하는 '身'을 될 수 있으면 그대로 '신체'라고 번역했지만, 부득이한 점이 있다. '身'이라는 낱글자의 의미는 '몸'에서 시작해 맥락에 따라 다양하게 파생되므로 이 장에 나오는 '身'이 정확히 어떤 의미인지에 대해서는 학자마다 해석이 다를 수밖에 없다. 그런데 진고응은 이에 대해 명확하게 분석하지 않고 다양한 맥락을 '身' 한 글자로 설명하고 있다. 【해설】 부분만 봐도 진고응은 '身'을 '肉身'·'인간의 존엄성'(尊嚴)·'生命'·'肉體와 精神'·'일체의 근원'같이 다양한 주제로 아우르고 있다. 진고응 주석에 나오는 '身'을 모두 '身體'로 번역할 수 있는지, 진고응이 인용한 다른 주석에

내 생각에 이 구절은 본래 "귀신약대환貴身若大患"인데, "신身"과 앞 구절의 "경驚"이 진眞·경耕 협운協韻이기 때문에 문장의 순서를 뒤집은 것이다.

왕도王道가 말했다. "'귀대환약신貴大患若身'은 '귀신약대환貴身若大患'이라고 해야 한다. 도치시켜 말하는 것은 문장의 묘미로, 옛글에는 이런 경우가 많다."(『老子億』)

③ 총위하寵爲下: 총애를 받는 것은 영화롭지 못한 것이다. "하下"는 비천하다는 의미이다.

감산덕청이 말했다. "세상 사람들은 모두 총애 받는 것을 영화롭게 생각하지만, 총애가 바로 치욕임을 알지 못한다." 또 말했다. "'총위하寵爲下'는 총애가 비천한 것임을 말한다. 임금의 총신(嬖幸)에 비유하자면, 임금이 그를 아껴 총애한다면 비록 술 한 잔이나 고기 한 점이라도 반드시 그에게 하사할 것이다. 그렇게 하지 않으면 그가 총애 받는다는 사실이 드러나지 않기 때문이다.…… 그에 반해 저 총애 받지 않는 자는 오히려 무릎 꿇지 않고 당당하게 서 있을 것이다. 이 두 가지를 비교해 본다면, 임금의 총애라 하더라도 사실은 매우 치욕스러운 것이다. 어찌 비천한 것이 아니겠는가! 그러므로 '총애는 비천하다'(寵爲下)라고 말했다."

하상공본에서는 "욕위하辱爲下"라고 되어 있다. 경복비景福碑·진경원陳景元본·이도순李道純본에는 "총위상寵爲上, 욕위하辱爲下"라고 되어 있다.

④ 오소이유대환자吾所以有大患者, 위오유신爲吾有身, 급오무신及吾無身, 오유하환吾有何患: 이는 큰 우환이 신체에서 유래하기 때문에, 큰 우환을 막으려면 먼저 신체를 귀하게 여겨야 함을 말한다. 내 생각은 다음과 같다. 노자가 말한 이 구절은 경계하라는 것이지, 신체를 버리거나 잊으라고 하는 것이 결코 아니다. 노자에게는 지금껏 신체를 경시하거나 버리거나 잊으라는 사상이 없었고, 오히려 그는 신체를 귀하게 여겨야 한다고 주장했다.

나오는 '身'이 진고응의 이해와 같은지의 여부를 명징하게 밝히기 위해서는 별도의 연구가 필요하다.

사마광이 말했다. "신체가 있기 때문에 우환이 생긴다. 그렇다면 이 신체가 있는 이상 그것을 귀하게 여기고 아껴야 한다. 자연自然의 이치를 따라 사물에 응하고, 정욕을 풀어놓지 말아 우환이 없게 해야 한다."

범응원이 말했다. "자신2)을 경시해 수신修身하지 않는다면, 이는 위기를 자초하는 셈이다. 그러므로 군자는 당장은 편안해도 언제든지 위태로워질 수 있다는 점을 잊지 않으며, 당장은 생존해 있어도 언제든지 죽을 수 있다는 점을 잊지 않는다. 그러므로 죽을 때까지 우환이 없는 것이다."

장순휘張舜徽가 말했다. "'오吾'는 임금이 자신을 일컬은 것이다. 이 구절은 임금이 일신3)의 안위를 위해 이기적으로 굴어서 권력과 지위를 탐내고 이를 잃어버릴까 두려워하므로 오직 큰 환란이 벌어지는지 아닌지만 걱정함을 말한다. 만약 임금이 자신만 이기적으로 생각하지 않을 수 있다면, 달리 무슨 환란을 걱정하겠는가? '급及'은 '만약(若)과 같으니, 『경전석사經傳釋詞』에 설명이 보인다."

⑤ 귀이신위천하貴以身爲天下, 약가기천하若可寄天下; 애이신위천하愛以身爲天下, 약가탁천하若可托天下: 신체를 귀하게 여기고 아끼는 태도로 천하를 다스려야 그에게 천하를 맡길 수 있다.

범응원이 말했다. "'귀이신위천하貴以身爲天下'란 자신을 경시해 남을 따르는 짓을 하지 않는다는 것이고, '애이신위천하愛以身爲天下'란 자신을 위태롭게 해 우환을 초래하는 짓을 하지 않는다는 것이다. 먼저 자신을 경시해 외물을 따르는 짓을 하지 않아야 천하를 자연自然에 맡겨 각자 자신의 편안함을 누릴 수 있을 것이고, 자신을 위태롭게 해 우환을 초래하는 짓을 하지 않을 수 있어야 천하를 맡겨도 우환이 없을 것이다."

---

2) [역자주] 범응원이 말하는 '身'은 수양(修)의 대상이므로 '신체'보다는 '自身'이 더 적절하다고 보아 이렇게 번역했다. 또 ⑤에 인용된 범응원 주석을 보면 '身'이 '남'(物)에 대비되고 있으므로, '신체'보다는 '自身'이 더 적절한 것 같다.

3) [역자주] 원문을 직역하자면 "자기 몸을 사사롭게 여겨"(自私其身)로, 장순휘는 진고응과는 달리 '身'을 자기중심적 육체로 해석했다. 장순휘의 맥락에서는 '身'을 '신체'로 번역하는 것이 어색하므로 '一身'이라고 번역했다.

후쿠나가 미쓰지(福永光司)가 말했다. "이 장은 진정으로 자신의 신체를 소중히 여기고 자신의 생명을 아낄 수 있는 사람만이 타인의 생명을 소중히 여기고 타인의 삶을 아낄 수 있음을 말하고 있다. 또 이러한 사람에게만 안심하고 천하의 정치를 맡길 수 있음을 말하고 있다."

【번역】

총애를 얻는 것이나 치욕을 당하는 것이나 모두 깜짝 놀라게 되는 것이고, 신체를 중시하는 것은 큰 우환을 중시하는 것과 똑같다.

무엇을 '총애를 얻는 것이나 치욕을 당하는 것이나 모두 깜짝 놀라게 된다'고 하는가? 총애를 얻는 것은 저급한 것으로, 은혜를 입어도 깜짝 놀라 편치 않고, 은혜를 잃어도 놀랍고 두려우니, 바로 이것을 '총애를 얻는 것이나 치욕을 당하는 것이나 깜짝 놀라게 된다'고 한다.

무엇을 '신체를 중시하는 것은 큰 우환을 중시하는 것과 똑같다'고 하는가? 내게 큰 우환이 있는 까닭은 바로 내게 신체가 있기 때문이니, 이 신체가 없다면 나에게 무슨 큰 우환이 있겠는가?

그러므로 신체를 귀하게 여기는 태도로 천하를 다스릴 수 있어야 천하를 그에게 맡길 수 있고, 신체를 아끼는 태도로 천하를 다스릴 수 있어야 천하를 그에게 의탁할 수 있다.

【해설】

이 장에서 노자는 "신체를 귀하게 여기는"(貴身) 사상을 강조한다. 노자가 보기에 이상적인 통치자는 무엇보다 "신체를 귀하게 여겨" 허튼 짓을 하지 않는 것이 제일 중요하다. 이렇게 해야만 모두가 안심하고 그에게 천하를 다스리는 중책을 맡기게 된다.

이전 장에서 "성인(聖人)"은 "편안함과 배부름(腹)"을 추구할 뿐 "눈의 쾌락(目)"을 좇지 않는다고 말했는데, 이는 평온하고 편안한 삶을 이룩하려는 것이지 아름다운 음악이나 여색·재화 등을 좇는 욕망의 삶을 추구하는 것이 아니다. 이 장에서는

"편안함과 배부름을 추구할 뿐 눈의 쾌락을 좇지 않는" "성인"만이 "총애나 치욕·영화나 우환 때문에 자기 신체를 손상시키지 않을 수 있고"(왕필의 말), 그래야 천하를 다스리는 중책을 감당할 수 있음을 말한다.

　　노자는 첫머리에서 "총애를 얻는 것이나 치욕을 당하는 것이나 모두 깜짝 놀라게 된다"(寵辱若驚)고 말한다. 그가 보기에 "총애"(寵)와 "치욕"(辱)은 인간의 존엄성을 해친다는 점에서 결코 다르지 않다. 물론 치욕을 당하면 자존감이 손상되지만, 총애를 받았다 한들 인격의 독립성과 온전함이 훼손되지 않았던 적이 있었던가? 총애를 받는 사람도 결국은 마음속으로 이것이 한 번뿐인 뜻밖의 영광이라고 느껴서, 총애를 받고 나면 이내 전전긍긍하며 오직 그것을 잃어버릴까 두려워한다. 그러므로 총애를 준 자의 면전에서 황공해하며 몸 둘 바를 알지 못해 자신의 뜻을 굽히고 그에게 영합한다. 이 때문에 자기 인격의 존엄성이 어느새 위축되어 버리는 것이다. 총애를 받지 않은 사람이라면 누구의 면전에서도 당당하게 서서 자기 인격의 독립성과 온전함을 지킬 것이다. 그러므로 총애를 얻는 것 역시 비천할 뿐 결코 영광스럽지 않다(寵爲下)고 말하는 것이다.

　　사람들은 외부로부터의 총애와 치욕, 칭찬과 비난을 과도하게 중시하는데, 이것은 바로 큰 우환을 마주하는 것과 같다. 심지어 상당수의 사람들은 외부로부터의 총애와 치욕, 칭찬과 비난을 자신의 생명보다 훨씬 더 중요하게 생각한다. 그러므로 노자는 사람들에게 신체를 귀하게 여기도록 일깨워, 마치 큰 우환에 관심을 기울이는 것처럼 신체를 귀하게 여기도록 했다.

　　"신체를 귀중하게 여긴다"(貴身)는 개념은 제44장에서 볼 수 있다. 사람들은 외부의 명리에 급급할 뿐 자신을 아끼려하지 않기 때문에, 노자는 개탄하며 다음과 같이 물었다. "명성과 생명을 비교하면 어떤 것이 절실한가? 생명과 재물을 비교하면 어떤 것이 귀중한가?" 신체를 귀하게 여기는 것의 반대는 신체를 경시하는 것인데, 제26장에서 노자는 신체를 경시하는(자신의 생명을 망치는) 군주에 대해 다음과 같이 힐난한다. "자신이 대국의 군주가 되었으면서 어째서 경솔하고 조급하게 천하를 다스리는가?"

　　이 장은 상당히 곡해되어 왔다. 이전 주석가들은 흔히 "신(身)"을 일체 번뇌나 큰 우환의 근원이라고 해석했기 때문에 이를 잊을 것을 주문했다. "신체를 귀하게 여기는"(貴身) 사상이 거꾸로 "신체를 잊으라는"(忘身) 것으로 해석된 것이다. 이러한 곡해는 대부분 불교의 영향을 받은 것으로, 불교의 관점을 노자에 억지로 갖다 붙인 것이다. 육체와 정신이라는 두 부분은 사람을 사람답게 만드는 필요충분조건이고, 또한 사람의 생명을 이루는 필요충분조건이다. 어떤 사람들은 "신身"을 "육체"와 같은 의미로 간주하고, 이에 더하여 도학의 관념 및 종교사상의 영향을 받아 육체를 비천하게 여기고는 "신체를 잊으라는" 주장을 하게 되었다.

다음으로 노자가 "무엇을 '신체를 중시하는 것은 큰 우환을 중시하는 것과 똑같다'고 하는가? 내게 큰 우환이 있는 까닭은 바로 내게 신체가 있기 때문이니, 이 신체가 없다면 나에게 무슨 우환이 있겠는가!'라고 한 일문일답에서, 노자의 답변은 사실을 기술한 문장일 뿐 가치판단이 개입된 문장이 아니다. 답변의 핵심은 응당 "신身"자에 있어야 한다. 노자는 다만 "신체"(身)가 일체의 근원이므로 큰 우환의 연원 역시 "신체"임을 말하려는 것이다. 앞뒤 문맥을 보면 노자는 다음과 같이 분명하게 말하고 있다. 만약 "신체를 귀하게 여긴다면"(貴身) 저절로 수많은 외환外患(외부로부터의 환난은 모두 "눈을 위하는 데서" 즉 마음 가는 대로 욕망을 탐닉하는 데서 유래한다.)을 줄일 수 있을 것이고, 만약 "신체를 귀하게 여긴다면" 저절로 외부의 총애나 치욕·칭찬이나 비난에 휘둘리지 않을 수 있을 것이니, 이런 사람이라야 중임을 감당할 수 있다.

제14장

【원문】

視之不見, 名曰"夷"; 聽之不聞, 名曰"希"; 搏之不得, 名曰"微"①. 此三者不可
致詰②, 故混而爲一. 其上不皦③, 其下不昧④, 繩繩兮⑤不可名, 復歸於無物⑥.
是謂無狀之狀, 無物之象, 是謂惚恍⑦. 迎之不見其首; 隨之不見其後.
執古之道, 以御今之有⑧. 能知古始⑨, 是謂道紀⑩.

【주석】

① "이夷"·"희希"·"미微": 이 세 가지 용어는 모두 감각기관이 파악할 수 없는
"도道"를 형용하기 위해 사용되었다.

하상공의 주에서 말했다. "빛깔이 없는 것을 '이夷'라고 하고, 소리가 없는
것을 '희希'라고 하며, 형체가 없는 것을 '미微'라고 한다."

진영첩陳榮捷이 말했다. "'은미함'(微)은 도의 중요한 특징으로, 그것은 '드러남'
(顯)보다 중요하다. 이와는 반대로 유가는 드러남을 강조해서, 은미한 것보다
잘 드러나는 것은 없으므로, 은미한 것도 결국 드러난다는 사실을 알 수 있는
자만이 '덕에 들어갈 수 있다'(可與入德)고 생각했다. 불교도와 신유가는 결국
그것을 종합하여 '드러난 것과 은미한 것은 어떠한 간극도 없다'(程頤, 「易傳序」,
"顯微無間.")고 말했다."

② 치힐致詰: 끝까지 따져 묻다, 규명하다.

감산덕청이 말했다. "치힐致詰은 '헤아림'(思議)이라는 말과 같다."

③ 교皦: 빛나다.

돈황敦煌본·강사제强思齊본에는 '교皦'가 '교皎'로 되어 있다. '교皦'와 '교皎' 두 글자는 통용될 수 있다. 『설문해자』에서는 "교皦는 옥석이 흰 것이고, 교皎는 달이 흰 것이다"라고 했다.

④ 매昧: 어둡다.

⑤ 승승혜繩繩兮: 계속 이어져 끊어지지 않는 모습을 형용한다. 왕필본에는 "혜兮"자가 없는데, 경룡비본·부혁본 및 여러 고본에 의거해 보충했다.

⑥ 복귀어무물復歸於無物: 이 구절과 제16장의 "각자 자신의 뿌리로 되돌아간다"(復歸其根)의 의미는 동일하다. "복귀復歸"는 근원으로 돌아가는 것이다. "무물無物"이란 어떤 것도 존재하지 않는다는 것이 아니라 어떠한 형상도 갖고 있지 않은 실체를 가리킨다. "무無"는 우리의 감각기관에 대비해 말한 것이다. 어떠한 감각기관도 그것("道")을 지각할 수 없으므로, "무"자를 통해 그것을 볼 수 없다는 점을 형용한 것이다.

⑦ 홀황惚恍: 있는 듯 없는 듯 가물거리다.

⑧ 유有: 구체적 사물을 가리킨다. 여기의 "유有"자는 노자의 고유 개념이 아니므로 제1장의 "유有"와는 다르다.

⑨ 고시古始: 우주적 시원 또는 "도道"의 시작점.

⑩ 도기道紀: "도道"의 뼈대, 즉 "도道"의 법칙.

【번역】

보아도 보이지 않는 것을 "이夷"라고 부르고, 들어도 들리지 않는 것을 "희希"라고 부르며, 잡아도 잡히지 않는 것을 "미微"라고 부른다. 이 셋은 형상을 규명할 수 없으니, 그것은 혼륜한 일체이다. 그것은 위로는 빛을 드러내지 않고 아래로는 어둠을 드러내지 않으며, 면면히 끊이지 않으나 형언할 수 없으니, 어떤 움직임이라도 형체가 보이지 않는 상태로 되돌아가기 마련이다. 이것은 형상이 없는 형상이요, 형체를 드러내지 않는 형상이니, "홀황惚恍"이라고 한다. 그것을 맞이해도 그것의 앞모습을 볼 수 없고, 그것을 뒤쫓아도 그것의 뒷모습을 볼 수 없다.

일찍부터 존재해 온 도道를 파악해 현재의 구체적 사물을 제어한다. 우주의 시원을 이해할 수 있도록 하는 것을 도道의 법칙이라고 부른다.

【해설】

　이 장은 도체道體를 묘사했다.

　형이상적으로 실재하는 도道는 현실의 어떠한 경험적 사물과 달리 구체적인 형상을 지니지 않는다. 도道에 형체가 없는 이상 당연히 빛깔도 소리도 없다. 그러므로 노자는 "보아도 보이지 않고", "들어도 들리지 않으며", "잡아도 잡히지 않는다"고 말했고, 또 "맞이해도 그것의 앞모습을 볼 수 없고", "뒤쫓아도 그것의 뒷모습을 볼 수 없다"고 말했다. 이것들은 모두 도道가 우리의 감각기관으로는 인식될 수 없고, 인간의 모든 감각·지각작용을 초월함을 형용한다. 노자가 도道에 대해 불가사의하다("규명할 수 없다")고 말하는 것은 당연하다.

　이 도道는 명확한 형체가 없기 때문에 형언할 수가 없다. 소리도 빛깔도 이름도 모양도 초월한 도道가 텅 비어 아무것도 없는 것은 아니다. 노자가 말한 "무물無物"이란 텅 비어 아무것도 없다는 것이 아니라, 도道가 일반적인 의미의 사물이 아니라는 것이다. 일반적인 의미의 사물은 감각할 수 있는 형체가 있지만, 도道는 감각할 수 있는 "형체가 없는" 것이다.

　도道는 경험을 초월해 있는 존재이기 때문에 노자는 특별한 방법으로 그것을 묘사했다. 그는 경험세계의 다양한 개념들을 활용한 뒤에 하나하나 그것들이 적합하지 않다고 부정하고, 또 경험세계의 각종 한계를 모두 극복함으로써, 도道의 깊고 은미하며 신비한 존재 방식을 반현反顯하였다.

제15장

【원문】

古之善爲士者^①, 微妙玄通^②, 深不可識. 夫唯不可識, 故强爲之容:

豫兮若冬涉川^③;

猶兮若畏四隣^④;

儼兮其若客^⑤;

渙兮其若釋^⑥;

敦兮其若樸;

曠兮其若谷;

混兮其若濁;

孰能濁以靜之徐淸; 孰能安以動之徐生^⑦.

保此道者, 不欲盈^⑧. 夫唯不盈, 故能蔽而新成^⑨.

【주석】

① 선위사자善爲士者: 왕필본의 "사士"를 백서 을본에서는 "도道"라고 했고 부혁본도 이와 같다. 곽점 죽간본(갑조)에 "사士"라고 쓰여 있는 것을 보면, "사士"자가 더 옛 뜻에 가깝다는 것이 증명된다.

② 현통玄通: 곽점 죽간본 및 백서 을본에서는 "현달玄達"이라고 쓰여 있다.

③ 예혜약동섭천豫兮若冬涉川: "예혜豫兮"는 망설이며 조심한다는 뜻이다. "약동섭천若冬涉川"은 엷은 얼음을 밟듯 조심함을 형용한다.

　　고형이 말했다. "큰 시내를 건넌다는 말은 옛사람들이 자주 사용한 표현이다.…… 큰 시내를 건너는 자는 마음속으로는 반드시 경계하고 두려워하며, 걸음은 반드시 천천히 하므로 '예혜豫兮'라고 했다. 『시경詩經』「소아小雅·소민小旻」에 '두려워하고 조심하라, 마치 깊은 연못에 다가가듯이, 얇은 얼음을 밟듯이'(戰戰兢兢, 如臨深淵, 如履薄氷)라고 했는데, 큰 시내를 건너듯이 하는 것과 깊은 연못에 다가가듯이 하는 것은 같은 의미이다."

④ 유혜약외사린猶兮若畏四隣: "유猶"는 곽점 죽간본 및 백서 을본에서는 "유猷"로 되어 있다. "유혜猶兮"는 경계하고 조심하는 모습을 형용한다. "약외사린若畏四隣"은 감히 경거망동하지 않는 것을 묘사한다.

범응원이 말했다. "'유猶'는 원숭이 부류로 일이 일어난 뒤에도 의심한다. 이 구절은 도道를 잘 실천하는 선비가 마지막까지 조심해서 언제나 해이해지지 않는 모습을 묘사한다."

⑤ 엄혜기약객儼兮其若客: "엄혜儼兮"는 단정하고 엄숙한 모습을 형용한다. "객客"은 왕필본에 "용容"으로 되어 있다. "용容"은 "객客"과 형태가 비슷하지만 틀렸다. 하상공본·경룡비본·부혁본에는 "객"으로 쓰어 있고, 곽점 죽간본 및 백서본도 이와 똑같으므로 이에 의거해 고친다.

⑥ 환혜기약석渙兮其若釋: 왕필본에는 "환혜약빙지장석渙兮若氷之將釋"이라고 되어 있고, 백서본에는 "환아기약릉택渙呵其若凌澤"으로 되어 있다. "릉凌"과 "빙氷"은 같은 의미이다. 곽점 죽간본의 이 구절의 해독문에는 "환혜기약석渙兮其若釋"으로 되어 있는데, "빙"자가 없지만 앞뒤 구의 형식이 똑같다. 곽점 죽간본이 우수하다고 여겨지므로 이에 의거해 고친다.

유신방劉信芳이 말했다. "'여객如客'은 조심함을 말하고, '여석如釋'은 소탈함을 말하며, '여박如樸'은 질박함을 말하고, '여탁如濁'은 원만함(자신만 고결한 척하지 않음)을 말한다."(『荊門郭店竹簡老子解詁』)

⑦ 숙능탁이정지서청孰能濁以靜之徐淸, 숙능안이동지서생孰能安以動之徐生: 누가 요동치는 가운데 고요해져 천천히 맑아질 수 있는가? 누가 안정된 가운데 움직여 천천히 나아갈 수 있는가?

내 생각은 다음과 같다. 백서 갑·을본에는 모두 "숙능孰能" 두 글자가 없다. 왕필본과 곽점 죽간본은 거의 같은데, 곽점 죽간본의 초나라 문자는 "숙능탁이정 자孰能濁以靜者, 장사청將舍淸; 숙능안이동자孰能安以動者, 장사생將舍生"으로 해독된 다. "사舍"와 "서徐"는 음이 유사한 통가자通假字이다.(『郭店楚墓竹簡』 정리자 彭浩의 주석) 왕필본에는 "안이安以" 아래에 "구久"자가 연자衍字로 덧붙여져 있다.

⑧ 불욕영不欲盈: 곽점 죽간본에서는 "불욕상정不欲尚呈"이라고 되어 있다. "정呈"은 드러나다, 드러내다의 의미이다.

⑨ 폐이신성蔽而新成: 옛것을 없애고 새롭게 한다는 의미이다.

"이而"는 왕필본에 원래 "불不"로 쓰여 있는데, "이"와 "불"이 전서篆書로는 형태가 비슷하기 때문에 잘못 넣은 것이다. "불"자로 해석하면 반대가 되어 의미가 잘못된다. 여기서는 역순정易順鼎의 설에 의거해 수정한다.

역순정이 말했다. "아마도 '고능폐이신성故能蔽而新成'이 되어야 할 것 같다. '폐蔽'는 '폐敝'의 가차이고, '불不'은 '이而'의 오자이다. '폐敝'는 '신新'과 대비되 니, '능폐이신성能蔽而新成'이라는 것은 제22장에서 말한 '오래된 것이 도리어 새로워질 수 있다'(敝則新)는 말이다."

고형이 말했다. "역순정의 설이 옳다. 전서篆書로 '불不'은 �로, '이而'는 �둥로 쓰는데, 두 글자의 형태가 비슷하기 때문에 잘못 쓴 것이다. 『묵자墨子』 「겸애하兼愛下」의 '불고이퇴야不鼓而退也'에서 '이'가 바로 '불'의 오자이니, 서로 증명해 줄 수 있다."

【번역】

옛적에 도道를 잘 실천한 선비는 정묘하고 통달해서, 그의 심오한 경지를 파악하기 어려웠다. 그를 파악하기 어렵다는 바로 그 점 때문에 그를 억지로 형용할 수밖에 없다.
조심하고 신중하구나, 마치 겨울에 발을 강에 들이는 것처럼.
경계하고 주의하는구나, 마치 사방의 포위공격에 대비하는 것처럼.

삼가고 엄숙하구나, 손님이 된 것처럼.

원만하고 정답구나, 마치 고드름이 녹는 것처럼.

순후하고 질박하구나, 마치 아직 다듬지 않은 소재처럼.

텅 비고 트여 있구나, 마치 깊은 산의 그윽한 골짜기처럼.

소박하고 순수하구나, 마치 탁한 물처럼.

누가 요동치는 가운데 고요해져 천천히 맑아질 수 있는가? 누가 안정된 가운데 움직여 천천히 나아갈 수 있는가?

이러한 도리를 지닌 자는 자만하려 하지 않는다. 오직 그가 자만하지 않기 때문에 옛것을 없애고 새롭게 할 수 있다.

【해설】

이 장은 도道를 체득한 선비에 대해 묘사한 것이다.

도道는 정묘하고 심오하며 모호해 헤아릴 수 없다. 도道를 체득한 선비 역시 고요하고 심오하기 때문에 파악하기 어렵다. 세속 사람들은 형기가 더럽고 탁해 이기적 욕망에 마음이 물들어있다. 장자는 "욕망이 심한 자는 천기天機가 얕다"고 말했는데, 이런 사람은 한눈에 파악할 수 있다. 도道를 체득한 선비는 미묘하고 심오하므로 "심오해 파악하기 어렵다"고 말한 것이다.

노자는 도道를 체득한 선비의 풍모와 인격에 대해 묘사를 시도한다.("억지로 형용할 수밖에 없다.") "조심하고 신중하구나, 마치 겨울에 발을 강에 들이는 것처럼"에 서부터 "소박하고 순수하구나, 마치 탁한 물처럼"까지 일곱 구절은 도道를 체득한 자의 모습과 마음 상태 즉 신중함·조심스러움·위의 있음·원만함·돈후함·텅 비어 있음·순박함·고요함·소탈함 등 인격 수양을 거친 정신적 면모를 그린다.

"누가 요동치는 가운데 고요해져 천천히 맑아질 수 있는가? 누가 안정된 가운데 움직여 천천히 나아갈 수 있는가?"는 도道를 체득한 선비의 고요한 공부와 정신 활동의 모습을 말한다. "탁濁"과 "청淸"이 대립되고, "안安"(고요함)과 "생生"(움직임)이 대립되는데, 전자는 움직임이 극한에 이르면 고요해지는 생명활동의 과정을 설명하고, 후자는 고요함이 극한에 이르면 움직이는 생명활동의 과정을 설명한다. "탁濁"은 요동치는 상태로, 도道를 체득한 선비는 요동치는 상태 속에서 "고요해지는"(靜)의 공부를 통해 조용히 물러나 스스로 수양해서 고요하게 마음을 단속해 청명한 경지로 들어가니, 이것은 움직임이 극한에 이르면 고요해지는 생명활동의 과정을 설명한 것이다. 오랫동안 침잠해 안정된("安") 가운데 도道를 체득한 선비는 또 생동해 창조적 활동("生")으로 나아갈 수 있으니, 이것은 고요함이 극한에 이르면 움직이는 생명활동의 과정을 설명한 것이다.

여기서 노자가 도道를 체득한 선비에 대해 묘사한 것을 보면 자연스럽게 장자가 「대종사大宗師」에서 "진인眞人"에 대해 묘사한 것을 떠올리게 된다. 노자와 장자가 생각한 이상적 인물을 비교해 보자면, 노자가 묘사한 이상적 인격은 고요하고 순박하며 엄숙하고 신중한 측면에 중점이 있다면, 장자가 묘사한 이상적 인격은 고매하고 초월적이며 유유자적한 측면에 중점이 있다. 장자의 세속을 초탈하여 얽매이지 않으며 "홀로 천지의 정신과 왕래하는" 이상적 인격은 그가 독창적으로 새롭게 만든 것이다. 그의 붓 아래에서 창조된 진인은 유유자적한 포부와 광대한 기상을 지녔는데, 이를 노자가 묘사한 도道를 체득한 선비와 비교해 보면 큰 차이가 드러난다. 노자의 묘사는 소박하고 직접적이며, 그의 소재는 모두 일상생활이나 자연 사물을 직접 표현한 것이다. 그에 반해 장자의 경우는 낭만주의적 작법, 심지어는 환상적 분위기를 연출하는 문학적 기교를 활용해 걸출하면서도 돋보이는 인격과 정신을 제시한다.

제16장

【원문】

致虛極, 守靜篤①.

萬物竝作②, 吾以觀復③.

夫物芸芸, 各復歸其根④. 歸根⑤曰靜, 靜曰⑥復命⑦. 復命曰常⑧, 知常曰明⑨.

不知常, 妄作凶.

知常容⑩, 容乃公, 公乃全⑪, 全乃天⑫, 天乃道, 道乃久, 沒身不殆.

【주석】

① 치허극致虛極, 수정독守靜篤: 마음은 원래 텅 비고 맑으며 고요한 상태지만, 사욕의
활동과 외부로부터의 동요로 인해 마음이 꽉 막히고 안정되지 못하게 되므로,
반드시 항상 "허虛를 추구하고"(致虛) "고요함을 지키는"(守靜) 공부를 통해 마음의
청명한 상태를 회복해야 한다는 것이다. "허虛"는 마음이 맑고 투명한 상황을
묘사하니, 선입견에 얽매이지 않는 것을 비유한다. "치致"는 끝까지 추구한다는
것이다. "극極"과 "독篤"의 의미는 똑같이 극도·정점을 가리킨다.

　　범응원이 말했다. "'치허致虛'와 '수정守靜'은 다른 사람이나 외물과의 관계를
끊고 떠나는 것을 말하는 것이 아니다. 어떤 것도 나의 본심을 동요시킬 수
없다는 것, 이것이 진정한 의미의 '허극虛極'이고 '정독靜篤'이다."

　　풍우란이 말했다. "『노자』에서 말하는 '학문하는'(爲學) 방법 가운데 주요한
것이 '관찰'(觀)이다. 그가 말한 '치허극致虛極, 수정독守靜篤. 만물병작萬物竝作,
오이관복吾以觀復'에서의 '관'이란 사물의 본래면목을 관찰해야지 정감이나 욕망

의 영향을 받아서는 안 된다는 것이다. 그러므로 그는 '허虛를 추구하는 공부를 지극하게 하고(致虛極), 고요함을 지키는 공부를 독실하게 하라(守靜篤)'고 말했는데, 이는 내면의 안정을 유지해야만 사물의 진상을 파악할 수 있다는 의미이다."

내 생각은 다음과 같다. 통행본의 "치허극致虛極, 수정독守靜篤"은 곽점 죽간본에서는 "지허至虛, 항야恒也; 수중守中, 독야篤也"라고 되어 있다. 죽간본의 "수중守中"과 "치허致虛"는 대구로, "중中"과 "허虛"는 모두 마음의 조화로운 상태를 가리켜 말한 것이다.(『道家文化研究』에 실린 졸저 「從郭店簡本看老子尙仁及守中思想」을 참고)

② 작作: 생성 활동.

오징이 말했다. "'작作'은 활동이다. 식물의 생장과 동물의 지각은 모두 활동하는 것이다."

③ 복復: 되돌아가다, 왕복순환하다.

오징이 말했다. "'복復'은 되돌아감이다. 사물의 생성은 고요함으로부터 움직이는 것이다. 그러므로 처음 고요했던 상태로 되돌아가는 것을 '복'이라고 한다. 식물의 생기生氣는 땅 아래에 저장되고, 동물의 안정된 마음은 내면에서 고요하다."

장대년張岱年이 말했다. "우주는 움직이고 모든 것은 변화의 과정 안에 놓여 있다. 그러나 변화의 법칙은 어떠한가? 변화 속에 일정한 것이 있음을 받아들인다면, 이 변화 속의 일정한 것은 과연 무엇인가? 중국의 철인哲人들에 따르면, 이는 변화의 법칙(즉 '常') 즉 반복이다. 모든 것은 반복이라는 법칙에 따라 변화한다는 것이다. 무엇을 반복이라고 하는가? 그것은 사물이 어떤 방향에서 변하기 시작해 극도에 이르러 더 나아갈 수 없으면 반드시 한 번 변하여 그 반대가 되고, 이런 식으로 끊임없이 이어지는 것이다. 사물이란 없다가 생겨나고, 생기고 나면 점차 발달하며 나아가 절정에 이르는데, 그러고는 영락하다가 끝내 없어지게 된다. 그러나 끝나면 시작이 있어서 다시 새로운 사물이 생겨난다. 무릇 사물이 성장하다가 떨어지는 것을 '반反'이라 하고, 다 떨어져 끝난 뒤에 다시 시작하는 것을 '복復'이라고 한다. '반'은 부정이고, '복復'은 '반反'의 '반反'

혹은 부정의 부정이다.(다만 서양철학에서 말하는 '부정의 부정'은 正과 反의 종합이라는 의미지만, 중국철학에서 말하는 '復'은 주로 새로 다시 시작한다는 의미지 종합한다는 뜻은 없다. 그러므로 서양철학에서 말하는 '부정의 부정'과는 완전히 같지는 않다.) 한 번 '반反'하고 한 번 '복復'하는 것이 사물이 변화하는 법칙이다."

④ 부물운운夫物芸芸, 각복귀기근各復歸其根: "운운芸芸"은 일반적으로 무성한 초목을 형용할 때 쓰인다.

내가 살펴보니, 곽점 죽간본에서 이 구절은 "천도운운天道員員, 각복기근各復其堇(根)"이라고 되어 있는데, 죽간본의 "천도운운天道員員"은 천도가 순환함을 말한다. 여기서 여러 설을 인용해 참고할 수 있도록 하겠다.

조건위趙建偉가 말했다. "'천도天道'는 백서본에 '천물天物'이라고 되어 있고, 통행본에는 '부물夫物'이라고 되어 있다. 『장자』「재유在宥」와 『문자文子』「상례上禮」에서는 '만물萬物'이라고 되어 있다. 아마도 '천도'인 것 같다. '운員'은 '운運'과 같으니(『墨子』「非命上」에서는 '마치 돌아가는[運] 물레 위에서는 방위를 정할 수 없는 것과 같다[譬猶運鈞之上而立朝夕者也]라고 했는데,「非命中」의 같은 표현에서는 '運'을 '員'으로 썼다[譬猶立朝夕於員鈞之上也]), '운운員員'은 아마도 쉬지 않고 움직인다는 의미인 것 같다. 이것은 천도가 순환함을 말한다."(「郭店竹簡老子校釋」,『道家文化研究』제17집. 이하 인용도 같다.)

유신방劉信芳이 말했다. "'천도원원天道員員'은 곧 '천도원원天道圓圓'이니, 『노자』는 사물 발전의 주기적 순환 규칙을 인식했던 것이다."(『荊門郭店竹簡老子解詁』)

위계붕魏啓鵬이 말했다. "'원員'은 '원圓'의 옛 글자이다. 『회남자』「천문훈天文訓」에서는 '하늘의 도를 '원圓'이라 하고 땅의 도를 '방方'이라고 한다'(天道曰員, 地道曰方)고 했는데, 같은 책 「원도훈原道訓」에서는 '둥근 것이 항상 구르는 것은…… 자연스러운 형세이다'(員者常轉……, 自然之勢也)라고 했다. '원원員員'은 끊임없이 굴러가 한 바퀴를 돌고 다시 시작함을 말하니, 이는 바로 천도가 순환한다는 의미이다."(『楚簡老子柬釋』)

정원식丁原植이 말했다. "'운員'자는 아마도 '운運'자와 통하는 것 같다. 『묵자』

「비명중」에서 '만약 말을 하는데 기준이 없다면, 이는 마치 돌아가는 물레 위에서 방위를 정하는 것과 같다'(若言而無義, 譬猶立朝夕於員鈞之上也)라고 했는데, 손이양孫詒讓의 『묵자간고墨子閒詁』에서 '운員은 「비명상」에서 운運으로 되어 있으니 소리와 뜻이 서로 비슷하다'고 했다. 이를 근거로 '운운員員'은 '주기적인 회전 즉 '순환'으로 해석할 수 있을 것 같다. '천도' 두 글자는 틀리지 않았으니, '천도의 순환 운동'이라는 뜻이다."(『곽점 죽간 노자 분석과 연구』[郭店竹簡老子釋析與研究], 164쪽)

⑤ 귀근歸根: 근원으로 되돌아가다.

범응원이 말했다. "'귀근歸根'이라는 것은 허정한 본심으로 되돌아간다는 것이다."

⑥ 정왈靜曰: 왕필본과 하상공본에는 '시위是謂'라고 되어 있는데, 경룡비본·돈황본·부혁본 및 여러 고본에 의거해 수정했다. 이로써 앞뒤 문구와 상응하게 되었다.

해동奚侗이 말했다. "'정왈靜曰'은 판본에 따라서는 '시위是謂'라고 되어 있기도 한데, 앞뒤 문구와 상응하지 않는다."(『老子集解』)

장석창蔣錫昌이 말했다. "여러 판본에서 '정왈'이라고 되어 있는데, 이것이 옳다. 제25장에서 '강위지명왈대强爲之名曰大, 대왈서大曰逝, 서왈원逝曰遠, 원왈반遠曰反'이라고 했는데, 여기의 '귀근왈정歸根曰靜, 정왈복명靜曰復命, 복명왈상復命曰常, 지상왈명知常曰明'이라는 표현과 일률적이므로, '시위是謂'가 '정왈靜曰'의 오류임을 증명할 수 있다."

⑦ 복명復命: 근원으로 돌아가다.

감산덕청이 말했다. "'명命'은 사람의 자성自性이다."

엄영봉이 말했다. "성명性命의 참된 근본(本眞)으로 돌아가기 때문에 '복명'이라고 했다."

소철이 말했다. "'명命'이라는 것은 성性의 신묘함이다. 성性은 그래도 말로 표현할 수 있지만, 명命의 경우는 말로 표현할 수 없다."

내 생각은 다음과 같다. 범응원은 "『노자』를 읽어 보면 심心에 대해서만 말하지 성性에 대해서는 말한 적이 없는데, 소철이 이 책에 주석을 달면서 누차 성性을 언급한 것은 어째서인가?"라고 말하면서 소철의 관점에 의문을 표했다. 노자의 "복명" 개념은 송대 유학의 "복성復性"사상에 상당히 영향을 주었다. 그러나 여기서 말하는 "복명"이란 본성으로 돌아가는 것으로 허정한 본성을 회복함을 의미할 뿐이다.

노육삼盧育三이 말했다. "'명命'에 대해 『춘추좌전春秋左傳』 성공成公 13년에서는 '백성은 천지의 중中(중정하고 조화로운 기氣)을 받아 태어나니, 이것이 이른바 명命입니다'라 하였고, 『예기禮記』「중용中庸」에서는 '하늘이 명命한 것을 성性이라고 한다'고 말한다. 명命이란 만물이 생겨날 수 있게 하는 것으로 중국철학에서 명命과 성性은 내용상 기본적으로 일치하지만, 하늘에 있어서는 명命이라고 하고 사물에 있어서는 성性이라고 하는 차이가 있다. 여기서 '명命'은 만물을 낳고 낳는 근원으로서의 도道를 가리킨다. '복명'은 만물을 쉼 없이 생성하는 근원으로 다시 되돌아가는 것이다."(『老子釋義』)

장송여張松如가 말했다. "노자는 '뿌리로 되돌아간다'(歸根)는 말로 '정靜'을 정의하고, 또 '근원으로 되돌아간다'(復命)는 말로 '정'을 묘사했다. 만약 '만물이 왕성하게 자란다'(竝作)가 '동動'의 의미를 포함한다고 한다면, '되돌아감'(歸·復)은 '정'의 영역에 속하게 된다. 이것은 바로 '정'의 영역에서 다시 새로운 생명을 잉태하는 것이니, 이른바 '정은 근원으로 되돌아간다고 한다'(靜曰復命)는 것이다."

⑧ 상常: 만물의 운동 변화 이면의 항구적인 규칙을 가리킨다.

장대년이 말했다. "중국의 철인들은 모두 변화가 근본적인 사실이라고 생각했지만, 여기에 그치지 않고 변화에는 일정한 조리가 있다고 생각했다. 변화는 무질서한 것이 아니라 거기에는 불변의 법칙이 있다. 변화하는 것의 변하지 않는 법칙이 바로 이른바 상常이다. 상常이란 변화 이면의 불변의 것을 의미하지만, 변화 자체도 하나의 상常이다. 상常이라는 개념은 노자에게서 처음 나왔다."

⑨ 명明: 만물의 운동과 변화는 모두 순환·왕복하는 규칙을 따르는데, 이러한

규칙을 인식하고 이해하는 것을 '명明'이라고 부른다.

신양晨陽이 말했다. "노자에 따르면 관찰과 사유의 관계는 마땅히 감성적 인식을 지성적 인식으로 상승시켜야 하는데, 지성적 인식으로 상승한 것을 노자는 '지知' 또는 '명明'이라고 부른다."

⑩ 용容: 관용하다, 포용하다.

왕필의 주석에서 말했다. "포용하지 않음이 없다."

⑪ 전全: 두루 미치다. "전全"은 왕필본에서 "왕王"으로 되어 있다. 왕필은 주석에서 "두루 미치지 않음이 없다"(無所不周普)라고 했으니 원문이 결코 '왕'자가 아님을 알 수 있다. '왕'자를 쓰면 문장의 뜻이 통하지 않는다. 통행본의 '왕'자는 '전'자가 이지러져 생긴 잘못으로, 노건勞健의 설명에 따라 수정한다.

노건이 말했다. "'지상용知常容, 용내공容乃公'은 '용容'과 '공公' 두 글자의 운을 맞춘 것이고, '천내도天乃道, 도내구道乃久'는 '도道'와 '구久'의 운을 맞춘 것이다. 그런데 유독 '공내왕公乃王, 왕내천王乃天' 두 구절만 운이 맞지 않는다. '왕'자의 의미는 원래부터 의심스러웠다.…… 이 두 구절의 '왕'자는 아마도 '전'자의 잘못인 것 같다. '공내전公乃全, 전내천全乃天'은 '전과 '천天'이 운이 된다. 왕필이 주석에서 '두루 미친다'(周普)라고 말한 것이 이것이다. 통행본의 '왕'자와 비본碑本의 '생生'자는 둘 다 당연히 '전'이 이지러진 글자일 것이다. '생生'자의 형태는 특히 '전'자에 가까우므로 글자가 와전되었다는 증거로 삼을 수 있다."(『老子古本考』) 노건의 설이 타당하다. 오류가 있는 채로 통행본이 전해진 지 오래되었지만 마땅히 이에 의거해 고쳐야 한다.

⑫ 천天: 자연으로서의 하늘을 가리키나, 자연自然의 별칭이 되기도 한다.

【번역】

허虛를 추구하고 고요함을 지키는 공부를 지극한 경지까지 하라.

만물이 왕성하게 생장하는 모습에서 나는 왕복·순환하는 도리를 본다.

무성한 만물은 각자 자신의 뿌리로 되돌아간다. 뿌리로 되돌아가는 것을 정靜이라고 하고, 정은 근원으로 되돌아간다고 한다. 근원으로 되돌아가는 것은 항구적인 법칙이니, 항구적인 규칙을 아는 것을 명明이라고 한다. 항구적인 법칙을 알지 못하면 경거망동해 혼란을 낳는다.

영속적인 도道를 아는 사람은 모든 것을 포용할 수 있으니, 포용하지 못하는 것이 없으면 크게 공정할 수 있고, 크게 공정해야 두루 미치지 못하는 것이 없을 수 있으며, 두루 미치지 못하는 것이 없어야 자연에 부합할 수 있고, 자연에 부합해야 도道에 부합할 수 있으며, 도道를 체득하고 움직여야 오래갈 수 있어서, 죽을 때까지 위험을 피할 수 있다.

【해설】

이 장은 허虛를 추구하고(致虛) 고요함을 지키는(守靜) 공부를 강조한다. '허虛를 추구한다는 것은 바로 심지心智의 작용을 없애는 것으로, 한 점의 술수나 선입견도 없는 상태이다. 사람은 술수를 부려 명철한 마음을 가리고, 선입견에 빠져 명석한 인식을 방해한다. 그러므로 허虛를 추구하는 것은 마음의 장애를 없애고 혼란스러운 심지心智의 작용을 바로잡으려는 것이다.

허虛를 추구하려면 반드시 고요함(靜)을 지켜야 한다. 고요함의 공부를 통해야만 자신을 기르고 역량을 보존할 수 있다.

이 장에서는 또 "귀근歸根"과 "복명復命"을 말한다. "귀근"은 바로 모든 존재의 근원으로 되돌아가려는 것이다. 근원은 허정한 상태에서 드러난다. 모든 존재의 본성은 바로 허정한 상태로, 다시 허정한 본성으로 되돌아가는 것이 바로 "복명"사상이다.

"복명"사상은 송대 유학의 "복성復性"설의 기원으로 볼 수 있다. 『장자』 「선성繕性」에서 주장하는 "복초復初"도 바로 "복명" 및 "복성"과 동류인 개념으로, 이 장과 밀접한 관계가 있다. 노자의 복귀사상은 바로 주체성과 실천성을 회복하기 위한 성찰의 과정을 요구한다. 그들에 따르면, 사람의 마음은 본래 맑고 투명한데 지교智巧나 욕망의 활동 때문에 동요되거나 가려지게 된다. 그러므로 지교와 욕망의 활동을 버리고 원래의 맑고 투명한 상태로 돌아가야 하는 것이다.

제17장

【원문】

太上^①, 下知有之^②; 其次, 親而譽之; 其次, 畏之; 其次, 侮之. 信不足焉, 有不信焉.

悠兮^③其貴言^④. 功成事遂, 百姓皆謂: "我自然^⑤."

【주석】

① 태상太上: 제일 좋음, 최고이다. 제일 좋았던 시대를 가리킨다. 이 장에서 말하는 "태상太上"·"기차其次"는 가치 순위대로 배열한 것이지, 과거 일반적인 주석들에서 말한 것처럼 시간적 선후로 배열한 것이 아니다.

오징이 말했다. "'태상'은 최상이라는 말과 다름없다. 최상이란 대도大道가 행해지던 시대에 무위無爲의 경지에서 서로를 잊어, 백성들은 왕이 있는 줄도 몰랐음을 말한다."

장석창이 말했다. "'태상'이라는 것은 옛날에 있었던 표현으로 최상 혹은 가장 좋다는 뜻이다. 『전국책戰國策』「위책魏策」에서 '그러므로 왕을 위해 헤아리건대, 최선책은 진나라를 공격하는 것이고, 그 다음은 진나라를 배척하는 것이며, 그 다음은 맹약을 공고히 하고 거짓으로 강화해 다른 나라들과 멀어지지 않는 것입니다'(故爲王計: 太上, 伐秦; 其次, 賓秦; 其次, 堅約而詳講與國, 無相離也)라고 하니, 가장 좋은 것은 진나라를 공격하는 것이라는 말이고, 『좌전』 양공襄公 24년에서 '최선은 훌륭한 덕을 이룩하는 것이고, 그 다음은 공적을 세우는 것이며, 그 다음은 훌륭한 말을 남기는 것입니다'(太上, 有立德; 其次, 有立功; 其次, 有立言)라고 하니, 가장 좋은 것은 덕을 이룩하는 것이라는 말이며, 『여씨춘추』「맹추기孟秋紀·금색禁塞」에서 '무릇 구원해 지키려는 경우, 최선은 설득하는 것이고 그 다음은 군대를 이용하는 것이다'(凡救守者, 太上, 以說; 其次, 以兵)라고 하니, 가장 좋은 것은 설득이라는 것이고, 「유시람有始覽·근청謹聽」에서 '최선은 아는 것이고, 그 다음은 모른다는 것을 아는 것이다'(太上, 知之; 其次, 知其不知)라고 하니, 가장 좋은 것은 아는 것이라는 것이며,…… 모두가 그 증거이다. 이 글의 '태상太上' 역시 가장 좋다는 뜻으로 세상에 도道가 실현된 정도에 따라 말한 것이니, '가장 좋았던 시대'라는 말과 같다. 왕필의 주에서 '태상太上은 군주를 말하니, 군주는 윗자리에 있기 때문에 태상太上이라고 한다'라 했고, 하상공의 주에서 '태상太上은 태고적 이름 없는 임금이다'라 했다. 이 두 주석에서 시작해 후세에 『노자』를 해석한 자들은 모두 '태상太上'을 군주로 해석했으니, 그 오류가 오늘날까지 답습되었다."(『老子校詁』)

후쿠나가 미쓰지가 말했다. "태상太上은 지고至高, 최선이라는 의미이고, 다음 구의 '기차其次'는 차선이라는 의미이니, 바로 가치의 등급이다."

② 하지유지下知有之: 백성은 군주가 있다는 것만 알 뿐이다.

'하下'자는 오징본·명태조明太祖본·초횡焦竑본·등기鄧錡본·반정관潘靜觀본·주여지周如砥본에 모두 '불不'로 되어 있다. 이 장 마지막 구절의 "백성들은 모두 '우리는 원래 이러했다'고 말한다"(百姓皆謂我自然)는 것은 "백성은 군주의 통치가 자신에게 미치고 있음을 알지 못한다"(不知有之)는 내용을 설명하고 있다. '알지 못한다'(不知)로 했을 때 그 의미가 더욱 깊어진다. 그러나 곽점 죽간본에 "하지유지下知有之"라고 되어 있기 때문에 죽간본과 왕필본을 따른다.

③ 유혜悠兮: 한적한 모습이다. 하상공본·부혁본·임희일林希逸본·범응원본·오징본에서는 '유悠'가 '유猶'로 되어 있다. 경룡비본 및 구재질본에서는 '유猶'가 '유由'로 되어 있다. 내 생각에, 옛날에는 '유猶'·'유由'·'유悠'가 통가자였다.

④ 귀언貴言: 명령을 가볍게 내리지 않는 것을 형용한다.

오징이 말했다. "'귀貴'는 보물처럼 중시하는 것이다. 말을 보물처럼 중시해 쉽게 입 밖으로 내려고 하지 않는 것이다. 대개 '성인聖人'은 말하지 않고 무위無爲하지만 백성이 자신도 모르게 그의 은택을 받아 각자 자신의 삶을 편히 누리게 된다."

장석창이 말했다. "'귀언貴言'은 제23장의 '희언希言'의 뜻이다. 이 장과 제23장의 '언言'은 둘 다 명령·법령을 가리켜 말한 것이다."

⑤ 자연自然: 스스로 이러하다.

오징이 말했다. "'연然'은 이러하다는 것이다. 백성들이 모두 '나는 스스로 이러하다'고 말하는 것이다."

장석창이 말했다. "『광아廣雅』「석고釋詁」에서 '연은 이루어 낸다는 의미이다'(然, 成也)라고 했으니, '자연自然'은 '스스로 이루어 냈음'(自成)을 가리켜 말한 것이다."

차재가 말했다. "『노자』 전체에서 '자연自然' 개념이 언급된 대목은 모두 다섯 군데이다.……『노자』에서 언급된 '자연自然'은 여러 상황에서 사용되었지만 결코 객관존재로서의 자연계로 간주하는 경우는 없었고, '자연自然'이라는 말을 써서 왜 그런지 알 수는 없지만 그러한, 어떠한 인위도 가해지지 않은 본래 그러한 상태를 설명했다. 이는『노자』 전체의 중심 사상인 '무위無爲'에 대한 묘사일 뿐이다."(『論老子』)

【번역】

가장 좋았던 시대에는 백성이 통치자의 존재를 느끼기만 했고, 그 다음의 시대에는 백성이 그를 친근하게 여기고 찬미했으며, 다시 그 다음의 시대에는 백성이 그를 두려워했고, 다시 그 다음의 시대에는 백성이 그를 업신여겼다. 통치자가 믿음직스럽지 못하면 백성은 자연스럽게 그를 신뢰하지 않는다.

(가장 좋은 통치자는) 느긋한 태도를 취하며 명령을 가볍게 내리지 않는다. 어떤 일이 성취되고 나면 백성들은 모두 "우리는 원래 이러했다"고 말한다.

【해설】

　　권력자의 폭정이라는 엄혹한 현실 속에서 노자는 "군주의 통치가 나를 어찌할 수 있단 말인가"라고 말하던 시대와, 그러한 시대에 권력의 횡포 없이 백성들이 자신의 뜻대로 편안하게 살아가던 모습을 그리워했다.

　　노자의 이상 속 정치는 다음과 같다. 첫째, 통치자가 진실하고 순박한 소양을 갖추고 있고, 둘째, 정부는 백성에게 봉사하는 도구의 역할에 그치며, 셋째, 정치권력이 백성의 신상을 털끝만큼도 핍박하지 않는 것이다.

　　노자는 이러한 이상적 정치 상황을 법치주의 및 덕치주의와 대비시켰다. 형법을 엄격하게 집행해 백성을 압박하는 것은 통치자가 믿음직스럽지 못하다는 방증이다. 통치자가 믿음직스럽지 못하면, 백성은 자연스럽게 통치자를 "불신"하는 행동을 하게 된다. 이렇게 되면 통치자는 고압적인 정책을 써서 막다른 길로 가게 된다. 노자는 이러한 형벌 중심의 법치주의를 강력히 반대했다. 노자가 보기에 덕치주의가 물론 좋기는 하지만 이것은 이미 쓸데없는 일이 생겼다는 징조이다. 통치자가 오늘도 위로하고 내일도 위로한다면(물론 널리 칭송받겠지만), 이는 백성들에게 이미 피해를 입거나 부족한 것이 있었던 셈이다. 가장 훌륭한 정치로는 "귀언貴言"만한 것이 없다. "귀언"이라는 이상적 정치 상황 속에서 백성과 정부는 아무 탈 없이 화목해진다. 심지어 백성은 근본적으로 통치자가 누군지도 모르게 되고("不知有之"), 정권의 억압이 완전히 사라져 모두가 편안하고 여유 있는 분위기 속에서 살아가게 된다. 이것이 노자가 꿈꾼 유토피아적 정치 형태이다.

제18장

【원문】

大道廢, 有仁義^①; 六親^②不和, 有孝慈; 國家昏亂, 有忠臣^③.

【주석】

① 대도폐大道廢, 유인의有仁義: 곽점 죽간본 및 백서 을본에서는 "대도폐大道廢,
안유인의安有仁義"라고 되어 있다. "안安"은 곧 "내乃"로 둘 다 "이에"(于是)로
해석된다.

　　풍우란이 말했다. "'대도폐大道廢, 유인의有仁義'라는 것은 사람이 불인하고
불의해도 된다고 말하는 것이 결코 아니다. 단지 '대도大道' 속에서 사람들이
저절로 인하고 의로운 것이야말로 진정으로 인하고 의로운 것임을 말하는
것이다. 학습이나 훈련을 통해 터득한 인의는 모방의 측면이 있기 때문에
저절로 가지게 된 진정한 인의와 비교했을 때 한 등급 떨어진다. 『노자』 제38장에
서 '상덕을 갖춘 사람은 자신에게 덕이 있음을 자부하지 않기에 진실로 덕이
있다'(上德不德, 是以有德)라고 말한 것이 바로 이러한 의미이다."

　　내 생각은 다음과 같다. "대도폐大道廢, 유인의有仁義" 구절 다음에 백서본
및 통행본에는 똑같이 "지혜출智慧出, 유대위有大僞" 구절이 덧붙여져 있는데,
곽점 죽간본에는 이 구절이 없으니 이에 의거해 산삭해야 한다. "지혜출智慧出,
유대위有大僞"라는 연문이 등장하게 된 것은 전국 중·후기에 장자의 여러
후학 중 하나인 급진파의 사상으로부터 영향을 받은 결과로 보아야 할 것이다.
그렇게 되면 사람들이 쉽게 '인의仁義'와 '대위大僞'를 함께 거론하며 인하고

의로운 행동을 부정하게 된다. 죽간본의 원의를 잘 살펴보면 '인과 의', '효성과 자애'(孝慈), '충신忠臣'을 폄하하는 것이 아니다. 반대로, 가장 아름다웠던 원시적 상황이 변하여 인간관계에 문제가 나타났을 때, 인의나 효성·자애 같은 미덕 및 정직한 신하의 절조는 해내기 어려운 훌륭한 일로 보였을 것이다. 곽점 죽간본의 이 장은 세 쌍의 대구로 이루어져 있고 다음 장도 세 쌍의 대구로 이루어져 있으니, 구의 구조 및 의미로 보면 곽점 죽간본이 비교적 최초 판본의 원래 모습에 부합할 것이다.

② 육친六親: 아버지·아들·형·동생·남편·아내.

③ 충신忠臣: 죽간본에는 '정신正臣'으로 되어 있고, 백서본 및 부혁본에는 '정신貞臣'으로 되어 있다.

【번역】

대도大道가 해이해지고 나서야 인의라는 덕목이 나타났으며, 가정이 화목해지지 않고 나서야 효성스러움이나 자애로움이 같은 덕목이 등장했으며, 국정이 어지러 워지고 나서야 충신이 드러났다.

【해설】

물고기는 물속에서 물의 중요성을 알지 못하고, 사람은 공기 속에서 공기의 중요성을 알지 못한다. 대도大道가 융성할 때는 인의가 그 속에서 행해지기 때문에 자연히 인의를 제창할 필요성을 느끼지 못한다. 인의를 숭상하는 시대에 이르면 사회는 이미 순박하지 않다.

어떤 덕행을 표창하는 것은 바로 그러한 덕목이 철저히 결여되었기 때문이다. 어지럽고 안정되지 않은 사회의 모습 속에서 인의로움·효성스럽고 자애로움·충신 등의 미덕은 '추울 때 보내온 따뜻한 숯'(雪中送炭)처럼 간절할 것이다.

제19장

【원문】

絶智棄辯^①, 民利百倍; 絶僞棄詐^②, 民復孝慈; 絶巧棄利, 盜賊無有. 此三者^③
以爲文^④, 不足. 故令有所屬^⑤: 見素抱樸^⑥, 少私寡欲.

【주석】

① 절지기변絶智棄辯: 통행본의 "절성기지絶聖棄智"가 곽점 죽간본에서는 "절지기변絶
智棄辯"로 되어 있는데, 죽간본이 현존하는 가장 오래된 판본이므로 이에 의거하
여 고쳐야 한다. 『노자』 전체 내용을 살펴보면 "성인聖人"은 모두 32번 나타나는
데, 노자는 "성聖"으로 수양을 통해 도달한 최고 인격자의 경지를 비유하고
있다. 그렇다면 통행본의 "절성絶聖"이라는 말은 "성聖"을 적극 긍정하는 『노자』
의 통례에 부합하지 않는다. "절성기지絶聖棄智"라는 말은 장자 후학의 「거협」과
「재유」편에서 보이는데, 옮겨 적은 자가 이에 의거해 멋대로 고친 것이다.

② 절위기사絶僞棄詐: 통행본의 "절인기의絶仁棄義"가 곽점 죽간본에는 "절위기사絶僞
棄詐"로 되어 있는데, 죽간본이 현존하는 가장 오래된 판본이므로 이에 의거해
고쳐야 한다. 『노자』 제8장은 사람을 대할 때 진심으로 아껴주어야 한다(與善仁)
고 주장하였으니 노자가 인의를 버리거나 끊어버리지 않았음을 확인할 수
있으며, 곽점 죽간본이 출토되고 나서야 원본의 내용이 멋대로 수정되었음을
알게 되었다. 『장자』 「거협」에 "인의를 배척한다"(攘棄仁義)라는 말이 있는데
이로부터 원본의 "절위기사絶僞棄詐"가 제멋대로 "절인기의絶仁棄義"로 수정되었
음을 알 수 있다. 이것은 아마도 장자 후학 중 급진파 사상의 영향을 받은

결과일 것이다.

구석규裘錫圭 선생이 말했다. "죽간본의 이 구절은 '절위기사絶愚(僞)棄慮(詐)'로 해석해야 할 것 같다. '사慮'는 '차且' 소리부에 속하니, '사詐'음에 가깝다."(『郭店楚墓竹簡』 주석)

팽호彭浩가 말했다. "'사慮'는 차且 소리부에 속하니, '사㥄'라고 읽는다.…… '나쁘다'(惡)와 같다."(『郭店楚簡老子校讀』)

정원식丁原植이 말했다. "백서 갑본·을본 및 왕필본에서는 모두 '절인기의絶仁棄義, 민복효자民復孝慈'라고 되어 있다. 죽간본에는 '절인기의'같이 인문 가치를 격렬하게 반대하는 사상이 없다. 『노자』철학의 발전 과정으로 말하자면, 죽간본 『노자』가 비교적 고본에 속하는 것 같다."(『郭店竹簡老子釋析與研究』)

내 생각은 다음과 같다. 죽간본의 "사慮"는 "차且" 소리부에 속하니, "사詐"음에 가깝다. 그러나 학계의 많은 사람들은 "사慮"자를 '려慮'자로 해석해야 한다고 생각하는데, 헤아린다(慮)는 의미 역시 통한다. 다만 상해박물관에 소장 중인 동시대(전국시대 중기) 죽간에서도 "위愚"(僞)와 "사慮"(詐) 자형이 등장하는데, 그 초나라 문자의 글꼴이 곽점 『노자』 죽간본의 글자와 같다. 그러므로 여기에서는 이를 근거로 "절위기사"로 해석했다.

③ 차삼자此三者: 궤변(智辯)·속임수(僞詐)·협잡질로 모은 재물(巧利).

④ 문文: 꾸밈, 겉만 화려한 무늬.

⑤ 속屬: 귀속시키다, 따르게 하다.

⑥ 견소포박見素抱樸: 죽간본에서는 "시소보박視素保樸"으로 되어 있다. "소素"는 염색되지 않은 실이고 "박樸"은 다듬지 않은 나무이다. "소"와 "박"은 여기에서 글자는 다르지만 의미는 똑같다.

【번역】

궤변을 버리면 백성이 백배의 이익을 얻을 수 있고, 속임수를 버리면 백성이 효성스럽고 자애로운 천성을 회복할 수 있으며, 협잡질로 모은 재물을 버리면 도적이 저절로 사라질 것이다. (궤변·속임수·협잡질로 모은 재물) 이 세 가지는 모두 겉보기에만 화려하니, 이것으로는 천하를 다스릴 수 없다. 그러므로 백성이 귀속되는 곳이 있게 하려면 소박함을 지니고 사욕을 줄여야 한다.

【해설】

　　노자는 "소박함을 지녀야 한다"(見素抱樸)고 주장한다. 그는 지배계급의 통치자가 소박하고 사욕을 줄이는 정치 기풍을 갖추고, 더 나아가 궤변·속임수·협잡질로 모은 재물을 버릴 수 있다면, 백성이 편안함과 효성스러움 및 자애로움(孝慈)을 누리고 아울러 편안한 사회 환경 속에서 살아가게 만들 수 있다고 생각했다.

　　이 장과 앞 장에서 노자는 거듭 효성·자애의 덕행을 긍정하고 있고, 이는 제67장의 "나에게는 세 가지 보배가 있다. 첫 번째는 자애로움(慈)이다.…… "와 상응한다.

　　곽점 죽간본과 통행본의 가장 큰 차이는 "절위기사絶僞棄詐"가 "절인기의絶仁棄義"로 고쳐진 것이다. 통행본의 "절인기의絶仁棄義"를 따른다면, 인의는 본래 사람들에게 선행을 권하는 것이지만 지금은 도리어 겉치레뿐인 인위적 행위가 되어 버렸다는 의미이다. 어떤 이는 심지어 인의라는 개념을 도용해 세상에서 이득을 얻으려고 한다. 그런 사람은 자리를 탈취한 뒤에 180도 태도를 바꿔 짐짓 대단한 도덕 선생이라도 된 양 인의 같은 그럴듯한 명분들을 장악하고 이를 제멋대로 휘두른다. 장자는 엄중하게 다음과 같이 말한다. "인의로 백성을 바로잡게 하면, 인의마저 훔칠 것이다.…… 나라를 훔치는 자는 제후가 되고, 제후의 문에 인의가 있다." 아마도 노자 당대에는 아직 이렇게 심각하지 않았겠지만 정황상 백성을 충분히 속일 수 있었기 때문에, 노자는 남에게 휘둘리게만 만드는 이런 껍데기를 버리고 인간 천성의 자연적인 효성스러움 및 자애로움을 회복하는 것이 낫다고 생각했다.

　　세속에서는 "꾸밈"(文)을 중시하지만, 노자는 "질박함"(質)을 중시했다. 노자는 "꾸밈"이 겉치레여서 자연적인 인성에 위배된다고 보았다. 겉치레가 유행하자 심지어는 온갖 유형무형의 제약이 만들어져 자연적인 인성을 구속했다. 노자가 이 장에서 은연중에 내보이는 세상에 대한 분노는 바로 허례허식하는 문명이 만들어 낸 엄중한 폐해를 향한 것이다.

제20장

【원문】

絶學無憂①. 唯之與阿②, 相去幾何? 美之與惡③, 相去若何? 人之所畏, 不可不畏④.

荒兮, 其未央哉⑤!

衆人熙熙⑥, 如享太牢⑦, 如春登臺⑧.

我⑨獨泊⑩兮, 其未兆⑪, 如嬰兒之未孩⑫;

儽儽兮⑬, 若無所歸.

衆人皆有餘⑭, 而我獨若遺⑮. 我愚人⑯之心也哉! 沌沌兮!

俗人昭昭⑰, 我獨昏昏⑱.

俗人察察⑲, 我獨悶悶⑳.

澹兮其若海, 飂兮若無止㉑.

衆人皆有以㉒, 而我獨頑且鄙㉓.

我獨異於人, 而貴食母㉔.

【주석】

① 절학무우絶學無憂: 인간을 소외시키는 학문을 내버려 동요하지 않을 수 있다는 의미이다. '무우無憂'는 동요하지 않는 것이다.

　　내 생각에, "절학무우絶學無憂"는 곽점 죽간본에 "위학일익爲學日益"으로 시작하는 제48장에 붙어 있지만, 여기서는 통행본과 마찬가지로 "유지여아唯之與阿" 구 앞에 두었다.

② 유지여아唯之與阿: "유唯"는 공경한 대답으로 손아랫사람이 손윗사람에게 대답하
는 소리이다. "아阿"는 태만한 대답으로 손윗사람이 손아랫사람에게 대답하는
소리이다. "유"와 "아" 모두 대답하는 소리지만 "아" 소리는 높고 "유" 소리는
낮다. 여기서는 이를 통해 상하 혹은 귀천의 차이를 드러냈다.

성현영成玄英의 소疏에서 말했다. "'유'는 공경하는 대답이고, '아'는 태만한
대답이다."

③ 미지여악美之與惡: "미美"는 왕필본에 "선善"으로 되어 있는데, 부혁본에 "미"로
되어 있고 죽간본 및 백서 갑본도 이와 똑같다. 지금은 이에 의거해 고친다.

역순정이 말했다. "왕필본에서는 '미지여악美之與惡, 상거하약相去何若'이라고
되어 있으니, 부혁본과 똑같다. 왕필의 주석에서 '유아미악唯阿美惡, 상거하약相去
何若'이라고 말한 것이 그 증거이다. 통행본은 왕필본의 옛 모습이 아니다."(『讀老札
記』)

고형이 말했다. "역순정의 설이 옳다. 제2장에서 '천하 모두가 아름다움(美)에
대해 아름답다고 인식할 때는 추함(醜)이라는 관념도 동시에 발생해 있다'(天下皆知
美之爲美, 斯惡已)라고 한 것에서도 '미美'와 '악惡'을 대립적으로 말하고 있으니,
이것이 '선善'이 '미美'가 되어야 하는 증거이다."(『老子正詁』)

장순휘張舜徽가 말했다. "여기서 말하는 '유唯'와 '아阿', '미美'와 '악惡'은 모두
대립하는 것이지만 결국은 크게 다르지 않으니, 이로써 세속에서 말하는 순역順逆
이나 미악美惡이 반드시 모두 준칙이 되는 것은 아님을 밝힌 것이다."

④ 인지소외人之所畏, 불가불외不可不畏: 백서본에서는 "인지소외人之所畏, 역불가이불
외인亦不可以不畏人"이라고 되어 있다.

유전작劉殿爵이 말했다. "통행본에서는 '인지소외人之所畏, 불가불외不可不畏'라
고 되어 있는데, 백서본에서는 '인지소외人之所畏(갑본에는 '所畏' 두 글자가 훼손되어
있다.), 역불가이불외인亦不可以不畏人(갑본에는 '可'자 이하의 내용이 훼손되어 있다.)'이라
고 되어 있다. 뒤 구절 첫머리에는 '역亦'자가 추가되었고, '가可'자 뒤에는
또 '이以'자가 추가되었으며, '외畏'자 뒤에는 '인人'자가 추가되어 있다. 통행본에

따르면 다른 사람이 두려워하는 것을 나도 두려워하지 않을 수 없다는 의미인 반면, 백서본에 따르면 사람들이 두려워하는 자, 즉 임금 역시 자신을 두려워하는 사람을 두려워해야 한다는 의미이다. 두 판본의 의미는 매우 상이하다. 전자는 일반적인 도리이고 후자는 임금을 상대로 통치술과 관련된 도리를 밝힌 것이다."

(「馬王堆漢墓帛書老子初探」, 『明報月刊』 1982년 9월호)

장순휘가 말했다. "판본에 따라서는 '인지소외人之所畏, 불가불외不可不畏'라고 되어 있는데, 의미가 불분명하다. 분명 빠진 부분이 있는 것 같다. 그러므로 이제 백서 을본에 의거해 보충 개정한다. 임금은 사람들이 두려워하는 대상이지만, 임금 역시 사람들을 두려워하지 않아선 안 된다는 말이다."

⑤ 황혜荒兮, 기미앙재其未央哉: 정신이 넓고 멀어 끝이 없다. "황혜荒兮"는 넓고 아득한 모양이다. "미앙未央"은 다함이 없다는 뜻이다.

오징이 말했다. "'황荒'은 '넓다'(廣)와 같다. '앙央'은 '다하다'(盡)와 같다."

고형이 말했다. "'황혜기미앙荒兮其未央'은 '아득하여 끝이 없다'(茫茫其無極)는 말과 매한가지다."

왕필의 주에서 말했다. "세속과 크게 상반된 것을 찬탄한 것이다."

⑥ 희희熙熙: 마음 가는 대로 사욕을 좇아 매우 흥거운 모습이다.

하상공의 주에서 말했다. "'희희熙熙'는 방탕하여 정욕이 넘치는 것이다."

왕필의 주에서 말했다. "사람들이 칭찬이나 출세, 명예나 이익에 미혹되어 욕심이 앞서는 것이다."

⑦ 향태뢰享太牢: 성대한 연회에 참석하는 것. "향享"은 연회를 베푸는 것이다. "태뢰太牢"는 소·양·돼지 세 가지 희생을 가리킨다.

⑧ 여춘등대如春登臺: 봄에 누대에 올라 조망하는 것 같다.

왕필본의 "여춘등대如春登臺"가 하상공본에서는 "여등춘대如登春臺"라고 되어 있다.

고형이 말했다. "'여등춘대'가 맞다. '여향태뢰如享太牢'와 구조가 같기 때문이다." 고형의 설이 일리가 있지만, 필원畢沅과 유월俞樾의 설을 따라야 한다.

필원이 말했다. "'여춘등대'에 대해서는 왕필본과 고환顧歡본이 똑같고, 명황明皇본과 역주易州석각본도 똑같다. 명나라 정통正統 10년『도장道藏』에 수록된 명황明皇본에서 처음으로 '등춘대登春臺'라고 잘못 기록하는 바람에 육희성陸希聲본과 왕진王眞본 등이 모두 잘못 되었고, 통행본도 그러하다."

유월이 말했다. "내 생각에, '여춘등대如春登臺'는 제15장의 '약동섭천若冬涉川'과 일률적이니, '여등춘대如登春臺'라고 되어 있는 하상공본은 옳지 않다. 그러나 하상공의 주에 '봄에는 음양이 서로 통해 만물이 이를 느끼고 생동하니, 누대에 올라 바라보면 마음이 들뜨게 된다'(春陰陽交通, 萬物感動, 登臺觀之, 意志淫淫然)고 했으니, 하상공 역시 '등춘대登春臺'로 쓴 것이 아니고, 그의 저본 또한 필시 '춘등대春登臺'였을 것이다. 근래에 베껴 쓰는 과정에서 순서가 잘못 뒤바뀐 것이다." 내 생각에, 유월은 하상공 주에 근거해 하상공본이 원래는 "여춘등대"로 되어 있었다고 설명했는데, 백서 갑본과 을본에서 "춘등대"라고 바르게 되어 있는 것으로도 입증할 수 있다.

⑨ 아我: 여기서 노자는 1인칭을 써서 그의 심경과 정신 경지를 표현하고 있다. 후쿠나가 미쓰지가 말했다. "노자의 '나'(我)는 '도道'와 대화하는 '나'이지, 세속과 대화하는 '나'가 아니다. 노자는 이 '나'를 주어로 삼아 중국 역사의 산골짜기에 가부좌하고서 혼자 인간의 우수와 환희를 말하고 있다. 그의 혼잣말은 산골짜기 소나무에 스치는 바람 소리 같아 풍격이 고매하고, 또 밤바다의 파도 소리와 같아 시처럼 청아하다."

⑩ 박泊: 담박하다, 고요하다.

⑪ 미조未兆: 자취가 없는 것이니, 자신을 뽐내지 않는 것을 묘사한다. "조兆"는 조짐·자취이다.

⑫ 해孩: "해咳"와 동일하다. 『설문해자』에서 말했다. "'해咳'는 어린아이의 웃음이다. 구口는 의미를 나타내고, 해亥는 음이다. 해孩는 옛글에서 해咳라고 쓰니, 자子는 의미를 나타낸다." "해孩"와 "해咳"는 옛날에 같은 글자였으니, 곧 어린아이의 웃음이다.

부혁본·범응원본에서는 "해後"가 "해咳"로 되어 있다.

⑬ 루루혜儽儽兮: 루루儽儽는 곧 뢰뢰磈磈·뢰뢰磊磊·락락硌硌·락락落落이니, 모두 쌍성雙聲이면서 의미가 비슷한 단어이다. "뢰뢰혜磊磊兮"는 호젓하게 혼자 있어서 의지할 곳이 없는 것이다.

범응원이 말했다. "루루혜儽儽兮는 겉으로 꾸밈이 없는 것이다."

⑭ 유여有餘: 하상공이 말했다. "사람들은 재물이 넘쳐 사치하고, 지혜가 넘쳐 속인다."

⑮ 유遺: 부족하다는 뜻이다.

해동이 말했다. "'유遺'는 '궤匱'의 가차자이니, 부족하다는 뜻이다."

⑯ 우인愚人: "우愚"는 순박하고 진실한 상태이다. 노자 자신은 "어리석은 자"(愚人)를 최고로 수양된 삶의 경지로 생각했다.

⑰ 소소昭昭: 잘난 체하는 모습이다.

감산덕청의 주석에서 말했다. "소소昭昭는 지교智巧가 밖으로 드러난 것이다."

⑱ 혼혼昏昏: 어두운 모습이다.

⑲ 찰찰察察: 가혹한 모습이다.

감산덕청의 주석에서 말했다. "찰찰察察은 세속에서 말하는 '눈금을 둘로 쪼갠다'(分星擘兩)는 것으로, 조금도 너그럽지 않은 사람이라는 뜻이다."

⑳ 민민悶悶: 순박한 모습이다.

㉑ 담혜기약해澹兮其若海, 료혜약무지飂兮若無止: "담澹"은 담박함·고요함이다. "료飂"는 고상함이니, 행동거지가 우아하고 탈속적인 것을 형용한다.(왕필이 말했다. "얽매인 바가 없다.")

㉒ 중인개유이衆人皆有以: "이以"는 사용한다(用)는 의미이다. 모두 쓰일 곳이 있기를 바란다는 것이다.(왕필의 주석)

㉓ 완차비頑且鄙: 어리석고 비루하며, 어리석고 못남을 형용한다.

"차且"는 왕필본에서는 원래 "사似"로 되어 있는데, 왕필의 주석에는 "완차비야

頑且鄙也"라고 되어 있다. 장석창이 말했다. "'차且'는 '이以'의 옛 글자인 '이㠯'와 형태가 비슷하여 오류가 발생하였다. 그리고 '이以'와 '사似'는 옛날에 통용되었기에 결국 '차且'를 '이㠯'로, '이㠯'를 '사似'로 잘못 쓰게 된 것이다." 부혁본·송휘종宋徽宗본·등기본·소약우邵若愚본·임희일본·반정관본은 '사似'를 모두 '차且'로 쓰고 있다. 부혁본과 왕필의 주에 의거하여 바로잡는다.

㉔ 귀사모貴食母: 도道를 지키는 것을 귀하게 여기다. "모母"는 도道를 비유한다. "사모食母"는 만물을 먹여 기르는 '도道'이다. "사모" 두 자에 대해서는 역대 각 주석가의 해설이 분분한데, 여기서 몇 사람의 해설을 인용해 참고할 수 있도록 하겠다.

왕필의 주에서 말했다. "사모食母는 삶의 근본이다."1)

하상공의 주에서 말했다. "식食은 사용한다(用)는 의미이고, 모母는 도道를 가리킨다."

범응원이 말했다. "'음식'(食)은 사람을 기르는 것이니 사람에게 없어선 안 될 것이다. '모母'는 도道를 가리켜 말한 것이다."

오징이 말했다. "내가 귀하게 여기는 것은 대도大道의 현덕玄德이다. 만물은 현덕에 의지하여 길러지므로 현덕을 '만물의 어미'(萬物之母)라고 일컫는 것이다. 그러므로 '사모食母'라고 했다. '사모食母' 두 자는 『예기』 「내칙內則」에 보이는데, 즉 유모乳母이다."

노건이 말했다. "'사食'의 음은 사㠯이니, 기른다는 의미이다. '모母'는 근본을 말한다.…… '귀사모貴食母'와 '부수기모復守其母'는 똑같이 근본을 숭상한다는 뜻이니, '사모食母'와 '수모守母'는 바로 도道를 실천하는 방법이다."

장석창이 말했다. "하상공을 따라 '식食'을 '용用'으로 풀이하기보다는, 『장자』

---

1) [역자주] 왕필의 주석("食母, 生之本也.")에 대해 褚宇烈은 "'生'자 다음에 '民'자가 빠진 것 같다. 이 주석은 '食母, 生民之本也'가 되어야 이어지는 '棄生民之本' 구절이 바로 이 말을 받게 된다"고 校釋했다.(『老子道德經注校釋』) 누우열의 교석이 맞다면, 이 주석의 '生之本'이란 '백성을 살게 하는 근본'으로 해석되고, 이는 진고응이 "만물을 먹여 기르는 道"라고 해설한 것과 상통한다.

에 의거해 '사食'를 '양養'으로 풀이하는 것이 원의에 더욱 부합한다. 『노자』의 '사모食母'와 『장자』의 '사어천食於天'은 의미가 동일하니, 모두 도道에서 길러진다는 뜻이다."

【번역】

인간을 소외시키는 학문을 버리면 동요하지 않을 수 있다. '네'라고 공경히 대답하는 것과 '응'이라고 태만히 대답하는 것은 차이가 얼마나 되는가? 아름다움과 추악함은 차이가 얼마나 되는가? 사람들이 두려워하는 것을 나도 두려워하지 않아선 안 된다.

정신의 지평이 탁 트여 있구나, 마치 끝이 없는 것처럼!

사람들이 모두 매우 흥거운 것이 마치 성대한 연회에 참석한 것 같고, 또 마치 봄에 누대에 올라 경치를 구경하는 것 같다.

그렇지만 나는 홀로 담박하고 고요하구나, 자취가 없는 것이 마치 웃을 줄 모르는 아이 같다.

호젓하게 혼자 있구나, 마치 돌아갈 집이 없는 것 같다.

사람들은 모두 풍족한데 오직 나만 부족한 것 같은 모습이다. 나는 진실로 "어리석은 자"의 마음이로다! 순박하고 어수룩하구나!

세상 사람들은 모두 스스로를 뽐내는데 오직 나만 어두컴컴하고,

세상 사람들은 모두 똑똑하고 기민한데 오직 나만 어느 것도 가려내지 못한다.

고요한 모습은 마치 깊은 대해 같고, 나부끼는 모습은 마치 끝이 없는 것 같다.

사람들은 모두 자신을 발휘할 곳이 있는데 오직 나만은 어리석고 못났다.

나는 세상 사람들과 다르니, 도道에 나아가는 삶을 중시한다.

【해설】

노자가 보기에 귀천·선악·시비·미추美醜 등의 갖가지 가치판단은 모두 상대적으로 이루어진 것이다. 가치에 대한 사람들의 판단은 늘 시대와 환경의

차이에 따라 바뀐다. 세속의 가치판단은 바람에 흩날리는 것처럼 변덕스러우므로 노자는 개탄하며 "차이가 얼마나 되는가!"라고 말한다. 세속적 가치판단이 물론 이처럼 뒤죽박죽이지만, 그렇다고 어찌 멋대로 해서야 되겠는가? 그렇게 해서는 안 된다. 사람들이 꺼리는 것 역시 경계하지 않아선 안 되니, 일부러 거스를 필요는 없다!

이어서 노자는 삶의 태도의 측면에서 세속의 가치관이 자신의 것과 어떻게 다른지 설명한다. 세속 사람들은 시끄럽게 흥성거리며 감각적 쾌락이나 물질적 이익을 마음 가는 대로 추구하지만, 노자는 기꺼이 담박함을 지키고, 고요하게 얽매이는 바 없이 그저 정신적 고양을 추구한다. 여기서 노자는 세상 사람들로부터 소외된 감정을 드러낸다.

제21장

孔^①德^②之容^③, 惟道是從.

道之爲物, 惟恍惟惚^④. 惚兮恍兮, 其中有象^⑤; 恍兮惚兮, 其中有物. 窈兮冥兮^⑥, 其中有精^⑦; 其精甚眞^⑧, 其中有信^⑨.

自今及古^⑩, 其名不去, 以閱衆甫^⑪. 吾何以知衆甫之狀哉! 以此^⑫.

【주석】

① 공孔: 매우, 큰.

② 덕德: "도道"의 현현과 작용이 "덕德"이다.

　　『장자』「천지天地」에서 "만물이 도道를 얻어 태어난 것을 덕이라고 한다"(物得以生, 謂之德)고 말했다. 내 생각에, 덕이란 바로 사물이 도道에서 얻은 특성을 가리킨다.

　　『관자管子』「심술상心術上」에서 "덕이라는 것은 도道의 구체적 현현이니, 만물은 이를 얻어 쉼 없이 생성한다"고 말했다.

　　한비가 말했다. "'덕'이라는 것은 '도道'의 공효이다."(『한비자』, 「해로」)

　　양흥순楊興順이 말했다. "'덕'이라는 것은 '도道'의 체현이다. '도道'는 '덕'을 통해 물질세계에 드러날 수 있다."

③ 용容: 움직임, 양태이다.

　　왕필이 말했다. "움직임이 도道를 따른다."

　　고형이 말했다. "'용容'은 아마도 '용搈'의 가차이니, 움직인다(動)는 의미이다.

『설문해자』에서 '용搈은 움직임(動搈)이다'라고 했다. '동용動搈'은 첩운疊韻 연어連語로, 옛날에는 동용動容으로 썼다. 『맹자』「진심하盡心下」에서 '각종 행동거지(動容周旋)가 예에 맞는 것은 매우 성대한 덕이다'라고 한 것이 그 예이다. '용搈' 한 글자만 말해도 '움직임'(動)의 뜻이니, 『광아廣雅』「석고釋詁」에서 '용搈은 움직임(動)이다'라고 말했다. 옛적에는 '용容'으로 쓰기도 했으니, 『예기』「월령月令」의 '불계기용지자不戒其容止者'에 대해 정현의 주석에서 '용지容止란 움직이고 멈추는 것(動靜)을 일컫는다'고 한 것이 그 예이다.…… 왕필이 주에서 '움직임이 도道를 따른다'라고 했는데, 아마도 '동動'으로 '용容'을 해석한 것 같다."

고명高明이 말했다. "'공덕지용孔德之容, 유도시종惟道是從'은 큰 덕을 지닌 자의 움직임이 오직 도道를 따름을 말한다. 왕필의 주에서 '움직임이 도道를 따른다'고 한 것이 바로 '동動'으로 '용容'을 해석한 것이다.…… '용容'에는 본래 '동動'의 뜻이 있어서, 옛날에는 '용'과 '동' 두 글자의 소리와 뜻이 모두 통했다."(『帛書老子校注』)

④ 도지위물道之爲物, 유황유홀惟恍惟惚: "도지위물道之爲物"은 백서 갑본·을본에서 "도지물道之物"이라고 되어 있다. "황홀恍惚"은 "있는 듯 없는 듯한 모습"(彷彿)과 같다.

감산덕청이 말했다. "황홀은 있는 듯 없는 듯해서 가리킬 수 없다는 뜻이다."

⑤ 상象: 자취.

오징이 말했다. "형체 가운데 볼 수 있는 것이 물物을 이루고, 기氣 가운데 볼 수 있는 것이 상象을 이룬다."

⑥ 요혜명혜窈兮冥兮: 심원하고 어두컴컴하다.

엄영봉이 말했다. "'요窈'는 은미해서 볼 수 없는 것이고, '명冥'은 깊어서 헤아릴 수 없는 것이다."(『老子章句新編』, 아래의 인용도 동일)

오징이 말했다. "요명窈冥은 어두컴컴해서 전혀 볼 수 없는 것이니, 이것은 '도道'가 지닌 '무無'의 측면이다."

⑦ 정精: 가장 미세한 본질.

『장자』「추수秋水」에서는 "부정夫精, 소지미야小之微也"라고 했는데, "소지미小

之微"는 바로 작은 것 중의 가장 작은 것이다.

주겸지朱謙之가 말했다. "『관자』「내업內業」에서 '정은 기의 지극함이다'(精,
氣之極也), '정이라는 것은 기 가운데 정미한 것이다'(精也者, 氣之精者也), '사람의
탄생은 하늘이 그 정미한 것을 낸 것이다'(凡人之生也, 天出其精)라고 말한 것이
이 장의 '정精'의 뜻에 부합한다. '정'은 고대의 소박한 유물론이다."(『老子校釋』)

엄영봉이 말했다. "'정精'은 정수(Essence) 즉 본질적 힘(精力)이다. 그것은 결코
텅 비어 있는 것이 아니다."

일반적인 영역본들은 모두 '정'을 에센스라고 번역하는데, 진영첩은 영역본의
주석에서 "'정精'은 또한 총명함·정신·생명력을 의미한다"(The word Ching(essence)
also means intelligence, spirit, life-force)고 말했다. 임어당도 '생명력'(life-force)으로 영역
했다.

⑧ 기정심진其精甚眞: 이 가장 미세한 원소가 매우 진실한 것이다.

진영첩이 말했다. "철학적 관점에서 이 장은 전체 내용 중에서 가장 중요하다.
'그 정수가 가장 실재적인 것이다'(其精甚眞)라는 문장은 '무극이라는 실재와
음양과 오행이라는 정수(無極之眞, 二五之精)를 중심으로 하는 주돈이周敦頤의『태극
도설太極圖說』에서 중심축을 형성하고 있다. 그리고 주돈이의 저작은 모든 신유학
의 형이상학에 토대를 놓았다.…… 물론 신유학의 형이상학은『주역』에 보다
직접적인 연원을 두고 있으나『주역』과 이 장에 보이는 실재(眞) 개념은 매우
분명한 유사성을 가지고 있다."

내 생각은 다음과 같다. 엄영봉은 "기정심진其精甚眞"에 대해 다음과 같이
말했다. "차해본에 이 네 글자가 없는 것으로 보아 아마도 옛글이 본문에
뒤섞여 들어간 것 같다. 또 '명혜묘혜冥兮窈兮' 네 글자도 빠져 있다. 아마도
앞 문장이 '홀혜황혜惚兮恍兮, 기중유상其中有象; 황혜홀혜恍兮惚兮, 기중유물其中有
物'이라면, 뒤에서는 '요혜명혜窈兮冥兮, 기중유정其中有精; 명혜요혜冥兮窈兮, 기중
유신其中有信'으로 호응해야 문장의 구조가 일관될 것이다." 엄영봉의 설이 꽤
참고할 만하다.

⑨ 신신信: 믿음직하다, 신실하다.

⑩ 자금급고自今及占: 통행본에서는 "자고급금自古及今"으로 되어 있는데, 백서 갑본·을본 및 부혁본·범응원본에 의거해 수정했다.

　　범응원이 말했다. "'자금급고自今及占'의 경우, 엄준본과 왕필본이 고본과 동일하다."(『老子道德經古本集注』)

　　마서륜馬敍倫이 말했다. "각 판본에서 '자고급금自古及今'이라고 쓰고 있는데, 옳지 않다. '고占'·'거去'·'보甫'가 운韻이다."

　　고형이 말했다. "내 생각에는 '자금급고自今及占'가 되어야 한다. '기명其名'이 도道의 이름을 가리키기 때문이다. 도라는 것은 옛날부터 있었지만, '도道'라는 이름은 노자가 지금 붙인 것이다. '도道'라는 이름을 통해 옛것을 칭한다는 의미라면 '지금부터 옛날까지'(自今及占)지 '옛날부터 지금까지'(自古及今)가 아니니, 통행본이 틀렸음을 알 수 있다. 또 이 세 구절에서 '고占'·'거去'·'보甫' 세 자가 압운이 되기 때문에, 만약 '자고급금'이라고 한다면 운이 맞지 않는다."

（「마왕퇴 한묘의 백서 노자에 대해 논함」[談馬王堆漢墓中的帛書老子],『文物雜誌』1974년 제11기）

⑪ 이열중보以閱衆甫: 이로써 만물의 시작을 관찰하다. "중보衆甫"는 백서 갑본과 을본에서 "중부衆父"로 되어 있다.

　　왕필의 주석에서 말했다. "중보는 만물의 시작이다."

　　유월이 말했다. "내 생각에 '보甫'는 '부父'와 통하니, '중보衆甫'는 중부衆父이다. 제42장의 '나는 이것을 가르침의 근본(父)으로 삼는다'(吾將以爲敎父)에 대하여 하상공은 '부父는 시작이다'라고 주를 달았고, 이 장에서도 '보甫는 시작이다'라고 주를 달았으니 그렇다면 '중보衆甫'는 '중부衆父'이다."

　　장순휘張舜徽가 말했다. "『노자』에서 말한 '중부'는 도道를 비유한 것이다. 도道가 만사만물의 근본이 됨을 말하고자 중부라고 한 것이다. 아비(父)로 도道를 비유한 것은 어미(母)로 도道를 비유한 것과 똑같다."

⑫ 이차以此: '이것'(此)은 도道를 가리킨다.

　　장송여張松如가 말했다. "만사만물의 궁극 원인이 어떤 모습인지 내가 어떻게 아는가? 바로 도道를 체현하고 있는 운동과 변화의 규칙성을 통해 알 수 있다."

【번역】

큰 덕德의 모습은 도道를 따라 변한다.

도道라는 것은 아련하고 어렴풋하다. 그렇게 어렴풋하고 아련하지만 그 안에는 자취가 있고, 그렇게 아련하고 어렴풋하지만 그 안에는 실물이 있으며, 그렇게 심원하고 어두컴컴하지만 그 안에는 본질이 있고, 그렇게 어두컴컴하고 심원하지만 그 안은 믿을 만하다.

오늘날에서부터 고대로 거슬러 올라가더라도 그것의 이름은 영원히 사라질 수 없고, 그것에 의거해야 만물의 시원을 알 수 있다. 만물의 시원이 어떤 상태인지 내가 어떻게 알겠는가! 도道를 통해 아는 것이다.

【해설】

"큰 덕의 모습은 도道를 따라 변한다"(孔德之容, 惟道是從)는 것은 도道와 덕의 관계를 설명한다. 도道와 덕의 관계는 다음 세 가지이다.

첫째, 도道는 형체가 없어서 반드시 사물에 작용해서 사물이라는 매개를 통해야만 자신의 공능을 드러낼 수 있다. 도道가 사물에서 드러낸 공능을 덕이라고 부른다.

둘째, 모든 사물은 도道에서 형성된 것으로, 만물에 내재한 도道는 모든 사물에서 자신의 속성을 드러내니, 다시 말하자면 그것의 덕을 드러내는 것이다.

셋째, 형이상의 도道가 인생에 구체화됐을 때 그것을 덕이라고 부른다. 즉 도道는 본래 깊이 감춰져 아직 드러나지 않은 것이고, 그것의 현현이 바로 '덕'이다.

이 장과 제14장은 모두 형이상의 도道를 묘사한다. 형이상의 도道는 어렴풋하여 형체가 없지만, 심원하고 어두컴컴한 가운데 분명 "실물이 있고"(有物) "자취가 있으며"(有象) "본질이 있다"(有精). "그 안에 자취가 있다"(其中有象)·"그 안에 실물이 있다"(其中有物)·"그 안에 본질이 있다"(其中有精)는 것은 모두 도가 실제로 존재하고 있음을 설명한다.

제22장

【원문】

曲則全, 枉^①則直, 窪則盈, 敝則新, 少則得, 多則惑.

是以聖人執一^②爲天下式^③. 不自見^④, 故明^⑤; 不自是, 故彰; 不自伐, 故有功;

不自矜, 故能長^⑥.

夫唯不爭, 故天下莫能與之爭. 古之所謂"曲則全"者, 豈虛言哉! 誠全而歸之.

【주석】

① 왕枉: 굽다.

② 집일執一: 통행본에서는 "포일抱一"이라고 되어 있는데, 백서 갑본·을본에서는
　　둘 다 "집일執一"로 되어 있다. 백서가 옳다.

　　　내 생각은 다음과 같다. "집일"은 "도를 잡는다"(執道)는 말과 같다.(『老子』
　　제14장,『莊子』「天地」및『文子』「道原」에 보인다.) "집일"은 도가에서 상용하는 단어로,
　　『관자』(「心術」·「內業」) 등 직하도가稷下道家의 저작에서 자주 보이고, 그 뒤로는
　　『순자』「요문堯問」과『한비자』「양권楊權」에서 인용했다.

③ 식式: 법식, 모델.

④ 자현自見: 스스로 내보이다, 스스로를 사람들에게 드러내다.

　　　범응원이 말했다. "견見의 음은 현現이다."

　　　오징이 말했다. "자현自見은 '자랑한다'(自炫)는 말과 동일하다."

⑤ 명明: 밝게 드러나다.

내 생각에, 제16장의 "항구적인 규칙을 아는 것을 명明이라고 한다"(知常曰明)와 제52장의 "미세한 것까지 살펴볼 수 있는 것을 명明이라고 한다"(見小曰明)의 '명明'자는 바로 노자의 고유 개념이지만, 여기의 '명'자는 일반적인 용법으로 봐야 한다.

⑥ 능장能長: 통행본에는 "장長" 앞에 "능能"자가 빠져 있는데, 백서본에 의거해 보충했다.

【번역】

휜 것이 도리어 온전할 수 있고, 굽은 것이 도리어 곧게 뻗을 수 있으며, 움푹 파인 것이 도리어 가득 찰 수 있고, 오래된 것이 도리어 새로워질 수 있으며, 적게 가지는 것이 도리어 많이 얻을 수 있고, 많이 탐내는 것이 도리어 미혹시킨다. 그러므로 도道를 터득한 사람은 세상만사 모든 도리들의 전범이 되는 이 하나의 원칙을 굳게 지킨다. 자신을 드러내지 않지만 도리어 뚜렷이 보일 수 있고, 자신을 옳게 여기지 않지만 도리어 밝게 드러날 수 있으며, 자신을 뽐내지 않지만 도리어 공효를 이룰 수 있고, 자신을 자랑하지 않아 도리어 오래갈 수 있다.

남과 다투지 않기 때문에 천하의 누구도 그와 다툴 수 없다. 옛사람이 "휜 것이 온전할 수 있다"고 말한 것이 어찌 빈말이겠는가! 그것은 진실로 달성할 수 있다.

【해설】

보통 사람들은 사물의 겉모습만 보지 그 이면을 보지는 못한다. 노자는 자신의 풍부한 생활 경험에서 나온 지혜를 통해 현실세계 속 여러 사물의 활동을 자세히 살폈다. 그는 다음과 같이 생각했다. 첫째, 사물은 늘 대립적인 관계 속에서 생겨나므로 우리는 반드시 사물의 양면을 모두 철저히 살필 수 있어야 한다. 둘째, 우리는 반드시 긍정적인 면에서 부정적인 면의 의미를 꿰뚫어 봐야 한다. 부정적인 면의 의미를 파악함으로써 긍정적인 면의 함의를 더욱 잘 드러낼 수 있다. 셋째, 이른바 긍정적인 면과 부정적인 면은 완전히 별개인 서로 다른 두 가지가 아니라 늘 의존적 관계에 있으며, 더 나아가 늘 표면과 뿌리의 관계에 있다. 사람들은 일반적으로 무언가를 추구할 때 흔히 공효와 이익을 우선하여 그저 눈앞의 좋아하는 것을 탐낸다. 노자는 사람들에게 시야를 넓혀서, 무성한 지엽을 감상하면서도 동시에 탄탄한 뿌리에도 관심을 가져야 한다고 타일렀다. 나무는 튼튼한 뿌리가 있어야 풍성한 잎을 오래도록 뻗을 수 있다. 사물의 이러한 의존관계 때문에 노자는 "휜 것"(曲) 안에 "온전함"(全)의 도리가 있고, "굽은 것"(枉) 안에 "곧음"(直)의 도리가 있으며, "움푹 파인 것"(窪) 안에 "가득 참"(盈)의 도리가 있고, "오래된 것"(敝) 안에 "새로움"(新)의 도리가 있다고 생각했다. 그러므로 "휨"(曲)과 "온전함"(全), "굽음"(枉)과 "곧음"(直), "움푹 파인 것"(窪)과 "가득 참"(盈)이라는 양면에서 내부의 한 측면을 파악하면 외부의 다른 한 면을 저절로 이해할 수 있었다.

사람들은 누구나 겉으로 드러나는 모습만 즐겨 추구하기 때문에 "온전한 것"과 "가득 찬 것"을 찾는 데 급급하지 않은 자가 없고, 혹은 자신을 뽐내고 드러내는 데 급급하기 때문에 무수한 분쟁을 일으킨다. 온전해지는 방법으로는 "다투지 않는 것"(不爭)만한 것이 없고, "다투지 않는" 방법은 "자신을 드러내지 않고"(不自見現), "자신을 옳게 여기지 않으며"(不自是), "자신을 뽐내지 않고"(不自伐), "자신을 자랑하지 않는 데"(不自矜) 달려 있다. 그리고 이 장의 첫머리에서 말한 "휨", "굽음", "움푹 파임", "오래됨"도 모두 "다투지 않음"(不爭)의 함의를 갖고 있다.

제23장

【원문】

希言^①自然.

故飄風^②不終朝, 驟雨^③不終日. 孰爲此者? 天地. 天地尙不能久, 而況於人乎? 故從事於道者, 同於道^④; 德者, 同於德; 失^⑤者, 同於失.

同於德者, 道亦德之; 同於失者, 道亦失之^⑥.

信不足焉, 有不信焉^⑦.

【주석】

① 희언希言: 내 생각에, 글자 그대로 해석한다면 '적게 말한다'가 되지만, 좀 더 깊은 의미를 말하자면 '정령政令을 내리지 않는다'가 될 것이다. "언言"은 "명령·법령"을 가리킨다.

　　"희언希言"은 자연自然에 부합하니, 제5장의 "다언삭궁多言數窮"과 대비된다. "다언多言"(정령이 번잡하고 가혹함)은 자연自然에 부합하지 않는다. "희언希言"은 제2장의 "행불언지교行不言之敎"의 "불언不言"과 의미가 동일하다.

　　장석창이 말했다. "'다언多言'이라는 것은 명령·법령이 많은 통치이고, '희언希言'이라는 것은 명령·법령이 적은 통치이다. 그러므로 하나는 유위有爲이고 다른 하나는 무위無爲이다."(『老子校詁』)

② 표풍飄風: 강풍, 큰 바람.

　　오징이 말했다. "표飄는 맹렬하고 세찬 것이다."

　　왕회王淮가 말했다. "'표풍飄風'을 통해 폭정으로 천하에 호령하는 것을 비유했으니, 법령이나 금령이 이것이다."

③ 취우驟雨: 소나기, 폭우.

오징이 말했다. "'취驟'는 급작스럽고 거친 것이다."

왕회가 말했다. "'취우驟雨'를 통해 폭정으로 백성을 독촉하는 것을 비유했다. 세금이나 노역이 이에 해당한다."

④ 고종사어도자故從事於道者, 동어도同於道: "동어도同於道" 세 자 앞에 원래는 "도자道者" 두 자가 있어서 "종사어도자從事於道者, 도자동어도道者同於道"로 되어 있었다. 이제 백서본 및 유월의 설에 의거해 산삭한다.

유월이 말했다. "내 생각에 뒤쪽 '도자道者' 두 자는 연문인 것 같다. 본래는 '종사어도자동어도從事於道者同於道'이고, 그 다음으로 '덕자德者'·'실자失者' 앞에 '종사從事'를 붙인 글이 생략되었으니, '종사어도자동어도從事於道者同於道, 종사어덕자동어덕從事於德者同於德, 종사어실자동어실從事於失者同於失'이라고 하는 것과 같다. 『회남자』「도응훈」에서 『노자』를 인용할 때 '종사어도자동어도從事於道者同於道'라고 했으니, 고본에는 '도자道者' 두 자가 중첩되지 않았음을 확인할 수 있다." 유월의 설이 옳다. 백서 갑본·을본으로도 입증된다.

엄복嚴復이 말했다. "'도자동도道者同道'·'덕자동덕德者同德'·'실자동실失者同失'은 모두 주체와 객체가 같은 존재로서 서로 감응하는 것이다."

⑤ 실失: 도道나 덕을 잃는 것을 가리킨다.

장석창이 말했다. "실失은 '강풍'(飄風)이나 '폭우'(驟雨) 같은 통치를 가리켜 말한 것이다."

⑥ 동어덕자同於德者, 도역덕지道亦德之; 동어실자同於失者, 도역실지道亦失之: 이 구절은 판본마다 다른데, 백서 을본이 가장 낫기 때문에 이에 의거해 고친다.

⑦ 신부족언信不足焉, 유불신언有不信焉: 이 두 구절은 이미 제17장에서 보인다. 아마도 착간 때문에 중복해 나온 것 같다. 백서 갑본·을본에는 모두 이 두 구절이 없다.

노육삼盧育三이 말했다. "마서륜과 해동은 '이 구절이 이미 제17장에서 보이는

데, 여기서 거듭 나온 것은 아마도 착간 때문인 것 같다. 또 앞의 내용과도 호응하지 않으므로 산삭해야 한다'고 말했다. 진주·고형·주겸지가 이 설을 따랐다. 백서『노자』갑본과 을본에는 모두 이 구절이 없지만 다른 판본에는 모두 있다. 이 장의 의미를 자세히 탐구해 보니 이 구가 있어도 말이 된다. 즉 '신부족信不足'은 도를 상실해서 '명령을 적게 내리는 자연스러움'(希言自然)을 거스르고 '명령을 많이 내리고'(多言) '유위有爲하는' 정치를 시행한다는 말이다. 이는 인간사에서 강풍이나 폭우 같은 통치 행태가 오래 지속될 수 없는 것과 바로 호응된다."

【번역】

명령을 적게 내리는 것이 자연自然에 부합한다.
그러므로 강풍은 아침나절 동안도 불지 못하고, 폭우는 하루 종일 내리지 못한다.
누가 이렇게 만들었는가? 천지이다. 천지의 강풍과 폭우도 오래 지속될 수 없는데, 사람은 어떻겠는가?
그러므로 도道에 종사하는 사람은 도道에 부합하고, 덕에 종사하는 사람은 덕에 부합하며, 도道와 덕을 잃었음이 드러난 사람은 자신이 가진 것을 잃게 된다.
덕에 합치되는 행위를 하는 자는 도道가 받아들이겠지만, 덕을 잃은 행위를 하는 자는 도道 역시 그를 내버릴 것이다.
통치자가 믿음직스럽지 못하면, 백성들은 자연스럽게 그를 믿지 않을 것이다.

【해설】

이 장은 제17장과 호응한다. 제17장에서 노자는 당시에 시행되던 엄격한 형벌이나 법령 같은 고압적 정책을 지적했다. 이것들은 괜히 백성들이 "두려워하고 업신여기게"(畏之侮之) 만들기 때문에, 그는 통치자에게 "명령을 가벼이 내리지 않는 것"(貴言)이 최선임을 호소함으로써 정치권력의 억압을 제거하고 백성을 돕고자 했다. 이 장에서 노자는 거듭 "희언希言"이라는 정치적 이상을 제시하는데, "희언"이란 바로 "명령·법령을 줄이는 통치", 즉 "청정무위淸靜無爲"의 정치를 시행하는 것이다. 백성을 방해하지 않는 것을 원칙으로 삼으면 백성이 편안하고 쾌적해진다. 이렇게 해야만 자연自然에 부합하게 된다. 만약 법령이나 금법으로 백성을 얽매고 무겁고 잡다한 세금으로 백성을 착취한다면, 이는 마치 강풍이나 폭우 같은 폭정이다. 노자는 폭정이 오래 지속될 수 없다고 경고한다.

정책 시행의 결과와 관련해 "같은 소리끼리 서로 호응하고, 같은 기운끼리 서로 찾는다"(同聲相應, 同氣相求)는 속담이 있다. 통치자가 청정무위清靜無爲하다면 사회는 응당 편안하고 평화로운 기풍으로 호응하겠지만, 통치자가 자기 멋대로 정치한다면 백성들은 응당 거스르고 저항하는 행동으로 호응할 것이며, 통치자가 믿음직스럽지 못하다면 백성들은 응당 믿음직스럽지 못한 태도로 호응할 것이다.

제24장

【원문】

企^①者不立; 跨^②者不行; 自見者不明; 自是者不彰; 自伐者無功; 自矜者不長.
其在道也, 曰: 餘食贅形^③. 物或惡之, 故有道者不處.

【주석】

① 기企: "기跂"와 같다. 발꿈치를 들어 까치발을 하다.

② 과跨: 뛰다, 넘다, 성큼성큼 걷다.

③ 여식췌형餘食贅形: 먹다 남은 밥과 거추장스런 혹.

"췌형贅形"은 왕필본 및 기타 통행본에서 모두 "췌행贅行"으로 되어 있다. "형形"과 "행行"은 옛 글자에서는 서로 통했다. 그러나 "췌행"이라고 쓰면 오해하기 쉽기 때문에 "췌형"으로 고쳐야 한다.

오징이 말했다. "어떤 이는 '행行은 형形처럼 읽어야 하니, 옛 글자에서는 통용되었다'고 한다. 사마광司馬光은 '남아서 버리는 음식은 사람들 눈살을 찌푸리게 하기 알맞고, 혹이 붙어 있는 모습은 사람을 추하게 만들기 알맞다'고 말했고, 소철은 '음식을 너무 많이 차리면 탈이 나고, 사지에 혹이 있으면 거추장스럽다'고 말했다."

역순정이 말했다. "'행'은 아마도 '형'과 통하는 것 같다. '췌형'은 곧 왕필의 주에서 말한 '혹'(疣贅)이다. '우췌疣贅'는 '형'이라고 말할 수 있지만 '행'이라고 말할 수 없다."(『讀老子札記』) 역순정의 설에 일리가 있다. "췌"는 형태라고는 말할 순 있지만 "움직임"(行)이라고는 말할 순 없다. 『장자』「변무騈拇」에서

"붙어 있는 혹과 매달린 사마귀는 형체에서 나왔다"(附贅縣疣, 出乎形哉)라고 하니, 혹과 사마귀가 형체에서 나왔다면 마땅히 "췌형"으로 붙여 사용해야 한다.

반정관본에는 "췌행"이 "췌형"으로 바르게 되어 있다.

【번역】

발꿈치를 들어 까치발을 해서는 안정적으로 설 수 없고, 성큼성큼 넓은 보폭으로 걸어서는 멀리 가지 못한다. 자기 생각을 자부하는 자는 도리어 자신을 드러낼 수 없고, 자신을 옳게 여기는 자는 도리어 빛날 수 없으며, 자신을 자랑하는 자는 도리어 공효를 이룰 수 없고, 자신을 뽐내는 자는 도리어 오래갈 수 없다.

도道의 관점에서 보자면 이 조급하고 과시하는 행위는 모두 먹다 남은 밥이나 거추장스런 혹이라고 말할 수 있으니, 남을 자극해 자신을 미워하게 만든다. 그러므로 도道를 터득한 자는 이렇게 행동하지 않는다.

【해설】

"발꿈치를 들어 까치발을 해서는 안정적으로 설 수 없고, 성큼성큼 넓은 보폭으로 걸어서는 멀리 가지 못한다"는 '자기 생각을 자부하는 것'(自見), '자신을 자랑하는 것'(自伐), '자신을 뽐내는 것'(自矜)을 비유한 말이다. 이러한 경거망동은 모두 자연自然에 반대되는 행위로 잠깐 유지될지는 모르겠지만 오래 지속될 수 없다. 이 장은 조급하게 자신을 과시하는 행위에 의지해서는 안 됨을 말할 뿐 아니라, 엄격하고 급박한 정치적 행위는 사람들에게 버림받게 됨을 암시하고 있다.

제25장

【원문】

有物混成, 先天地生^①. 寂兮寥兮^②, 獨立不改^③, 周行而不殆^④, 可以爲天下母^⑤.
吾不知其名, 强字之曰"道"^⑥, 强爲之名曰"大"^⑦. 大曰逝^⑧, 逝曰遠, 遠曰反^⑨.
故道大, 天大, 地大, 人亦大^⑩. 域中^⑪有四大, 而人居其一焉.
人法地, 地法天, 天法道, 道法自然^⑫.

【주석】

① 유물혼성有物混成: 곽점 죽간본에는 "유상혼성有牄混成"으로 되어 있다. 왕필본
및 세상에 전해진 각 판본 모두 "유물혼성有物混成"으로 되어 있고, 백서 갑본과
을본도 동일하다. "牄"에 대해 초간정리소위원회는 "도道라고 읽어야 할 것
같다"고 했다. 구석규裘錫圭 선생은 "문장의 뜻에 따라 '상狀'으로 읽어야 한다"고
했다.(『道家文化硏究』 제17집 곽점 초간 특집호에 보인다. 이하 인용도 똑같다.) 내 생각에
"상狀"이나 "상象"으로 읽어야 한다.(자세한 것은 趙建偉의 『郭店老子簡考釋』에 보인다.)
죽간본의 "유상혼성有狀(象)混成"은 통행본의 "유물혼성"에 비해 노자철학의
본래 의미에 더욱 가깝다.(丁原植의 『郭店竹簡老子釋析與硏究』가 참고할 만하다.)

　　장대년이 말했다. "하늘을 모든 것의 최고 주재로 여기는 관념이 노자에
의해 타파되었다. 노자의 연대는 본래 맹자보다 앞서지만, 맹자는 전통 관념을
받아들여서 이를 수정·발전시킨 반면, 노자는 한 차례 철저한 사상 혁명을
해냈다. 노자는 하늘이 가장 근본적인 존재가 아니라 오히려 하늘의 근본이
되는 것이 존재한다고 생각했다. 노자는 '유물혼성有物混成, 선천지생先天地生'이

라고 말했는데, 가장 근본적인 것은 바로 도道로, 오직 도道만이 가장 앞선다."

② 적혜료혜寂兮寥兮: "적혜寂兮"는 고요하여 아무 소리가 없는 것이고, "료혜寥兮"는 움직이나 아무런 형체가 없는 것이다.(엄영봉의 설)

하상공이 말했다. "'적寂'이라는 것은 아무런 소리가 없는 것이고, '료寥'라는 것은 텅 비어 아무런 형체가 없는 것이다."

③ 독립불개獨立不改: 도道의 절대성과 영원성을 형용한다. "독립불개獨立不改"는 죽간본에서 "독립불해獨立不亥"라고 되어 있다.

④ 주행이불태周行而不殆: 죽간본과 백서본에는 모두 이 구절이 없다. "주행周行"에는 두 가지 해석이 있다. 하나는 보편적인 작용으로, "주周"를 일반·보편으로 해석한 것이다. 왕필은 주에서 "주행이란 이르지 않는 곳이 없는 것이다"라고 말했다. 다른 하나는 순환 운동으로, "주"를 "에워싸다"로 해석한 것이다. 【번역】은 후자를 따랐다. "불태不殆"는 쉬지 않는 것이니, "태殆"는 "태怠"와 의미가 통한다.

⑤ 천하모天下母: 백서본 및 범응원본에는 "천지모天地母"라고 되어 있다.

범응원이 말했다. "'천지天地'자는 고본이 이렇게 되어 있다. 어떤 판본에서는 '천하모天下母'라고 되어 있는데, 고본을 따라야 한다." 그러나 죽간본에는 "천하모"라고 되어 있는 것을 확인할 수 있고, 왕필본도 이와 똑같다.

⑥ 강자지왈"도"强字之曰"道": 통행본에서는 "자字" 앞에 "강强"자가 빠져 있다. 부혁본·이약李約본·범응원본에는 "강"자가 있다. 부혁본에 의거해 보충해야 한다.

범응원이 말했다. "왕필본은 고본과 동일하고, 하상공본에는 앞 구절에 '강'자가 없다. 지금은 고본을 따르겠다."

유사배劉師培가 말했다. "내 생각에, 『한비자』「해로」에서 '성인은 그 현허玄虛함을 보고 그 순환 운행을 따르니, 이를 억지로 '도'라고 부른다'(聖人觀其玄虛, 用其周行, 强字之曰道)라고 하니, '자字' 앞에 '강强'자가 있어야 뒤의 '강위지명왈대强爲之名曰大'와 일률적이게 되는데, 통행본에는 빠져 있다."(『老子斠補』)

역순정이 말했다. "살펴보건대, 『주역집해周易集解』 권17에서는 간보干寶가 '『노자』에서 '오부지기명吾不知其名, 강자지왈도强字之曰道'라고 했다'라고 말한 것을 인용하고 있는데, '자' 앞에 '강'자가 있다." 이상의 설에 따르면, 왕필본에는 원래 "강"자가 있었지만 베껴 쓰는 과정에서 글자가 빠졌으니, 부혁본에 의거해 "자" 앞에 "강"자를 보충한다.

⑦ 대大: "도道"에는 한계(邊際)가 없고 포용하지 못하는 것이 없음을 형용한다.

⑧ 왈서曰逝: 이하의 세 "왈曰"자는 "이而"나 "즉則"자로 해석할 수 있다. "서逝"는 "도道"의 운행이 쉼 없이 두루 유행하는 것을 가리킨다.

왕필의 주석에서 말했다. "서는 움직이는 것이다."

오징이 말했다. "서는 쉼 없이 흘러가는 것이다."

장대년이 말했다. "'대大'는 곧 도道로, 흘러가도록 하는 원인이다. 크기(大) 때문에 흐르고(逝), 흐르기 때문에 더욱 먼 곳에까지 이르니(遠), 우주가 바로 끊임없이 흐르는 무궁한 과정이다."(『中國哲學大綱』)

⑨ 반反:『노자』에 나오는 "반反"에는 두 가지 용법이 있다. 하나는 "되돌아감"(返)이고, 다른 하나는 "상반相反"이니, 예를 들어 제78장의 "정도에 맞는 말은 마치 '반대'로 말하고 있는 것 같다"(正言若反)와 같다. 이 장은 전자에 해당한다.

차재車載가 말했다. "'반'에는 두 가지 함의가 있는데, 대립이나 상반이 '반'의 첫 번째 함의이고, 제16장의 '뿌리로 되돌아가는 것'(歸根)·근원으로 되돌아가는 것'(復命)이 반의 다른 함의이다. 『노자』는 '반'의 두 가지 함의를 모두 중시한다."

전종서錢鍾書가 말했다. "'반'에는 두 가지 뜻이 있다. 하나는 정반正反의 반이니 거스르는 것(違反)이고, 다른 하나는 왕반往反(返)의 반이니 돌아오는 것(返)이다. ('回'에도 거스르다(逆)와 돌아오다(圈) 두 가지 의미가 있는데, 보통은 돌아온다는 뜻으로 쓴다.)······ 『노자』의 '반'은 두 가지 뜻을 관통하니, 곧 정반합(正反而合)이다."(『管錐編』 제2책, 445쪽)

풍달보馮達甫가 말했다. "'대'·'서'·'원遠'·'반'은 도道의 전체 운행 과정을 묘사하니, 바로 '주행周行'이다."(『老子譯注』)

진영첩이 말했다. "근본으로 되돌아가는(返本) 사유는 『노자』에 상당히 농후한데, 이것이 흔히 중국인에게 보이는 순환 관념에 적지 않은 영향을 미쳤다. 이러한 관념에 의거해 본다면, 도道와 역사의 운행은 모두 이러한 순환의 방식을 따른다."

⑩ 인역대人亦大: 노자는 인간이 탁월한 위치에 있다고 명확하게 말한 최초의 철학자이다.(장대년, 『中國哲學大綱』) 내가 살펴보니, 왕필본에는 "인역대人亦大"가 원래 "왕역대王亦大"로 되어 있고, 부혁본·범응원본은 "왕王"이 동일하게 "인人"으로 되어 있다.

범응원이 말했다. "'인'자는 부혁본이 고본과 같다. 하상공본에는 '왕'으로 되어 있다. 하상공의 생각을 헤아려 보자면, 왕이라는 존재는 사람 가운데 존귀한 자라는 것이니, 그에게는 진실로 임금을 높이려는 의도가 있었을 것이다. 그러나 내가 살펴보니, 다음 문장에서 '사람은 땅을 본받는다'(人法地)라는 말은 고본의 의미와 일맥상통한다. 하물며 인간은 만물의 영장으로서 천지와 병립해 삼재三才가 되니, 자신이 이 도道를 자임하기만 한다면 사람도 실로 큰 것이다."(『老子道德經古本集註』)

오승지吳承志가 말했다. "『설문해자』「대부大部」에서 '대大는 하늘이 크고 땅이 크고 사람도 크다. 그러므로 대大자는 사람의 모습을 형상화한 것이다'(大, 天大, 地大, 人亦大. 故大象人形)라고 한 것을 보면, 허신이 근거했던 고본에는 '왕'이 '인'으로 되어 있었던 것 같다. 뒤의 문장인 '사람은 땅을 본받고, 땅은 하늘을 본받으며, 하늘은 도道를 본받는다'(人法地, 地法天, 天法道)를 살펴보아도 '인'으로 쓰는 것이 옳다. '인'은 고문에서 '三'자 모양처럼 쓰였는데, 이 때문에 독자가 아마 '왕'으로 잘못 본 것 같다."

해동이 말했다. "두 '인'자가 모두 '왕'으로 되어 있다. 『회남자』「도응훈」의 인용도 '왕'으로 되어 있으니, 아마도 과거에 임금을 높이던 자가 멋대로 고친 것으로 『노자』의 원문이 아닌 것 같다.……『노자』는 도를 천지만물의 어미로 여겼기 때문에 먼저 '도가 크다'(道大)고 말했는데, 만약 '인'을 '왕'으로 고치면 의미가 지나치게 협소해진다. 다행히 다음 문장 '사람은 땅을 본받는다'(人法地)의 '인'은 고치지 않았으므로, 더욱 이를 근거로 증명할 수 있다."(『老子集解』)

엄영봉이 말했다. "다음 문장인 '이왕거기일언而王居其一焉'의 경우, 『장자』「추수秋水」에서 '호명할 수 있는 사물의 숫자는 만이나 되는데, '사람'은 그 중 하나에 불과하다'(號物之數謂之萬, 人處一焉)를 보면, 이 '왕'자는 아마도 '인'이 되어야 할 것 같다. 『서경書經』「주서周書 · 태서상泰誓上」에서는 '사람이 만물의 영장이다'라고 했고, 『효경』에서는 '천지가 낸 것 가운데 사람이 가장 귀하다'고 했으며, 『포박자抱朴子』에서는 '생명 중에 신령스럽기로는 사람보다 나은 것이 없다'고 했다. 사람은 만물의 영장이므로 '사람'(人)을 만물의 대표로 삼아야지 '왕'을 대표로 삼아서는 안 된다. 범응원본과 부혁본에서는 '왕'이 둘 다 '인'으로 되어 있으니, 마땅히 이를 근거로 고쳐야 한다."(『老子達解』)

내 생각은 다음과 같다. 이 장에 두 번 나오는 "왕"자는 부혁본에 따라 "인"으로 고쳐야 한다. 통행본이 "왕"으로 잘못된 까닭은, 필시 해동의 설명처럼 "과거에 임금을 높이던 자가 멋대로 고친 것"일 것이다. 혹은 오승지가 말한 대로 "인"을 과거에는 "三"자 모양처럼 써서 독자가 "왕王"으로 오해했을 수도 있다. 게다가 "우주에 네 가지 큰 것이 있는데, 사람이 이 네 가지 큰 것 가운데 하나이다"(域中有四大, 而人居其一焉)라고 한 다음 문장에서 바로 "사람은 땅을 본받고, 땅은 하늘을 본받으며, 하늘은 도道를 본받는다"(人法地, 地法天, 天法道)라고 하니, 앞뒤 문장의 맥락으로 보면 '왕'자를 둘 다 '인'으로 고쳐야 다음의 "사람은 땅을 본받는다"(人法地)와 연결된다.

⑪ 역중域中: 공간 속. 오늘날 말하는 우주 속.

탕일개湯一介가 말했다. "노자가 말하는 도道는 천지의 존재보다 앞서는데, 시간상으로 천지의 존재보다 앞선다는 말이지 논리상으로 천지의 존재보다 앞선다는 것이 아니다. 노자가 말하는 '도道'가 비록 형상이 없기는 하지만, 공간을 초월하는 것이 아니라 고정된 구체적 형상이 없는 것이다. 이러한 도道만이 일정하고 구체적인 형상을 지닌 천지만물로 변화될 수 있는 것이다.

노자는 '도道'·'천天'·'지地'·'인'이 우주의 '네 가지 큰 것'(四大)이라고 생각했는데, 만약 '도道'와 '천'·'자'·'인'이 다른 실체라면 이렇게 한꺼번에 '사대'라고 불러서는 안 된다. 그리고 노자가 '인법지人法地, 지법천地法天, 천법도天法道, 도법자연道法自然'이라고 말한 것도 '사람은 땅을 법칙으로 삼고' '하늘이 도를 법칙으로 삼는다'는 것을 설명하는 것이지, 거기에 어떤 서로 다른 원칙이 있는 것이 아니다. 비록 도道가 천지만물을 낳는 근원이지만, 이 때문에 도道가 반드시 시공을 초월한다고 말하는 것은 결코 아니다."(『老子哲學討論集』, 제149쪽에서 인용)

⑫ 도법자연道法自然: 도道는 순전히 자연自然을 따르니, 그 자신이 이러하다.

하상공의 주에서 말했다. "'도道'는 자연自然을 본성으로 삼았기에 본받는 바가 없다."

동사정董思靖이 말했다. "'도道'는 삼재三才를 관통하지만, 그 본체는 스스로 그러할(自然) 뿐이다."(『道德眞經集解』)

오징이 말했다. "'도道'가 큰 까닭은 그것이 스스로 그러하기(自然) 때문이다. 그러므로 '법자연法自然'이라고 말했다. 그러나 '도道' 밖에 따로 자연自然이 있는 것이 아니다."(『道德眞經注』)

차재車載가 말했다. "'도법자연道法自然'은 '도道'가 '무위無爲'를 법칙으로 삼아야 한다는 의미이다."(『論老子』)

동서업童書業이 말했다. "『노자』에서 말하는 '자연自然'은 스스로 그러하기 때문에 그러하다(自然而然)는 뜻이니, 이른바 '도법자연'은 도道의 본질이 자연自然임을 말한다."(『先秦七子思想研究』, 113쪽)

풍우란이 말했다. "'사람은 땅을 본받고, 땅은 하늘을 본받으며, 하늘은 도를 본받고, 도는 자연自然을 본받는다'(『노자』 제25장, "人法地, 地法天, 天法道, 道法自然.")는 말은 결코 도道 위에 '자연自然'이 있어서 도道가 그것을 본받는다는 말이 아니다. 앞에서 '우주에 네 가지 큰 것이 있다'(域中有四大)고 말했으니, '사람'(人)·'땅'(地)·'하늘'(天)·'도道'·'자연自然'은 단지 '도道'가 만물을 낳는 무목적적·무의식적절차를 형용한 것일 뿐이다. '자연自然'은 형용사지 별개의 무언가가 아니다. 그러므로 앞에서 '네 가지 큰 것'(四大)이라고만 말했지 '다섯 가지 큰 것'(五大)이라고 하지 않았다. 노자의 '도법자연道法自然'사상은 목적론적 사유와 선명하게 대립된다."

【번역】

혼연일체의 무언가가 천지가 형성되기 전에 존재했다. 그것의 소리를 들을 수 없고, 그것의 형체도 볼 수 없지만, 그것은 독립적으로 항구히 존재하며 영원히 멈추지 않고 순환 운행하며 쉼 없이 생성하니, 천지만물의 근원이 될 만하다. 나는 그것의 이름을 모르지만 억지로 그것을 '도道'라고 부르고, 다시 억지로 그것에 '대大'라는 이름을 지었다. 그것은 끝없이 광대해서 쉼 없이 유행하고, 쉼 없이 유행해서 먼 곳까지 뻗어 나가며, 먼 곳까지 뻗어 나가서 근원으로 되돌아간다.

그러므로 말하자면, 도道가 크고, 하늘이 크며, 땅이 크고, 사람도 크다. 우주에 네 가지 큰 것이 있는데, 사람이 이 네 가지 큰 것 가운데 하나이다.

사람은 땅을 본받고, 땅은 하늘을 본받으며, 하늘은 도道를 본받고, 도道는 순전히 자연自然을 따른다.

【해설】

이 장은 도의 체용體用에 관한 몇 가지 중요한 점을 서술하고 있다.

첫째, "혼연일체의 무언가"(有物混成)는 도道가 혼연하고 질박한 상태임을 설명한다. 도道는 서로 다른 요소나 각 부위가 합쳐져 만들어진 것이 아니라 원만자족한 조화로운 체계이다. 현상계의 복잡성과 다양성에 대비해 말하자면, 도道는 무한히 완전하고 무한히 전체적이다.

둘째, 도道는 절대적인 것으로서 상대적인 것들과는 단절되어 있다. 현상계의 일체 사물은 모두 상대적이지만, 도道는 유일무이하므로 "독립적으로 항구히 존재한다"(獨立不改)고 말했다. 도道는 움직이는 것으로 두루 쉼 없이("逝") 순환 운행하지만, 도道 자체는 순환 운행이나 변화에 따라 사라지지 않는다.

셋째, 도道는 소리도 형체도 없다.(寂兮寥兮) 왕필의 설명이 훌륭하다. "이름을 통해 그것의 형체를 특정하는데, 도道는 혼연해서 일정한 형체가 없으므로 무어라 특정할 수 없다." 사실상 이름을 붙일 수가 없지만, 지금은 억지로 거기에 이름을 부여한 것이다.

넷째, 도道는 시간 순서상 천지보다 앞서 존재할 뿐만 아니라, 천하만물도 도道가 낳은 것이다.(先天地生, 爲天下母)

다섯째, 도道는 순환 운동한다. 도道의 운동은 끝나면 시작이 있어서, 새롭게 다시 시작한다.

여섯째, "대大"라는 개념을 가지고 도道를 억지로 형용한다.(强爲之名曰'大') 이 '대大는 폭이나 넓이가 무한히 확장됨을 가리킨다. 우주에는 네 가지 큰 것(四大)이 존재하는데, 도道 외에도 하늘·땅·사람이 포함된다. 이 사대四大가 훌륭한 것은 자연自然을 본받아 운행하기 때문이다. 이른바 "도법자연道法自然"이라는 것은 도道가 자연自然을 근거로 삼는다는 것이며, 도道의 본성이 바로 자연自然이라는 것이다. "자연自然" 개념은 노자철학의 기본 정신이다.

제26장

【원문】

重爲輕根^①, 靜爲躁君.

是以君子^①終日行不離輜重^②. 雖有榮觀^③, 燕處^④超然. 奈何萬乘之主^⑤, 而
以身輕天下^⑥?

輕則失根^⑦, 躁則失君.

【주석】

① 군자君子: 왕필본에는 원래 "성인聖人"으로 되어 있다. 경룡비본·부혁본·소철
   본·임희일본·범응원본 및 여러 당송대 고본에서는 모두 "군자君子"라고 되어
   있다. 『한비자』 「유로喩老」에서도 "군자"라고 되어 있는데, 백서 갑본과 똑같다.
      해동이 말했다. "'군자'는 경卿·대부大夫·사士를 말하니, 『예기』 「향음주의鄕
   飮酒義」의 주석에 설명이 보인다. 뒤의 '만승지주萬乘之主'에 대비해 말한 것이다."
      장석창이 말했다. "'성인'은 이상적인 군주로, 마땅히 깊은 곳에 머물다가
   가끔 나와서 '무위無爲'로 백성을 교화해야지, 하루 종일 도道를 실천한답시고
   늘 군중軍中에서 치중輜重 관련 일을 관리해서는 안 된다. 의미상 '군자'가 되어야
   맞으니, 여러 판본에 따라 고친다." 장석창의 설이 일리가 있다. 한비자 및
   백서본에 따라 '군자'라고 고친다.

② 치중輜重: 군대에서 병기나 양식을 싣는 수레.
      엄영봉은 '치중'을 '정중靜重'으로 고치며, 다음과 같이 말했다. "하상공은
   주석에서 '치輜는 고요함(靜)이다. 성인은 하루 종일 도를 실천해 고요함(靜)과

진중함(重)을 떠나지 않는다'고 말했는데, 의미를 매우 잘 파악했다. 하상공이 '고요함'(靜)과 '진중함'(重)으로 짝을 이룬 것이 옳다.…… 살펴보건대, 이 장의 앞뒤 문장에서 '진중함'(重)과 '고요함'(靜), '경솔함'(輕)과 '조급함'(躁)으로 짝을 이루고 있으니, 이것으로 증명할 수 있다. 아마도 원래는 '정靜'과 '중重'으로 되어 있었는데, '정靜'과 '경輕'의 발음이 유사한 데다가 앞의 '중위경근重爲輕根'이라는 구절 때문에 '경'으로 잘못 쓰게 된 것이다. 일본의 아리키 겐키치(有木元吉)본에는 '경'으로 되어 있고, 겐토안(源東庵)본에도 '경'으로 되어 있다. 또 '경'과 '차'는 형태가 유사하기 때문에 결국 다시 '치중'으로 고치게 된 것이다." 엄영봉의 설이 참고할 만하다.

③ 영관榮觀: 화려한 생활을 가리킨다. "영榮"은 호화롭다, 높고 크다는 뜻이고, "관觀"은 누대·누각이다.

④ 연처燕處: 편안하게 살다.

임희일의 주석에서 말했다. "'연燕'은 편안함이고, '처處'는 머무르는 것이다."

⑤ 만승지주萬乘之主: 대국의 군주를 가리킨다. "승乘"은 수레의 숫자이다. "만승萬乘"은 병거兵車 만 대를 소유한 대국을 가리킨다.

⑥ 이신경천하以身輕天下: 천하를 맡았으면서 자신의 생명을 경솔하게 쓰다.

하상공이 말했다. "왕이 된 자는 지극히 존귀한데, 그런 몸으로 경솔하게 행동하겠는가? 당시의 왕이 사치하고 제멋대로 굴며 경솔하고 음란한 것을 싫어한 것이다."

소철蘇轍이 말했다. "임금이 자신의 몸을 가지고 천하를 맡았는데, 그것을 가벼이 쓴다면 천하를 맡기에 부족하다."

오징의 주석에서 말했다. "이신경천하以身輕天下는 천하 사람들의 윗자리에서 자신의 몸을 경솔하게 움직이는 것이다."

⑦ 근根: 왕필본에는 원래 "본本"으로 되어 있다. 하상공본 및 여러 고본에는 "신臣"으로 되어 있다. "본"으로 쓰는 건 괜찮지만, "신"으로 쓰면 틀렸다. 『영락대전永樂大典』과 유월의 설명에 따라 "근根"으로 고친다.

유월이 말했다. "『영락대전』에서는 '경즉실근輕則失根'이라고 되어 있는데, 이를 따라야 한다. 이 장의 첫머리에서 '진중함은 경솔함의 근본이고, 고요함은 조급함의 우두머리이다'(重爲輕根, 靜爲躁君)라고 했으므로 '경솔하면 근본을 잃고, 조급하면 우두머리를 잃는다'(輕則失根, 躁則失君)로 끝나는 것이다. 이 말은 진중하지 않으면 뿌리가 없게 되고, 고요하지 않으면 우두머리가 없게 된다는 의미이다." 유월의 설이 따를 만하니, "본"을 "근"으로 고쳐 첫 구절과 조응하게 해야 한다. 오징본·감산덕청본은 제대로 "근"으로 되어 있다.

장석창이 말했다. "'경즉실근, 조즉실군'은 임금이 욕망을 좇아 경거망동하면 자신을 다스리는 뿌리를 잃게 되고, 일을 이루는 데 급급하면 임금 된 도리를 잃어버림을 말한다."

【번역】

진중함은 경솔함의 근본이고, 고요함은 조급함의 주축이다.
그러므로 군자는 온종일 다니면서도 짐수레를 떠나지 않는다. 비록 화려한 생활이 있더라도 편안하게 살며 태연자약하다. 자신이 대국의 군주가 되었으면서 어째서 경솔하고 조급하게 천하를 다스리는가?
경솔하면 근본을 잃고, 조급하면 주축을 잃는다.

【해설】

이 장은 "고요하고 진중함"(靜重)에 대해 말하고 "경솔함과 조급함"(輕躁)에 대해 평가한다. 경솔하고 조급한 태도는 실이 끊어진 연과 같아, 세상을 살아갈 때 경솔하고 맹목적으로 움직이게 되어 어떠한 공효도 없게 된다.

노자는 당시 통치자들이 사치하고 제멋대로 굴며 경솔하고 음란해서 욕망만을 좇다 자신을 해치는 것에 느낀 바가 있었다. 그래서 그는 "자신이 대국의 군주가 되었으면서 어째서 경솔하고 조급하게 천하를 다스리는가?"라고 한탄하며 말했다. 이는 매우 비통한 표현이다. 일국의 통치자는 고요하고 진중해야지 경솔하거나 조급해서는 안 된다.

제27장

【원문】

善行無轍迹^①; 善言^②無瑕謫^③; 善數^④不用籌策^⑤; 善閉無關楗^⑥而不可開; 善結無繩約^⑦而不可解.

是以聖人常善救人, 故無棄人; 常善救物, 故無棄物. 是謂襲明^⑧.

故善人者, 不善人之師; 不善人者, 善人之資^⑨. 不貴其師, 不愛其資, 雖智大迷, 是謂要妙^⑩.

【주석】

① 철적轍迹: "철轍"은 바큇자국이다. "적迹"은 사람과 말의 발자국이다.

　　감산덕청이 말했다. "'철적轍迹'은 흔적과 같은 말이다."

② 선언善言: "명령하지 않는 교육"을 잘 행하는 것을 가리킨다.

③ 하적瑕謫: 과오와 결점이다.

　　범응원이 말했다. "'하瑕'는 옥에 생긴 흠결이며, '적謫'은 '죄', '혐의'이다."

　　『경전석문經典釋文』, 부혁본, 임희일본, 범응원본 등의 고본에서는 "적謫"자가 "적讁"자로 되어 있다.

④ 수數: "계산하다"이다.

　　하상공본, 소철본, 임희일본, 오징본에서는 "수數"자가 "계計"자로 되어 있다.

　　범응원이 말했다. "왕필본은 여타 고본들과 마찬가지로 '수數'자로 되어 있다."

⑤ 주책籌策: 고대의 계산도구이다.

⑥ 관건關楗: 문의 빗장이다. 백서본에서는 "관약關籥"으로 되어 있다.

　　동사정이 말했다. "'건楗'은 문을 걸어 잠그는 나무토막이다. 이것을 가로로 걸 경우 '관關'이라고 하고 세로로 걸 경우 '건楗'이라고 했다."

　　"건楗"은 여러 고본에서 "건鍵"으로 되어 있는데, 범응원과 필원畢沅은 여전히 "건楗"자로 되어야 한다고 보았다.

　　범응원이 말했다. "'건楗'은 문을 걸어 잠그는 나무토막이다. 어떤 판본에서는 '쇠 금'(金)변으로 되어 있는데, 이는 잘못되었다. 나무토막을 가로로 걸 경우 '관關'이라고 하고 세로로 걸 경우 '건楗'이라고 했다."

　　필원이 말했다. "『설문해자』에서 '건楗은 문을 막는 도구이다'라고 하였다. 따라서 마땅히 '건楗'자가 사용되어야지 차축에서 바퀴가 빠지는 것을 막는 멈치(車轄)에 해당하는 '건鍵'자를 사용해서는 안 된다."

⑦ 승약繩約: 밧줄과 노끈(繩索)이다. '약約'자 역시 밧줄(繩)과 노끈(索)을 의미한다.

　　오징이 말했다. "승약繩約은 노끈(索)이다. 노끈을 꼬아서 만든 것이 밧줄(繩)이고, 이것을 이용해서 사물을 묶어 놓은 것을 '약約'이라 한다."

　　고형이 말했다. "『의례』「기석례旣夕禮」의 기문에서 '밧줄로 만든 수레 손잡이를 사용하고, 밧줄로 만든 고삐를 사용한다'(約綏約轡)고 말했는데, 정현은 주석에서 '약約은 밧줄이다'라고 말했다."

⑧ 습명襲明: 밝음(明)을 간직한다는 것이다. "습襲"은 계승한다는 것으로, 간직하거나 담고 있다는 것이다. 밝음(明)은 도를 이해하는 지혜를 가리킨다. "습명襲明" 앞의 "상선구물常善救物, 고무기물故無棄物"은 백서갑본·을본에서 모두 "물무기재物無棄財(材)"로 되어 있다.

　　감산덕청이 말했다. "본래적 광명(本明)을 계승하고, 이를 이어서 그 가려진 것들에까지 통달하게 되었으니, 그러므로 '밝음을 계승했다'(襲明)고 했다. '습襲'은 계승함으로, '잇다'(因)와 같다."

　　해동奚侗이 말했다. "'습襲'은 잇는다는 것이다. '명明'은 제16장과 제55장의 영속적인 규칙을 아는 것을 명명이라고 한다'(知常曰明)의 '명明'이다. '습명襲明'은 이러한 영속적인 도를 따른다는 말이다."

⑨ 자資: "근거로 삼다", "근거로 이용하다"의 의미이다.

⑩ 요묘要妙: 정미하고 현묘함이다.

하상공의 주에서 말했다. "이 장의 뜻을 이해할 수 있다면 미묘하고 핵심적인 도를 알았다는 의미이다."

오징이 말했다. "'요要'는 지극하다고 말하는 것과 같다. '묘妙'는 현묘하여 추측할 수 없다는 것이다. 현묘하여 추측할 수 없음이 지극해진 것을 '요묘要妙'라고 한다."

고형이 말했다. "'요要'는 아마도 '유幽'라고 읽어야 할 것이다. '유묘幽妙'는 심오한 현묘함을 말한 것과 같다. '요要'와 '유幽'는 고대에 통용되었다."

유태공劉台拱이 말했다. "'요묘要妙'는 '유묘幽妙' 즉 심오한 현묘함이다.『회남자』「본경훈本經訓」에서는 '심오하게 현묘한 모습을 다한다'고 했으며, 집주에서는 '요묘要妙는 심원한 모습이다'라고 말했다."(유태공의 설은 주겸지의『老子校釋』에서 인용했다.)

후쿠나가 미쓰지(福永光司)가 말했다. "요묘要妙는 정미함(竊眇)과 같은 의미로, 바로 심오한 진리이다."

【번역】

걷기를 잘하는 이는 흔적을 남기지 않고, 말을 잘하는 이는 과오를 저지르지 않으며, 계산을 잘하는 이는 계산 도구를 사용하지 않고, 문단속을 잘하는 이는 빗장을 걸지 않고도 사람들이 문을 열지 못하게 하며, 결박을 잘하는 이는 밧줄을 쓰지 않고도 사람들이 풀지 못하게 한다.

이러한 까닭에 도道를 터득한 이는 언제나 사람들의 재능을 완전히 발휘하는 것을 잘하기에 버려지는 사람이 없다. 또한 언제나 사물의 용도를 완전히 활용하는 것을 잘하기에 버려지는 사물이 없다. 이러한 것을 일러 밝음의 경지를 보존한다고 하는 것이다.

그러므로 선한 사람은 선하지 못한 사람들에게 스승이 될 수 있고, 선하지 못한 사람들은 선한 사람들에게 반면교사가 된다. 스승을 존중할 줄 모르고 다른 사람으로부터의 귀감을 귀중하게 여기지 않는다면, 스스로는 똑똑하다고 여기겠지만 사실은 매우 어리석은 것이다. 이것이 바로 정미하고 현묘한 도리이다.

【해설】

이 장은 자연自然·무위無爲 사상을 확장시킨 것이다.

"말을 잘함"과 "걷기를 잘함"은 '명령하지 않는 교육'과 '무위의 정치'를 펼치는 것을 잘함을 가리킨 것이다. "계산을 잘함", "문단속을 잘함", "결박을 잘함" 등의 구절들은 모두 동일한 의미의 비유로, "자연自然을 도道로 삼으면, 힘을 쓸 필요가 없고 흔적을 만들 것도 없다"(임희일의 말에서 인용했다.)고 말했다. 또한 이러한 표현들은 도道를 터득한 자가 국가를 통치할 때 유형의 작위를 사용하지 않으면서, 무형의 도리를 따르는 것(無形的沿襲)을 귀중하게 여김을 비유한 것이다. 도道를 터득한 이는 본래적 광명에서 비롯되는 지혜를 통해 사람과 사물을 관조하여 사람은 저마다의 재능을 가지고 있고 사물은 저마다의 용도를 가지고 있음을 이해할 수 있다. 도道를 체득한 이가 사람들의 재능을 완전히 발휘해 냄에 저마다의 본성에 근거하여 그 재능을 길러 냈기 때문에 "언제나 사람들의 재능을 완전히 발휘하는 것을 잘한다", "버려지는 사람이 없다"고 말한 것이다. 또한 사물의 용도를 완전히 활용해 냄에 그 사물의 본성에 근거하여 그 기능을 펼쳐 냈기 때문에 "언제나 사물의 용도를 완전히 활용하는 것을 잘한다", "버려지는 사물이 없다"고 말한 것이다. 이는 도道를 터득한 이가 사람과 사물을 대하는 방식을 설명한 것이다.

이 장에서는 도道를 터득한 이가 자연에 순응하여 사람과 사물을 대하는 방식을 묘사했을 뿐만 아니라 사람과 사물을 버리지 못하는 마음을 표현했다. 이러한 마음을 가진 사람은 선한 이와 그렇지 못한 이에 대해서 모두 한결같이 잘 응대할 수 있다. 특히 선하지 못한 이의 경우 그의 선하지 못함 때문에 멸시하거나 버리지 않고, 그를 올바른 방향으로 권면하고 유도하는 한편 선한 이를 위한 반면교사로 삼았다.

제28장

【원문】

知其雄, 守其雌①, 爲天下谿②. 爲天下谿, 常德不離, 復歸於嬰兒.
知其白, [守其黑, 爲天下式. 爲天下式, 常德不忒, 復歸於無極. 知其榮③,]
守其辱, 爲天下谷. 爲天下谷, 常德乃足, 復歸於樸.
樸散則爲器④, 聖人用之⑤, 則爲官長⑥, 故大制不割⑦.

【주석】

① 지기웅知其雄, 수기자守其雌: "웅雄"은 강함과 움직임, 진취성을 비유한 것이고,
"자雌"는 유약함과 고요함, 겸손을 비유한 것이다.

② 계谿: "혜傒"자와 같으며, 길(傒徑, 蹊徑으로 쓰기도 한다.)이다. "자雌"의 고요함을
굳게 지키는 것이 천하 사람들이 가야 할 길이라고 말한 것이다.
"계谿"자를 계곡의 의미로 해석할 경우 아래 구절의 "곡谷"자와 의미가 중복된다.

③ 수기흑守其黑, 위천하식爲天下式. 위천하식爲天下式, 상덕불특常德不忒, 복귀우무극復
歸於無極. 지기영知其榮: 이 여섯 구절은 후대 사람이 고쳐 넣은 것으로 의심된다.
역순정이 말했다. "내가 살펴보니, 이 장에는 후대 사람이 잘못 넣은 부분이
있기에 전부 『노자』의 원문이라고 할 수 없다. 『장자』「천하天下」에서 노담老聃의
말을 인용해서 말했다. '남성성을 깊이 이해하면서도 여성성을 편안히 여긴다면
천하가 따라가는 길이 될 것이다. 밝음(白)을 알면서도 어리석음(辱)을 편안히
여긴다면 천하의 골짜기가 될 것이다.'(知其雄, 守其雌, 爲天下谿. 知其白, 守其辱, 爲天下谷)
이것이 『노자』의 원문이다. 원래는 남성성(雄)과 여성성(雌), 백색(白)과 검은색(辱)

이 대비되었을 것이다. '욕辱'에는 검은색(黑)의 의미가 있다. 『의례』「사혼례士昏禮」의 주注에서는 '흰 실을 검은 염료 안에 두는 것을 일러 욕辱이라 한다'(以白造緇曰辱)고 말했다. 이는 욕辱자의 옛 의미에 대한 전거이다. 후대 사람들은 '욕辱'이 '백白'과 대비됨을 모르고 분명 '흑黑'이어야 '백白'과 대비될 수 있고, '영榮'이어야 '욕辱'과 대비될 수 있다고 여겼다. 그래서 '지기백知其白' 뒤에 '수기흑守其黑'을 추가하고 '수기욕守其辱' 앞에 '지기영知其榮'을 추가하였으며, 다시 '위천하식爲天下式. 위천하식爲天下式, 상덕불특常德不忒, 복귀어무극復歸於無極' 네 구절을 추가해서 '흑黑'과 협운을 맞추었다는 점에서 후대 사람이 고쳐 넣었다는 것은 분명하다. '욕辱'을 '백白'과 대비시키는 것은 주나라에서 한나라 때까지의 옛 의미에 따른 것인데, 후대 사람들은 끝내 알지 못했다. 이것이 그들이 고쳐 넣었다고 의심하는 뚜렷한 첫 번째 근거이다. '위천하혜爲天下谿', '위천하곡爲天下谷'에서 '혜谿', '곡谷'은 모두 물이 모이는 곳이라는 동일한 의미를 가지고 있다. 그러나 '위천하식爲天下式'은 '혜谿', '곡谷'과 운韻만 맞을 뿐 어울리는 내용이 아니다. 이것이 그들이 고쳐 넣었다고 의심하는 뚜렷한 두 번째 근거이다. 왕필이 이미 '식式'자에 관해 주석을 달았다는 점은 위 여섯 구절의 삽입이 (왕필이 활동하기 이전인) 위진魏晉시대 초기에 이루어졌음을 보여 준다. 다행히 『장자』「천하」의 인용문에 근거하여 원문을 알아낼 수 있었으니, 마땅히 수정해서 『노자』 본래의 모습을 보존해야 한다."(『讀老札記』)

마서륜이 말했다. "역순정의 말이 옳다.…… 고서에서 '영榮'과 '욕辱'의 관계는 모두 '총寵'과 '욕辱'의 관계와 통용되었다. 『노자』 제13장의 '총욕약경寵辱若驚'에서도 (총욕이라고 되어 있지,) '영욕榮辱'이라고 되어 있지 않다. 이것은 이 장에서 영榮과 욕辱으로 되어 있는 것이 제멋대로 덧붙여진 것이라는 증거이다. 그러나 『회남자』「도응훈」에서 '지기영知其榮, 수기욕守其辱, 위천하곡爲天下谷'이라고 인용했다는 점에서 볼 때, 한대 초기부터 이미 이렇게 쓰이고 있었다."(『老子校詁』)

고형이 말했다. "내가 살펴보건대, 이 장은 본래 '지기웅知其雌, 수기자守其雌, 위천하계爲天下谿. 위천하계爲天下谿, 상덕불리常德不離, 복귀어영아復歸於嬰兒. 지기

백知其白, 수기욕守其辱, 위천하곡爲天下谷. 위천하곡爲天下谷, 상덕내족常德乃足, 복귀어박復歸於樸'으로 되어 있고, '수기흑守其黑, 위천하식爲天下式. 위천하식爲天下式, 상덕불특常德不式, 복귀우무극復歸於無極. 지기영知其榮' 스물세 글자는 후대 사람이 추가한 것이다. 여섯 가지 증거를 통해 이를 논증하겠다. 첫째, 『노자』에서는 본래 자雌를 웅雄과 대비시키고 욕辱을 백白과 대비시켰다. 욕辱자는 이후 '욕黥'자가 된다. 『옥편』에서는 '욕黥은 때가 묻어 더러워진 것이다'라고 말했다. 제41장에서 '대백약욕大白若辱'이라고 한 것 역시 백白과 욕辱을 대비시킨 것으로, 그 명확한 증거이다. 이에 근거할 때 『노자』의 고본에서는 결코 백白을 흑黑과 대비시키지 않았다. 둘째, 『노자』에서는 '영욕榮辱'이 '총욕寵辱'으로 되어 있다. 제13장에서는 '총욕약경寵辱若驚'이라고 한 것이 그 명확한 증거이다. 이에 근거할 때 『노자』의 고본에서는 결코 영榮을 욕辱에 대비시키지 않았다. 셋째, '위천하계爲天下谿', '위천하곡爲天下谷'의 '계谿'와 '곡谷'은 모두 물이 모이는 곳이라는 동일한 의미를 가지고 있다. '위천하식爲天下式' 구절을 끼워 넣게 되면 혜溪, 곡谷과 어울리지 않는다. 넷째, '복귀어영아復歸於嬰兒', '복귀어박復歸於樸'은 의미하는 바가 같다. 인간의 본성이 아직 타락하지 않은 것이 '영아嬰兒'이고 나무의 질박함이 아직 흩어지지 않은 것이 '박樸'이다. 그런데 '복귀어무극復歸於無極' 구절을 끼워 넣게 되면 영아嬰兒, 박樸과 어울리지 않게 된다. 다섯째, 『회남자』 「도응훈」에서는 『노자』의 '지기웅知其雄, 수기자守其雌, 위천하계爲天下谿'를 인용했고, 다시 '지기영知其榮, 수기욕守其辱, 위천하곡爲天下谷'을 인용했을 뿐 '지기백知其白, 수기흑守其黑, 위천하식爲天下式'은 인용하지 않았다. 아마도 『회남자』의 저자가 참고한 판본에 애당초 이러한 대목이 없었기 때문일 것이다. 또한 『회남자』에서 인용한 '지기영知其榮, 수기욕守其辱' 역시 원래는 '지기백知其白, 수기욕守其辱'으로 되어 있다. 지금 '백白'자가 아닌 '영榮'자로 되어 있는 것은 『노자』의 잘못된 판본에 근거하여 제멋대로 고쳤기 때문이다. 그 글에서 말했다. '문왕이 덕을 수양하고 정치를 바로잡은 지 3년이 되자 천하의 3분의 2가 그에게 귀의했다. 은나라 주왕이 이를 듣고 우환이 될 것이라 생각하여 문왕을 유리羑里에 유폐했다. 훗날 문왕은 돌아와서 옥문玉門을 짓고 영대靈臺를 쌓고,

소녀들을 들이면서 종과 북을 울리며 주왕이 실수하기를 기다렸다. 은나라 주왕이 이를 듣고 말했다. '주나라의 백伯인 창昌(문왕)이 올바른 도와 행실을 바꾸어 버렸으니, 나는 이제 근심이 없다.' 그러고는 포락炮烙의 형벌을 행하고, 임산부의 배를 갈랐으며, 간언하는 이들을 죽였다. 이에 문왕은 마침내 자신의 계획을 완성할 수 있었다. 그러므로 『노자』에서 말했다. '깨끗함을 알면서도 더러움을 지키면 천하의 계곡이 된다.' 살펴보건대, '덕을 수양하고 정치를 바로잡음'(砥德修政)은 영榮자가 아니라 백白자의 의미에 부합한다. 백白이란 행실이 결백하다는 것이다. '옥문을 짓고 영대를 쌓고, 소녀들을 들이면서 종과 북을 울림'(爲玉門, 築靈臺, 相女童, 鼓鍾鼓)은 욕욕자가 아니라 욕辱자의 의미에 부합한다. 욕辱이란 그 행실이 더럽다는 것이다. 문왕이 '도와 행동을 바꾸어 버린 것이 바로 『노자』에서 말한 '지기백知其白, 수기욕守其辱'의 의미이다. 만약 이것이 맞다면 영榮자가 원래는 백白자로 되어 있었던 것이 분명하다. 이것이 『회남자』의 저자가 참고한 판본에 '수기흑守其黑' 등 스물세 글자가 없었다는 근거이다. 여섯째, 『장자』「천하」에서 노담의 말을 인용해서 말했다. '남성성을 깊이 이해하면서도 여성성을 편안히 여긴다면 천하가 따라가는 길이 될 것이다. 깨끗함(白)을 알면서도 더러움(辱)을 편안히 여긴다면 천하의 계곡이 될 것이다.' (知其雄, 守其雌, 爲天下谿. 知其白, 守其辱, 爲天下谷) 비록 축약된 부분이 있지만 장자가 참고한 판본에 '수기흑守其黑' 등 스물세 글자가 없었던 것은 더욱 확실해 보인다. 이상의 논의는 역순정과 마서륜의 설을 채택하여 보충한 것이다."(『老子正詁』)

장송여가 말했다. "내가 살펴보건대, 역순정, 마서륜, 고형의 설은 매우 타당하다. 현재 마왕퇴 백서본이 출토되었는데, 여기에서도 후대인들이 잘못 넣은 흔적들을 확인할 수 있다는 점에서 위진시대까지 갈 것도 없이 이미 한나라 초기 백서본부터 사람들이 손을 댔던 것 같다. 그러나 백서본에서는 '지기영知其榮'이라는 구절이 나오지 않고 '지기백知其白'이라는 구절이 거듭 나오는데, 이것은 전국시대 말기에서 진한 교체기에 보태진 것이 분명하다. 이것이 고쳐 넣기의 첫 번째 단계로 스물일곱 글자가 추가되었다. 그 후 여러 사람의 손을 거치며 흑黑자를 추가하여 백白자와 대비시키고 영榮자를 추가하여 욕辱자와 대비시켰으며, 두 단락이었던 논의를 세 단락으로 바꾸어서 '지기백知其白, 수기흑守其黑' 대목은 자의적으로 '수기흑守其黑, 위천하식爲天下式. 위천하식爲天下式, 항덕불특恒德不忒. 항덕불특恒德不忒, 복귀어무극復歸於無極'이 되었다. 이것이 고쳐 넣기의 두 번째 단계였다. 한대 특히 후한시기에는 새롭게 추가된 스물일곱 글자를 앞으로 옮겼다. 이렇게 되니 '복귀어박復歸於樸'과 '박산즉위기樸散則爲器'가 이어져서 의미가 더 잘 통하게 되었다. 이것이 고쳐 넣기의 세 번째 단계였다. 그리하여 위진 이래 통행본의 토대가 확정되었다. 다만 스물일곱 글자로 이루어졌던 각 단락이 스물세 글자로 축약되었을 뿐이다. 이는 백서본과 다른 점이다."

(『老子校讀』)

이상의 여러 설에 따라 【번역】에서는 잘못 들어간 부분을 생략한다.

④ 기器: 사물이다. 여기에서는 만물을 가리킨다. 제29장에 대한 하상공의 주에서는 "기器란 사물이다"라고 말했다.

⑤ 지之: 박樸을 가리킨다.

⑥ 관장官長: 백관의 수장이니, 군주를 가리킨다.

⑦ 대제불할大制不割: 백서본에는 "대제무할大制無割"이라고 되어 있다. 가장 훌륭한 정치는 구분을 하지 않는 것이다.

감산덕청이 말했다. "불할不割이란 상호 간의 경계를 구분하지 않는다는 뜻이다."

고형이 말했다. "최고의 정치(大制)는 만물의 자연自然에 근거하므로 만물을 인위적으로 구분하지 않고(不割) 각 사물의 본래적 순박함(樸)을 포용할 뿐이다."

장석창이 말했다. "대제大制는 위대한 통치(大治)이고 무할無割은 다스리지 않음(無治)이다. 다스리지 않으면, 순박함이 흩어진 이후의 천하를 순박함으로 되돌릴 수 있으니, 이것이 바로 성인의 위대한 통치이다."

【번역】

남성성의 강함을 깊이 이해하면서도 여성성의 부드러움을 편안히 여긴다면 천하가 따라가는 길이 될 것이다. 천하가 따라가는 길이 되면 항구적인 덕을 잃지 않아서 어린아이의 상태를 회복할 것이다.

밝음을 깊이 이해하면서도 어두움을 편안히 여긴다면 천하의 계곡이 될 것이다. 천하의 계곡이 되면 항구적인 덕이 충만해져서 순박한 상태를 회복할 것이다. 순박함의 도가 흩어져서 만물을 이루니, 도道를 터득한 이가 이 순박함을 사용하면 백관의 수장이 된다. 따라서 최고 경지의 정치는 구분하지 않는 것이다.

【해설】

　"지웅수자知雄守雌"는 남성성과 여성성이 대비를 이루는 가운데, 남성성의 측면에 대해서도 투철하게 이해하고 나서 여성성의 측면에 머무른다는 것이다. "수자守雌"의 "수守"는 결코 위축되거나 회피함을 의미하는 것이 아니라 주체성을 함축하고 있다. 그래서 이것은 여성성의 측면을 견지하면서도 남성성을 운용할 수 있는 것이다. 따라서 "지웅수자知雄守雌"는 가장 적절하고 타당한 위치에 머무르면서 전체 상황을 파악하고 있는 경지이다. 엄복이 말했다. "요즘 노자사상을 활용하는 이들은 여성성에 머문다는 뒤의 구절만 이해할 뿐 그 핵심이 남성성을 깊이 이해한다는 앞 구절에 있음을 알지 못한다." 엄복의 말은 참으로 타당하다. 『노자』는 여성성에 머무를 것을 주장했을 뿐만 아니라 남성성을 깊이 이해할 것도 주장했다. 여성성에 머무른다는 것은 고요함을 견지하고 뒤로 물러나 부드러움을 지킴을 의미하는 동시에 거두어들이고 응축하며 간직함을 의미한다.

　"계谿"와 "곡谷"은 낮은 곳에 머물면서 다투지 않음을 상징한다. 노자는 당시 정치 및 사회의 행태가 앞을 다투어 욕망을 추구하고 시끄럽게 소란을 일으키고 있음을 감안해서, "겸허하게 아래에 머무르고 관대하게 포용할 것"을 주장하는 동시에 순박함으로 되돌아갈 것을 요구했던 것이다.

제29장

【원문】

將欲取①天下而爲②之, 吾見其不得已③. 天下神器④, 不可爲也, 〔不可執也⑤.〕
爲者敗之, 執者失之.
故物或行或隨; 或嘘或吹⑥; 或强或羸; 或培或墮⑦.
是以聖人去甚, 去奢, 去泰⑧.

【주석】

① 취取: '처리하다', '다스리다'이며, 교화와 같다.

　　장석창이 말했다. "『광아廣雅』「석고釋詁」제3권에서 말했다. '취取는 처리함이다.' 『국어』에서 말했다. '그 병은 어찌할 수 없다.' 위소韋昭는 다음과 같이 설명했다. '위爲는 다스림(治)이다.' 이처럼 취取는 위爲와 통하고, 위爲는 치治와 통한다."

② 위爲: 유위有爲를 가리킨다. 억지로 힘써 행함이다.

③ 부득이不得已: 얻을 수 없다는 것이다.(소철의 주) "이已"는 어조사이다.(범응원의 주)

　　고명이 말했다. "하상공의 주에서는 '부득이不得已'에 대해 '천도와 인심을 얻을 수 없다'고 말했다. 이는 이 대목의 취지를 매우 깊이 깨달은 것으로, 오늘날의 표현으로 하면, '얻은 것이 없다' 혹은 '획득한 바가 없다' 등이 된다. 어떤 이는 '급박하여 어쩔 수 없다'(迫不得已)고 해석했는데, 이는 매우 잘못된 것이다."

④ 천하신기天下神器: 천하는 신성한 것이다. 여기에서 "천하天下"는 천하의 사람들을 가리킨다.

하상공의 주에서 말했다. "'기器'는 사물이다. 인간이 천하의 신성한 사물이다. 신성한 사물은 평안하고 고요한 상태를 좋아하므로 유위有爲로써 다스려서는 안 된다."

엄영봉嚴靈峰이 말했다. "'신기神器'는 신성한 사물과 같다. 지극히 귀중한 것을 말한다."

⑤ 불가집야不可執也: 왕필본에는 원래 이 구절이 빠져 있지만, 유사배 등의 설명에 근거해서 보충했다.

유사배가 말했다. "왕필의 주에서 말했다. '만물은 자연自然을 본성으로 삼기에 그것에 근거할 수는 있지만 작위해서는 안 되며, 통달할 수는 있지만 집착해서는 안 된다. 사물에는 항구적인 본성이 있는데, 이들에 대해 억지로 작위하기 때문에 반드시 실패하는 것이며, 사물에는 오고 감이 있는데, 이들에 대해 집착하려 하기 때문에 반드시 잃게 되는 것이다.' 왕필의 주에 근거해서 볼 경우, 본문의 '불가위야不可爲也' 아래에 마땅히 '불가집야不可執也'가 있어야 한다. 『문자文子』에서는 『노자』를 인용해서 말했다. '천하는 신성한 것이라 틀어쥘 수 있는 것도 아니며(不可執也), 강한 힘으로 어찌할 수 있는 것도 아니다. 강한 힘으로 어찌하려는 시도는 반드시 실패할 것이고 집착하면 반드시 잃어버릴 것이다.'"(『老子斠補』)

역순정이 말했다. "내가 보기에 '불가위야不可爲也' 아래에 마땅히 '불가집야不可執也'가 있어야 한다. 세 가지 증거를 통해 이를 증명하겠다. 첫째, 『문선文選』에 실려 있는 천영승干令升의 『진기총론晉記總論』의 주에서는 『문자』에 인용된 『노자』의 '천하는 신성한 것이라 틀어쥘 수 있는 것도 아니며(不可執也), 강한 힘으로 어찌할 수 있는 것도 아니다. 강한 힘으로 어찌하려는 시도는 반드시 실패할 것이고 집착하면 반드시 잃어버릴 것이다'라는 대목을 언급했다. 둘째, 왕필의 주에서 말했다. '그러므로 그것에 근거할 수는 있지만 작위해서는 안 되며,

통달할 수는 있지만 집착해서는 안 된다.' 왕필의 주석에 이러한 대목이 있다면 이에 상응하는 대목이 본문에 있음을 알 수 있다. 셋째, 덕경德經 제64장에서는 말했다. '억지를 부리면서 마음대로 굴면 일을 망치게 되고, 고집을 부리면서 집착하면 잃어버리게 된다. 그래서 성인은 마음대로 굴지 않기 때문에 일을 망치지 않고, 집착하지 않기 때문에 잃어버리지 않는 것이다.'(爲者敗之, 執者失之, 是以聖人無爲故無敗; 無執故無失) 여기에서의 '무위無爲'와 '무집無執'은 제29장의 '강한 힘으로 어찌할 수 있는 것이 아니며 틀어쥘 수 있는 것도 아니다'(不可爲, 不可執)에 해당한다. 다른 장에서 이와 같이 나온다면 해당 장 역시 마찬가지임을 알 수 있다. 따라서 '집자실지執者失之' 구절 앞에 분명 '불가집야不可執也' 구절이 있었을 것이다."(『讀老札記』)

마서륜이 말했다. "유사배의 설이 옳다. 팽사彭耜는 황무재黃茂材의 말을 인용해서 말했다. '천하는 신성한 것이라 틀어쥘 수 있는 것도 아니며(不可執也), 강한 힘으로 어찌할 수 있는 것도 아니다. 인간만이 유독 신성한 것이 아니란 것인가?' 이를 통해 황무재가 참고한 판본에도 '불가집야不可執也' 구절이 있었음을 알 수 있다."

유사배와 역순정의 설이 신뢰할 만하다. 【번역】에서는 『문자』와 왕필 주의 문구에 근거하여 '불가위야不可爲也' 아래에 '불가집야不可執也' 구절을 보충했다.

⑥ 혹허혹취或噓或吹: '허噓'는 왕필본에는 '허歔'로 되어 있고, 하상공본에는 '후呴'로 되어 있으며, 경룡비본과 돈황정敦煌丁본에는 모두 '허噓'로 되어 있다.

역순정이 말했다. "내가 보기에, '허歔'의 원래 글자는 마땅히 '허噓'가 되어야 한다. 다음 구절의 '혹강혹리或强或羸'에서 '강强'과 '리羸'가 상반된다면 '허噓'와 '취吹'도 상반되어야 한다. 『옥편』에서는 『성류聲類』를 인용해서 말했다. '숨을 급하게 내쉬는 것을 '취吹'라 하고, 천천히 내쉬는 것을 '허噓'라고 한다.' 여기에서 '취吹'와 '허噓'를 구분하는 방식은 『노자』의 옛 의미와 일치한다."

⑦ 혹배혹타或培或墮: 왕필본에는 "혹좌혹휴或挫或隳"로 되어 있고, 하상공본에는

"혹재혹휴或載或隳"로 되어 있다.(하상공의 주에서 말했다. "'載'는 편안함이고, '隳'는 위험함이다.") 부혁본, 범응원본에는 "혹배혹타或培或墮"로 되어 있는데, 이는 백서본과 동일하니, 백서본에 근거하여 고쳤다. 내 생각은 다음과 같다. "고물혹행혹수故物或行或隨"로 시작하는 단락의 의미는 고명의 『백서노자교주帛書老子校注』의 견해를 따라야 한다.

고명이 말했다. "왕필본에는 '배培'자가 '좌挫'자로 잘못되어 있다.…… 백서 갑본과 을본에서는 해당 대목의 마지막 구절이 '혹배혹타或培或墮'로 되어 있다. 이는 부혁본, 범응원본과 동일하다. 『노자』 원본 역시 이와 같았을 것이다. 앞에서 열거한 고금의 여러 판본들을 교감해 본 결과, 이 대목은 마땅히 '고물혹행혹수故物或行或隨, 혹허혹취或噓或吹, 혹강혹리或强或羸, 혹배혹타或培或墮'가 되어야 한다. 왕필의 주에서 말했다. '여기에서 사용된 여러 '혹或'자들은 사물들이 거스르고 따름을 거듭 반복함에도 작위를 행하여 집착하거나 구분하지 않음을 말한다. 성인은 만물의 자연自然한 본성에 통달하여 그들의 타고난 경향성(情)을 펼쳐 주니, 그러므로 자연自然에 근거할 뿐 작위하지 않고, 자연自然에 따를 뿐 인위를 행하지 않는다.' 이는 인간사가 번다하고 저마다 본성 및 원하는 바가 다르며, 어떤 이는 앞서고 어떤 이는 뒤따르며, 어떤 이는 성질이 느긋하고 어떤 이는 성질이 급하며, 어떤 이는 성질이 강건하고 어떤 이는 성질이 유약하며, 어떤 이는 자신을 사랑하고 어떤 이는 자신을 해침을 말한 것이다. 이러한 것들은 모두 인간사의 다양한 차이에 대해 성인은 이에 순응할 뿐 인위를 행하지 않고 이에 근거할 뿐 작위하지 않으면서, 그들의 자연自然에 맡겨둠을 밝힌 것이다."

⑧ 거심去甚, 거사去奢, 거태去泰: "태泰"는 너무 지나침이다.

하상공의 주에서 말했다. "'심甚'은 욕망을 지나치게 자극하는 음악에 대해서 말한 것이고, '사奢'는 (사치스러운) 복식과 음식에 대해 말한 것이며, '태泰'는 (사치스러운) 궁실과 누각에 대해 말한 것이다."

설혜薛蕙가 말했다. "사물은 저마다 자연自然한 본성을 가지고 있는데, 작위하여 도리어 그들의 본성을 해치는 것이 어찌 옳겠는가? 이러한 까닭에 성인은 극단적인 것(甚)과 사치스러운 것(奢), 너무 지나친 것(泰)을 제거하고 오직 자연에만 근거했다.……『한서漢書』「황패전黃霸傳」에서 말했다. '무릇 다스림의 도는 너무 지나친 것과 극단적인 것을 제거하는 것이다.' 이 말은 아마도 『노자』의 앞 대목에 근거를 둔 것이겠지만, 사실 의미에는 다른 점이 있다. 어떤 일에 너무 지나친 점에 있으면 고쳐야겠지만 그 정도가 작아서 무해하다면 그대로 내버려 두고 고칠 필요가 없다는 것으로, 이는 한대 유자들의 생각이다. 『노자』의 본의는 사물에 본래 그러한 바가 있으므로 억지로 작위해서는 안 되고 사태에는 적절함이 있으므로 다시 그것을 과도하게 처리해서는 안 된다는 것이다."

【번역】

천하를 다스리고자 하면서 강한 힘으로 이를 행하고자 하는데, 나는 그것이 목적을 달성할 수 없음을 알고 있다. "천하"는 신성한 것이라 강한 힘으로 어찌할 수 있는 것이 아니며, 틀어쥘 수 있는 것도 아니다. 강한 힘으로 어찌하려는 시도는 반드시 실패할 것이고 집착하면 반드시 잃어버릴 것이다.
세상 사람들의 경향성과 본성은 한결같지 않으니, 어떤 이는 앞서고 어떤 이는 뒤따르며, 어떤 이는 성질이 느긋하고 어떤 이는 성질이 급하며, 어떤 이는 성질이 강건하고 어떤 이는 성질이 유약하며, 어떤 이는 자신을 사랑하고 어떤 이는 자신을 해친다.
그러므로 성인은 극단적이고 사치스러우며 과도한 조치들을 제거하고자 한다.

【해설】

이 장에서 노자는 "유위有爲"의 정치에 대해 경고하고 있다. 국가를 다스림에 있어 강한 힘으로 작위하거나 폭력으로 권력을 틀어쥐려고 한다면 반드시 패망을 자초할 것이다. 천하 사물들의 본성은 같지 않고 사람들의 본성 역시 저마다 다르니, 정치를 행하는 자는 이러한 다양성과 특수성이 저마다 발전해 나가는 것을 용인할 수 있어야지 억지로 유위를 행해서는 안 된다. 그렇지 않으면 그 모든 조치는 자신의 발을 깎아서 신발에 맞추려는 것(削足適履)처럼 모두에게 동일한 기준을 강요하게 될 것이다! 따라서 이상적인 정치는 만물의 자연自然을 따르면서 형세에 맞추어 그들을 잘 이끌어 주고, 일체의 과도한 조치들과 잔혹한 정치 행위를 금지하는 것이다. 모든 사치스러운 행위들 역시 실행되어서는 안 될 것이다.

제30장

【원문】

以道佐人主者, 不以兵强天下. 其事好還①. 師之所處, 莉棘生焉. 〔大軍之後, 必有凶年②.〕
善有果③而已, 不敢④以取强. 果而勿矜, 果而勿伐, 果而勿驕, 果而不得已, 果而勿强.
物壯⑤則老, 是謂不道⑥, 不道早已⑦.

【주석】

① 기사호선其事好還: 군사를 사용하는 일은 반드시 그 결과가 자신에게 되돌아오기 마련이라는 것이다. 죽간본에서 이 구절은 "기사호其事好"로 되어 있으며, 장 말미의 "과이물강果而勿强" 뒤에 위치한다.

　　이가모李嘉謀가 말했다. "다른 사람의 아버지를 죽이면 다른 사람 역시 나의 아버지를 죽일 것이다. 다른 사람의 형을 죽이면 다른 사람 역시 나의 형을 죽일 것이다. 이것을 '호선好還'이라고 말한다."(『道德眞經義解』)

　　임희일이 말했다. "내가 (무력으로) 타인에게 해를 가한다면 타인 역시 (무력으로) 나에게 해를 가할 것이다. 그러므로 '기사호선其事好還'이라고 하였다."

　　주겸지가 말했다. "'선還'에 대해 『경전석문』에서는 '발음은 선旋이다'라고 했다. '기사호선其事好還'은 전쟁이라는 위험한 수단이 도리어 자신에게 재앙이 될 것임을 말한 것이다."

② 대군지후大軍之後, 필유흉년必有凶年: 죽간본, 백서본, 경룡비본, 『차해次解』본

그리고 당대唐代의 돈황정본에는 모두 이 두 구절이 빠져 있다. 죽간본에는 "사지소처師之所處, 형극생언荊棘生焉" 구절도 빠져 있다.

마서륜이 말했다. "왕필의 주에서 '군대가 흉하고 해로운 것이라고 말한 것이다. 군대는 구제하는 바는 없으면서 반드시 상하게 하는 바가 있으니, 백성들을 해치고 전답을 황폐하게 하기 때문에 '가시덤불이 자란다'고 말했다고 한 것을 보면, 왕필이 참고한 판본에도 이 두 구절이 없었다. 성현영 역시 이 두 구절에 대해 소를 달지 않았다는 점에서 그가 참고한 판본에도 이 두 구절은 없었다. 옛 주석의 글들은 아마도 모두 앞 두 구절(師之所處, 荊棘生焉)에 대한 해석이었을 것이다."

노건이 말했다. "『한서』「엄조전嚴助傳」에 따르면 회남왕 유안劉安은 상소문을 올려서 '신이 듣기로 전쟁(軍旅) 후에는 반드시 흉년凶年이 든다고 합니다'라고 말했다. 그는 또 말했다. '이것이 『노자』에서 말한 '군대가 지나간 자리에는 가시덤불만 무성하게 자란다'입니다.' 이 글의 의미를 살펴보면, '군려軍旅', '흉년凶年' 등의 개념은 따로 고어에 속하는 것이지 모두 『노자』에서 나온 것이 아니다. 또한 왕필은 '백성들을 해치고 전답을 황폐하게 하니, '가시덤불이 자란다''라고만 말했다. 역시 애당초 '대군지후大軍之後, 필유흉년必有凶年' 두 구절이 없었기 때문인 것 같다." 마서륜과 노건의 설이 매우 타당하다. 죽간본과 백서본에 근거하여 해당 두 구절을 삭제해야 한다.

③ 과果: 효과이다. 구체적 의미에 대해서는 몇 가지 설명이 있다. 첫째, 위급과 환란을 구제함이다. 왕필의 주의 경우 "'과果'는 구제함(濟)과 같다. 진정으로 군사를 잘 다루는 이는 가서 환란을 구제할 따름이다"라고 말했다. 둘째, 완성이다. 사마광司馬光은 다음과 같이 말했다. "'과果'는 완성함과 같다. 대저 폭력이 금지되고 환란이 안정된 것은 백성 구제에 종사하여 공을 이루는 것에서 멈추었기 때문이다." 셋째, 승리함이다. 왕안석이 말했다. "'과果'는 승리를 뜻하는 말이다." 고형이 말했다. "『이아爾雅』「석고釋詁」에서는 "'과果'는 승리함이다'라고 말했다. '과이이果而已'는 '승리하고서 멈추었다'와 같다."

④ 감敢: 경룡비에는 "감敢"자가 빠져 있다. 유월兪樾은 "감敢"자가 연문이라고 보았다.

유월이 말했다. "내가 보기에 '감敢'자는 연문이다. 하상공의 주에서 말했다. '과감함으로써 강대함의 명성을 취하지 않았다.'(不以果敢取强大之名) 그의 주석 중 '불이不以'는 『노자』의 원문이다. '과감果敢'은 앞 구절('善有果而已')의 '과果'자의 의미를 풀이한 것이지, 이 구절에 다시 '과果'자가 있기 때문이 아니다. 지금 판본에 '불감이취강不敢以取强'으로 되어 있는 것은 하상공의 주로 인해 연문이 들어간 것이다. 왕필의 주에서 말했다. '무력으로 천하에서 강자의 지위를 취하지 않는다.'(不以兵力取强於天下也) 왕필의 주에서도 '불이不以'가 연결되어 있다는 점은 경문의 '감敢'자가 연문임을 증명해 준다. 당대의 경룡비에서도 정확히 '불이취강不以取强'이라고 되어 있다. 이러한 증거들에 근거하여 마땅히 바로잡아야 한다." 내 생각은 다음과 같다. 백서본 역시 이와 부합한다. 갑본과 을본 모두 "무이취강毋以取强"으로 되어 있다.

⑤ 장壯: 무력 사용이 횡행함이다.(왕필의 주)

⑥ 부도不道: 도에 부합하지 않음이다.

경룡비본, 부혁본 및 여러 고본들에는 "부도不道"가 "비도非道"로 되어 있다.

⑦ 부도조이不道早已: "조이早已"는 일찍 죽는다는 것이다.

【번역】

도道로써 군주를 보좌하는 사람은 무력에 의지하여 천하에 강함을 드러내지 않는다. 무력을 사용하는 일은 반드시 그 결과가 자신에게 되돌아오기 마련이다. 군대가 지나간 자리에는 가시덤불만 무성하게 자란다. [큰 전쟁이 발생하고 나면 반드시 흉년이 든다.]

진정으로 군사를 잘 다루는 이는 오직 위급과 환란을 구제하는 목적만 달성하려 할 뿐 무력에 의지하여 강함을 드러내지 않는다. 그는 이 목적을 달성하여도 자부하지 않고, 이 목적을 달성하여도 뽐내지 않으며, 이 목적을 달성하여도

교만하지 않고, 이 목적을 달성하여도 부득이했던 것이라 여기며, 이 목적을
달성하여도 강함을 드러내지 않는다.

무릇 거칠고 드센 기세는 빨리 쇠약해지니, 이는 도에 부합하지 않기 때문이다.
도에 부합하지 않는 것은 금세 소멸된다.

【해설】

　　인간의 어리석음과 잔인함은 전쟁이라는 사건에서 가장 잘 드러난다. 전쟁의
참화는 보기만 해도 공포에 몸서리치게 한다. "군대가 지나간 자리에는 가시덤불만
무성하게 자란다"는 두 구절은 전쟁으로 인한 참혹한 결과를 매우 생생하게
표현했다.

　　전쟁에 좋은 결말이란 있을 수 없다. 패자는 엄청난 피해가 누적되어 국가가
멸망하는 지경에 이르고, 승자도 막대한 대가를 치러야 하기에, 기껏 얻은 결과
역시 "입 안에 머금은 재"처럼 쓰디쓸 뿐이다. 그래서 노자는 "무력을 사용하는
일은 반드시 그 결과가 자신에게 되돌아오기 마련"이라고 경고했던 것이다.
즉 무력을 남용하면 자신이 그로 인한 결과를 받게 되며, 무력을 함부로 휘두른
자는 스스로 재앙을 초래한다는 것이다.

제31장

【원문】

夫兵者①, 不祥之器, 物或惡之, 故有道者不處②.

君子居則貴左, 用兵則貴右③. 兵者不祥之器, 非君子之器, 不得已而用之,
恬淡④爲上. 勝而不美, 而美之者, 是樂殺人. 夫樂殺人者, 則不可得志於天
下矣.

吉事尙左, 凶事尙右. 偏將軍居左, 上將軍居右. 言以喪禮處之. 殺人之衆,
以悲哀⑤泣⑥之, 戰勝以喪禮處之.

【주석】

① 부병자夫兵者: 현재 통행본에는 "부가병자夫佳兵者"로 되어 있다. 백서 갑본과
을본에는 모두 "부병자夫兵者"라고 되어 있으므로, 백서본에 근거하여 바로잡는다.
유전작劉殿爵이 말했다. "'가병佳兵'은 의미가 성립되지 않는다. 그래서 왕염손
王念孫은 『노자』의 용례에 근거하여 '가佳'자를 '유唯'자로 바로잡았다. 그러나
'부유夫唯'는 앞 문장과 뒷 문장을 이어 주는 말로, 장의 첫머리에 나오기에는
적절하지 않다. 그래서 이 장의 구절들의 순서에 착오가 있는 것이 아니냐는
의심도 있었다. 현재 백서본에는 '부병자불상지기야夫兵者不祥之器也(갑본에는 '也'자
가 빠져 있다.), 물혹오지物或惡之(을본에는 '惡'자가 '亞'자로 되어 있으며, '之'자가 빠져 있다.)'
로 되어 있다. 모두 '병兵'자 앞에 '부夫'자만 있을 뿐이다. 이를 통해 현재
통행본에서 발생한 문제가 '부夫' 뒤에 있는 연문으로 인한 것임을 알 수 있다."(「馬
王堆漢墓帛書老子初探」, 『明報月刊』 1982년 9월호에서 인용했다.)

엄영봉이 말했다. "일본 에도시대 학자 나카이 리켄(中井履軒)은 '가佳자는 연문으로 의심된다'고 말했다. 그의 주장은 백서본과 합치된다."(「馬王堆帛書老子試探」)

② 물혹오지物或惡之, 고유도자불처故有道者不處: 백서갑본에는 "혹오지或惡之, 고유욕자불거故有欲者弗居"(제24장 경문과 동일)로 되어 있다. 백서본의 "욕欲"자는 "유裕"자를 가차한 것이므로, "유욕자有欲者"는 "유유자有裕者"가 되어야 한다. 고대에는 "유裕"와 "도道"가 의미뿐 아니라 독음까지도 서로 통했다.(高明, 『帛書老子校注』)

③ 군자거즉귀좌君子居則貴左, 용병즉귀우用兵則貴右: 옛사람들은 왼편이 양陽이고 오른편이 음陰이며, 양은 살리는 편이고 음은 죽이는 편이라고 생각했다. 뒤에 나오는 "왼편을 귀하게 여김"(貴左), "오른편을 귀하게 여김"(貴右), "왼편을 높은 것으로 여김"(尙左), "오른편을 높은 것으로 여김"(尙右), "왼편에 둠"(居左), "오른편에 둠"(居右) 등은 모두 고대의 의례행위이다.

④ 염담恬淡: 죽간본에는 "섬담銛緂"으로 되어 있는데, "염담恬淡"이라고 읽는다.(彭浩, 『郭店楚簡老子校讀』)

오징이 말했다. "'염恬'은 즐겁지 않음이고 '담淡'은 진하지 않음이다. 이들은 마음이 좋아하는 바가 아님을 말한다."

⑤ 비애悲哀: 왕필의 통행본에는 "애비哀悲"로 되어 있다. 부혁본, 하상공본 및 여러 고본들에서는 모두 "비애悲哀"로 되어 있다.

장석창이 말했다. "통행본의 '애비哀悲'는 『도장道藏』의 왕필본에 근거하여 '비애悲哀'로 고쳐야 한다."

⑥ 읍泣: 이에 대해서는 두 가지 설명이 있다. 첫째, 소리 내서 울었다는 것이다. 이는 글자의 표면적 의미에 따른 통상적인 설명이다. 둘째, "읍泣"자가 "리莅"자의 오자라는 것이다. "리莅", "리蒞", "리涖"는 모두 같은 글자로, "임하다", "대처하다"의 의미이다. 장운현張運賢이 말했다. "'읍泣'자는 '리涖'자의 오자라고 보아야 한다. 『설문』에는 '리涖'자가 보이지 않는데, 아마도 '리䡾'자일 것이다."(주겸지의 『老子校釋』을 인용한 『老子餘義』에서 재인용) 내 생각은 다음과 같다. 백서본에 "입立"자

로 되어 있는 것은 "리位"자의 축약된 형태일 것이다. 【번역】은 두 번째 설명을 따른다.

【번역】

무릇 병기는 상서롭지 못한 물건이라서 모두가 이것을 꺼려하기에 도道를 터득한 이는 이것을 사용하지 않는다.

군자는 평상시에 왼편을 귀하게 여겼으나, 군사를 부릴 때는 오른편을 귀하게 여긴다. 병기는 상서롭지 못한 것이기에 군자가 사용하는 물건이 아니지만, 부득이하게 이를 사용할 때에는 담박하게 그 상황에 대처하는 것을 최고로 여겼다. 승리했을 때에도 득의양양하지 않았는데, 득의양양하다면 이것은 사람 죽이기를 즐기는 것이다. 사람 죽이기를 즐기는 사람은 천하에서 진정한 공적을 이룰 수 없다.

경사스러운 일에서는 왼편을 높은 것으로 여기고 흉한 일에서는 오른편을 높은 것으로 여긴다. 지위가 낮은 편장군을 왼편에 두고 지위가 높은 상장군을 오른편에 두는 것은 전쟁에 임할 때 상례의 의식을 사용해 일을 처리함을 말한 것이다. 사람을 많이 죽이게 되므로 애통한 마음으로 전쟁에 임하며, 승전했더라도 상례의 의식을 사용해 일을 처리한다.

【해설】

"전쟁은 재앙을 불러오는 것이다." 노자는 전쟁의 끔찍한 피해를 지적하면서 자신의 반전사상을 드러냈다.

군사력은 부득이한 경우에만 사용해야 한다. 만약 포악함을 제거하고 백성을 구제하기 위해 군사를 부리는 것이라면 마땅히 "담박하게 그 상황에 대처하는 것을 최고로 여겨야" 하며, "승리했을 때에도 득의양양하지 않았는데, 득의양양하다면 이것은 사람 죽이기를 즐기는 것이다." 이 비판은 무력을 숭상하는 자들의 심리와 행위를 꿰뚫어 본 것이라 할 수 있다. 그는 더 나아가 만약 부득이하게 전쟁에 응할 경우 "상례의 의식을 사용해 일을 처리한다. 사람이 많이 죽게 되므로 애통한 마음으로 전쟁에 임한다"고 말했다. 이것은 인도주의에 입각한 호소이다.

이 장 역시 당시의 무력 침탈을 비통하게 규탄하고 있다.

제32장

【원문】

道常無名·樸①. 雖小②, 天下莫能臣③. 侯王若能守之, 萬物將自賓④.
天地相合, 以降甘露, 民莫之令而自均⑤.
始制有名⑥, 名亦旣有, 夫亦將知止⑦, 知止可以不殆.
譬道之在天下, 猶川谷之於江海⑧.

【주석】

① 도상무명道常無名·박樸: 제41장의 "도는 은미하여 이름을 붙일 수 없다"(道隱無名)와
   같이, 노자는 "무명無名"으로 "도道"를 비유했다. "박樸"은 무명無名에 대한 비유이
   다. 아직 기물로 제작되지 않은 나무를 "박樸"이라고 한다.(감산덕청의 설)
   　"도상무명박道常無名樸" 구절에 대해 역대로 두 가지 구두 방식이 있었다.
   첫째, "도상무명박道常無名樸"을 이어서 읽는 방법이다. 둘째, "도상무명道常無名,
   박수소樸雖小"로 읽는 방법이다. 두 번째 방법은 "박樸"자를 다음 구절에 붙여서
   읽은 것이다. 그러나 제37장에 "무명지박無名之樸"이라는 구절이 나온다는 점에
   서 여기에서도 "무명박無名樸"을 이어서 읽어야 할 것이다.

② 소小: 도는 은미하여 이름을 붙일 수 없다.(道隱無名) 따라서 "소小"자를 통해
   이러한 도의 특징을 형용한 것이다.
   　범응원이 말했다. "도는 항상 무명無名이므로 '대大'나 '소小'로 말할 수는
   없으나, 성인은 도가 무엇도 포함하지 않음이 없을 정도로 큼을 이해했기에
   억지로 '대大'라고 명명했고, 또한 도가 들어가지 못하는 곳이 없을 정도로

미세하기 때문에 '소小'라고 설명했다."

장묵생이 말했다. "'소小'는 앞 구절의 '무명박無名樸'에 대해 말한 것이니, 곧 도체를 가리켜서 말한 것이다. 도체는 지극히 정미하여 형체가 없기에 '소小'라고 말할 수 있다. 그러나 여기에서의 '소小'자는 대소 비교를 위해 사용하는 일반적인 '소小'가 아니므로, 경우에 따라서는 '작은'(小) 것이 '크다'(大)고 설명되기도 한다. 제34장에서 말했다. '항상 무욕하기에 대도를 두고 '작다'(小)고 말할 수 있고, 만물이 대도에 귀의하지만 자신이 지배한다고 여기지 않으므로 '크다'(大)고 말할 수 있다.' 이러한 것들은 모두 도체를 형용한 것이다.『장자』에서 말한 '기대무외其大無外'는 이러한 '대大'의 측면에서 말한 것이고, '기소무내其小無內'는 '소小'의 측면에서 말한 것이다."

내 생각은 다음과 같다. 통행본의 "수소雖小"는 죽간본에서 "유처唯妻"로 되어 있는데, "처妻"는 은미함, 세미함의 뜻이다.

③ 막능신莫能臣: 왕필본에는 "신臣" 아래에 "야也"자가 있지만, 부혁본과 당송대 여러 판본에는 없다. 이는 죽간본과 백서본 역시 마찬가지이므로, "야也"자는 삭제해야 한다.

고형이 말했다. "'야也'자는 연문이다. '신臣'과 '빈賓'이 운이 맞다는 것에서 알 수 있다." 고형의 설은 신뢰할 만하다.

④ 자빈自賓: 스스로 도에 복종함이다.

⑤ 민막지령이자균民莫之令而自均: 제51장에서 도가 만물을 낳고 기르는 것에 대해 말할 때 "간섭하지 않고 만물이 자연自然에 순응하여 따르게 한다"(夫莫之命而常自然)고 말했다. 이는 누가 명령하지 않았어도 도가 스스로 만물을 화육할 수 있음을 말한 것이다. 즉 도는 누가 명령하지 않았어도 마치 아침 이슬이 저절로 만물을 골고루 적셔 주듯이 만물을 골고루 길러 준다는 것이다.

⑥ 시제유명始制有名: 만물이 만들어짐에 따라 각종 명칭들이 생겨났다는 것이다. "시始"는 만물의 시작을 가리킨다. "제制"는 만들어짐이다.(임희일의 주) "만물이 만들어지자 각종 명칭들이 생겨났다"(始制有名)는 제28장에서 말한 "순박함의

도가 흩어져서 만물을 이룬다"(樸散爲器)이다.

왕필의 주에서 말했다. "만물이 만들어짐에 따라 군주가 명분(직위와 책임)을 세워 높고 낮은 지위를 정하지 않을 수 없었던 것이다. 그러므로 '만물이 만들어지자 각종 명칭들이 생겨났다'고 말한 것이다."

부산(傅山)이 말했다. "'만물이 만들어지자 각종 명칭들이 생겨났'에서 '제(制)'는 제도의 의미로, 천하를 다스리는 이가 가장 먼저 법제를 확립함을 말한 것이다. …… 훗날 고귀한 자리에 있는 사람들은 '명(名)'이란 것이 원래 있었던 것이고, 존귀하면서 영원히 존재할 것이라고 생각한다. 그러나 천하는 한 사람의 천하가 아니라 천하 사람들의 천하이다."(『霜紅龕集』, 권32, 「讀老子」)

⑦ 지지(知止): 행위의 적절한 정도를 아는 것이다. "지(止)"는 적당한 정도에 멈추는 것으로, 행위함에 있어 적절한 정도를 두는 것이다. 혹은 "지(止)"가 곧 행동거지 즉 처신과 행위를 가리키기도 한다.

⑧ 비도지재천하(譬道之在天下), 유천곡지어강해(猶川谷之於江海): 장석창이 말했다. "이 두 구절은 도치되었다. 원래는 '도지재천하(道之在天下), 비유강해지여천곡(譬猶江海之與川谷)'이 되어야 한다. 즉 원래는 도(道)를 강과 바다(江海)에 비유하고, 천하만물을 하천과 계곡(川谷)에 비유했던 것이다."

【번역】

도(道)는 영원토록 무명(無名)이며, 순박한 상태이다. 비록 은미하여 볼 수 없으나 천하의 누구도 그것을 부릴 수 없다. 군주가 이것을 굳게 지킬 수 있다면 만물은 자연히 그를 따를 것이다.

천지 간 음양의 기가 서로 결합하면 이슬을 내려주니, 백성들은 누가 그렇게 하라고 하지 않아도 자연히 균등하게 적셔진다.

만물이 만들어지자 각종 명칭들이 생겨났고, 명칭들이 제정되자 행위의 적절한 정도를 알게 되었으며, 적절한 정도를 알게 되자 위험한 일을 피할 수 있었다.

도가 천하에 있는 것은 강과 바다가 하천과 계곡이 흘러들어 만들어진 것과 같다.

【해설】

　　노자는 "박樸"을 통해 도의 원초적 무명無名의 상태를 형용했다. 만약 군주가
이 무명의 순박한 도를 굳게 지킬 수 있다면(즉 도의 自然·無爲의 특성을 견지할 수
있다면) 백성들은 유유자적하게 자신의 삶을 일굴 것이다.

　　도의 작용은 만물에 보편적으로 미치는 것으로, "백성들은 누가 그렇게
하라고 하지도 않았어도 자연히 균등하게 적셔진다." 여기에는 평등의 정신이
담겨 있다.

　　원초적 순박함의 도가 현실에 실현되어 만물이 만들어지게 되는데, 이때
각종 명칭이 생겨나게 된다. 지위와 역할을 확정하고 관직을 설치하면 처신과
행위는 적절한 규범이 있게 될 것이다.

제33장

【원문】

知人者智, 自知者明.
勝人者有力, 自勝者强^①.

知足者富.
强行^②者有志.
不失其所者久.
死而不亡者^③壽.

【주석】

① 강강强: 과단성의 의미를 내포하고 있다. 이것과 제52장의 "유약한 상태를 유지할
수 있는 것을 '강强'(굳셈)이라고 부른다"(守柔曰强)의 "强" 등은 모두 노자가
특수하게 사용하는 개념들이다. 따라서 이들은 제76장의 "완강한 것은 죽음에
속하는 부류이다"(堅强者死之徒)의 "强"과는 용법이 다르다.

② 강행强行: 억지로 힘써 행하는 것이다.

    엄영봉이 말했다. "'강强'자는 잘못 쓰인 것 같다. 왕필의 주에서 말했다.
'부지런히 행할 수 있다면 그 뜻이 반드시 이루어질 것이다.' 제41장에서는
'가장 높은 수준의 선비는 도에 대해 들으면 힘써 실천한다'고 했으며, 이에
대해 왕필의 주에서는 '뜻이 있는 것이다'라고 말했다. 또한 『장자』「대종사大宗師」
에서 말했다. '그러나 사람들은 진인이 근면하게 행한 것이라 여긴다.' '강행强行'
의 '강强'자가 '근勤'자로 되어야 한다. 그러나 이 두 글자의 음이 비슷할 뿐만

아니라 앞 구절의 '자승자강自勝者强'과 연결되면서 오류가 발생한 것이다. 또한 '강强'자와 '근勤'자는 고대에 서로 가차되었을 것으로 보인다. 진경원陳景元이 말했다. '강행强行은 '부지런히 그것을 실천한다'(勤而行之)는 것이다.'" 엄영봉의 설은 참고할 만하다.

③ 사이불망死而不亡: 육신은 죽어도 도는 여전히 남아 있다.(왕필의 주)

【번역】

　남을 알아보는 것은 지혜로움(智)이지만, 자신을 이해해야 밝다(明)고 할 수 있다.

　남을 이기는 것은 힘이 있는(有力) 것이지만, 자신을 이겨야 굳건하다고(堅强) 할 수 있다.

　만족을 아는 것이 바로 부유함(富)이다.

　열심히 노력하고 게을리하지 않는 것이 바로 뜻이 있음(有志)이다.

　자신의 근원을 잃지 않은 이는 오래갈 수 있다.

　육체가 죽어도 사라지지 않는 것이어야 진정한 장수이다.

【해설】

　　이 장에서는 개인 수양과 자아의 확립에 대해서 논했다. "자지自知", "자승自勝", "자족自足", "강행强行"하는 사람은 자신을 성찰하고, 자신을 굳게 지키며, 자신을 통제하고, 뜻을 세워 힘써 행하고자 하니, 이러한 사람만이 자신의 정신적·사상적 생명을 더욱 확장할 수 있다. 노자는 남을 알아보고 남을 이기는 것 역시 중요하지만 자신을 이해하고 자신을 이기는 것이 더욱 중요하다고 보았다.

제34장

【원문】

大道泛兮, 其可左右. 萬物恃之以^①生而不辭^②, 功成而不有^③. 衣養^④萬物而
不爲主, [常無欲^⑤,] 可名於小^⑥; 萬物歸焉而不爲主, 可名爲大. 以其終不
自爲大, 故能成其大.

【주석】

① 이以: 왕필본에는 "이而"로 되어 있다. 부혁본, 경룡비본, 소철본, 임희일본,
   범응원본 및 여러 고본에는 "이以"로 되어 있으므로, 이에 근거하여 고쳤다.

② 사辭: 이에 대해서는 몇 가지 해석이 있다. 첫째는 말, 명칭이다. 둘째는 사양함이
   다. 셋째는 그침이다. 여기에서는 세 번째 해석을 따른다.

③ 공성이불유功成而不有: 왕필본에는 원래 "공성불명유功成不名有"로 되어 있는데,
   "명名"은 연문으로 나온 것이다.

   역순정이 말했다. "『변명론辨命論』의 주에서 이를 인용할 때에는 '공성이불유功
   成而不有, 애양만물이불위주愛養萬物而不爲主'로 되어 있다. 이어서 계속 왕필의
   주를 인용하는 것을 보건대 그가 왕필본을 인용한 것에는 의심의 여지가 없다.
   지금의 왕필본에 '공성불명유功成不名有'로 되어 있는 것은 마땅히 '공성이불유功成
   而不有'가 되어야 한다. '명名'자는 연문이다."(『讀老札記』)

   장석창이 말했다. "'불유不有' 두 글자가 제2장, 제10장, 제51장에도 나오는
   것을 보면, 이는 노자가 습관적으로 사용하는 개념임을 알 수 있다. 그러므로
   '공성불명유功成不名有'가 마땅히 '공성이불유功成而不有'가 되어야 한다는 역순정

의 설은 타당하다." 여기에서는 역순정의 설에 근거하여 "명名"자를 삭제하고 "공성이불유功成而不有"로 고쳤다.

④ 의양衣養: 부혁본에는 "의피衣被"로 되어 있다. 범응원이 말했다. "'의피衣被'는 덮어 준다는 뜻과 같다." "의양衣養"은 제51장의 "만물의 심성을 안정시킨다"(養之覆之)와 같다. "의衣"와 "부覆"는 모두 보호하고 길러 준다는 의미이다. 따라서 "의양만물衣養萬物"은 곧 만물을 보호하고 길러 준다는 것이다.

⑤ 상무욕常無欲: 이 세 글자는 고환顧歡본, 이영李榮본, 돈황정본에는 빠져 있다. 이 세 글자를 생략하면 앞뒤 문구가 "의양만물이불위주衣養萬物而不爲主, 가명어소可名於小, 만물귀언이불위주萬物歸焉而不爲主, 가명위대可名爲大"로 되어, 완벽하게 대구가 성립된다. 그러나 백서 갑본과 을본에는 모두 그 가운데에 "항무욕야恒無欲也"라는 구절이 있다.

⑥ 가명어소可名於小: 왕필의 주에서 말했다. "만물은 모두 도로부터 생겨나지만, 이미 생겨나고서는 자신이 어디로부터 나왔는지 알지 못한다. 만물이 저마다 제자리를 얻을 때 마치 도가 만물에게 아무것도 베풀지 않는 것 같기 때문에 '작다'라고 이름 붙였다."

【번역】

대도大道는 광범위하게 유행하기에 미치지 못하는 곳이 없다. 만물은 대도에 의지하여 태어나고 성장하기를 그치지 않지만, 대도는 업적이 성취되어도 그것을 자신의 공이라 여기지 않는다. 대도는 만물을 양육하면서도 자신을 주인이라 여기지 않으므로 "작다"고 말할 수 있고, 만물이 대도에 귀의하지만 자신이 지배한다고 여기지 않으므로 "크다"고 말할 수 있다. 대도는 결코 자신을 위대하다고 여기지 않기에 비로소 그러한 위대함을 성취할 수 있는 것이다.

【해설】

이 장에서는 도의 작용에 대해 설명하고 있다. 도는 만물을 낳고 성장시키고,

만물을 양육하여 그들이 각자 필요로 하는 바를 얻고 자신의 습성대로 살 수 있도록 해 주지만, 털끝만큼도 주재하지 않는다. 여기에서 노자는 도를 통해 만물의 자연自然을 따를 뿐 "주인이 되지 않는"(不爲主)의 정신을 명확히 밝히고 있다. 이는 기독교의 유일신인 여호와의 태도와 매우 대비되는 것이다. 여호와는 천지를 창조한 이후에도 마치 주머니 속의 물건을 보듯이 장구하게 만물을 지배하고 있다. 노자가 제기한 "그치지 않음"(不辭), "(공이) 있다고 여기지 않음"(不有), "주인이라 여기지 않음"(不爲主)의 정신은 통치자의 소유욕과 지배욕을 제거하는 것이기에, "만물을 양육하는"(衣養萬物) 과정에서 사랑이 넘치고 온화한 분위기가 형성될 수 있다.

제35장

【원문】

執大象^①, 天下往. 往而不害, 安平太^②.
樂與餌^③, 過客止. 道之出口, 淡乎其無味, 視之不足見, 聽之不足聞, 用之不足既^④.

【주석】

① 대상大象: 대도大道이다.

　　하상공의 주에서 말했다. "'상象'은 도道이다."

　　성현영의 소에서 말했다. "'대상大象'은 대도의 일체의 사물 현상으로 드러난 것(法象)이다."

　　임희일의 주에서 말했다. "'대상大象'은 어떠한 형상도 없는 형상이다."

② 안평태安平太: "안安"은 "그리하여"(乃)이다. 왕인지王引之의 『경전석사經傳釋詞』에서 말했다. "'안安'은 '그리하여(於是, 乃, 則)와 같다." "태太"는 안녕함(泰), 평안함(安), 넉넉함(寧)과 같다. 고본에는 "태泰"자로 되어 있는 경우가 많다. 부혁본, 『경전석문』본, 『차해』본, 소철본, 임희일본 및 여러 고본에서 "태太"자가 "태泰"자로 되어 있다.

　　장석창이 말했다. "해동이 말했다. '안녕, 평화, 쾌적함으로, 모두 해치지 않음의 의미를 말한 것이다.' '안安'자의 의미를 '안녕'이라고 풀이한 것은 잘못되었다. 엄복이 말했다. '안安은 '자유로움'(自繇)이다. 평平은 평등함이다. 태太는 무리가 모여든 것이다.' 이들은 모두 현재 사용되는 새로운 개념들을 가지고 노자의 말에 견강부회하고 있으니, 매우 잘못되었다."

③ 악여이樂與餌: 음악과 미식이다.

④ 용지부족기用之不足旣: 백서 갑본과 을본, 하상공본에는 "용지불가기用之不可旣"로
되어 있다.

구석규裘錫圭가 말했다. "죽간본의 해당 구절은 (백서본을 포함한) 여타 판본들
과의 중요한 차이점이 있다. 이 구절 앞부분의 '용지用之' 두 글자가 없고(통행본에도
'之'자가 없는 경우가 있다.) 대신 '이而'자가 있다. 이것이 아마도 『노자』의 원래
형태에 부합할 것이다. '불가기不可旣'는 도가 무궁무진한 것을 함축하고 있음을
가리킨 것이다."(『郭店老子初探』)

【번역】

대도大道를 굳게 지킬 수 있다면 천하 사람들이 모두 그에게 귀의할 것이다.
이렇게 귀의하면서도 서로 해하지 않으니, 그리하여 모두 평화롭고 평안할
수 있다.
음악과 미식은 나그네의 발걸음을 멈추게 할 수 있으나, 도의 드러남은 담박하여
어떠한 맛도 느껴지지 않고, 보아도 보이지 않으며, 들어도 들리지 않고, 그것을
사용해도 이루 다 쓸 수 없다.

【해설】

인의仁義, 예법禮法으로 통치하는 것은 "음악과 미식"(樂與餌)과 같으니, 자연自
然·무위無爲의 대도大道를 굳게 지키고 실천하는 것만 못하다. 대도는 비록 어떠한
형태나 흔적도 없지만 백성들이 평화롭게 살면서 평안함을 누릴 수 있도록
해 준다.

제36장

【원문】

將欲歙①之②, 必固③張之; 將欲弱之, 必固强之; 將欲廢之, 必固擧之④; 將欲
取之, 必固與之⑤, 是謂微明⑥.

柔弱勝剛强. 魚不可脫於淵, 國之利器不可以示人⑦.

【주석】

① 흡歙: "거두다"(斂), "합치다"(合)이다. 백서 갑본에는 "습拾"자로 되어 있다.
『한비자』「유로」에서는 "흡翕"자로 되어 있는 것을 인용했다. "흡翕"자와
"흡歙"자는 고대에 서로 통용되었다.

② 지之: "것, 사람"(者)으로 보아야 한다.(陳懿典,『老子道德經精解』)

③ 고固: "필연적으로", "반드시"의 의미이다.(徐志鈞,『老子帛書校注』)

④ 장욕폐지將欲廢之, 필고거지必固擧之: "폐廢"자는 백서 갑본과 을본에는 "거去"자로
되어 있다. "거擧"자는 통행본에서 "흥興"자로 되어 있으며, 백서 갑본과 을본에는
"여與"자로 되어 있다. 고대에는 "여與"자와 "거擧"자가 통용되었으므로, 노건,
고형의 설에 근거하여 고쳤다.

　　노건이 말했다. "'필고흥지必固興之'의 '흥興'자는 마땅히 '거擧'자가 되어야
아래 구절인 '필고여지必固與之'와 압운이 된다. 고대에는 '여與'자와 '거擧'자가
통용되었다. 『예기』「예운」에서 '선현여능選賢與能'이라고 했고,『대대예기大戴禮
記』「주언主言」에서 '선현거능選賢擧能'이라고 했던 것이 그러한 경우이다. 따라서

본래 여기에 들어갔던 글자는 '여與'자였지만, 후대 사람들이 여與자와 거擧자가 통용된다는 것을 알지 못하고 또한 『노자』의 문구가 운에 맞추어 변화되었던 사례들을 간과한 채 '폐廢'자의 의미에 따라 억지로 맞추었기 때문에 여러 판본에는 모두 '흥興'으로 되어 있다."

고형이 말했다. "'여與'자는 마땅히 '거擧'자가 되어야 한다. '여與'자는 '거擧'자와 생김새가 유사해서 잘못 들어간 것이다. 옛 서적에서는 항상 '폐廢'와 '거擧'를 대비해서 말했다."

풍달보가 말했다. "'흥興'자는 '여與'자가 잘못 들어간 것으로, 생김새가 비슷하기는 하지만 의미가 불일치한다. 여與자와 거擧자는 통용된다. 노건과 고형의 설은 매우 옳다. 백서본에 다행히 본래의 형태가 보존되어 있다."

내 생각은 다음과 같다. 노건 등의 설이 타당하므로 여기에서는 "거擧"자로 쓴다.

⑤ 장욕취지將欲取之, 필고여지必固與之: "취取"는 통행본에 "탈奪"로 되어 있다. 오직 『한비자』「유로」에서만 "취取"자로 되어 있는 것을 인용했다. 범응원본과 팽사본에서도 역시 "취取"로 되어 있다. 이에 근거하여 개정한다.

범응원이 말했다. "어떤 판본에서는 '취取'자가 '탈奪'자로 되어 있는데, 이는 『노자』의 옛 형태가 아니다."

장석창이 말했다. "『사기』「관안열전」에서 '그러므로 주는 것이 곧 취하는 것임을 아는 게 정치의 보배라고 하였다'라고 하였는데, 『사기색은』에서 '『노자』는 '장차 취하려고 하는 자는 반드시 그것을 주어야 한다'고 말했다'고 하였다. 『사기』에서 '그러므로 ~라고 하였다'라고 인용한 것처럼 말한 대목을 보면 아마 '주는 것이 곧 취하는 것이다'라는 말은 『노자』의 '장차 취하려고 하는 자는 반드시 그것을 주어야 한다'라는 말에서 유래한 것 같다. 『사기』와 『사기색은』 모두 '취取'로 되어 있으며, 의미를 따져 보더라도 '취取'로 되는 것이 옳다. 따라서 『한비자』에 의거하여 고쳐야 한다."

장순휘張舜徽가 말했다. "이상의 구절들의 핵심을 밝히자면, 바로 사물들이 변화하도록 하는 이치를 밝힌 것이다."

노육삼盧育三이 말했다. "이 대목은 거두어 감(歙)-확장시켜 줌(張), 약화시킴(弱)-강성하게 함(强), 버림(廢)-천거함(擧), 빼앗음(奪)-줌(與) 간의 대립과 전환을 밝히고 있다. 그러나 이러한 전환을 대하는 태도는 대상과 상황에 따라 달라진다. 자신을 대함에 있어서는, 사물이 극단적으로 발전하여 반대편과 상호 전환되는 것을 방지해야 한다. '비어 있음을 지킴'(守虛), '유약함을 지킴'(守柔), '어두움을 지킴'(守辱), '여성성을 지킴'(守雌) 등은 사물이 반대편과 상호 전환되는 것을 방지하는 방법들이다. 적을 대함에 있어서는 사물이 극단적으로 발전하여 반대편과 상호 전환되도록 촉진한다. 여기에서는 후자의 사례를 다루고 있다."(『老子釋義』)

⑥ 미명微明: 앞으로 일어날 일을 알려주는 징조이다.

범응원이 말했다. "확장해 주고, 강성하게 해 주며, 흥하게 해 주고, 무엇을 줄 때에는 거두어 가고, 약화시키며, 버리고, 가져갈 기미가 이미 그 안에 잠복해 있는 것이다. 이러한 기미가 비록 은미하기는 하지만 그 사태는 이미 분명하게 드러난 것이다. 그러므로 '시위미명是謂微明'이라 말한 것이다. 어떤 이들은 이상의 몇 구절을 권모술수로 보지만, 그것은 잘못된 것이다. 성인들은 화육되고 소멸하며 채워지고 비워지는 운행이 이와 같음을 보고서 승승장구하는 방법을 이해해냈으니, 그것이 바로 유약함이다. 대저 모든 사물은 장성하면 곧 노쇠해져 간다."(『老子道德經古本集註』)

고연제高延第가 말했다. "앞의 여덟 구절은 화복과 흥망성쇠가 서로 원인이 되어 일어나는 기제에 관한 것이다. 천지자연의 운행은 은미한 것 같으나 사실은 분명하다. '미명微明'은 은미하지만 명확히 드러남을 말한 것이다."(『老子證義』)

고형이 말했다. "이상의 대목들은 천도를 말한 것이다. 어떤 이들은 이를 근거로 노자를 음모가로 비난하지만, 이는 잘못된 것이다. 노자는 사람들에게 확장함이 오래갈 것이라고 여기지 말고, 강함을 자랑할 만한 것으로 여기지 말며, 천거됨(擧)을 기뻐할 것으로 여기지 말고, 무엇을 주는 것을 탐낼 만한 것으로 여기지 말라고 경계한 것이다. 그렇기에 아래 대목에서 '유약함이 강건함을 이긴다'(柔弱勝剛强)라고 말한 것이다."

⑦ 국지이기불가이시인(國之利器不可以示人): "이기(利器)"에 대해서는 몇 가지 설명이 있다. 어떤 이는 "이기(利器)"가 권력을 가리킨 것이라고 보았고(하상공의 경우), 어떤 이는 상벌로 보았으며(한비자의 경우), 또 어떤 이는 성인다움과 지혜, 인과 의, 교묘한 기술과 재물이라고 보았다(범응원의 경우). 내 생각은 다음과 같다. 이 장의 "이기(利器)"는 권력과 군사력이다. "시(示)"는 자랑한다는 것이다.

설혜가 말했다. "'이기(利器)'는 국가의 군사력과 권력 등이다. '시(示)'는 보여 준다는 의미로, 『춘추삼전(春秋三傳)』에서 말하는 무력시위와 군사력 남용(觀兵黷武)의 사례들과 같은 의미이다. 강건함은 위험해지고 망하는 도이고, 유약함은 안정시키고 보존하는 도이다. 국가를 가진 자가 어찌 자신의 강대함을 뽐낼 수 있다는 말인가? 무릇 물고기는 뛰어올라 물을 벗어나지 말고 깊은 물속에 머물러야 살아갈 수 있다. 그렇지 않으면 사람들에게 잡혀서 위해가 자신에게 미칠 것이다. 이는 국가가 부드러움을 지킨다면 평안할 것이고 무력을 자랑스럽게 여겨서 천하에 내보이지 말아야 한다는 점과, 그렇지 않으면 세력이 다하고 힘이 고갈되어 국가를 보전할 수 없게 됨을 비유한 것이다."(『老子集解』)

【번역】

거두어들이고자 한다면 반드시 먼저 확장시켜 주고, 약화시키고자 한다면 반드시 먼저 강성하게 해 주며, 버리고자 한다면 반드시 먼저 천거해 주고, 취하고자 한다면 반드시 먼저 준다. 이것이 바로 앞으로 일어날 일을 알려 주는 징조이다. 유약함은 강건함을 이긴다. 물고기는 물을 떠날 수 없으며, 국가의 날카로운 무기(군사력, 무력)는 결코 멋대로 뽐내서는 안 된다.

【해설】

"거두어들이고자 한다면 반드시 먼저 확장시켜 준다." 즉 사물이 발전해 나가는 과정에서 확장되었다는 것은 곧 거두어들여질 것이라는 일종의 징조이다. 노자는 사물들이 끊임없이 대립하고 전환되어 가는 상태 속에 있으며, 사물의 발전이 어느 극한의 단계에 도달하게 되면 필연적으로 정반대 방향으로 운행한다고 보았다. 마치 꽃이 만개하면 곧 시들고(꽃이 만개했다는 것은 곧 꽃이 시들 것이라는 징조), 달이 차면 곧 기우려는 것(달이 찼다는 것은 곧 달이 기울 것이라는 징조)과 같이 말이다. 이 장의 첫 단락은 사물의 발전 과정에 대한 노자의 분석이었다. 즉 도가의 "사물이 극단에 도달하면 반드시 반전된다"(物極必反), "세력이 강성하면 반드시 약해진다"(勢强必弱)의 관념을 밝힌 것이다. 불행히도 이러한 문구들은 권모술수의 사상을 담고 있다는 오해를 광범위하게 받았다. 이러한 왜곡에 가장 큰 책임이 있는 장본인은 한비자이며, 후대의 주석가들 역시 이 단락에 대한 명료한 설명을 제시한 경우가 극히 드물었다. 그러나 동사정, 범응원, 감산덕청 등의 주석가들은 이 단락에 대한 매우 정확한 해석을 제시했다. 아래에서는 독자들이 참고할 수 있도록 동사정과 감산덕청의 설명을 인용했다.

동사정이 말했다. "확장이 극에 달하면 반드시 거두어들여지게 되며, 주는 것이 심하면 반드시 빼앗게 되는 것이 필연적인 이치이다. '반드시'(必固)라고 한 것은, '사물이 거두어들여질 때에는 필시 원래는 확장된 상태였다가 거두어들여지는 일이 뒤따른다'고 말한 것이다. 이것이 바로 흥하고 망함, 융성해짐과 쇠약해짐이 서로의 원인이 되는 이치이다. 이러한 기미는 비록 매우 은미하지만 이치는 실로 분명하다."(『道德眞經集解』)

감산덕청이 말했다. "이 장은 만물의 자연스러운 형세를 말했으나, 사람들은 이것을 잘 살펴내지 못한다. 천하만물은 형세가 극에 달하면 반전된다. 비유하자면 해가 지기 시작하는 때는 필시 가장 환하게 빛날 때이고, 달이 기울기 시작하는 때는 필시 꽉 차 있을 때이며, 등불이 흐려지기 시작할 때 필시 가장 밝게 타오르는 때인 것과 같다. 이것들은 모두 만물의 자연스러운 형세이다. 그러므로 매우 확장되었다는 것은 곧 거두어질 형상이고, 매우 강해졌다는 것은 곧 약해질 싹이며, 매우 흥성했다는 것은 곧 버려질 기미이고, 너무 주는 것은 곧 빼앗아 갈 조짐이다. 하늘의 때와 사람의 일 모두 만물의 자연스러운(自然) 이치에 속하지만, 사람들이 이러한 이치를 마주하고 있으면서도 알아채지 못하기 때문에 '미명微明'이라고 하는 것이다."(『老子道德經解』)

둘째, "세력이 강성하면 반드시 약해진다." 강건한 것과 유약한 것이 대립할 때 노자는 도리어 유약한 쪽에 머물고자 했다. 노자는 인간의 일과 사물의 본성에 깊이 몰입하여 광범위하게 관찰하고서 마침내 다음과 같은 이치를 깨달았다. 유약해 보이는 것들은 그들의 수용성과 함축성으로 인해 상대적으로 강한 근성을 가지곤 하지만, 강건해 보이는 것들은 그들의 역량이 뚜렷하게 겉으로 드러남으로 인해 모든 것이 탄로나서 오래 버티지 못하곤 한다. 그래서 노자는 유약해 보이는 것들이 굳세고 강해 보이는 것들을 이긴다고 단언했던 것이다.("유약한 것이 굳세고 강한 것을 이긴다"의 설명 방식은 제43장과 제78장에 보인다.)

셋째, "국가의 날카로운 무기는 결코 멋대로 뽑내서는 안 된다." 이 구절은 권세와 금령은 모두 흉하고 날카로운 무기들이므로 이것을 내보여서 백성들을 위압해서는 안 된다고 말한 것이다. 왕필이 말했다. "백성들에게 내보인다는 것은 형벌을 사용한다는 것이다."(示人者, 任刑也) 만약 통치자가 엄혹한 형벌과 준엄한 법령으로 백성을 처벌하고 제재하는 것만 안다면, 이것은 "날카로운 무기를 백성들에게 내보이는 것"이다. 이것이 바로 "강건함"을 드러내는 것이고, 강포함을 드러내 자랑하는 짓은 결코 오래 유지될 수 없다.

제37장

【원문】

道常無爲而無不爲^①. 侯王若能守之, 萬物將自化^②. 化而欲作, 吾將鎭之以
無名之樸^③. 無名之樸, 夫亦將不欲^④. 不欲以靜, 天下將自正^⑤.

【주석】

① 무위이무불위無爲而無不爲: "무위無爲"는 만물의 자연自然을 따르면서 제멋대로
   작위하지 않는 것이다.(제2장의 8번 주석과 동일하다.) 왕필의 주에서 말했다. "자연을
   따르는 것이다."(順自然也) "무불위無不爲"는 어떤 일도 도가 하지 않은 것이
   없지만, 그것은 "무위無爲"에 의해 발생한 결과라는 것이다. "무위이무불위無爲而
   無不爲"는 바로 제멋대로 작위하지 않았기 때문에 어떤 일도 이루어내지 못함이
   없는 것이다. "도상무위이무불위道常無爲而無不爲"는 곽점 죽간본에는 "도항무위
   道恒無爲"로 되어 있고, 백서 갑본과 을본에는 "도항무명道恒無名"으로 되어 있다.

   범응원이 말했다. "비어 있음(虛), 고요함(靜), 평온함(恬), 담박함(淡)이 무위無爲
   이다. 하늘(天), 땅(地), 인간(人), 사물(物)은 이것을 얻어서 운행하고 생장하니,
   하지 못함이 없다."

   풍우란이 말했다. "노자는 도道에서부터 만물이 나뉘어서 발생했다고 보았지
   만, 이것은 결코 도道가 목적을 가지거나 의식적으로 작위한 것이 아니다.
   도道에는 어떠한 목적도 없고 의식도 없다. 그래서 노자는 도道의 이러한 과정을
   '무위無爲'라고 했다. 그는 말했다. '도道는 항상 무위하기에 무불위無不爲이다.'(道
   常無爲而無不爲) 만물을 낳는다는 측면에서 말하자면 도는 '무불위無不爲'이며,

도가 목적과 의식이 없다는 측면에서 말하자면 도는 '무위無爲'이다."(『中國哲學史新編』)

장대년이 말했다. "도는 자연自然한 것이므로 항상 무위無爲할 수 있다. 도는 모든 것을 낳으므로 무불위無不爲이기도 하다."(『中國哲學大綱』)

호적이 말했다. "'도는 항상 무위하기에 무불위無不爲이다.' 이는 자연주의적 우주관의 핵심 관념이다. 이러한 관념은 무위방임을 주장하는 정치철학의 초석이기도 하다."(『中國哲學的科學精神與方法』)

② 자화自化: 저절로 화육함, 스스로 나고 자람이다.

③ 오장진지이무명지박吾將鎭之以無名之樸: "진鎭"자는 죽간본에 "정貞"자로 되어 있다. "정貞"은 "바르게 함"(正), "안정시킴"(安)의 의미이다.

정원식丁原植이 말했다. "'진鎭'자에는 백성을 구속하는 압제의 의미가 담겨 있지 않다. 『광아』「석고」제1권에서 말했다. '진鎭은 안정시킴(安)이다."(『곽점죽간노자 해석과 연구』[郭店竹簡老子釋析與研究])

④ 무명지박無名之樸, 부역장불욕夫亦將不欲: 죽간본에서는 "무명지박無名之樸" 구절을 반복하지 않으며, "부역장불욕夫亦將不欲"은 "부역장지족夫亦將知足"으로 되어 있다.

⑤ 불욕이정不欲以靜, 천하장자정天下將自正: 죽간본에는 "지[족]이정知[足]以靜, 만물장 자정萬物將自定"으로 되어 있다.

【번역】

도는 영원토록 "자연自然"에 맡겨 두지만, 그 어떤 일도 도가 하지 않은 것이 없다. 만약 군주가 도를 굳게 지킬 수 있다면 만물은 스스로 나고 자랄 것이다. 만물이 스스로 나고 자라다가 탐욕의 맹아가 싹트는 때에 이르면 나는 도의 순박함으로 만물을 안정시킨다. 도의 순박함으로 만물을 안정시키면 탐욕을 일으키지 않게 될 것이다. 탐욕이 일어나지 않고 고요함을 추구하게 된다면 천하는 저절로 안정된 상태로 되돌아가게 될 것이다.

【해설】

　이 장에서는 이상적 정치란 "무위하여 스스로 나고 자람"(Self-transformation)에 달려 있음을 주장했다. 즉 백성들로 하여금 스스로 나고 자라며 스스로 도를 체현하도록 해야 한다는 것이다.

　"고요함"(靜), "순박함"(樸), "탐욕이 일어나지 않음"(不欲)은 모두 무위無爲의 내용이다. 통치자 자신이 고요하고 순박하며 탐욕을 부리지 않을 수 있고, 백성들에 대해서도 그들을 방해하지 않고 사치스럽게 하지 않으며 그들의 사욕을 확대시키지 않을 수 있다면, 백성들의 삶은 저절로 안정되고 평안함을 얻을 수 있다.

　노자는 통치자의 태도가 반드시 무위에 근거해야 함을 다시 한 번 강조했다. 즉 자연自然에 맡겨 두고 어떠한 간여도 하지 않아서 백성들이 스스로 발전하여 자신을 완성하도록 하고, 이와 동시에 순박한 풍속을 길러 주려고 해야 한다는 것이다. 이러한 사회만이 비로소 안정된 상태를 향해 나아갈 수 있다.

제38장

【원문】

上德不德①, 是以有德; 下德不失德②, 是以無德.

上德無爲而無以爲③; [下德無爲而有以爲④.]

上仁爲之而無以爲; 上義爲之而有以爲.

上禮爲之而莫之應, 則攘臂而扔之⑤.

故失道而後德, 失德而後仁, 失仁而後義, 失義而後禮⑥.

夫禮者, 忠信之薄, 而亂之首⑦.

前識者⑧, 道之華⑨, 而愚之始. 是以大丈夫處其厚⑩不居其薄⑪; 處其實, 不居其華. 故去彼取此⑫.

【주석】

① 상덕부덕上德不德: 상덕上德을 갖춘 이는 자신에게 덕이 있음을 자부하지 않는다.

② 하덕불실덕下德不失德: 하덕下德을 갖춘 이는 형식적인 덕을 충실히 지킬 뿐이다.

　　임희일의 주에서 말했다. "'불실덕不失德'은 그 덕에 집착하여 변화하지 않음이다."

③ 상덕무위이무이위上德無爲而無以爲: 상덕을 갖춘 이는 자연自然에 맡겨 두고서 마음을 비우고 행위한다. "이以"는 "의도적으로", "고의로"이다.

　　임희일의 주에서 말했다. "'이以'는 '의도적으로'이다. '무이위無以爲'는 어떠한 의도도 없이 한다는 것이다."

　　부혁본, 엄준본嚴遵本, 범응원본에는 "무이無以"가 "무불無不"로 되어 있다.

주겸지가 말했다. "비碑본에 '무이위無以爲'로 되어 있는데, 이것이 옳다.……
'상덕무위이무불위上德無爲而無不爲'와 비교했을 때 '상덕무위이무이위上德無爲而
無以爲'의 뜻이 더 낫다."(『老子校釋』) 주겸지의 설이 타당하다. 백서 을본에도
"상덕무위이무이위上德無爲而無以爲"로 되어 있다.

④ 하덕무위이유이위下德無爲而有以爲: "유이위有以爲"와 "무이위無以爲"는 의도의 유
무에 따라 구분된다. 의도가 있으면 "유이위有以爲"이고, 의도가 없으면 "무이위無
以爲"이다.(馮友蘭, 『中國哲學史新編』) "하덕무위이유이위下德無爲而有以爲"는 연문으
로 의심된다. 백서 갑본과 을본에는 이 구절이 없다. 유전작, 고명의 설에
따라 백서본에 근거하여 삭제해야 한다.

유전작이 말했다. "백서본에는 '상덕무위이무이위야上德無爲而無以爲也(갑본에는
"爲而" 두 글자가 빠져 있다.), 상인위지이무이위야上仁爲之而無以爲也(갑본에는 "而無"
두 글자가 빠져 있다.), 상의위지이유이위야上義爲之而有以爲也(갑본에 "德"자로 되어 있던
것을 을본에서는 "義"자로 고쳤다.)'로 되어 있다. 왕필본에는 '상덕무위이무이위上德無
爲而無以爲; 하덕위지이유이위下德爲之而有以爲; 상인위지이무이위上仁爲之而無以爲;
상의위지이유이위上義爲之而有以爲'로 되어 있다. 부혁본에는 '상덕무위이무불위
上德無爲而無不爲(부혁본에는 두 번째 "無"자가 빠져 있지만, 마서륜의 교감에 근거하여 보충했다.),
하덕위지이무이위下德爲之而無以爲. 상인위지이무이위上仁爲之而無以爲, 하의위지
이유이위下義爲之而有以爲'로 되어 있다. 백서본에서는 상덕上德, 상인上仁, 상의上義
세 등급을 설정했으며, '무위無爲'를 '위지爲之'와 대비시키고 '무이위無以爲'를
'유이위有以爲'와 대비시켰다. 상덕上德은 가장 높은 경지로 '무위無爲'하면서
또한 '무이위無以爲'할 수 있다. 상인上仁은 그 다음으로, 비록 '무위無爲'를 하지는
못하지만 '무이위無以爲'는 할 수 있는 것이다. 상의上義는 가장 낮은 경지로,
'무위無爲'하지 못하고 '무이위無以爲'하지도 못하는 것이다. 이러한 등급의 차이는
매우 분명하다. 왕필은 여기에 '하덕下德'을 추가하여 네 등급으로 나누었다.
그 결과 하덕下德과 상의上義는 '위지이유이위爲之而有以爲'로 중복된다. 부혁본에
서는 상덕上德에 대해 '무위이무불위無爲而無不爲'라고 했으며, 하덕下德과 상인上仁

에 대해서는 '위지이무이위爲之而無以爲'로 중복되게 말했다. 이렇게 볼 때 『노자』의 원래 문장은 백서본처럼 세 등급으로 되어 있었음을 알 수 있다. 후대 사람들이 네 등급으로 나눌 때 올바른 기준을 설정하지 못한 채 수정이 이루어졌고, 따라서 중복을 피하지 못했다. 『노자』의 원래 문장에서는 각 구절 간 대응 관계가 성립하게 되어 있었지만, 부혁본에서 '무이위無以爲'를 '무불위無不爲'로 고치면서 앞 구절의 '무위無爲'와 '무불위無不爲' 간 대비가 성립되어 버리는데, 이는 전체 구조에 부합하지 못한다. 요컨대, 부혁본은 물론이고 『한비자』에서도 '무위이무불위無爲而無不爲' 부분은 후대 사람들이 고친 것이 분명하다."

고명이 말했다. "백서 갑본과 을본에는 '하덕불실덕下德不失德' 구절이 없으나, 후세에 전해진 판본에는 모두 해당 구절이 등장한다. 이것은 백서본과 통행본의 중요한 차이점 중 하나이다. 『노자』 원본의 해당 대목은 어떠했을까? 경문 분석에 근거해 볼 때, 이 장은 노자가 도에 입각해서 덕德, 인仁, 의義, 예禮의 등급 차이를 관찰하고 덕德을 가장 높은 것으로 치고 인仁, 의義, 예禮의 순서로 평가한 것에 대해 다루고 있다. 덕德에서 인仁, 의義, 예禮의 순서로 갈수록 등급이 낮아지는데, 뒤의 것은 앞의 것을 이어서 생겨난다. 그래서 이어지는 대목에서 '덕德을 상실했기에 인仁을 상실했고, 인仁을 상실했기에 의義를 상실했으며, 의義를 상실했기에 예禮를 상실했다. 무릇 예란 충심과 신의의 결핍, 재앙과 혼란의 발단을 상징한다'고 말한 것이다. 덕德, 인仁, 의義, 예禮 간에는 어떠한 차이가 있을까? 노자는 무위無爲를 기준으로 네 가지 등급을 나누어 평가했다. 그래서 '무위이무이위無爲而無以爲'가 가장 높은 것이 되고, '위지이무이위爲之而無以爲', '위지이유이위爲之而有以爲' 순서로 그 뒤를 잇고, '위지이막지응爲之而莫之應, 즉양비이잉지則攘臂而扔之'가 가장 낮은 등급이라고 보았다. 백서 갑본과 을본에 대한 분석에 근거해 보면 덕德, 인仁, 의義, 예禮의 차등은 매우 일관적이며, 논리적으로도 매우 명료하다. 통행본에는 '하덕下德' 이하의 구절이 연문으로 들어가서 표현이 중첩되고 내용상의 혼란을 일으키고 있다. 게다가 판본마다 들어간 연문이 제각각 달라서 여러 논의가 분분하게 일어났다. 왕필본 등에 연문으로 들어간 '하덕위지이유이위下德爲之而有以爲'는 '상의위지이유이위上義爲

之而有以爲'와 중복되고, 부혁본 등에 연문으로 들어간 '하덕위지이무이위下德爲之而無以爲'는 '상인위지이무이위上仁爲之而無以爲'와 중복된다. 이에 근거해 볼 때, '하덕下德~' 구절은 명백하게 불필요한 구절로, 결코『노자』의 원문이라 볼 수 없다. 이는 후대 사람이 제멋대로 보탠 것이라 보아야 한다.『한비자』「해로解老」에 상고해 보아도, 백서 갑본, 을본과 마찬가지로 '상덕上德', '상인上仁', '상의上義', '상예上禮'만 언급할 뿐 '하덕下德'에 대한 언급은 없다는 점에서, 『노자』의 원래 형태 역시 이와 같았고 통행본에 연문 등 오류가 많음이 충분히 증명된다."(『帛書老子校注』)

내 생각은 다음과 같다. 유전작, 고명의 설은 지극히 타당하다. 마땅히『한비자』와 백서본에 따라 "상덕上德", "상인上仁", "상의上義", "상예上禮" 네 등급을 두어야 하며, "하덕무위이유이위下德無爲而有以爲"는 (백서본 이후인) 한대에 연문으로 들어간 것이라 보아야 한다.

도가는 당시 사회의 기풍에 대해 보통 네 등급을 두어 평가했다. "가장 높은 것"(太上), "그 다음"(其次), "그 다음"(其次. 혹은 그 아래[其下]), "그 아래"(其下. 혹은 가장 아래[太下])가 그것이다. 진한 이전에는 통행본과 같이 다섯 등급으로 차등을 둔 방식이 존재하지 않았다.

제17장과 비교해서 대응해 보면 다음과 같다. "상덕을 갖춘 사람은 자연에 맡겨서 마음을 두지 않은 채 행위한다"(上德無爲而無以爲)는 곧 "가장 좋았던 시대에는 백성이 통치자의 존재를 느끼기만 했다"(太上不知有之)이다. "매우 어진 사람은 작위하는 바가 있지만 마음을 두지 않은 채 행위한다"(上仁爲之而無以爲)는 곧 "그 다음의 시대에는 백성이 그를 친근하게 여기며 찬미했다"(其次親而譽之)이다. "매우 의로운 사람은 작위하는 바가 있으며 마음을 둔 채 행위한다"(上義爲之而有以爲)는 "다시 그 다음의 시대에는 백성이 그를 두려워했다"(其次畏之)이다. "매우 예를 잘 지키는 사람은 작위하는 바가 있지만 그에 상응하는 결과를 얻지 못한다"(上禮爲之而莫之應)는 곧 "다시 그 다음의 시대에는 백성이 그를 업신여겼다"(其次侮之)이다.

⑤ 양비이잉지攘臂而扔之: 팔을 뻗어 다른 사람들을 강제로 복종시킨다는 것이다. 임희일이 말했다. "'잉扔'은 끌어당기는 것이다. 백성들이 따르지 않으니 힘껏 손으로 그들을 강제로 끌어당기는 것이다. 이것은 오직 백성들을 강압하는 의미를 표현한 것이다. 그러므로 '팔을 뻗어 다른 사람들을 강제로 끌어당긴다'(攘臂而扔之)고 말했다."

⑥ 실도이후덕失道而後德, 실덕이후인失德而後仁, 실인이후의失仁而後義, 실의이후예失義而後禮: 『한비자』「해로」에는 "도道를 상실한 후에 덕德을 상실했으며, 덕德을 상실한 후에 인仁을 상실했고, 인仁을 상실한 후에 의義를 상실했으며, 의義를 상실한 후에 예禮를 상실했다"(失道而後德, 失德而後仁, 失仁而後義, 失義而後禮)로 되어 있는데, 문장의 의미가 비교적 완전하다. 【번역】은『한비자』「해로」의 관점을 따랐다.

⑦ 예자禮者, 충신지박忠信之薄, 이난지수而亂之首: "박薄"은 쇠퇴하고 결핍됨이다. "난지수亂之首"는 재앙과 혼란의 발단이다.

　　장순휘가 말했다. "계급사회에서 통치자는 다양한 방법을 통해 백성들을 속박한다. 모든 제도, 의례, 예절의 제정은 백성들을 억압하여 자신에게 복종시키는 수단이다. 의례와 제도가 번잡해지면 뭇 백성들은 견딜 수 없게 된다.…… 의례와 제도가 완비되면 통치자가 피지배계급을 구속하는 수단이 더욱 조밀해진다. 백성들이 더 이상 견딜 수 없게 되면, 그들은 들고 일어나 통치자를 죽이게 된다."

⑧ 전식자前識者: "전식前識"은 각종 예의와 규범을 미리 설치함을 가리킨다. "자者"는 구두를 위해 사용된 것으로, 의미를 지니지 않는다.

　　범응원이 말했다. "'전식前識'은 선견을 가지고 있다는 말과 같다. 예의를 제정하는 사람이 자신에게 선견지명이 있다고 여김을 말한 것이다. 그러므로 이들은 예절과 형식을 만들어서 인간사의 법도로 삼지만, 실상은 사람들이 실질적인 내용을 외면하고 형식만 좇도록 만들었다."

⑨ 화華: 헛된 화려함, 실질이 없음이다. 예의와 규범은 곧 도道 "다음에 오는

것"(其次)에 불과하므로 "화華"라고 말했다.

⑩ 처기후處其厚: 자신을 순박하고 온후하게 함이다.

　　하상공의 주에서 말했다. "'처기후處其厚'는 자신을 온후하게 순박하게 함이다.

⑪ 박薄: 경박함이다. 예禮를 가리킨다.

⑫ 거피취차去彼取此: 경박하고 겉치레에 불과한 예를 버리고 순박하고 실질적인 도와 덕을 취하라는 것이다.

【번역】

　　상덕을 갖춘 사람은 자신에게 덕이 있음을 자부하지 않기에 진실로 덕이 있다. 하덕을 갖춘 이는 뜻을 다해 덕을 추구하기에 덕의 경지에 도달하지 못한다. 상덕을 갖춘 사람은 자연自然에 맡겨서 어떠한 의도도 없이 행위한다. 매우 어진 사람은 행위하는 바가 있지만 어떠한 의도도 없이 행위한다. 매우 의로운 사람은 행위하는 바가 있으며 의도를 가지고 행위한다. 매우 예를 잘 지키는 사람은 행위하는 바가 있지만 그에 상응하는 결과를 얻지 못하고 팔을 뻗어 다른 사람들을 강제로 복종시킨다.

　　그러므로 도道를 상실했기에 덕德을 상실했으며, 덕德을 상실했기에 인仁을 상실했고, 인仁을 상실했기에 의義를 상실했으며, 의義를 상실했기에 예禮를 상실했다. 예란 충실함과 신의의 결핍, 재앙과 혼란의 발단을 상징한다.

　　앞서 갖추어진 각종 규범들은 도의 겉치레에 불과하며, 어리석음의 시초이다. 이러한 까닭에 대장부는 자신을 순박하고 온후하게 하지 경박한 예에 근거하지 않으며, 마음을 독실하게 보존하지 겉치레에 근거하지 않는다. 따라서 경박함과 겉치레를 버리고 순박하고 실질적인 것을 취한다.

【해설】

　　이 장에서 이와 같이 입론하게 된 것은 인간관계가 갈수록 외재화되어, 자발적이고 주체적인 정신은 점차적으로 소멸되어 가고, 오직 한줌의 규범에 근거하여 인간의 사상과 행위를 고정된 형식 속에 가두게 되는 것에 문제의식을 가졌기 때문이다. 따라서 노자의 문제의식이 담긴 이 장의 언설은 매우 침통한 분위기를 풍긴다.

노자는 (행위하려는) 의도를 기준으로 도道, 덕德, 인仁, 의義, 예禮 등의 등급을 구분했다. 형체도 없고 자취도 없는 도가 사물에서 드러나거나 작용하는 것이 덕이다.(도는 본체이고 덕은 작용이기에 사실 양자는 불가분의 관계이다.) 노자는 덕을 상하 두 등급으로 나누었다. 상덕은 의도를 가지지 않음이 저절로 드러난 결과이고, 하덕은 의도를 가졌던 것이다. 인의仁義는 하덕으로부터 나온 것으로, 의도를 가진 행위에 속하기에 이미 자연自然이 저절로 드러난 것이 될 수 없다. 예禮까지 오게 되면 강제적 기제들이 주입되고, 예가 상실된 다음에는 법이 제정되면서(고대 사회에서 법은 사실상 예에 포함되는 것이었다.), 인간의 내재적 정신은 완전히 파괴된다.

노자 당시 예는 이미 번잡한 겉치레가 되어 사람들의 마음을 속박함과 동시에 권력을 두고 다투는 이들에 의해 도용되어 명분과 지위를 훔치는 도구로 전락해 있었다. 그래서 노자는 예가 "충실함과 신의의 결핍, 재앙과 혼란의 발단"이라고 비판했던 것이다. 노자는 예가 인간의 본성을 속박하는 측면을 비판하는 한편, 도의 경지 즉 자연自然이 저절로 드러나서 외재적 제약을 받지 않는 경지를 희구하고 있다.

제39장

【원문】

昔之得一^①者: 天得一以淸; 地得一以寧; 神得一以靈; 谷得一以盈; 萬物得
一以生^②; 侯王得一以爲天下正^③.

其致之也^④, 謂^⑤天無以淸, 將恐裂; 地無以寧, 將恐廢^⑥; 神無以靈, 將恐歇;
谷無以盈, 將恐竭; 萬物無以生, 將恐滅; 侯王無以正^⑦, 將恐蹶.

故貴以賤爲本, 高以下爲基. 是以侯王自稱^⑧孤·寡·不穀^⑨. 此非以賤爲本
邪? 非乎? 故至譽無譽^⑩. 是故不欲琭琭如玉, 珞珞如石^⑪.

【주석】

① 득일得一: 도道를 체득했다는 것이다.(제42장에서 말했다. "도는 어떠한 짝도 없이 독립적이
    다."[道生一])

   임희일의 주에서 말했다. "'일一'이란 도이다."

   엄영봉이 말했다. "'일一'은 도를 상징하는 숫자이다. '득일得一'은 도道를
   체득했다고 말한 것과 같다."(『老子達解』)

② 만물득일이생萬物得一以生: 내가 살펴보건대, 백서 갑본과 을본에는 모두 이
   구절이 없다. 고명은 이 구절이 아래의 "만물무이생萬物無以生, 장공멸將恐滅"과
   대구를 이루고 있으며 하상공의 주 이후에 추가된 것이라고 여겼는데, 고명의
   주장은 고려해 볼 만하다.

③ 정正: 왕필본에는 "정貞"으로 되어 있다. 하상공본, 경룡비본, 경복景福본, 엄준본,
   고환본 등 여러 고본에는 모두 "정正"으로 되어 있다. 백서 갑본과 을본에도

모두 "정正"으로 되어 있다.

범응원이 말했다. "'정貞'은 바르다는 것이다. 왕필본과 곽운郭雲본은 고본과 같다. 어떤 판본에는 '정貞'이 '정正'으로 되어 있는데, 이 역시 피휘를 한 것이다."

노건이 말했다. "『도장道藏』의 어주御注본과 어소御疏본을 살펴보면 본래 '정正'으로 되어 있다. 소에서 말했다. '원래는 '정貞'자로 되어 있기도 한데, "정貞"은 곧 "정正"이다.' 개원開元 석각본에서야 '정貞'자로 고쳐졌으니, 범응원이 이것을 피휘라고 본 것은 잘못되었다."

고형이 말했다. "제45장에서 말한 '청정淸靜하고 무위無爲할 수 있다면 백성들의 모범이 될 수 있다'(淸靜爲天下正)와 의미가 동일하다. 『여씨춘추呂氏春秋』「집일執一」에서는 '일一을 잡으니 천하가 바르게 된다'(執一爲天下正)고 했는데, 구절의 배치가 『노자』와 동일하다." 노건과 고형의 설이 옳다.

④ 기치지야其致之也: 추론하여 말한 것이다. 통행본에는 "야也"자가 빠져 있으나, 백서본에 근거하여 보충한다.

고형이 말했다. "'치致'는 추론과 같다. 추론하여 이어지는 구절과 같이 말했다는 것이다."(『老子正詁』)

장송여가 말했다. "'기치지야其致之也'는 이어지는 구절을 시작하는 말이지 앞의 구절을 종결하는 말이 아닌 것으로 보인다. 고형의 설이 옳다."

⑤ 위謂: 통행본에는 "위謂"자가 없지만 백서본에 근거하여 보충한다. 백서 갑본과 을본에는 "위謂"자의 약자인 "위胃"자로 되어 있다.

⑥ 폐廢: 왕필본에는 본래 "발發"자로 되어 있지만, 엄영봉의 설에 근거하여 고쳤다.

유사배가 말했다. "왕필본의 '발發'은 '폐廢'로 읽어야 한다.…… '공발恐發'이란 '장차 붕괴한다' 즉 '장차 땅이 꺼진다'는 의미를 말한 것과 같다. '발發'자는 '폐廢'자의 약자이다."(『老子斠補』)

엄영봉이 말했다. "유사배의 설이 옳다. 『노자』의 원본에서는 '폐廢'자로 되어 있지 '발發'자로 되어 있지 않다. 제18장의 '대도폐大道廢', 제36장의 '장욕폐지將欲廢之'에서 '폐廢'자가 '발發'자로 되어 있는 경우는 '폐廢'자가 훼손되어 "广"

부수가 망실되었기 때문에 발생한 오기이다. 『여씨춘추』「시군람恃君覽」에서 '하늘에는 본래부터 쇠해짐, 기울어짐, 붕괴됨, 가라앉음이 있다'고 했는데, 즉 하늘에는 본래부터 '폐廢' 즉 붕괴됨이 있다는 것이다. 따라서 '발發'자를 '폐廢'자로 고쳐서 원래 형태를 회복한다."

⑦ 정正: 왕필본에는 원래 "귀고貴高"로 되어 있었다. 범응원본과 조지견趙至堅본에는 "정貞"자로 되어 있다.

역순정이 말했다. "'후왕무이정侯王無以貞, 장공궐將恐蹶'이 되어야 한다. 왕필본에는 '정貞'자가 '귀貴'자로 잘못되어 있다. 후대 사람들이 뒤에 나오는 '귀이천위본貴以賤爲本, 고이하위기高以下爲基' 구절을 보고, 이것이 앞의 말을 잇는 것이라 여기고서 제멋대로 '귀貴'자를 넣고 다시 '고高'자까지 추가했다. 이러한 오류가 계속 이어지고 쌓이면서 의미가 통하지 않게 되었다."(『讀老子札記』)

엄영봉이 말했다. "역순정의 설이 옳다. 정대창程大昌본에는 '후왕무이위천하정장공궐侯王無以爲天下貞將恐蹶'로 되어 있고, 범응원본에는 '위정爲貞'으로 되어 있으며, 조지견본에는 '정貞'으로 되어 있다. 여기에서는 '정貞'으로 되는 것이 옳다. 그렇게 해야 앞에 나오는 '후왕득일이위천하정侯王得一以爲天下貞'과 정확하게 대응한다. 따라서 조지견본에 근거하여 바로잡는다."

내 생각은 다음과 같다. 범응원은 "정貞"으로 보고서 "고본들도 이와 같다"고 말했다. 고대에는 "정貞"과 "정正"이 통용되었다. 앞에서 "후왕득일이위천하정侯王得一以爲天下正"으로 되어 있으므로 문장의 대구를 위해 "정貞"을 "정正"으로 고친다.(본 장의 ③번 주석을 참고하라.)

⑧ 자칭自稱: 왕필본에는 본래 "자위自謂"로 되어 있다. 범응원본, 임희일본, 초횡본焦竑本에는 "위謂"가 "칭稱"으로 되어 있다.

역순정이 말했다. "내가 보기에 '자위自謂'는 마땅히 '자칭自稱'이 되어야 한다. 제42장에서 말했다. '사람이 싫어하는 것은 바로 고孤, 과寡, 불곡不穀이지만, 왕공은 도리어 이러한 용어로 자신을 칭한다(自稱).' 그러므로 여기에서도 반드시 '칭稱'이 되어야 한다. 『회남자』에 대한 고유高誘의 주에서 '칭稱'으로 되어 있는 것과 『문선』「구희범여진백지서丘希範與陳伯之書」의 주에서 '왕후는 자신을 고·과·불곡으로 칭한다'(王侯自稱孤寡不穀)라고 한 것 모두 그 증거로 삼을 수 있다." 내 생각은 다음과 같다. 『전국책』「제책」에서 인용할 때에도 '칭稱'으로 되어 있다.

⑨ 고孤·과寡·불곡不穀: 이는 모두 왕과 제후의 겸칭이다. "고孤"와 "과寡"는 자신이 의지할 곳 없고 부족함을 겸손하게 말한 것이다. "불곡不穀"에는 선하지 못하다는 의미가 있다.

　　범응원이 말했다. "'곡穀'은 선함이다. 또한 모든 종류의 선의 총칭이기도 하다. 춘추시대 군주들은 자신을 '불곡不穀'이라고 부르는 경우가 많았다."

⑩ 지예무예至譽無譽: 최고의 칭송은 자랑할 필요가 없는 것이다.

　　"지예무예至譽無譽"는 왕필본에서는 본래 "지수예무예至數輿無輿"로 되어 있다. "예輿"는 "예譽"의 가차자라고 볼 수 있다.(張松如, 『老子校讀』)

　　나는 다음과 같이 보았다. 부혁본, 차해본, 왕방본, 여혜경본, 오징본에서는 모두 "예輿"자가 모두 "예譽"자로 되어 있다. 『장자』「지락至樂」에서는 "고왈지예무예故曰至譽無譽"라고 했는데, "고왈故曰"이라고 한 것은 『노자』에서 인용했기 때문으로, 아마도 "지예무예至譽無譽"가 『노자』의 원문인 것 같다.

　　범응원이 말했다. "'예譽'는 칭송함이다. 왕필본은 고본과 일치한다. 진경원陳景元은 '고본에 근거하여 "예譽"로 쓴다'고 하였다."(『老子道德經古本集註』)

　　도소학陶邵學이 말했다. "오징본에는 '지예무예至譽無譽'로 되어 있는데, 의미가 통하는 것 같다."(『校老子』)

　　고연제가 말했다. "'지예무예至譽無譽'는 하상공본에서는 '지수거무거至數車無車'로 되어 있고, 왕필본과 『회남자』「도응훈」에는 '지수여무여至數輿無輿'로 되어 있다. 이들은 모두 잘못된 것들로, 『노자』 원문과 의미가 부합하지 않는다. 육덕명陸德明의 『경전석문』에서는 '예譽'자에 대해 '헐뜯음과 찬미함'(毁譽)이라고 주석했으니, 『노자』 원본에는 '예譽'로 되어 있는 것이 맞다. '예譽'자가 '여輿'자로 와전됐고, '여輿'자는 다시 (의미가 유사한) '거車'자로 와전되었다. 후대 사람들은 오히려 『경전석문』이 잘못되었다고 여기는데, 이는 옳지 않다. 『장자』「지락」에서 '지예무예至譽無譽'라고 하고, 뒤에서 다시 '천무위이지청天無爲以之淸, 지무위이지녕地無爲以之寧'이라고 한 것은 바로 이 장의 말을 인용한 것이니, 더욱 증거로 삼을 수 있다."(『老子證義』)

고연제의 말이 신뢰할 만하다. 따라서 『장자』에 근거하여 "지예무예至譽無譽"로 고쳤다.

⑪ 시고불욕녹녹여옥是故不欲琭琭如玉, 낙낙여석珞珞如石: "시고是故" 두 글자는 백서본에 근거하여 보충했다. "녹녹琭琭"은 옥의 화려함을 형용한 것이다. "낙낙珞珞"은 돌의 견고함을 형용한 것이다.

고형이 말했다. "'녹녹琭琭'은 옥의 아름다운 모습이다. '낙낙珞珞'은 돌의 볼품없음이다.……『후한서』「풍연전馮衍傳」에서는 '옥처럼 아름답지 못하고, 돌처럼 볼품없다'(不琭碌如玉, 落落如石)라고 말했고, 이현李賢은 이에 대한 주석에서 '옥의 자태는 아름다워서 사람들이 귀하게 여기지만, 돌의 모양은 볼품없어서 사람들이 천하게 여긴다'라고 말했다. 이러한 해석이 '녹녹琭琭'과 '낙낙珞珞'의 의미에 가까울 것이다."

장송여가 말했다. "'불욕녹녹여옥不欲琭琭如玉, (이녕)낙낙여석(而寧)珞珞如石.' 이러한 것들은 모두 노자가 보는 도道를 갖춘 군주상으로, 여기에서 묘사된 군주상에는 '무위의 다스림'(無爲之治), '허를 지극히 함'(致虛), '고요함을 지킴'(守靜) 등의 노자사상이 자연스럽게 투영되어 있다."

【번역】

지금까지 "일一"(道)을 체득했던 경우들을 말하자면, 하늘은 "일"을 체득하여 청명하고, 땅은 "일"을 체득하여 안정되어 있으며, "신神"은 "일"을 체득하여 영험하고 신묘하고, 골짜기는 "일"을 체득하여 가득 차 있으며, 만물은 "일"을 체득하여 태어나고 성장하고, 군주는 "일"을 체득하여 천하가 안정되도록 한다. 추론하여 말하자면, 하늘이 청명함을 지키지 못하면 산산이 부서짐을 면하기 어려울 것이고, 땅이 안정됨을 지키지 못하면 붕괴를 면하기 어려울 것이며,

신명이 영험함과 신묘함을 지키지 못하면 소멸됨을 면하기 어려울 것이고, 골짜기가 가득 차 있음을 지키지 못하면 고갈됨을 면하기 어려울 것이며, 만물이 태어나고 성장함을 지키지 못하면 절멸됨을 면하기 어려울 것이고, 군주가 청명함과 고요함을 지키지 못하면 군주의 자리에서 쫓겨나는 것을 면하기 어려울 것이다.

그래서 귀함은 천함을 근본으로 삼으며 높음은 낮음을 기초로 삼는다. 이러한 까닭에 군주는 자신을 고孤(의지할 곳이 없는 사람), 과寡(부족한 사람), 불곡不穀(선하지 못한 사람)이라고 칭한다. 이것이 바로 낮음과 천함을 근본으로 삼는 것이 아니겠는가? 어찌 아니겠는가? 그러므로 최고의 칭송은 자랑할 필요가 없는 것이다. 이러한 까닭에 옥처럼 화려하기를 바라기는커녕 도리어 돌덩이처럼 건실하고자 한다.

【해설】

이 장의 전반부에서는 도의 작용에 대해 논하면서 천지만물을 구성함에 있어 도道가 불가결한 요소임을 밝히고 있다. 이 장은 군주가 도道를 체득하는 것을 중점적으로 논하고 있다. 따라서 후반부에서는 군주가 낮음과 천함이라는 도道의 특성을 체현해야 함을 지적하고 있다. 즉 위정자는 아래에 처하고, 뒤에 머물며, 겸손히 자신을 낮추어야 한다. 도道를 체득한 군주는 마치 높은 건물의 하부 기초와 같아야 하며, 묵묵히 무거운 짐을 지고 따라가는 낙타의 정신을 갖추어야 하고, 질박하고 건실하기를 "돌덩이처럼 단단하게"(珞珞如石) 할 수 있어야 한다.

제40장

【원문】

反者道之動①; 弱②者道之用.
天下萬物生於有③, 有生於無④.

【주석】

① 반자도지동反者道之動: "반反"에 대해서는 통상적으로 두 가지 견해가 있다.
첫째, 상반됨, 대립의 의미이다. 둘째, 되돌아옴의 의미로, 임희일은 "'반反'이란
돌아옴, 고요함이다"라고 했고, 고형은 "'반反'이란 되돌아옴, 순환의 뜻이다"라
고 했다. 왕필이 제30장 주석에서 "무위로 되돌아가다"(還反無爲)라고 한 것과
제65장 주석에서 "그 순진함으로 되돌아갔다"(反其眞也)라고 한 것은 모두 "반反"
자를 "반返"자의 의미로 풀이한 것이다. 노자철학에서는 사물들의 대립 및
그러한 상호 대립의 과정에서 상호 완성시켜 주는 작용에 대해 논했으며,
순환과 왕복의 법칙에 대해서도 논했다. 내 생각은 다음과 같다. 여기에서의
"반反"은 바로 "되돌아옴"(返)이다. 곽점 죽간본이 바로 그러한데, 여기에서는
"반야자返也者, 도동야道僮(動)也"로 되어 있다.

② 약弱: 부드러우면서 약함, 부드러우나 질김이다.

③ 유有: 제1장의 "유有는 만물의 근원이다"(有名萬物之母)의 "유有"와 같다. 그러나
제2장의 "있음(有)과 없음(無)은 서로를 이룬다"(有無相生), 제11장의 "유有는 사람
에게 편의를 가져다준다"(有之以爲利)의 "유有"와는 다르다. 제2장과 제11장의
"유有"는 현상계의 구체적인 존재자들을 지칭하지만, 이 장에서 사용된 "유有"는

형이상적 도道의 실존성을 의미한다.

④ 유생어무有生於無: 곽점 죽간본에는 이 구절과 앞의 구절이 "천하지물생우유天下之物生于有, 생우무生于無"로 되어 있다. 통행본의 "유생어무有生於無" 명제는 후대에 나온 것으로 의심된다.

풍우란이 말했다. "하나의 사물이 생겨나면 '일유一有'이고, 만물이 생겨나면 '만유萬有'이다. 만유는 생겨나면서 가장 우선적으로 '유有'를 내포한다. 여기에서 '우선'은 시간적 선재가 아닌 논리적 선재를 가리키는 것이다. 만물의 존재는 '유有'의 존재를 내포한다. 노자는 '천하만물은 유에서 생겨나며, 유는 무에서 생겨난다'(제40장, "天下萬物生於有, 有生於無.")라고 했는데, 바로 이러한 의미를 말한 것이다. 노자의 이 말은 무無만 존재하던 때가 있었다가 이후에 유有가 무無로부터 생겨났다는 의미가 아니다. 다만 사물의 존재를 분석해 보았을 때 어떤 사물이 되기 위해서는 그 전에 반드시 유有가 있어야 한다고 말하는 것이다. 도道는 무명無名이자 무無이며, 만물은 이로부터 발생되어 나온다. 따라서 유有가 있기 전 반드시 무無가 있어서, 무無로부터 유有가 나와야 한다. 이러한 논의는 존재론적인 것이지 우주발생론에 관한 것이 아니다."(『中國哲學簡史』)

정원식이 말했다. "만약 유有가 덕을 본질로 하고 무無가 도를 근원으로 한다면 만물은 마땅히 (죽간본대로) '생어유生於有, 생어무生於無'할 것이다. 이렇게 되면 이른바 무無는 유有에 앞서 존재하는 것이 아니라 유有와 함께 만물존재의 근원이 된다."(『郭店竹簡老子釋析與研究』, 216쪽)

조건위趙建偉가 말했다. "죽간본에는 '천하지물생어유天下之物生於有, 생어무生於無'로 되어 있는데, 백서본과 통행본에는 모두 '천하지(만)물생어유天下之(萬)物生於有, 유생어무有生於無'로 되어 있어서 죽간본보다 '유有' 한 글자가 더 많다. 표면적으로만 보면, 백서본과 통행본이 옮겨 적는 과정에서 '유有'자가 추가되었거나, 죽간본에서 '유有'자 뒤에 중복자 표시(重文號)를 빼놓고 넘어갔다고 보았다. 그러나 자세히 살펴보면, 백서본과 통행본에서 연달아 나오는 '유有'자가 의도적으로 추가된 것이지 『노자』 원문에는 이처럼 연달아 나오지 않았음을 발견할 수 있다. 이유는 다음과 같다. 첫째, '천하지물天下之物'은 '생어유生於有'와 '생어무生於無'의 의미상 주어이다.(즉 피동문의 주어다. 천하의 사물이 有에 의해서도 생겨나고 無에 의해서도 생겨난다는 것이다.) 만약 '유有'자가 하나 더 있게 된다면 '생어유生於有'와 '생어무生於無'는 서로 다른 주어를 가진 구절로 분리되게 된다. 둘째, '천하만물생어유天下萬物生於有, 유생어무有生於無'대로 한다면, 이것은 의도적으로 유有의 지위를 격하시켜서 무無 아래에 두게 된다. 그러나 노자는 '있음(有)과 없음(無)은 서로를 이룬다'(제2장)고 명확히 말함으로써 유有와 무無를 대등하게 병렬시킨 바 있다. 셋째, 노자는 '무無는 천지의 본원이고 유有는 만물의 근원이다' (제1장)라고 했으며, 또한 '천지만물은 모두 시작이 있으니 천지만물의 근원이다' (제52장)라고 했다. 여기에서 우리는 '시始'와 '모母'가 대등하게 병렬되며, 따라서 무無와 유有 역시 대등한 병렬 관계임을 알 수 있다. 이 밖에 진고응 선생도 자신의 연구에서 죽간본을 백서본, 통행본과 비교하면서 다음과 같이 밝혔다. '겨우 한 글자가 다를 뿐이지만 철학적 이해의 측면에서는 중대한 의미 차이가 담겨 있다. 왜냐하면 죽간본대로 하면 우주생성론의 문제에 속하게 되고, 백서본과 통행본대로 하면 본체론의 범주에 속하게 되기 때문이다. 그래도 『노자』전체 사상의 관점에서 보자면 죽간본이 옳다고 보아야 한다.'"(「郭店竹簡老子校釋」, 『道家文化研究』제17집)

【번역】

도의 운동은 순환적이다. 도의 작용은 유약하다.

천하만물은 유有에서 생겨나며, 유는 무無에서 생겨난다.

【해설】

첫째, "도道의 운동은 순환적이다."(反者道之動) 여기에서 "반反"자는 해석의 여지가 열려 있다. 이는 상반됨의 의미로 설명될 수도 있고 되돌아옴의 의미로 설명될 수도 있다.("反"자는 "返"자와 통용된다.) 그러나 노자철학에는 이 두 가지 의미가 모두 함축되어 있다. 그의 철학은 상호 대립과 순환왕복의 관념을 모두 담고 있으며, 이들은 공히 매우 중시되었다. 노자는 자연계 모든 사물의 운동 및 변화는 반드시 몇 가지 법칙에 따라 이루어진다고 보았는데, 그 중 최상위 범주의 법칙이 바로 "반反"이었다. 즉 사물들은 상반되는 방향으로 운동 및 발전하며, 모든 사물은 상호 대립의 상황 속에서 형성되고, 자신의 반대편으로 인해 자신을 드러낸다는 것이다. 또한 그는 "상호 대립의 과정에서 상호 완성시켜 주는"(相反相成) 작용이 바로 사물의 변화와 발전을 추동하는 동력이라고 보았다. 마지막으로 그는 도道는 항상 운동하는 것이고, 사물 역시 언제나 새롭게 거듭나면서 운동하고 발전하는 과정 속에 있다고 보았다.

둘째, "도道의 작용은 유약하다."(弱者道之用) 도가 만물을 낳고 그들을 도와 화육시킬 때에도 만물은 결코 어떤 외부적 힘이 자신에게 미치고 있음을 느끼지 못한다. "부드러우면서 약함"(柔弱)은 도가 운행하고 작용할 때 결코 강압(적인 느낌)을 수반하지 않음을 형용한 것이다.

셋째, "천하만물은 유에서 생겨나며, 유는 무에서 생겨난다." 여기에서 "유有"와 "무無"는 도道를 의미하며, 이 점은 제1장과 동일하다. "무無"와 "유有"는 도가 천지만물을 낳을 때 형질이 없는 것으로부터 형질이 있는 것으로 전개해 가는 활동 과정이다. 이 대목은 천하만물이 생성되는 근원을 밝힌 것이다.

제41장

【원문】

上士聞道, 勤而行之; 中士聞道, 若存若亡; 下士聞道, 大笑之. 不笑不足以爲道. 故建言^①有之:

明道若昧;

進道若退;

夷道若纇^②;

上德若谷;

大白若辱^③;

廣德若不足;

建德若偸^④;

質眞若渝^⑤;

大方無隅^⑥;

大器晚成;

大音希聲;

大象無形;

道隱無名.

夫唯道, 善貸且成^⑦.

【주석】

① 건언建言: 말이나 글로 의견을 밝히는 것이다.

임희일이 말했다. "건언建言"이란 의견을 밝히는 것이다. 여기에서는 예부터 선비들이 아래와 같이 훌륭한 의견을 밝혀 왔음을 말한 것이다.

② 이도약뢰夷道若纇: "이도夷道"는 평탄함의 도이다. "뢰纇"는 평탄하지 않다는 것이다.

장순휘가 말했다. 『설문』에서 말했다. '뢰纇는 실의 마디(絲節)이다.' 실에 마디가 있으면 고르지 않으니, 여기에서 확장하여 '평탄하지 않음'(不平)을 나타내는 말이 되었다."

③ 대백약욕大白若辱: "욕辱"자는 "욕䵽"자의 가차자이다. 부혁본과 범응원본에는 "욕䵽"자로 되어 있다.(범응원이 말했다. "'䵽'은 검게 때가 묻었다는 것이다. 고본에는 '䵽'자로 되어 있다.")

④ 건덕약투建德若偷: "건建"자는 "건健"자와 통용된다. "투偷"자는 "타惰"자로 해석된다. "건덕약투建德若偷"는 강건함의 덕은 마치 게으른 것처럼 보인다는 것이다.

유월이 말했다. "'건建'자는 '건健'자로 읽어야 한다. 『석명釋名』「석언어釋言語」에서 말했다. '건健은 건建이다. 굳세게 하는 바가 있을 수 있다는 것이다.' '건建'과 '건健'은 음이 같고 뜻 역시 통할 수 있다. '건덕약투建德若偷'는 강건함의 덕이 도리어 게으르고 태만한 것처럼 보임을 말한 것이다."

고형이 말했다. "'건덕약투建德若偷'는 강건함의 덕이 마치 나약해 보임을 말한 것이다."

⑤ 질진약유質眞若渝: "유渝"는 변함이다.

유사배가 말했다. "앞에서 나오는 '광대함의 덕은 마치 부족한 것처럼 보임'(廣德若不足), '강건함의 덕은 마치 게으른 것처럼 보임'(建德若偷) 대목들과 대구를 이루고 있다. '진眞'자는 아마도 '덕德'자가 되어야 할 것 같다. '덕德'자를 정체로 쓰면 '덕悳'자가 되는데, 이 글자는 '진眞'자와 매우 유사하다. 질박함의 덕(質德), 광대함의 덕(廣德), 강건함의 덕(建德)이 되어야 일관적이다." 일단은 하나의 견해로 남겨 둔다.

⑥ 대방무우大方無隅: 가장 반듯한 정사각형은 모서리가 없다.

⑦ 선대차성善貸且成: "대차貸"는 베풀어 준다는 것이다. 하상공본에는 "선대차성善貸且成"으로 되어 있고, 백서 을본에는 "선시차선성善始且善成"으로 되어 있다.

【번역】

가장 높은 수준의 선비는 도에 대해 들으면 힘써 실천하고, 중간 수준의 선비는 도를 들으면 그것을 믿기도 하고 의심하기도 하며, 낮은 수준의 선비는 도를 들으면 크게 비웃는다. 이런 자들에게 비웃음을 받지 않는다면 도가 되기에 부족하다! 그러므로 예부터 훌륭한 의견을 밝혔던 이들은 다음과 같이 말했다.

빛나고 밝음의 도는 마치 희미하고 분명하지 않은 것 같고,

앞으로 나아감의 도는 마치 뒤로 물러나는 것 같으며,

평탄함의 도는 마치 울퉁불퉁한 것 같고,

숭고함의 덕은 마치 저 아래에 있는 계곡 같으며,

가장 순결한 마음은 마치 때가 묻은 것 같고,

광대함의 덕은 마치 부족한 것 같으며,

강건함의 덕은 마치 게으른 것 같고,

순박하고 진실한 성질은 마치 사물에 따라 변질될 것 같으며,

가장 반듯한 정사각형은 마치 모서리가 없는 것 같고,

귀중한 도구나 물건은 가장 나중에 완성되며,

가장 큰 음악소리는 들어 보아도 아무 소리가 들리지 않고,

가장 큰 형상은 보아도 그 형체와 자취를 볼 수 없으며,

도는 은미하여 이름을 붙일 수 없다.

오직 도만이 만물의 화육을 잘 도와서 그들이 완성되도록 하는 것을 잘한다.

【해설】

도는 은미하고 오묘하여 이해하기 어려우며, 이것이 드러나는 방식 역시 보통 사람의 상식과는 다르기 때문에 보통 사람들은 도에 대해 들어도 이해하기 쉽지 않다.

"빛나고 밝음의 도는 마치 희미하고 분명하지 않은 것 같다"에서 "강건함의 덕은 마치 게으른 것 같다"까지의 각 구절들은 도와 덕의 심오함, 함축성, 비어 있음, 포용성을 밝힌 것이다. 이들은 스스로 빛을 내는 방식이 아닌 빛을 반사하는 방식으로 드러나기에 보통 사람들이 관찰해 내기 쉽지 않다. "가장 큰 음악소리는 들어 보아도 아무 소리가 들리지 않는다"와 "가장 큰 형상은 도리어 그 형체와 자취를 볼 수 없다"는 대도가 은미하여 잘 드러나지 않고, 구체적인 형상으로 볼 수 없음을 비유한 것이다.

제42장

【원문】

道生一, 一生二, 二生三, 三生萬物①. 萬物負陰而抱陽②, 沖氣以爲和③.
[人之所惡, 唯孤·寡·不穀, 而王公以爲稱. 故物或損之而益, 或益之而損.
人之所教, 我亦教之. 强梁者不得其死. 吾將以爲教父.]

【주석】

① 도생일道生一, 일생이一生二, 이생삼二生三, 삼생만물三生萬物: 이것이 바로 그 유명한
  노자의 만물생성론으로, 도道가 만물을 생성하는 과정을 묘사한 것이다. 이
  과정은 간단한 것에서 시작하여 번잡한 것에 이르기 때문에 그는 일·이·삼의
  숫자를 사용하여 이를 표현했다. 노자는 단지 숫자의 의미로 일·이·삼을
  사용한 것이지 반드시 어떤 특별한 의미가 있는 것은 아니다. 바로 장석창이
  "『노자』의 일·이·삼은 도가 만물을 낳음을 세 가지 숫자로써 표시한 것으로,
  낳을수록 점점 많아진다는 뜻이다"라고 말한 것과 같다.(『老子校詁』)
      이 장의 도道가 만물을 낳는 과정을 제40장, 제1장과 대응시킨다면, "도는
  짝 없이 홀로 있다"(道生一)는 "무無"로써 도를 해석하고 "유有"로써 "일一"을
  해석한 것이고(사마광의 『道德眞經論』에서 "'道生一'이란 무에서 유로 진입하는 것이다"라고
  말한 것과 같다.), 제40장의 "유"·"무"(천하만물은 "유"에서 생겨나며 "유"는 "무"에서
  생겨난다.)와 제1장의 "유"·"무"("무"는 천지의 본원이고 "유"는 만물의 근원이다.)는
  모두 도를 지칭하는 것이다. 이를 통해 보건대, 이 장의 "이二"는 응당 형이상의
  "무"와 "유"를 가리켜 말한 것이다.(제40장에서 말한 '도가 만물을 낳는다'는 것은 바로

"무"와 "유"를 통해 형이상의 도가 아래로 구체화되는 활동 과정을 가리킨 것이다.) 형이상의 "무"와 "유"가 아래로 구체화되어서 형이하의 "무"와 "유"가 되었을 때, 제2장에서 말한 "있음과 없음은 서로 이룬다"(有無相生)가 되니, "생겨나는"(生) 것은 곧 "삼三"이 된다. 이러한 설명이 비록 충분히 명확하지는 않지만, 노자의 원래 뜻에는 비교적 부합한다. 노자의 시대에는 계급의 구분이 비교적 간단했다. 예를 들면 사회계급은 통상 왕·제후와 백성 두 가지로 나뉘었으니, 바로 도와 만물의 관계와 같다. 그러나 둘 사이의 매개가 없었는데, 장자 이후에야 도와 만물의 사이를 이어 주는 기화론이 출현했다. 실제로 "무"와 "유"로 일·이·삼을 해석하는 것은 『장자』「제물론」에서도 이미 드러난다. "만물 일체에 내가 말한 것을 더하면 이가 되고, 이에 다시 일을 더하면 삼이 된다. 이와 같이 계속 계산해 나가면 가장 정교하게 계산하는 사람조차 가장 마지막 수를 계산해 낼 수 없다.…… 그러므로 무無에서 유有까지 이미 세 가지 명칭이 생겨났다."「제물론」에서는 일·이·삼을 "'무'에서 '유'로의 과정"으로 해석했다. 이에 근거하여 우리는 제42장의 해당 단락의 문장을 다음과 같이 설명할 수 있다. 도는 상대하는 짝이 없이 독립해 있으며(道生一), 아직 분화되지 않고 뒤섞여 있는 통일체가 "무"와 "유"의 양면을 포함하고 있으며(一生二), (道가) 형체가 없는 것으로부터 형체가 있는 것으로 구체화되어 "유"와 "무"가 서로를 이루어서 새로운 것을 형성하니(二生三), 만물은 모두 이러한 "유"와 "무"가 서로를 이루어 주는 상황 속에서 생성된다(三生萬物).

역대 『노자』 해석자들은 이 장의 해석에 대해 의견이 분분했으나, 대부분 한대 이후의 개념을 가지고 해석하였다. 예를 들면 "일"을 "원기元氣"로, "이"를 천지 혹은 음양陰陽으로, "삼"을 "화기和氣"(화합을 이룬 기)로 해석했다. 이렇게 설명하면 만물생성의 과정이야 비교적 분명하게 설명되겠지만, "원기"와 "화기"는 모두 한나라 사람들이 자주 사용하던 개념이다.(천지로부터 나온 "음양"으로 만물의 생성을 해석하는 것은 비교적 이른 『장자』에서 보인다.) 한대의 『회남자』에서는 제42장에 대해 비교적 명확하게 해석했다. 「천문훈」에서 다음과 같이 말했다. "도는 처음에는 하나(一)의 상태이다. 하나이기만 하면 생성하지 못한다. 그러므로 나뉘어 음양이 되니, 음양이 화합하여 만물이 생겨난다. 그러므로 일이 이를 낳고, 이가 삼을 낳고, 삼이 만물을 낳는다고 말하였다."『회남자』에서는 음양으로 "이"를 해석하고, 음양의 화합으로 "삼"을 해석하였다. 또한 "도는 처음에는 하나의 상태이다"는 것은 도와 "일"을 동일한 개념으로 본 것이다. 『회남자』「원도훈」에서 다음과 같이 말했다. "이른바 형체가 없다는 것은 일을 말하는 것이다. 이른바 일은 천하에 서로 짝이 되어 합쳐질 것이 없다." 「원도훈」에서는 명확하게 "일"로 무형의 도를 해석하고, 도를 상대하는 짝이 없이 독립해 있는 것으로 여겼다.("천하에 서로 짝이 되어 합쳐질 것이 없다.") 도를 "일"로 지칭하는 경우는 『노자』에서 종종 보인다.(예를 들어 제14장의 "그것은 혼륜한 일체이다"와 제39장의 "하늘은 '일'을 체득하여 청명하고, 땅은 '일'을 체득하여 안정되어 있다"가 있다.) 장석창은 다음과 같이 말했다. "일은 곧 도이니, 그 개념의 측면에서 말하면 도이고, 그 숫자의 측면에서 말하면 일이다." "일"이라는 숫자로 도를 표현한 것은 비교적 의심의 여지가 적지만, "이"가 무엇을 가리키는지에 대해서는 의견이 분분하다. 위에서 논한 바와 같이, "무"와 "유"를 가지고 설명하는 것은 비록 『노자』의 원래 의미에는 부합하지만, 여전히 형이상의 "무"·"유"가 어떻게 형이하의 "무"·"유"로 구체화되는지를 충분히 설명할 방법은 없다. "유무상생"의 유·무는 이미 현상계의 구체적 사물이므로, 그것이 어떻게 형이상적 무형질로서의 유·무로부터 생겨나는지는 오히려 구체적으로 설명할 수 없기 때문이다. 그래서 다수의 학자들은 여전히 『회남자』에 의거하여 "음양"으로 이를 해석한다. 그러나 『노자』를 전체적으로 봤을 때, 이 장에서 나타나는 "음을 등지면서 양으로 향하나" 문구를 제외하면 "음양" 개념이 보이지 않는다. ("음양" 개념은 『장자』에 이르러서야 다수 출현한다.) 그러나 "천지"라는 말은 자주 보이며, 또한 "천지"를 도와 함께 거론한다. 예를 들면 제6장의 "미묘한 모성의 문이 천지天地의 근원이다"와 제25장의 "혼연일체의 무언가가 천지天地가 형성되기 전에 존재했다" 등이다. 그러므로 『노자』 안에서 "이"를 "천지"로 해석할 근거를 찾아볼 수 있다. 숫자 삼에 대해서는 해석하기 어렵기에, 우리는 부득이 '음양의 기는 천지에서 연원한 것'이라는 『장자』「전자방」의 설명 방식에 근거할 수밖에 없다. 그렇다면 우리는 제42장의 해당 단락을 다음과 같이 현대어로 번역해 볼 수 있을 것이다. 도는 상대하는 짝이 없이 독립해 있다. 이처럼 아직 분화되지 않고 뒤섞여 있는 통일체는 천지를 낳는다.(一生二) 천지는 음양의 기를 낳는다.(二生三) 음양 두 기가 서로 교합하여 여러 가지 새로운 사물을 형성한다.(三生萬物)

『노자』 제42장에 대한 선진시기 도가학파의 여러 가지 설명에는 다음과 같은 몇 가지 중요한 언급이 있다. 이하에서는 몇 가지 사례를 거론함으로써 참고할 것을 제시하도록 하겠다.

선진시기 도가의 각 학파들은 『노자』 제42장에 이어서 만물생성론에 대해 아래와 같은 몇 가지 중요한 언급을 하였는데, 참고할 만한 예를 들도록 하겠다.

1. 『장자』 「천지」: "우주의 시원은 '무無'이니, '유有'가 없으며 명칭도 없었다. 도道는 혼일한 상태로 드러나고, 혼일한 상태에서 형체를 이루지도 않았다. 만물이 도道를 얻어 생성되니 이것이 바로 '덕德'이다. 형체를 이루지 않았으나 음양의 분화가 있고, 또한 끊임없이 유행하는 것을 '명命'이라고 칭한다. 도道는 움직이는 와중에도 잠깐 멈추게 되면 만물을 낳는데, 만물이 생성되면서 각각 서로 다른 모습을 갖게 되니 이를 '형形'이라고 한다." 여기서는 "무無"를 통해 도道를 설명하고 있으며, "혼일한 상태(一)에서 아직 형체를 이루지 않았다"라는 말로부터 "일"이 형체가 없는 도道를 지칭하고 있음을 알 수 있다. 형질이 없는 "일"이 "분화"를 시작한다(未形者有分)고 말하였지만, 「천지」의 저자는 결코 "분화"(分)가 무엇인지 설명하지 않았다. 후대의 해석에 의하면 분화는 "음과 양으로 나뉘는 것"을 의미한다.(예를 들어 선영의 『남화경해』가 이러한 입장을 취하고 있다.) 이러한 해석은 『장자』 「전자방」에서 근거를 찾아볼 수 있다.

2. 『장자』 「전자방」: "음이 지극할 때 춥고 양이 지극할 때 뜨겁다. 추위는 하늘로부터 연원하고 뜨거움은 땅으로부터 연원한다. 두 가지가 상호 교접하고 융합하자 각종 사물이 화생化生한다." 이 역시 『노자』 제42장을 계승했음이 분명한 대목이다. 여기서는 음기가 하늘로부터 연원하였고 양기가 땅으로부터 연원하였는데, 음양 두 기("二")의 상호 교접과 융합이 바로 노자가 "두 기가

격동하여 조화를 만들어 낸다"라고 말한 내용이다. 만물은 바로 이러한 상황에서 화생하여 나오는 것이다.

3. 백서 『황제사경』: "천지가 생기기 전에는 혼돈한 □□□□□, 하나의 커다란 둥근 곳집과도 같았고, 어두움도 없고 밝음도 없으며 음과 양도 있지 않았다. 음과 양이 아직 정해지지 않아 나는 이름을 지어 부르지 못했다. 이제 비로소 천지가 나뉘고 음과 양이 구별되었으며, 음과 양이 흩어져 사계절이 되었다…… "(「十大經·觀」) 이는 전국시대 초중기 도가 황로학파의 설명 방법으로, 1·2·4는 만물생성 과정을 의미하는 숫자이다. 『회남자』 「천문훈」에서는 이를 계승하여 "음양이 그 정미함을 전일하게 하여 사계절이 되고, 그 정미함을 흩어서 만물이 된다"라고까지 설명했다.

4. 『여씨춘추』 「대악」: "태일太一에서 양의兩儀가 나오고, 양의에서 음양이 나오니, 음양이 변화하여, 한 번은 올라가고 한 번은 내려가서, 합하여 '장章'을 이룬다."(고유의 주: '章'은 形과 같다.) "태일"은 도이고, "양의"는 고유의 주에서 "천지"라 하였고, 음양이 천지에서 나오니, 이는 장자의 설명과 일치한다. 만물의 생성은 "음양이 변화하여, 한 번은 올라가고 한 번은 내려감"에 달려 있으니, 음양이 화합하여 형상을 지닌 사물을 이루는 것이다.

② 부음이포양負陰而抱陽: 음을 등지고 양을 향한다.

여혜경이 말했다. "무릇 그윽하여 헤아릴 수 없는 것은 음이고, 밝아서 볼 수 있는 것은 양이다. 살아 있는 것은 모두 그윽하여 헤아릴 수 없는 음을 등지고, 밝아서 볼 수 있는 양을 향한다. 그러므로 '만물은 음을 등지면서 양으로 향하니'라고 하였다. 짊어지면 그것을 등지게 되고, 안으면 그것으로 향하게 된다."

③ 충기이위화沖氣以爲和: 음양 두 기가 서로 부딪혀서 고르고 조화로운 상태를 이룬다.

"충沖"은 부딪힘이고, 격동함이다. 『설문해자』에서 "충은 솟구쳐 나와 요동친다는 의미이다"라고 하였다.

"충기沖氣"는 음양 두 기가 서로 격동하는 것을 가리킨다. 여러 해석자들은 "충기"가 마땅히 "허기虛氣"가 되어야 한다고 보았지만, 장석창은 이러한 견해가 타당하지 않다고 보았다. 장석창은 말했다. "제4장의 '도체는 비어 있건만(沖) 그 작용이 끝나지 않는다'에서 '충沖'은 마땅히 '충盅'이 되어야 하며, 여기서의 '충沖'도 본래 글자를 따라야 한다. 『설문해자』에서 '충盅은 그릇이 비어 있는 것이다'라고 한 반면 '충沖은 솟구쳐 나와 요동친다는 의미이다'라고 해서 의미가 서로 다르다. 제4장에서는 도의 가득 참과 비어 있음을 그릇에 비유하였기 때문에 '충盅'자를 사용하였고, 이 장에서는 음양의 정기精氣가 솟구치며 요동쳐서 조화를 이루기 때문에 '충沖'자를 사용하였다. 이것이 두 글자의 차이점이다."

"화和"에 대해서는 두 가지 설명이 있다. 첫째, 음양이 화합과 균형을 이룬 상태를 가리킨다. 『장자』「전자방」에서 "음이 지극할 때 춥고 양이 지극할 때 뜨겁다. 추위는 하늘로부터 연원하고 뜨거움은 땅으로부터 연원한다. 두 가지가 상호 교접하고 융합하자 각종 사물이 화생化生한다"라고 한 것과 같다. 또 『회남자』「천문훈」에서 "도道는 하나에서 시작되니 하나이기에 낳지는 못한다. 그러므로 나뉘어 음양이 되니, 음양이 화합하여 만물이 생겨난다. 그러므로 일이 이를 낳고, 이가 삼을 낳고, 삼이 만물을 낳는다"고 말한 것과 같다. 이러한 설명에 비추어 보면, "충기이위화沖氣以爲和"는 음양이 화합을 이룬 상태를 가리킨 것이어야 한다. 오징은 말했다. "'화'는 음양이 알맞고 균등하여 한쪽으로 치우치지 않은 것을 말한다." 둘째, 음양 두 기 이외에 따로 "화기和氣"라고 부르는 일종의 기가 있다고 여기는 것이다. 예를 들면 고형은 말했다. "'충기이위화沖氣以爲和'는 음양 두 기가 솟구쳐 나와 요동치며 서로 움직여 화기를 이루는 것이다."

【번역】

도는 어떠한 짝도 없이 독립적이다. 뒤섞여서 아직 나뉘지 않아 합일되어 있는 것(一)이 천지를 낳는다. 천지는 음양의 기(二)를 낳고, 음양의 두 기가 서로 교합하여 각종 새로운 사물을 형성한다. 만물은 음을 등지면서 양으로 향하니,

음양의 두 기가 서로 격동함으로써 조합된 새로운 사물을 만든다. [사람이 싫어하는 것은 바로 "고孤"(의지할 곳이 없는 사람), "과寡"(부족한 사람), "불곡不穀"(선하지 못한 사람)이지만, 왕공은 도리어 이러한 용어로 자신을 지칭한다. 그래서 모든 사건과 사물은 줄어들다가 도리어 늘어나기도 하고, 늘어나다가 도리어 줄어들기도 한다. 타인이 나에게 가르쳐 준 것을 나 역시 타인을 가르칠 때 사용하게 될 수도 있다. 포악한 사람은 제 명에 죽지 못하니, 나는 이것을 가르침의 근본으로 삼는다.]

【해설】

이 장은 노자의 우주생성론이다. 여기에서 말한 "일", "이", "삼"은 "도"가 만물을 생성할 때의 활동 과정을 의미한다. 복잡하고 다양한 현상과 대비해 보았을 때, "혼연하게 하나가 되어있는 도道"는 어떠한 짝도 없이 독립적이며, 대립과는 전혀 무관하다. 노자는 "일"을 통해 도가 한 단계 아래로 구체화되었으나 아직 분화되지 않은 상태를 형용하였다. 혼연하게 아직 분화되지 않은 도道는 실제로는 이미 음양의 두 기에 품부되어 있으니, 『주역』「계사전」은 "한 번 양이 되고 한 번 음이 되는 것을 '도'라고 일컫는다"라고 말하였다. "이"는 도道가 품부되어 있는 음양의 두 기를 지칭한다. 음양의 두 기는 만물의 가장 근원적인 요소(原質)를 구성한다. 도가 다시 한 번 구체화되어 점차 분화하면 음양 두 기의 활동 역시 복잡해진다. "삼"은 음양 두 기가 서로 부딪혀서 형성된 균형 상태를 지칭한다. 새롭게 조합된 모든 사물과 사건은 바로 이러한 바탕에서 생성된 것이다.

이 장은 두 단락으로 나뉘는데, 후반부의 단락에서는 "사람이 싫어하는 것은 바로 '고孤(의지할 곳이 없는 사람), 과寡(부족한 사람), 불곡不穀(선하지 못한 사람)'이지만, 왕공은 도리어 이러한 용어로 자신을 지칭한다. 그래서 모든 사건과 사물은 줄어들다가 도리어 늘어나기도 하고, 늘어나다가 도리어 줄어들기도 한다. 타인이 나에게 가르쳐 준 것을 나 역시 타인을 이끌 때 사용하게 될 수도 있다. 포악한 사람은 제 명에 죽지 못하니, 나는 이것을 가르침의 근본으로 삼는다'라고 말했다.

이 장은 만물의 생성 과정을 설명하고 있는데, 후반부의 내용은 전반부 내용과 전혀 맞지 않다. 아마도 이 장에서 착간이 발생한 것 같다. 장석창은 『노자교고老子校詁』에서 이미 "위와 아래의 문장이 서로 연결되지 않는 것 같다"고 의심하였다. 고형, 진주, 엄영봉 등 여러 학자들도 제39장의 내용이 여기로 끼어들어 간 것이라고 의심하였다. 내 생각은 다음과 같다. "사람들이 싫어하는 것" 이하의 여러 구절은 교만하지 말고 겸허한 자세로 자신을 지킬 것을 사람들에게 일깨우고 있다. 문장의 의미로 봤을 때 아마도 제39장의 내용이 이 장으로 잘못 들어간 것 같다.

제43장

天下之至柔, 馳騁^①天下之至堅. 無有入無間^②, 吾是以知無爲之有益.
不言之敎, 無爲之益, 天下希^③及之.

【주석】

① 치빙馳騁: 말이 달리는 것을 형용한 것으로, 여기에서는 "제어하다"는 의미로
   말했다.

② 무유입무간無有入無間: 형체가 없는 힘이 틈이 없는 것을 뚫을 수 있다.
   "무유無有"(That-which-is-without form)는 형상이 드러나지 않은 것을 가리킨다.
   "무간無間"은 틈이 없는 것이다. "무유입무간無有入無間"은 『회남자』에 "출어무유
   出於無有, 입어무간入於無間"으로 되어 있다.

③ 희希: 부혁본에 "희稀"로 되어 있다.

【번역】

세상에서 가장 유연한 것이 세상에서 가장 단단한 것을 제어할 수 있다. 형체가
없는 힘은 틈이 없는 것을 뚫을 수 있다. 나는 이 때문에 무위無爲의 이점을
안다.
말하지 않는 가르침과 무위의 이점은 천하의 극소수만 성취할 수 있을 뿐이다.

【해설】

　물은 가장 유연한 것이지만, 오히려 산과 땅을 뚫을 수 있다. 노자는 물을 통해 유연함이 굳셈을 이기는 도리를 비유했다. "유위有爲"의 조치는 곧 굳세고 강함을 드러낸 것이니, 위정자가 마땅히 경계해야 할 바이다. 이 장은 "유약柔弱"의 작용과 "무위"의 효과를 강조하였다.

제44장

【원문】

名與身孰親? 身與貨孰多^①? 得與亡^②孰病?

甚愛必大費^③; 多藏必厚亡^④.

故知足不辱^⑤, 知止不殆, 可以長久.

【주석】

① 다多: 귀중하다는 의미이다.

　　해동이 말했다. "『설문해자』에서 '다多는 중重이다'라고 하였는데, 여기에서는 '중첩重疊'의 중과 같은 의미이다. 이로부터 의미가 파생되어 '경중輕重'의 중으로 풀이할 수도 있다. 『한서』「경포전」에서 '또 그 재주를 귀하게 여기다(多)'라고 하였는데, 안사고의 주에서 '다多는 귀하게 여긴다는 의미와 같다'고 하였다."

② 득여망得與亡: "득得"은 명예와 이익을 얻음을 지칭하고 "망亡"은 생명을 잃음을 지칭한다.

③ 심애필대비甚愛必大費: 명성을 지나치게 소중하게 여기면 반드시 매우 큰 대가를 치러야 한다. 통행본에는 본래 "심애필대비甚愛必大費" 위에 "시고是故"의 두 글자가 있었지만 백서 갑본에 의거하여 삭제하였다.(『설문해자』)

　　장송여가 말했다. "경복의 『도덕경비』와 하상공의 『도덕경진주』, 고환의 『도덕진경주소』, 이영의 『도덕진경의해』, 정대창의 『역노통언』 모두 동일하다. 백서갑본 역시 대체로 동일하지만, 처음과 끝에 '심甚'과 '망亡' 두 글자만 남아 있고, 을본은 전부 훼손되어 있다.

④ 다장필후망多藏必厚亡: 저장해 둔 재화가 많으면 반드시 막심한 손실을 초래하고 말 것이다.

석덕청이 말했다. "예를 들어 은나라의 주왕은 천하의 재물을 모아서 녹대鹿臺를 짓는 탐욕을 부렸더니 천하의 모든 사람이 그를 배반하여 결국 녹대가 텅 비고 말았다. 이는 저장만 많이 했을 뿐 그로 인해 더 많이 잃어버리게 될 줄은 몰랐던 것이다."

⑤ 고지족불욕故知足不辱: 통행본에는 "고故"자가 없지만, 백서 갑본에 의거하여 보충하였다.

【번역】

명성과 생명을 비교하면 어떤 것이 절실한가? 생명과 재물을 비교하면 어떤 것이 귀중한가? 명성과 이익을 얻는 것과 생명을 잃는 것은 어떤 것이 해로운가? 명성을 지나치게 소중하게 여기면 반드시 매우 큰 대가를 치러야 할 것이고, 저장해 둔 재화가 지나치게 많다면 반드시 막대한 손실을 초래하고 말 것이다. 따라서 만족할 줄 안다면 굴욕을 당하지 않을 것이고, 적당한 정도에서 멈출 줄 안다면 위험을 부르지 않을 것이니, 이렇게 해야만 비로소 오랫동안 보존할 수 있다.

【해설】

보통 사람들은 대부분 자신을 돌보지 않은 채 명성과 이익만 따르고, 이득만 탐하면서 위험을 고려하지 않는다. 이에 노자는 생명을 귀중하게 여겨야지 명성과 이익을 위하여 자신의 생명을 버릴 정도로 분투하지 말 것을 세상 사람들에게 일깨워 주었다. "명성을 지나치게 소중하게 여기면 반드시 매우 큰 대가를 치러야 할 것이고, 저장해 둔 재화가 지나치게 많다면 반드시 막대한 손실을 초래하고 말 것이다." 이 말은 매우 일리가 있다. 시야를 넓혀 보면, 사회 곳곳에서 사람들이 무리를 지어 이익을 추구하고 쟁탈하는 아수라장에서 엎치락뒤치락하고 있음을 목도할 수 있다. 그 안에서의 성공과 실패, 존립과 멸망은 실로 불 보듯 뻔하다.

제45장

【원문】

大成^①若缺, 其用不弊.
大盈若沖^②, 其用不窮.
大直若屈, 大巧若拙^③, 大辯若訥.
躁勝寒, 靜勝熱^④. 清靜爲天下正^⑤.

【주석】

① 대성大成: 가장 완전한 것.

② 충沖: "텅 비어 있다"(虛)로 해석한다.(제4장의 【주석】①을 참고)

③ 대직약굴大直若屈, 대교약졸大巧若拙: 곽점 죽간본에서는 이 구절의 순서가 달라서, 다음 구절인 "대변약눌大辯若訥"이 없다.

④ 조승한躁勝寒, 정승열靜勝熱: 빠르게 움직이면 추위를 막을 수 있고, 고요한 상태를 편안하게 여기면 더위를 견딜 수 있다.

　　고명이 말했다. "'조躁'는 조급하게 굴다가 소란을 일으키는 것이니 바로 '정靜'과 대비를 이룬다. '조躁'와 '정靜'은 사람의 신체와 정신(魂)이 서로 다른 환경에 처할 때 나타나게 되는 서로 다른 정서와 상태를 지칭한다. 몸을 움직이면 따뜻해지고, 따뜻해지면 추위를 이겨 낼 수 있다. 몸과 마음이 고요하면 저절로 시원해지고, 시원해지면 더위를 이겨 낼 수 있다."

⑤ 청정위천하정清靜爲天下正: 곽점 죽간본에는 "청청위천하정清清(靜)爲天下定"으로

되어 있다.

　장석창이 말했다. "'정正'은 사람을 바로잡는 것이다. 그러므로 모범의 의미가
포함되어 있다."

【번역】

가장 완전한 것은 마치 흠결이 있는 것 같으나, 그 작용은 쇠약해질 리가
없다.

가장 가득 찬 것은 마치 비어 있는 것 같으나, 그 작용은 끝날 리가 없다.

가장 바르고 곧은 것은 마치 꼬불꼬불한 것 같고, 가장 정교한 것은 마치
서툰 것 같고, 가장 탁월한 말재주는 마치 어눌한 것 같다.

빠르게 움직이면 추위를 막을 수 있고, 고요한 상태에 편안하게 있으면 더위를
견딜 수 있다. 청정淸靜하고 무위無爲할 수 있다면 백성들의 모범이 될 수 있다.

【해설】

　이 장은 "가장 완전하고" "가장 가득한" 인격의 모습에 대하여 "마치 흠결이
있는 것 같고" "마치 비어 있는 것 같고" "마치 꼬불꼬불한 것 같고" "마치
서툰 것 같다"고 묘사한다. 이러한 묘사는 모두 완전무결한 인격이 외형으로
드러나지 않고 오히려 내면의 생명 깊숙한 곳에 감추어져 있음을 설명한 것이다.

　"빠르게 움직이면 추위를 막을 수 있고, 고요한 상태에 편안하게 있으면
더위를 견딜 수 있다. 청정淸靜하고 무위無爲할 수 있다면 백성들의 모범이 될
수 있다"는 상반된 사물이 상호 견제를 통하여 균형을 이루고 있음을 설명하다가
마지막에는 청정과 무위를 지고한 작용으로 찬양하는 결론으로 마무리된다.

제46장

【원문】

天下有道, 却①走馬以糞②. 天下無道, 戎馬③生於郊④.

咎莫大於欲得; 禍莫大於不知足⑤. 故知足之足, 常足矣⑥.

【주석】

① 각却: 물리치다, 되돌리다.

  오징이 말했다. "'각却'은 되돌린다는 의미이다."

② 주마이분走馬以糞: "분糞"은 농사짓는다는 의미이다. 부혁본에는 "분糞"이 "파播"
  로 되어 있다. 두 글자는 옛날에 통용되었다.

  고형이 말했다. "이는 천하에 도가 있으면 전쟁이 일어나지 않아서 달리는
  말이 군대에서 쓰이지 않고 밭에서 쓰이게 될 것이라고 말한 것이다.……
  『맹자』「등문공」에서 '흉년에는 그 밭을 경작하더라도(糞) 부족하다'고 하였는데,
  조기 주에서 '그 밭을 경작한다'(糞治)고 하였다. 『예기』「월령」에도 '논밭을
  경작한다'(糞)고 하였으니, 분糞은 역시 밭을 경작한다는 의미이다."

③ 융마戎馬: 군마이다.

④ 생어교生於郊: 표면적인 해석은 암말이 전쟁터인 교외의 들판에서 새끼를 낳는다
  는 것이다. 내 생각에, "생生"은 일으킨다는 의미이다. 교외의 들판에 군마를
  크게 일으킨다는 말이니, 병사를 일으켜 전쟁에 나가는 것을 가리킨다. "군마를
  일으킨다"는 바로 "달리는 말을 되돌린다"와 서로 대조를 이룬다.

오징이 말했다. "교郊는 두 나라가 서로 맞대고 있는 국경이다."

『염철론』「미통」에는 다음과 같은 내용이 실려 있다. "듣건대, 옛날에 아직 흉노와 월을 정벌하지 않았을 때에는 요역과 부세가 적어서 백성들이 풍요를 누렸습니다. 따뜻하게 입고 배불리 먹었고, 햇곡식을 저장하고 묵은 곡식을 먹었으며, 베와 비단을 충분히 사용하였고, 소와 말이 넉넉하여 무리를 이루었습니다. 그래서 농부는 말을 가지고 농사를 짓거나 짐을 실었고, 백성들 중 말을 타지 않는 자가 없었으며, 이 당시에는 오히려 준마로 농사를 지었습니다. 그 후 전쟁이 자주 일어나자 군마가 부족하여 암말까지 군대에 동원되었습니다. 그러므로 망아지가 전쟁터에서 태어나고, 여섯 가지 가축을 집에서 기르지 못하고, 오곡이 들판에서 자라나지 않아서 백성들이 먹을 곡식이 부족하게 되었습니다." 이는 "달리는 말을 되돌려서 밭을 경작한다"와 "교외에 군마를 크게 일으킨다"에 대한 구체적인 실례를 거론한 것이다.

⑤ 구막대어욕득咎莫大於欲得, 화막대어부지족禍莫大於不知足: 왕필본에는 "화막대어부지족禍莫大於不知足, 구막대어욕득咎莫大於欲得"으로 되어 있으나, 곽점 죽간본에 근거하여 앞뒤 구절의 순서를 뒤바꿨다. 이곳의 문구는 통행본과 죽간본, 백서본이 약간 다르다. 백서본에는 "죄막대어가욕罪莫大於可欲, 화막대어부지족禍莫大於不知足, 구막참어욕득咎莫憯於欲得"으로 되어 있다. 죽간본에는 "죄막후호심욕罪莫厚乎甚欲, 구막참호욕득咎莫僉(憯)乎欲得, 화막대호부지족禍莫大乎不知足"으로 되어 있다. 죽간본의 구절 순서는 다른 판본에 비하여 낫다. 죽간본의 세 번째 구절인 "만족을 모르는 것보다 큰 재앙은 없다"와 아래 구절인 "만족할 줄 아는 만족이 바로 영원한 만족이다"가 서로 연결되어 있어 문장의 의미가 비교적 완전하기 때문이다.

⑥ 고지족지족故知足之足, 상족의常足矣: 만족할 줄 아는 이러한 만족이 영원한 만족이다.

호기창이 말했다. "욕심을 줄이는 것의 구체적 모습이 바로 '만족할 줄 아는 것'(知足)이다. 노자학파는 지족知足을 특별히 중시하여 지족이 사람들의 영욕, 생존, 화복을 결정할 수 있다고 여겼다.…… 이뿐만 아니라, 그들은 지족을 빈부를 판단하는 주관적인 척도로 삼았다. 만약 만족할 줄 안다면 객관적으로 재물이 많지 않더라도 주관적으로 스스로 부유하다고 인식할 수 있다. 이것이 바로 '만족을 아는 사람'이며 '만족을 아는 것이 바로 부유함(富)이다'(제33장)라는 말이다. '만족이 어째서 만족이 되는지 알고 있다면 항상 만족할 것이며, 항상 만족하면 당연히 부유하다고 볼 수 있기 때문이다. 반대로 객관적으로 재물이 많더라도 주관적으로 만족을 몰라서 끊임없이 탐욕을 부린다면 엄청난 재앙을 초래하고 말 것이다. 여기에서 재물을 바라보는 노자의 관점이 주관적으로 만족할 줄 아는지 여부 그리고 탐욕을 부리는지 여부에 의해 결정된다는 점에서 유심주의적 색채를 띠고 있음을 확인할 수 있다. 그러나 도가학파는 욕망을 만들어 내는 객관적 조건의 작용 역시 매우 중시했다. 예를 들어 그들은 '음악과 미식은 나그네의 발걸음을 멈추게 할 수 있다'(제35장)라고 말했다. 욕심을 줄이는 것(寡欲)과 만족할 줄 아는 것(知足)은 불가분의 관계이다. 욕심을 줄이면서 만족할 줄 모르는 자는 없으며, 마찬가지로 욕심을 줄이지 못하면서 만족할 줄 아는 자는 없다. 노자의 과욕(寡欲)과 지족(知足)에는 당시에 권력을 장악하고선 만족을 모를 정도로 탐욕을 추구하던 귀족들에 대한 강렬한 비판 의식이 담겨져 있다."

(『中國經濟思想史』上, 209쪽)

【번역】

국가의 정치가 궤도에 오르면, 물자를 운송하는 군마를 농부가 경작에 사용하도록 돌려준다. 국가의 정치가 궤도에 오르지 않으면, 군마를 교외의 들판에서 크게 일으켜 전쟁을 개시한다.

만족을 모르는 것보다 더한 재앙은 없고, 끝없이 탐욕을 부리는 것보다 더한 죄는 없다. 그러므로 만족할 줄 아는 만족이야말로 곧 영원한 만족이다.

【해설】

전쟁 발생의 원인은 대부분 침략자의 그득한 야심이다. 탐욕을 부리면서 만족할 줄 모르고 멈출 줄 모른다면 결국 타국의 영토를 침탈하고 다른 사람의 생명을 해쳐서 끝없는 재난을 가져오게 된다. 노자는 통치자의 과도한 욕심이 얼마나 해로운 사태들을 일으키는지 지적하였으며, 또한 위정자가 응당 청정淸靜과 무위無爲를 실천함으로써 침략의 야욕을 거두어들여야 한다고 경고했다.

"국가의 정치가 궤도에 오르지 않으면, 군마를 교외의 들판에서 크게 일으켜 전쟁을 개시한다." 이 대목 역시 병사와 말이 모두 괴로워하고 서로 살육을 자행하던 참혹한 당시의 상황을 반영하고 있다. 이 장과 제30장, 제31장은 모두 반전사상을 담고 있으며, 당시의 무력 침략이 백성들에게 가져온 재앙을 통렬하게 비난하고 있다.

제47장

【원문】

不出戶, 知天下; 不闚牖, 見天道①. 其出彌遠, 其知彌少.
是以聖人不行而知, 不見而明②, 不爲③而成.

【주석】

① 천도天道: 자연계의 법칙이다.

② 불견이명不見而明: "명明"은 원래 "명名"으로 되어 있다. "명名"과 "명明"은 옛날에
통용되었다. 장사성본에는 "명明"으로 되어 있다.

　　장석창이 말했다. "'명名'과 '명明'은 옛날에 통용되었으나 『노자』에는 '명明'으
로 되어 있지 '명名'으로 되어 있지 않았다. 제22장에서 '자신을 드러내지(見)
않지만 도리어 뚜렷이 보일 수 있다(明)'고 하였고, 제52장에서 '미세한 것까지
살펴볼 수 있는 것을 '명明'(밝음)이라 부르고'라 하여 모두 '견見'과 '명明'을
연결하여 말한 것이 모두 그 증거이다. 이는 마땅히 장사성본에 근거하여
개정해야 한다." 내 생각은 다음과 같다. "불견이명不見而明"은 살펴보지 않고도
천도를 이해하는 것을 가리킨다. 『한비자』「유로」에서 『노자』를 인용할 때도
"불견이명不見而明"이라고 하였으니, 이에 근거하여 "명名"을 "명明"으로 개정해
야 한다.

③ 불위不爲: 무위無爲이다.

【번역】

문 밖으로 나가지 않더라도 충분히 천하의 사리를 미루어 알 수 있고, 창밖을 보지 않더라도 충분히 자연계의 법칙을 이해할 수 있다. 밖으로 달려 나갈수록 도에 대한 앎이 적어진다.

따라서 성인은 나가지 않고도 감지할 수 있고, 관찰하지 않고도 이해할 수 있으니, 무위함으로써 공을 이루어 낼 수 있는 것이다.

【해설】

　　노자는 내재적인 직관으로 자신을 성찰하는 것을 매우 중시했다. 그는 우리들의 마음이 만약 외부를 향하여 내달리게 되면 사려를 어지럽게 만들고 정신을 혼란하게 만들 것이라고 생각했다. 마음이 붕 떠 있거나 조급하게 움직인다면 자연히 외부 세계의 사물을 명철하게 꿰뚫어 볼 수 없을 것이다. 그래서 노자는 "밖으로 달려 나갈수록 도에 대한 앎이 적어진다"고 하였다.

　　노자는 세상의 모든 사물들이 모두 특정한 법칙에 따라 운행하고 있으며 이러한 법칙(또는 원칙)을 파악하기만 하면 당연히 사물의 진정한 실상을 훤하게 살펴볼 수 있을 것이라고 생각했다. 노자는 우리들이 자기 수양의 공부를 통하여 자신의 내면을 되돌아보고 마음을 가리고 있는 것을 깨끗하게 제거하여 본래부터 명철한 지혜와 텅 빈 고요한 마음으로 외부 사물을 관조하고 외부 사물이 운행되는 법칙을 이해해야 한다고 생각했다.

　　이상의 관점은 노자에만 국한되지 않는다. 장자와 불교 역시 기본적으로 유사한 관점을 지니고 있다.(노자의 설명은 장자처럼 그렇게 분명하지는 않다.) 개괄적으로 말해서 동양의 사상에는 이와 같은 기본적인 믿음이 깔려 있다고 할 수 있다. 그리고 이러한 관점은 서양의 사상 및 정신분석학의 관점과 상이하다고 할 수 있다. 그들은 인간의 마음 깊숙한 곳에 근심과 불안이 자리 잡고 있어서 마음의 심층을 향해 파고들어 갈수록 이것이 기저에서 분출되면서 불안정한 상태로 요동치고 있음을 발견하게 될 것이라고 본다.

제48장

【원문】

爲學日益①, 爲道日損②. 損之又損, 以至於無爲. 無爲而無不爲③. 取④天下常
以無事⑤, 及其有事⑥, 不足以取天下.

【주석】

① 위학일익爲學日益: "위학爲學"은 외물을 탐구하는 지식활동을 가리킨다.

　　하상공 주에서 말했다. "'학學'은 정치와 교화, 예와 악에 관한 학문을 의미한다.
'일익日益'은 정욕과 문식이 날마다 더욱 많아지는 것이다."

　　장석창이 말했다. "'위학자일익爲學者日益'은 세속의 군주가 유위의 학문을
하는 것은 욕망을 매일 증가시키는 것에 목적을 두고 있으니, 욕망이 매일
증가하게 되면 천하가 이로 인해 많은 문제가 발생하고 혼란에 빠지게 됨을
말한 것이다."

② 위도일손爲道日損: "위도爲道"는 명상이나 체험을 통하여 사물이 아직 분화하기
이전 상태의 "도道"를 깨닫는 것이다. 백서 을본에는 "문도자일손聞道者日損"으로
되어 있다.

　　장대년이 말했다. "덜어 냄을 중시하는 사상은 노자가 창시하였다. 노자는
덜어 냄과 늘림을 구별했던 최초의 인물이었다."

　　풍우란이 말했다. "'위학爲學'은 외물에 대한 지식을 구하는 것이다. 지식은
많이 축적될수록 좋기 때문에 '매일 늘려 나가야' 한다. '위도爲道'는 도에 대한
체득을 추구하는 것이다. 도는 말할 수 없고 이름 붙일 수 없는 것이기 때문에

도에 대한 체득은 지식을 줄여 나가는 과정을 필요로 한다. '소박함을 지니고 사욕을 줄이기'(제19장) 때문에 '날로 줄여 나가야' 하는 것이다.……『노자』는 결코 완전히 지식을 추구하지 말라고 하지 않았다. 그래서 여전히 '관찰'이라는 방법으로 외부 세계에 대한 지식을 추구해야 한다고 하였다. 『노자』의 관점에서 도를 추구하면 날로 덜어 내야 하지만 배움을 추구하면 날로 늘려 나가야 한다. 그러나 덜어 냄과 늘려 나감은 결코 동일한 대상에 대한 일이 아니다. 날로 덜어 내는 것은 욕망이나 감정의 부류를 가리키지만, 날로 늘려 나가는 것은 지식을 쌓아 가는 문제를 가리킨다. 이 두 가지는 결코 모순이 아니다. 나의 표현대로 하자면, 도를 추구하여 얻게 되는 것은 정신적 경지이고, 학문을 추구하여 얻게 되는 것은 누적된 지식이다. 이 두 가지는 서로 관련이 없는 일이다. 학식이 뛰어난 사람의 정신적 경지가 오히려 마치 어린아이와 같이 천진난만할 수 있다. 『노자』의 표현에 의하면 동일한 사람이라도 늘려가야 할 바가 무엇인지 알아야 하고, 욕망을 줄여 나가는 자세를 견지해야 한다."(『中國哲學史新編』)

고명이 말했다. "'위학爲學'은 학문을 깊이 연구하는 것을 가리킨다. 세월이 지날수록 누적으로 인해 지식은 더욱 깊어지고 넓어진다. '문도聞道'는 자기 수양에 의지하여 고요한 마음으로 관조하고 멀리까지 내다봐야 한다는 의미이니…… 순박함으로 돌아가는 것이다."

③ 무위이무불위無爲而無不爲: 함부로 행동하지 않으면 무슨 일이든 해내지 못하는 것이 없다.

장석창이 말했다. "윗사람이 무위하면 백성들 역시 저절로 바르게 되어 각각의 생업이 안정된다. 그러므로 무슨 일이든 해낼 수 있는 것이다. '무위無爲'는 원인을 말한 것이고, '무슨 일이든 해낼 수 있음'(無不爲)은 결과를 말한 것이다."

④ 취取: 행위하다, 다스린다. 섭화攝化와도 유사하다.

하상공 주에서 말했다. "취取는 다스린다는 의미이다."

장석창이 말했다. "『광아』「석고」에서 '취取는 행위한다(爲)는 의미이다'라

하였고, 『국어』 권14에서 '병을 치료(爲)할 수 없습니다'라 하였는데 위소의
주에서 '위爲는 치료하다(治)라는 의미이다'라고 하였다. 그렇다면 '취取'는 '위爲'
와 통하고, '위爲'는 '치治'와 통하는 것이다. 그러므로 하상공의 주에서 '취取는
다스린다는 의미이다'라고 하였다."

⑤ 무사無事: 소란스러운 일이 없다는 의미이다.

⑥ 유사有事: 정치행위가 번잡하고 가혹한 것이다. 여기서 "사事"는 "말썽을 일으킨
다"는 의미와 같다.

【번역】

학문을 추구하면 나날이 (지식이) 늘어나고, 도를 추구하면 나날이 (정묘한
지모智巧가) 줄어든다. "무위無爲"의 경지에 도달할 때까지 줄이고 또 줄여
나간다.
무위할 수 있으면 무슨 일이든 해내지 못하는 것이 없을 것이다. 국가를 다스릴
때에는 항상 청정淸靜의 상태에서 소란을 피우지 말아야 하니, 정치행위가 번잡하
고 가혹한 지경에 이르면 곧 국가를 다스릴 자격이 없게 된다.

【해설】

    "학문을 추구하는 것"은 외부 세계의 경험적 지식을 추구하는 것이다. 경험적
지식은 누적할수록 늘어난다. "도를 추구하는 것"은 완고하고 헛된 편견을 제거하
고, 마음의 시야를 넓게 열어서 주체의 정신적 경지를 제고하는 것이다.

    "도를 추구하는 것"은 사물의 근본을 탐구하는 것이고, 더 중요하게는 인간의
정신적 경지를 제고시키는 것이다. 작금의 철학적 작업은 "학문을 추구하는
것"도 필요하지만, "도"를 추구하는 것이 더욱 중요하다.

제49장

【원문】

聖人常無心^①, 以百姓心爲心.

善者, 吾善之; 不善者, 吾亦善之; 德^②善.

信者, 吾信之; 不信者, 吾亦信之; 德信.

聖人在天下, 歙歙焉^③, 爲天下渾其心^④, 百姓皆注其耳目^⑤, 聖人皆孩之^⑥.

【주석】

① 상무심常無心: 통행본에는 "무상심無常心"으로 되어 있으나 백서 을본에 의거하여 개정한다.

　　왕안석이 말했다. "성인에게 일정한 마음이 없는 것은 '길흉을 백성과 함께 근심'하기 때문이다."

　　장순일이 말했다. "경룡비본, 고환본은 모두 '상常'자가 없지만, 이 문장은 마땅히 '상무심常無心'이 되어야 한다.(『老子通釋』)

　　엄영봉이 말했다. "장순일은 '상무심常無心'이 되어야 한다고 하였는데, 장순일의 설이 옳다. 하상공의 주에서 '성인은 변화를 중시하지만 계승도 중시하니 마치 고정된 마음이 없는 것 같다'고 하였다. 엄준은 '고정된 마음이 없는 마음이야말로 마음의 주인이다'라고 하였다. 유진희는 '성인은 고정된 마음이 없어서 외물에 감촉하면 곧바로 적절하게 대응한다'고 하였다. 이영의 주에서 '성인은 고정된 마음이 없어서 천지와 덕이 합치되는 것이다'라고 하였다. 왕안석은 '성인은 고정된 마음이 없기 때문에 사려가 없고 작위가 없는 것이다'라고 하였다. 『노자』 제2장에 대하여 왕방은 '성인은 고정된 마음이 없어서 백성의 마음을 자신의 마음으로 삼는다'고 주를 달았는데, 바로 이 장의 경문을 인용한 것이다. 왕안석 부자는 모두 '무심無心'(고정된 마음이 없다.)으로 썼다. 아마도 고본에는 '무심無心'으로 되어 있었을 것이다.…… 또 고환본, 경룡비본에는 모두 '상常'자가 없고, 바로 '무심無心'으로만 되어 있다." 백서를 통하여 검증해 보면 엄영봉의 설이 옳다.

　　장송여가 말했다. "'항무심恒無心'은 하상공본, 부혁본, 왕필본, 범응원본 및 당송 이래의 여러 판본들에서 대부분 '무상심無常心'으로 잘못되어 있다. 이로 인해 많은 사람들이 '상심常心'으로 문장을 짓곤 하였다. 예를 들어 초횡의 『노자익』에서는 '무상심無常心은 마음에 중심이 되는 것이 없다는 의미이다'라고 하였다.…… 경룡비본, 돈황본, 고환본 등 여러 판본의 경우 '상常'이나 '항恒'이 없으며 모든 구절에서 '성인무심聖人無心, 이백성심위심以百姓心爲心'으로 되어 있다. 이러한 사실로부터 '상심常心' 두 글자는 결코 노자 고유의 술어가 아님을 검증할 수 있다. 이 구절은 '항무심恒無心'으로 되어 있는 백서본을 따르거나, '상무심常無心'으로 되어 있는 일부 통행본에 의거해야 할 것이다. 무심無心이란 사심이 없다는 의미이다."

② 덕德: "득得"의 가차이다.

　　"덕德"이 "득得"으로 되어 있는 경우는 경룡비본, 돈황본, 부혁본, 명태조본, 육희성본, 사마광본, 엄준본, 『차해』본, 장사성본, 임희일본, 오징본, 왕방본이다. 이러한 판본에는 "덕선德善", "덕신德信"의 "덕德"이 모두 "득得"으로 되어 있다.

③ 흡흡언歙歙焉: "흡歙"은 수렴한다는 의미이니, 주관의 욕구를 거두어들임을 가리킨다. "언焉"자는 통행본에 누락되어 있으나 부혁본, 사마광본, 이약본, 오징본, 범응원본에는 모두 "언焉"자가 있다. 왕필의 주에서 말했다. "따라서 성인은 천하에 대하여 편파적(歙歙焉)이지 않으니, 마음에 고정된 중심이 없기 때문이다." 왕필의 주에 의거하면 "흡흡歙歙" 아래에 "언焉"자가 있어야만 한다. 여기에서는 부혁본 및 백서본에 의거하여 글자를 보충한다.

범응원이 말했다. "흡歙은 음이 '흡吸'이니 수렴한다는 의미이다."

유사배가 말했다. "'흡歙'은 거두어들여서 가린다는 의미이다. 이는 성인이 천하를 다스릴 때 정치의 시행에서 사치나 과장을 숭상하지 않음을 말한 것이다."

서복관이 말했다. "흡흡歙歙은 천하를 다스릴 때 적극적으로 자신의 의지를 제거하여 자신의 의지가 내 마음의 주인이 될 만큼 확장되지 않도록 만드는 것이다. 이는 마치 숨을 안으로 들이마시는 것과 같다."(『中國人性論史』)

④ 혼기심渾其心: 사람들의 마음을 소박하게 만든다.

⑤ 백성개주기이목百姓皆注其耳目: 백성들은 모두 귀와 눈에 집중한다. 이는 백성들이 경쟁적으로 지모를 사용하는 것을 가리키니, 바로 왕필의 주에서 "각자 자신의 총명함을 사용한다"고 말한 것이다. "각자 자신의 총명함을 사용하는" 상황에서는 자연히 각종 분쟁이나 쟁탈이 발생한다.

감산덕청의 주에서 말했다. "백성개주기이목百姓皆注其耳目은 눈을 집중하여 보고 귀를 기울여서 들음으로써 참과 거짓을 명명백백하게 가린다는 의미이다."

⑥ 성인개해지聖人皆孩之: 성인은 마치 어린아이 같은 태도로 그들을 대한다.

서복관이 말했다. "성인이 어린아이 같은 태도로 백성을 대하는 방법은 성인 역시 스스로 순일함을 품고 순박함을 지켜서 백성들에게 혼란을 주지 않는 것뿐이다. 이것 역시 무위로 다스리는 것이다."

【번역】

성인은 주관적인 선입견이 없어서 백성의 마음을 자신의 마음으로 삼는다. 선량한 사람의 경우 나는 그를 잘 대우해 주고, 선량하지 않은 사람조차 나는 그를 잘 대우해 주니, 이와 같이 해야만 모든 사람들이 선을 향하도록 만들 수 있다.

신뢰를 지키는 사람의 경우 나는 그를 신뢰하지만, 신뢰를 지키지 않는 사람조차 나는 그를 신뢰하니, 이와 같이 해야만 모든 사람들이 신뢰를 지키도록 만들 수 있다.

높은 지위에 있는 성인은 자신의 주관적인 선입견과 욕구를 거두어들여 사람들의 마음을 소박하게 만든다. 백성은 모두 자신의 귀와 눈에 집중하지만, 성인은 도리어 마치 어린아이 같은 태도로 그들을 대한다.

【해설】

　　이상적인 통치자는 자신의 선입견과 욕구를 거두어들이고, 자신의 주관에 따라 시비와 호오의 기준을 재단하지 않는다. 자기중심적 마음을 제거하여 백성이 필요로 하는 것을 명확하게 인식하고 피차간에 놓여 있는 간극을 연결하는 통로를 활짝 열어 준다.

　　이상적인 통치자는 순박하고 진실하여 (선한 사람과 불선한 사람을 막론하고) 누구든지 선한 마음으로 대하며, (신뢰를 지키는 사람과 신뢰를 지키지 않는 사람을 막론하고) 모든 사람을 진실한 마음으로 대한다. 이러한 내용들은 "버려지는 사람이 없고" "버려지는 사물이 없는"(제27장) 인도주의의 정신과 동일선상에 있다.

제50장

【원문】

出生入死①. 生之徒②, 十有三③; 死之徒④, 十有三; 人之生[生], 動之於死地⑤, 亦十有三. 夫何故? 以其生生之厚⑥.

蓋聞善攝生⑦者, 陸行不遇⑧兒虎, 入軍不被甲兵⑨; 兇無所投其角, 虎無所用其爪, 兵無所容其刃. 夫何故? 以其無死地⑩.

【주석】

① 출생입사出生入死: 사람이 세상에 나오면 삶이 되고, 땅으로 들어가면 죽음이 된다.

　　이 구절은 통상 두 가지의 해석이 있다. 첫 번째, 사람이 삶의 길에서 벗어나면 바로 죽음의 길로 걸어 들어간다. 왕필의 주에서 말했다. "삶의 길에서 벗어나서 죽음의 길로 들어선다." 두 번째, 사람은 탄생에서 시작하여 죽음으로 끝난다. 오징이 말했다. "'출出'은 즉 태어남이고, '입入'은 즉 죽음이다. '출出'은 무無로부터 유有로 나타나는 것이고, '입入'은 유有로부터 무無로 돌아가는 것이다." 또 장석창의 경우 이렇게 말했다. "이는 사람이 세상에 태어나는 것이 삶이고, 땅으로 들어가는 것이 죽음이라는 말이다." 【번역】은 후자의 해석을 따랐다.

② 생지도生之徒: 오래 사는 부류. "도徒"는 '부류' 혹은 '속하는 것'이라는 의미이다.

　　왕필의 주에서 말했다. "삶의 도리를 취하여 삶을 지극히 온전하게 한다."

　　오징이 말했다. "무릇 근심과 욕망으로 수명을 단축시키지 않고, 추위와 무더위로 병에 걸리지 않으며, 형벌과 전란과 자연재해의 화를 멀리할 수 있는 자가 오래 사는 부류이다."

장석창이 말했다. "장수하는 부류이다."(『老子校詁』)

③ 십유삼十有三: 10등분 중에 3등분이 있다는 말이니, 즉 10분의 3이다. 많은
해석자들이 『한비자』의 설명을 따라 "십유삼十有三"을 "팔·다리의 사지와 눈·
귀 등 아홉 개의 구멍"이라고 해석하였는데, 이러한 설명은 잘못된 것이다.

왕필의 주에서 말했다. "'십유삼十有三'은 10등분 중에 3등분이 있다는 의미이다."

사마광이 말했다. "대체로 유연함과 부드러움으로 삶을 보존하는 자가 셋이고,
굳셈과 강직함으로 죽음을 재촉하는 자가 셋이다. 비록 삶을 소중히 여기는
것에 뜻을 두었지만 죽음을 재촉하는 것을 면치 못하는 자 역시 셋이다. 삶을
아끼지만 죽음을 재촉하는 이유는 자기 자신을 지나치게 떠받들기 때문이다."(『道
德眞經論』)

양홍순이 말했다. "삶과 죽음이 순환하는 것이 '도'라는 자연법칙 중 하나이다.
노자가 보기에, 인간 사회에서 3분의 1의 사람들은 삶의 자연스러운 번영을
향하여 달려가고, 3분의 1의 사람들은 자연스러운 죽음을 향하여 달려간다.
나머지 3분의 1의 사람들은 삶이라는 자연성, 즉 '도'의 법칙을 위배하였기
때문에 자신의 능력으로 미칠 수 없는 일들을 하려고 하다가 결국 제 명보다
일찍 죽고 만다."

④ 사지도死之徒: 요절하는 부류이다.

장석창이 말했다. "요절하는 부류이다."

고연제가 말했다. "'사지도死之徒'는 하늘로부터 받은 수명이 짧은 사람이
중도에 요절하는 것을 말한다."(『老子證義』)

⑤ 인지생[생]人之生生, 동지어사지動之於死地: "인지생생人之生生"은 왕필본에는 "인
지생人之生"으로 되어 있으나 부혁본과 백서본에 의거하여 개정한다. "생생生生"
은 술어와 빈어로 구성된 구이다. 현대어로 번역하면 "과도하게 생명을 보양한
다"고 할 수 있다.(고명의 설) 앞 문장의 "생지도生之徒"와 "사지도死之徒"가 모두
자연스러운 장수와 단명에 대하여 말한 것이라면, 여기에서 "동지우사지動之于死

地"라고 한 것은 자연성과 상반되는 인간의 인위에 대하여 "동動"이라고 한 것이니, "동動"은 작위나 멋대로 행동하는 것을 의미한다. 10분의 9는 모두 "섭생을 잘하는" 부류에 속하지 않는다. 그 밖의 10분의 1만이 멋대로 행동하지 않고, 자연自然에 맡겨 두며, "정신과 육체가 합일하도록"(제10장) 수양하는 것에 주의를 기울이는 이들로, 이들이 바로 "섭생을 잘하는" 사람들이다.

　　고연제가 말했다. "'멋대로 행동하다가 죽는다'는 "본래는 타고난 수명이 두터워서 오래 살 수 있었는데, 자신이 그것을 보전하지 못하여 스스로 사지로 들어선 것을 말한다."

⑥ 생생지후生生之厚: 후하게 자신을 떠받들어 삶을 추구한다.

　　고형이 말했다. "'생생지후生生之厚'는 가무와 여색 등 감각적 쾌락에 지나치게 탐닉하는 것이니, 이러한 자들은 자신의 삶을 훼손하여 사지를 향해 간다."

　　고연제가 말했다. "'생생지후生生之厚'는 부귀한 사람들이 자기 자신을 지나치게 보양하여 아름다운 의복을 입고 맛있는 음식과 건강을 위한 약을 복용하는 방식으로 불로장생을 추구하다가 마침내 스스로 사지를 밟게 된다는 말이다. 이는 사지를 향하여 움직이는 사람들의 극단적인 경우이다. 왜냐하면 세속의 사람들은 단지 상처를 입는 것이 생명에 피해를 주는 반면 자기 자신을 지나치게 보양하는 것이 훌륭한 양생에 속한다고만 생각할 뿐 이러한 방식이 죽음을 가져오는 것과 매한가지라는 사실을 전혀 모르기 때문이다. 그러므로 반복하여 말하였다."

⑦ 섭생攝生: 양생을 의미한다. 섭攝은 '몸조리하다' 혹은 '몸을 잘 보전한다'는 의미이다.

⑧ 시兕: 무소, 코뿔소.

⑨ 입군불피갑병入軍不被甲兵: 전쟁 중에도 죽거나 상해를 입지 않을 수 있다.

　　마총이 말했다. "전쟁과 살상을 좋아하지 않는다."(『老子意林』)

　　장석창이 말했다. "『광아』「석고」권2에서 말했다. '피被는 입는다加는 의미이다.' '우遇'와 '피被'는 피동을 만들어 주는 동사이다.…… 군대에 들어가더라도

적의 영역 안으로 가지 않기 때문에 결코 병기에 의하여 피해를 입지(∭) 않는다."

⑩ 무사지無死地: 죽음의 영역으로 들어가지 않았다.

【번역】

사람이 세상에 태어나는 것은 삶이고, 땅에 들어가는 것은 죽음이다. 장수하는 부류는 10분의 3을 차지하고, 요절하는 부류가 10분의 3을 차지한다. 사람 중에서 과도하게 생명을 보양하고, 멋대로 행동하면서 죽음의 길을 향해 달려가는 것이 또한 10분의 3을 차지한다. 어째서인가? 바로 과도하게 보양하였기 때문이다. 듣기로는 생명을 잘 보양하는 사람은 육지를 다니더라도 코뿔소와 호랑이를 만날 리 없고, 전쟁 중에도 죽거나 다칠 리 없다고 한다. 코뿔소는 뿔이 아무런 소용이 없고, 호랑이는 날카로운 발톱이 아무런 소용이 없으며, 병기는 날이 아무런 소용이 없다. 어째서인가? 바로 그가 죽음의 영역으로 들어선 적이 없기 때문이다.

【해설】

세상에 살아가는 사람들 중에서 대략 10분의 3은 장수하고 10분의 3은 요절한다. 이러한 모든 것은 자연스러운 삶과 죽음에 속한다. 그 밖에 10분의 3에 속하는 사람들은 본래 오래 살 수 있었는데 욕망을 지나치게 추구하다가 신체를 상하게 하거나 자신의 생명을 깎아먹는다. 단지 (10분의 1에 속하는) 극소수의 사람들만이 자신의 생명을 잘 보양해 낸다. 그들은 사욕을 줄이고 청정한 마음과 질박한 상태를 유지하여 자연自然에 완전히 순응하는 생활을 영위할 수 있다.

제51장

【원문】

道生之, 德畜之, 物形之, 勢成之^①.

是以萬物莫不尊道而貴德.

道之尊, 德之貴, 夫莫之命而常自然^②.

故道生之, 德畜之; 長之育之; 亭之毒之^③; 養之覆之. 生而不有, 爲而不恃, 長而不宰, 是謂"玄德"^④.

【주석】

① 도생지道生之, 덕휵지德畜之, 물형지物形之, 세성지勢成之: "도道"는 만물이 생성되는 궁극적인 근거이고, "덕德"은 개체로서 하나의 사물이 생성되는 근거이다.(장대년, 『中國哲學大綱』) "세勢"에는 몇 가지 해석이 있다. 첫 번째는 '환경'이다. 장석창의 경우 이렇게 말했다. "'세勢'는 각 사물이 처한 환경을 가리켜서 말한 것이니 지형의 변천, 기후의 차이, 물과 육지의 다름 등이 이에 해당한다." 두 번째는 '힘'이다. 진주의 경우 "'세勢'는 힘이다"라고 하였다. 그러나 진주는 "힘"이 사물 안에 내재한 힘을 지칭하는지 아니면 외재하는 자연계의 힘을 지칭하는지 설명하지 않았다. 자연계의 힘을 지칭하는 것이라면(예를 들어 하상공의 주에서는 "추위와 더위의 힘勢이다"라 하였고, 감산덕청의 주에서는 "'세勢'란 강하게 영향을 준다는 의미이다. 봄의 기운이 만물에 강하게 영향을 주기 때문에 만물은 생장하지 않을 수 없다. 가을의 기운이 만물에 강하게 영향을 주기 때문에 만물은 성숙해지지 않을 수 없다"라고 하였다.) 이러한 해석은 전자와 서로 유사할 것이다. 왜냐하면 추위와 더위, 기후 등 자연계의

힘이 미치는 영향은 환경적 요인에 속하기 때문이다. 그래서 "세勢"에 대한 두 번째 해석은 사물에 내재하는 힘을 지칭한다고 봐야 할 것이다. 세 번째는 '대립'이다. 임희일의 경우 이렇게 말했다. "세勢에는 대립이 있다. 그러므로 '세勢는 만물을 완성시킨다'고 하였다. 음양이 서로 짝을 이루는 것과 사계절이 서로 원인이 되는 것 모두 세勢이다." 또 엄영봉은 말했다. "이것과 저것이 서로 도움을 주고 서로를 이용하는 것은 그 형세(勢)가 서로 의존하는 것이다. 그러므로 '세勢는 만물을 완성시킨다'고 하였다." 【번역】은 첫 번째 견해를 따랐다.

장대년이 말했다. "노자는 '도가 낳아 주고, 덕이 길러 주고, 사물이 형체를 이루고, 형세가 완성시킨다'고 하였다. 한 사물은 도에 말미암아 생겨나고, 덕에 말미암아 길러지며, 이미 존재하고 있는 다른 사물에 말미암아 형체가 이루어지고, 환경이라는 형세에 말미암아 만들어진다. 도와 덕은 하나의 사물이 발생하고 발전하는 근원적인 근거이다. 『장자』「천지」에서는 '사물이 도를 얻어 생성되니 이것이 바로 덕德이다'라고 하였는데, 이에 따르면 덕은 하나의 사물이 도로부터 획득한 것이다. 덕은 분화된 것이고 도는 완전한 것이다. 도로부터 획득되어 어떤 한 사물의 본질(體)이 된 것이 덕이다. 덕은 바로 한 사물의 본성本性이다. 도와 덕은 도가철학의 두 가지 기본 개념이다. 그러므로 도가를 '도덕가道德家'로 칭하기도 한다."

풍우란이 말했다. "노자가 생각하기에 만물의 형성과 발전에는 네 가지 단계가 있다. 먼저 만물은 모두 '도'로부터 구성된 것이고, '도'에 의거해야만 비로소 생겨날 수 있다.('도가 낳는다.') 다음으로 생겨난 이후에 만물은 각각 자신의 본성을 얻는데, 자신의 본성에 의존하여 자신의 존재를 유지한다.('덕이 길러 준다.') 자신의 본성이 있게 된 이후에 다시 일정한 형체가 있어야만 비로소 구체적 사물이 될 수 있다.('사물이 형체를 이룬다.') 마지막으로 사물의 형성과 발전은 다시 주위 환경의 조력과 제한을 받을 수밖에 없다.('형세가 완성시킨다.') 이러한 네 가지 단계 중에서 '도'와 '덕'이 근본적인 근거가 된다. '도'가 없다면 만물은 생겨날 수 있는 근거가 없고, '덕'이 없다면 만물은 그 무엇도 자신의 본성을 가질 수 없다. 그래서 '만물은 도를 존숭하고 덕을 귀하게 여기지 않는 경우가 없다'고 한 것이다. 그러나 '도'가 만물을 생장시키는 것은 자연스럽게(自然) 그렇게 하는 것이고, 만물이 '도'에 의존하여 생장하고 변화하는 것 역시 자연스럽게(自然) 그렇게 되는 것이다. 이는 그것들이 이렇게 되도록 주재하는 것이 없다는 말이다. 그래서 '그 어떤 것도 명령하지 않았지만 항상 스스로 그러한 것이다'라고 하였다."

또 "세성지勢成之"는 백서 갑본과 을본에 모두 "기성지器成之"로 되어 있다. 고명이 말했다. "내 생각은 다음과 같다. 사물은 먼저 형체가 있게 된 이후에야 도구(器)가 된다. 『노자』 제28장에서 '순박함의 도가 흩어져서 만물(器)이 된다'고 하였는데 왕필의 주에서 '박樸은 참되다는 의미이다. 참된 것이 흩어지면 온갖 행위가 발생하고 각종 부류가 생겨나는 것이 마치 그릇(器)과도 같다'고 하였다. 제29장에서는 '천하는 신성한 기물(神器)이다'라고 하였는데 왕필의 주에서 '기물(器)은 여러 가지가 합해져서 완성된다. 그러나 어떠한 형체도 없이 합해졌기 때문에 경문에서 신묘한 기물이라고 말했다'고 하였다. 『주역』 「계사전」에서는 '형체를 이루게 되면 이것을 도구(器)라고 한다'고 하였는데 한강백의 주에서 '형체를 이루게 된 것을 도구(器)라고 한다'고 하였다. 이러한 모든 사례에서 '형形'과 '기器'는 같은 의미로 연용된다. 이로부터 통행본의 '세勢'자는 '기器'자의 가차이며, 백서 갑본과 을본에 따라 '기성지器成之'가 되어야 함을 알 수 있다. 사물은 생겨난 이후에 길러지고, 길러진 이후에 형체가 구성되고, 형체가 구성된 이후에 도구로 완성된다. 생겨나게 되는 원인은 도이고, 길러 주는 것은 덕이며, 형체가 구성된 것이 사물이고, 완결된 것이 도구이다."

② 막지명이상자연莫之命而常自然: 간섭하지 않고 만물이 자연自然에 순응하여 따르도록 한다.

장석창이 말했다. "도가 존귀하고 덕이 귀중한 이유는 바로 만물에게 명령을 내리거나 간섭하지 않고 스스로 변화하고 스스로 완성하도록 가만히 맡겨 두기 때문이다."

장대년이 말했다. "만물은 모두 도에 말미암아 생성되지만, 도가 만물을 생성하는 것은 역시 스스로 그렇게 하도록(自然) 무위한다. 만물이 도를 따르는 것 또한 스스로 그러할 뿐이다(自然). 노자의 우주론에는 상제나 신의 자리가 없다."

③ 정지독지亭之毒之: 두 가지 해석이 있다. 첫 번째, 각각 "편안하게 만든다"(安)와 "안정시킨다"(定)로 읽는 것이다. 『창힐편』에서 "정亭은 안정된다는 의미이다"라고 하였고, 『광아』「석고」에서 "독毒은 편안하다는 의미이다"라고 하였다. "정지독지亭之毒之"는 바로 안정시키고 편안하게 만든다는 의미인 것이다. 두 번째, 각각 "완성하다"(成)와 "지킨다"(熟)로 읽는 것이다. 하상공본과 기타 고본에는 "정지독지亭之毒之"가 "성지독지成之毒之"로 되어 있는 경우가 많다. 고형이 말했다. "'정亭'은 '완성하다'(成)로 읽어야 하고, '독毒'은 '지킨다'(熟)로 읽어야 한다. 모두 음이 동일하여 통용되었다." 내 생각에, "독毒"은 "도𡑞"의 가차자이다. 『설문해자』에서 말했다. "도𡑞는 보루라는 의미이니 흙을 높게 쌓은 것이다. 발음은 '독毒'과 같다." 도𡑞는 흙으로 만든 보루인데 명칭과 작용은 서로 연관되기 때문에 "안전하게 지킨다"는 의미가 있는 것이다. 이 구절에서 말하고 있는 의미는 만물의 심성을 평안하게 만든다는 것이다.

부산傅山이 말했다. "'정亭'과 '독毒' 두 글자가 가장 긴요하다. 특히 '독毒'은 가장 훌륭하고 가장 의미가 깊다. 그 안에는 금지된 것을 범하지 말라는 의미가 함축되어 있고, 또 고통 속에서 견고해진다는 의미가 함축되어 있다." 이 또한 일리가 있는 해석이다.

④ 생이불유生而不有, 위이불시爲而不恃, 장이부재長而不宰, 시위현덕是謂玄德: 이 네 구절은 제10장에서도 중복되어 등장한다.

풍우란이 말했다. "'도道'는 결코 어떤 의식이나 목적을 가지고 만물을 창조하지 않았다. 그래서 노자는 '생이불유生而不有, 위이불시爲而不恃, 장이부재長而不宰'라고 하였다.(『노자』 제10장에도 이 문장이 있다.) 이 문장의 의미는 바로 '도'가 만물을 낳고 길러도 자신의 소유로 여기지 않고, '도'는 만물을 형성시키지만 자신에게 공이 있다고 자부하지 않으며, '도'는 만물의 수장이지만 스스로 만물을 주재한다고 간주하지 않는다는 것이다. 이러한 논점은 만물의 형성과 변화가 초자연적인 의지로부터 지배받지 않으며, 또한 예정되어 있는 어떤 목적이 있는 것도 아님을 표명하고 있다. 이는 일종의 유물론적이며 무신론적인 사상이다. 그는 창조설과 목적론을 부정하였을 뿐 아니라 '도'가 정신적 성격을 가진 실체가 아님을 표명하였다."

【번역】

도는 만물을 생성하고 덕은 만물을 길러 주며 만물은 각종 형태로 나타나고 환경은 각종 사물을 성장시킨다.

그래서 만물은 도를 존숭하지 않고 덕을 소중하게 여기지 않는 경우가 없다. 도가 존숭을 받는 이유와 덕이 소중하게 여겨지는 이유는 바로 그것이 간섭하지 않고 만물이 자연自然에 순응하여 따르도록 하는 것에 있다.

그래서 도는 만물을 생성하고 덕은 만물을 길러 주며, 만물을 성장시키고 양육시키며, 만물의 심성을 안정시키고, 만물이 아낌과 보호를 받을 수 있도록 한다. 만물을 낳고 길러도 자신의 소유로 삼지 않으며, 만물을 번성시키지만 자신의 능력을 자부하지 않으며, 만물을 성장시키지만 주재하지 않는다. 이것이 바로 가장 심오한 덕(玄德)이다.

【해설】

만물의 생장 과정은 다음과 같다. 첫 번째, 만물은 도에 말미암아 생겨난다. 두 번째, 도가 만물을 낳은 이후 또 만물에 내재하여 만물 각각의 본성이 된다.(도가 만물에 분화된 것이 바로 "덕"이다.) 세 번째, 만물이 각각의 본성에 의거하여 개별적이고 특수한 존재로 발전한다. 네 번째, 주위 환경의 도움이 각 개체로서의 만물을 생장시키고 성숙시킨다. "도"와 "덕"의 존귀한 이유는 바로 만물의 생성과 성장 활동에 간섭하지 않고 각 사물이 스스로 자라나고 스스로 완성하도록 가만히 놔둘 뿐 조금이라도 외부의 제한이나 방해를 가하지 않기 때문이다.

도는 만물을 창조할 때 결코 어떤 의도나 목적을 갖고 있지 않다. 그래서 "만물을 낳고 길러도 자신의 소유로 삼지 않으며, 만물을 번성시키지만 자신의 능력을 자부하지 않으며, 만물을 성장시키지만 주재하지 않는다"라고 말했다. "낳다"(生), "번성시키다"(爲), "성장시키다"(長)는 모두 도의 창조능력을 설명하고 있다. 반면 "자신의 소유로 삼지 않는다"(不有), "자부하지 않는다"(不恃), "주재하지 않는다"(不宰)는 모두 도가 점유하려는 의도를 지니고 있지 않음을 설명하고 있다. 도의 창조 과정 전체는 완전히 자연스러우며(自然), 각 사물의 성장 활동 역시 완전히 자유롭다.

　　이 장은 도道의 창조성에 점유하려는 성격이 전혀 포함되어 있지 않음을 설명하였다. 또한 도道와 각 사물의 자발성(spontaneity)을 서술하였다. 이러한 자발성은 도道에 함축되어 있는 독특한 정신일 뿐 아니라 노자철학의 기본 정신이기도 하다.

제52장

【원문】

天下有始①, 以爲天下母②. 旣得其母, 以知其子③; 旣知其子, 復守其母, 沒身不殆.

塞其兌, 閉其門④, 終身不勤⑤. 開其兌, 濟其事⑥, 終身不救.

見小曰明⑦, 守柔曰强⑧. 用其光, 復歸其明⑨, 無遺身殃⑩; 是爲襲常⑪.

【주석】

① 시始: 시작, 도를 가리킨다.

　　장대년 선생이 말했다. "노자 이전에는 아마도 우주의 시작과 끝에 관한 문제에 주목한 사람은 없었던 것 같다. 노자에 이르러서야 우주의 시작이 모든 것의 근본이라고 생각하게 되었다."(『中國哲學史大綱』)

② 모母: 근원을 의미하며, 도를 가리킨다.

③ 자子: 만물을 가리킨다.

④ 색기태塞其兌, 폐기문閉其門: 감각적 욕망의 구멍을 막고, 감각적 욕망의 문을 닫는다.

　　왕필이 말했다. "'태兌'는 무엇인가 하고자 하는 욕구가 생겨나는 곳이고, '문門'은 무엇인가 하고자 하는 욕구가 말미암아 나오는 곳이다."

　　해동이 말했다. "『주역』「설괘전」에서 '태괘(兌)는 입이다'라고 하였다. 이러한 의미가 확장되어 구멍이 있다고 말할 수 있는 것들을 '태兌'라고 하게 되었다.……

'색기태塞其兌'의 일차적인 의미는 문을 닫는다는 것이니, 백성을 무지하고 무욕하게 만드는 것이다."

고연제가 말했다. "'태兌'는 입이다. 입은 말이 나오는 곳이고, 문은 사람이 다니는 곳이다. 입을 막고 문을 닫으면 말이 많음을 귀하게 여기지 않고 이상한 행동을 하지 않게 된다."

⑤ 근근勤: 수고하다.

마서륜이 말했다. "'근勤'은 '근癉'을 가차한 것이다. 『설문해자』에서 '근癉은 병을 의미한다'고 하였다." 여기서의 "근勤"은 보통 "부지런하게 일한다"는 의미로 읽지만 고생한다(勞擾)는 의미를 포함한다. 마서륜의 설을 따를 필요는 없다.

⑥ 개기태開其兌, 제기사濟其事: 감각적 욕망의 구멍을 열면 어지럽고 복잡한 사건들이 늘어난다.

해동이 말했다. "'감각적 욕망의 문을 열면' 백성의 지모가 많아지고, 벌이는 일이 늘어나면 법령이 늘어나니 천하는 이로 인해 혼란에 빠지고 만다."

고연제가 말했다. "입을 숭상하는 자는 궁색해지고 하는 것이 많은 사람은 실패한다. 말과 행동이 많으면 쓸데없이 거짓만 늘어나서 일에는 무익하다."

⑦ 견소왈명見小曰明: 미세한 것을 관찰할 수 있어야 "명明"이다.

진주가 말했다. "작은 것을 볼 때 분석을 중시하면 사리를 보는 것도 명확해진다."

⑧ 강강强: 스스로 노력을 멈추지 않는다(自强不息)의 "강强"이니 '굳세다'는 의미이다.

⑨ 용기광用其光, 복귀기명復歸其明: "광光"은 밖으로 빛나는 것이고, "명明"은 안으로 밝히는 것이다.

오징이 말했다. "물이 거울처럼 사물을 비출 수 있는 것을 '광光'이라고 한다. 빛의 본질(體)을 '명明'이라고 한다. 밖을 비추는 빛을 되돌려서 안으로 비추면, 빛이 되돌아와서 내 마음 속 본체(體)의 밝음에 간직된다."

⑩ 무유신앙無遺身殃: 자신에게 재앙을 가져오지 않는다.

⑪ 습상襲常: 불변의 도(常道)를 계승한다. "습襲"은 통행본에 "습習"으로 되어 있다.

부혁본, 소철본, 임희일본, 오징본, 초횡본과 백서 갑본에는 모두 "습襲"으로 되어 있다.

마서륜이 말했다. "'습襲'과 '습習'은 옛날에 통용되었다. 『주례』「지관·서사」의 주에서 '옛 판본에는 '습襲'이 '습習'으로 되어 있다'고 하였으니 이것이 그 예증이다."

【번역】

천지만물은 모두 시작이 있으니 천지만물의 근원이다. 만약 근원을 알 수 있다면 만물을 이해할 수 있고, 만약 만물을 이해할 수 있고 만물의 근원을 지킬 수 있다면 평생토록 위험이 없다.

감각적 욕망의 구멍을 막고 감각적 욕망의 문을 닫으면 평생토록 고생하는 일이 없다. 감각적 욕망의 구멍을 열면 어지럽고 복잡한 사건이 늘어나서 평생토록 구제할 수 없다.

미세한 것까지 살펴볼 수 있는 것을 '명明'(밝음)이라 부르고 유약한 상태를 유지할 수 있는 것을 '강强'(굳셈)이라고 부른다. 지혜의 빛을 운용하여 내 마음속 밝음(明)으로 되비추면 자신에게 재앙을 가져오지 않을 것이니, 이것이 바로 영원히 지속되며 끊어지지 않는 상도常道라고 한다.

【해설】

이 장의 핵심은 다음과 같다. 첫째, 모든 사태와 현상으로부터 그 근원을 추적해 들어가서 근원적 원칙을 파악할 것을 요구했다. 둘째, 오로지 물욕만을 좇아서는 안 된다고 주장했다. 멋대로 물욕을 좇다간 장차 자기 자신조차 잃어버리는 결과를 낳을 것이다. 셋째, 인식 활동에 있어서 사욕과 잘못된 견해(妄見)의 장폐를 제거하고 마음 안으로 시야를 돌려서 본래부터 밝은 지혜를 살펴서 명철한 지혜의 빛으로 외부 사물을 비춘다면, 틀림없이 사리를 분명하게 살펴볼 수 있을 것이다.(이러한 사유는 앞의 제47장의 【해설】에서도 보인다. 여기에서는 단지 마음 안으로 시야를 돌리는 작용을 강조했을 뿐이다.) 이 장은 세속의 사람들이 자신의 뛰어난

지적 능력을 과시하기 좋아할 뿐 마음 안으로 수렴하여 간직할 줄 모른다는 의미를 함축하고 있다. 노자는 밖으로 내보이지만 말고 안으로 온축할 줄 알아야 함을 간절히 일깨우고 있다.

제53장

【원문】

使我^①介然有知^②, 行於大道, 唯施^③是畏.

大道甚夷^④, 而人^⑤好徑^⑥. 朝甚除^⑦, 田甚蕪, 倉甚虛; 服文彩, 帶利劍. 厭^⑧飲食, 財貨有餘; 是謂盜夸^⑨. 非道也哉!

【주석】

① 아我: 도道를 터득한 통치자를 가리킨다.

　　왕진이 말했다. "아我는 제후와 왕이다."

　　범응원이 말했다. "사아使我의 '아我'는 노자 자신을 가리키는 말이다."

② 개연유지介然有知: 약간 아는 것이 있다. 지식이 조금 있다.

　　"개介"는 미미하다는 의미이다. 『열자』「양주」에서 말했다. "아주 미미한(介然) 사려조차 없다." 『경전석문』에서 말했다. "개介는 미미하다는 의미이다." 고환본의 성현영 소에서 말했다. "개연介然은 미미하다는 의미이다."

③ 이施: 바르지 않다, 돌아서 가다.

　　왕염손이 말했다. "'이施'는 '이迤'로 읽는다. 이迤는 삐뚤다(邪)는 의미이다. 이 경문은 큰길을 가는 와중 삐뚤어진 길에 들어설까 염려한다는 말이다. 뒤의 문장에서 '큰길은 매우 평탄하거늘 백성들은 지름길을 좋아한다'고 하였는데 하상공의 주에서 '경徑은 바르지 않고 삐뚤어진 것이다'라고 하였으니 이것이 바로 그 증거이다. 『설문해자』에서 '이迤는 삐뚤어진 길(衺行)을 의미한다'고 하면서 『상서』「우서·우공」의 '동쪽으로 흐르다가 북쪽으로 꺾여 회수에서 만난다'는 말을 인용하였다. 『맹자』「이루離婁」에서는 '남편이 가는 곳을 구불구불 따라갔다'고 하였는데 조기의 주에서 '이施는 구불구불 똑바르지 않다는 의미이다'라고 하였으며 정공저에 의하면 음은 '이迤'라고 하였다. 또 『회남자』 「제속齊俗」에서 '잘못을 제거한다는 것은 미미한 잘못까지 비판하는 것이 아니다'라 하였는데 고유의 주에서 '이施는 미미하게 삐뚤어진 것을 의미한다'고 하였고, 「요략」에서 '곧은길을 만나고 삐뚠 길을 곧게 한다'라 하였는데 고유의 주에서 '이施는 삐뚤어졌다는 의미이다'라고 하였다. 이러한 것으로 볼 때 '시施'와 '이迤'는 통용된다."(『讀書雜志』에 포함된 「老子雜志」의 내용이다.)

전대흔이 말했다. "'시施'의 옛 음은 사斜이다. 『사기』「가생열전賈生列傳」에서 '경자일庚子日이 저물어 갈 무렵(施兮)'이라고 하였는데 『한서』에서는 시施가 사斜로 되어 있다. '시施'와 '사斜'는 음과 뜻이 같다."(『潛研堂文集』 권9에 수록되어 있으며, 장석창의 『老子校詁』에서 재인용하였다.)

④ 이夷: 평탄하다.

범응원본에 "이夷"가 "이侇"로 되어 있다. 범응원이 말했다. "'이侇'는 고본에는 이와 같이 되어 있다. 『설문해자』에서 말했다. '걷기에 평탄하다.'"

고형이 말했다. "이夷는 이侇를 가차한 것이니, 이侇는 길이 평평하다는 의미이다."

⑤ 인人: 군주를 가리킨다. 원래는 "민民"으로 되어 있었다. 뒤의 경문을 살펴보고 경룡비본에 의거하여 개정한다.

경룡비본, 이약본, 『차해』본에는 "민民"이 "인人"으로 되어 있다.

엄가균이 말했다. "그러나 사람들(人)은 지름길을 좋아한다."(『老子唐本考異』)

해동이 말했다. "'인人'은 군주를 가리켜서 말한 것이다. 여러 판본에서 모두 '민民'으로 잘못되어 있어서 뒤 문장과 의미가 이어지지 않는다. 옛 전적에는 '인人'과 '민民'이 종종 혼용되는데 둘이 통용될 수 있기 때문이다. 이 '인人'자는 군주에 해당하여 '민民'자로 가차할 수 없기에 여기에서는 개정하였다."

장석창이 말했다. "해동은 '민民'은 응당 '인人'으로 개정해야 하며, 군주를 가리켜 말한 것이라고 하였으니 옳다. 경룡비본에는 '안'으로 바르게 되어 있는데, 해동의 견해를 지지하는 증거라고 할 수 있다."

⑥ 경徑: 똑바르지 않은 지름길이다.

　　하상공의 주에서 말했다. "'경徑'은 똑바르지 않고 삐뚤어진 것이다."

⑦ 조심제朝甚除: 조정이 매우 부패했다.

　　"제除"에 대해서는 몇 가지 해석이 있다. 첫째, (궁전이) 깔끔하다. 예를 들어 왕필의 주에서 말했다. "'조朝'는 궁실을 의미한다. '제除'는 깨끗하고 아름답다는 의미이다." 하상공의 주에서 말했다. "누각과 정자를 높게 만들고 궁궐이 정비되어 있다." 육희성이 말했다. "궁궐이 얼마나 질서정연하고 깨끗한지, 주택이 얼마나 화려하고 큰지를 보면 그 군주가 토목공사를 좋아하고 유희를 즐긴다는 사실을 알 수 있다." 둘째, 문란하다 혹은 부패하다. 엄영봉이 말했다. "'제除'는 문란하다(廢)는 의미와 같다. 국정이 제대로 거행되지 않아 문란해졌다는 말이다." 또한 마서륜이 말했다. "'제除'는 '오汚'(부패하다)를 빌려 쓴 것이다." 【번역】은 후자를 따랐다.

⑧ 염厭: 배부르다, 만족하다.

　　돈황본에는 "염厭"이 "염饜"으로 되어 있다. "염厭"은 "염猒"을 가차한 것이다. 『설문해자』에서 말했다. "염猒, 배부르다(飽), 만족하다(足)는 의미이다." "염饜"은 "염猒"의 속자이다.

⑨ 도과盗夸: 큰 도적을 의미한다.

　　"도과盗夸"는 『한비자』「해로」에 "도우盗竽"로 되어 있다.

　　한비자가 말했다. "우竽라고 하는 피리는 오성五聲의 으뜸이다. 우가 먼저 연주되면 종과 비파가 모두 뒤따르고, 우의 소리가 선창하면 여러 악기들이 모두 화답한다. 만약 아주 간사한 일이 생기면 세속의 백성들이 먼저 반응할 것이고, 세속의 백성들이 먼저 반응하면 좀도둑들이 반드시 여기에 호응할 것이다."

　　고형이 말했다. "'과夸', '우竽'는 동일한 계열의 소리로서 옛날에는 통용되었다.

한비자의 말에 의거하면 '도우盜竽'는 요즘 말로 '도적의 수괴'(盜魁)와 같다. '우竽'는 악기로 비유한 것이고 괴魁는 북두칠성으로 비유한 것이니 두 글자 모두 동일한 의미를 지닌다."

엄영봉이 말했다. "'과夸'는 사치스럽다는 의미이다. '대大'는 부수이고 '우于'는 음을 나타내니 '크다'(大)는 의미와 같다. '도과盜夸'는 큰 도적을 의미하니 '도적의 수괴'와 같다."

【번역】

가령 나에게 약간 아는 것이 있고 큰길을 걸어간다면 오직 삐뚤어진 길로 들어설까 걱정할 뿐이다.
큰길은 매우 평탄하지만 군주는 오히려 비스듬한 샛길로 가는 것을 좋아한다. 조정의 부패가 극심하여 농토는 매우 황폐해지고 창고는 완전히 텅 비고 말았는데, 여전히 수놓인 화려한 의복을 입고 예리한 보검을 차며 맛있는 음식을 배불리 먹고 지나치게 많은 재화를 착취하고 있다. 이것을 바로 '도적의 수괴'라고 말한다. 얼마나 무도한가!

【해설】

이 장은 당시의 부패한 정치의 기풍을 통렬하게 비판하고 있다. 정치를 담당하는 사람들은 권위와 무력에 의지하여 수탈과 착취를 자행하였고, 공공의 것을 침탈하면서 개인의 잇속만 챙겼다. 그들은 과도하게 사치스럽고 부패한 생활을 누렸지만 하층의 민중들은 오히려 기아의 곤경에 빠져 있었다. 이러한 상황에서 노자가 당시의 정치를 담당하는 사람들에게 "도적의 수괴"라고 분노에 찬 호통을 친 것은 이상한 일이 아니다.

제54장

【원문】

善建者不拔, 善抱^①者不脫, 子孫以祭祀不輟^②.

修之於身, 其德乃眞; 修之於家, 其德乃餘; 修之於鄕, 其德乃長^③; 修之於邦^④,

其德乃豊; 修之於天下, 其德乃普.

故以身觀身, 以家觀家, 以鄕觀鄕^⑤, 以邦觀邦, 以天下觀天下. 吾何以知天

下然哉? 以此.

【주석】

① 포抱: 견고하게 지킨다는 의미가 있다.

② 자손이제사불철子孫以祭祀不輟: 대대손손 "잘 세우고" "잘 지키는" 도리를 준수할
   수 있다면 후대의 제사가 끊어질 리가 없다.

③ 장長: 성대하다.(『여씨춘추』「지도」의 주에서 "長은 성대하다(盛)는 의미이다"라고 하였다.)

④ 방邦: 왕필본에는 "국國"으로 되어 있다. 부혁본에는 "방邦"으로 되어 있으며,
   『한비자』「해로」에서도 똑같이 인용했다. 한나라 사람들이 고조 유방을 피휘했
   기 때문에 이 장의 "방邦"자를 모두 "국國"으로 고쳤다. 지금 곽점 죽간본,
   『한비자』「해로」, 부혁본, 백서갑본에 의거하여 개정한다.

   범응원본에는 "방邦"으로 되어 있다. 범응원이 말했다. "'방邦'자로 되어 있는
   것은 『한비자』와 고본이 동일하다."

   오징이 말했다. "'방邦'은 여러 판본에서 '국國'으로 되어 있다. 이는 한나라에서

고조를 피휘하여 '국國'으로 고친 것이다. 서적을 수집하는 것이 성행하던 당나라 초기에는 그래도 피휘하기 이전의 옛 판본이 남아 있었다."

위원이 말했다. "'발拔', '탈脫', '철輟'이 운을 이루고 있다. '신身', '진眞'이 운을 이루고 있으며, '가家', '여餘'가 운을 이루고 있고, '향鄕', '장長'이 운을 이루고 있으며, '방邦', '풍豊'이 운을 이루고 있고, '하下', '보普'가 운을 이루고 있다. 운을 이루고 있는 위의 글자들은 고대의 음에 의거한 것이다. 여러 판본에서 한나라 고조를 피휘하여 '방邦'을 '국國'으로 고쳤다."(『老子本義』)

내 생각에, 백서 갑본에는 "방邦"으로 되어 있으나, 을본은 유방을 피휘하여 전부 "국國"으로 고쳐져 있다. 이에 근거하여 백서 갑본과 을본의 작성 연대가 다르다는 사실이 검증된다. 고형이 말했다. "갑본에서 '방邦'이라고 분명하게 판별할 수 있는 글자가 모두 22개이다. 을본에는 모두 '국國'으로 고쳐져 있다. 한나라 고조의 이름이 '방邦'이니, 이는 을본을 필사한 사람이 의도를 갖고 유방을 피휘하였으나 갑본은 피휘하지 않았다는 것을 충분히 설명해 준다. 이로부터 갑본은 유방이 칭제하기 이전에 필사되었음이 증명될 수 있다."(「試談馬王堆漢墓中的帛書老子」)

⑤ 이신관신以身觀身, 이가관가以家觀家, 이향관향以鄕觀鄕: 자신의 입장으로 타인을 살펴보고, 자기 집안의 입장으로 다른 집안을 살펴보고, 자기 마을의 입장으로 다른 마을을 살펴본다.

왕필의 주에서 말했다. "그들 역시 모두 나처럼 그러하기 때문이다."

임희일의 주에서 말했다. "나의 일신에 직면해야 타인의 입장을 살펴볼 수 있고, 나의 집안에 직면해야 타인의 집안을 살펴볼 수 있고, 우리 마을에 직면해야 타인의 마을을 살펴볼 수 있다."

【번역】

잘 세운 것은 뽑아낼 수 없고 잘 붙잡고 있는 것은 떨어뜨릴 수 없다. 만약 자손들이 이러한 도리를 받들어 행할 수 있다면 대대손손 제사가 끊어질 수 없을 것이다.

이러한 도리가 한 개인에게 관철된다면 그 덕은 진실해질 것이고, 한 집안에 관철된다면 그 덕은 넉넉해질 것이고, 한 마을에 관철된다면 그 덕은 존숭 받게 될 것이고, 한 나라에 관철된다면 그 덕은 풍성해질 것이고, 천하에 관철된다면 그 덕은 보편화될 것이다.

그러므로 (나) 개인의 입장으로부터 (다른) 개인을 관조해야 하고, (내) 집안의 입장으로부터 (다른) 집안을 관조해야 하고, (내) 마을의 입장으로부터 (다른) 마을을 관조해야 하고, (내) 나라의 입장으로부터 (다른) 나라를 관조해야 하고, (내) 천하의 입장으로부터 (다른) 천하를 관조해야 한다. 내가 어떻게 천하가 그러한 줄을 알아내겠는가? 바로 이러한 도리를 적용한 것이다.

【해설】

　　"자기 수양"(修身)은 기초를 견고하게 만드는 것과 같아서 자아를 확립하고 타인과 어울리며 세상을 다스리는 기점이다. 노자는 자신을 수양하는 작은 범위에서부터 나라를 다스리는 큰 범위에 이르기까지 덕을 닦는 것의 중요성을 강조하였다. 사회의 각 계층에게 덕을 가르치는 것은 유가에서도 제창되었지만, 순서나 구체적 내용에 있어서는 학파마다 약간씩 관점의 차이가 있다. 예를 들어 『관자』 「목민」에서도 집안(家), 마을(鄕), 나라(國), 천하를 어떻게 다스려야 하는지에 관한 내용을 주장하였다. 그러나 여기에서는 "집안을 다스리는 방식으로 마을을 다스린다면 마을을 다스릴 수 없다. 마을을 다스리는 방식으로 나라를 다스린다면 나라를 다스릴 수 없다. 나라를 다스리는 방식으로 천하를 다스린다면 천하를 다스릴 수 없다. 집안을 다스리는 방식으로 집안을 다스리고, 마을을 다스리는 방식으로 마을을 다스리며, 나라를 다스리는 방식으로 나라를 다스리고, 천하를 다스리는 방식으로 천하를 다스려야 한다"고 말하였다. 「목민」의 관점은 『노자』에서 "(나) 개인의 입장으로부터 (다른) 개인을 관조해야 하고, (내) 집안의 입장으로부터 (다른) 집안을 관조해야 하고, (내) 마을의 입장으로부터 (다른) 마을을 관조해야 하고, (내) 나라의 입장으로부터 (다른) 나라를 관조해야 하고, (내)

천하의 입장으로부터 (다른) 천하를 관조해야 한다"라고 말한 내용과 서로 일치한다. 두 텍스트의 내용과 수신(修)·제가(齊)·치국(治)·평천하(平)를 주장하는 『대학』의 내용을 비교해 보면 큰 차이점이 있다. 『대학』의 내용은 자기 수양으로부터 집안을 정돈하는 것으로 확장된 뒤에 다시 집안을 정돈하는 것으로부터 나라를 다스리는 것까지 점진적으로 확장하는 구조이다. 그러나 "집안"과 "나라"는 성질이나 범위에서 차이가 날 뿐만 아니라 처리해야 할 일 역시 각각 다르다. 그래서 제가齊家할 수 있는 사람이라고 반드시 치국治國할 수 있는 것은 아니다. 그렇지만 『대학』의 과장된 언사가 사람들에게 꽤 깊은 인상을 주기는 한다.

제55장

【원문】

含德之厚, 比於赤子. 蜂蠆虺蛇不螫^①, 攫鳥猛獸不搏^②. 骨弱筋柔而握固.
未知牝牡之合而朘作^③, 精之至也. 終日號而不嗄^④, 和之至也.
知和曰常, 知常曰明^⑤. 益生^⑥曰祥^⑦. 心使氣曰強^⑧. 物壯^⑨則老, 謂之不道,
不道早已.

【주석】

① 봉채훼사불석蜂蠆虺蛇不螫: "채蠆"는 전갈류이다. "훼虺"는 독사이다. "석螫"은
독충이 꼬리 끝으로 사람을 찌르는 것이다.

　　살펴보니 하상공본, 경복본, 이약본, 육희성본, 사마광본, 소철본, 임희일본,
오징본 및 기타 여러 고본들이 대부분 "독충불석毒蟲不螫"으로 되어 있다. 독충毒蟲
은 벌·전갈·살무사·뱀의 종류를 가리킨다. "봉채훼사불석蜂蠆虺蛇不螫"이라
고 되어 있는 것은 왕필본과 백서 갑·을본이 동일하니 『노자』의 원문으로
보아야 할 것이다.

② 확조맹수불박攫鳥猛獸不搏: "확조攫鳥"는 발톱을 사용하여 물건을 잡는 매와 같은
종류의 새이다. "확攫"과 맹수의 "맹猛"은 용법이 동일하니 모두 흉악한 동물을
형용한 것이다.

　　이 구절은 왕필본에 "맹수불거猛獸不據, 확조불박攫鳥不搏"으로 되어 있으나
앞의 구절과 대구를 이루도록 곽점 죽간본 및 백서본에 의거하여 개정하였다.

③ 최작朘作: 갓난아기의 생식기가 발기한다. "최朘"는 왕필본에 "전全"으로 되어

있지만, 갓난아기의 생식기를 의미한다. "작作"은 일어나다, 솟아오르다는 의미이다.

왕필본의 "전全"은 부혁본과 백서 을본에 "최朘"로 되어 있고, 하상공본 및 다수의 고본에는 "최峻"로 되어 있다.

범응원이 말했다. "부혁본과 고본에는 동일하게 '최朘'로 되어 있으나 지금 '최峻'로 되어 있는 판본이 많다. '최朘'자에 대하여 『옥편』의 주에서도 '최峻'와 '최𡱖'로 되어 있으니 이 세 글자는 통용된다. 음은 자子와 전雷의 반절음이며, 갓난아기의 생식기를 의미한다."

역순정이 말했다. "'최朘'와 '전全'은 음이 근사하다. 그러므로 간혹 '전全'을 빌려다 쓴 것 같다."

④ 사嗄: 목이 쉬다. 하상공본에는 "아啞"로 되어 있다.

⑤ 지화왈상知和曰常, 지상왈명知常曰明: 곽점 죽간본에는 "화왈상和曰䍙, 지화왈명知和曰明"으로 되어 있다.

위계붕이 말했다. "상䍙은 '동同'으로 읽는다. 『황제내경』「소문·상고천진론」에서 '음양과 조화한다'고 하였는데 왕빙王氷의 주에서 '화和는 조화한다는 의미이다'라고 하였다. 이는 '만물이 음을 등지면서 양으로 향하니, 음양의 두 기가 서로 격동함으로써 조합된 새로운 사물을 만든다'고 한 『노자』의 내용에 근본을 두고 있다.(『일주서』「성개해」에서 '많은 사람들이 조화하면 화합한다[同]'라고 하였는데 孔晁의 주에서 '同은 화합한다는 의미다'라고 하였다. 이 또한 和와 同의 互訓이다.) 심층적인 의미에 따라 해석해 보자면 '조화를 동同이라고 한다'는 말은 도道를 체득한 경지를 가리킨다."(「楚簡老子柬釋」; 진고응이 주편한 『道家文化硏究』 곽점초간특집호에서 간행되었다.)

⑥ 익생益生: 욕심을 부리면서 생을 탐한다.

⑦ 상祥: '요사스럽다', '상서롭지 않다'로 풀이한다.

임희일이 말했다. "상祥은 요사스럽다는 의미이다. 『좌전』 희공 16년에서 '이는 무슨 요사스런 징조(祥)인가?'라고 하였으니, 즉 이 경문의 '상祥'자의 의미이다."

범응원이 말했다. "상祥은 요사스럽고 괴이한 것이다."

역순정이 말했다. "내 생각에 '상祥'은 상서롭지 못한 것이다. 『상서』「함유일덕·서」에서 '요사스런 일(祥)이 있으니 조정에서 뽕나무와 닥나무가 합해져서 생겨났다'라고 하니, 이 '상祥'자와 같은 의미이다. 왕필의 주에서 말했다. '생을 더해서는 안 되니 만약 더하게 된다면 재앙(夭)이 일어난다.' 왕필의 주에 있는 '요夭'자는 '요妖'가 되어야 하며 아마도 '요사스럽다'(妖)는 의미로 '상祥'자를 해석한 것 같다."

장석창이 말했다. "『황제내경』「소문·육원정기대론」에서 '물에서 요사스런 징조(祥)가 드러난다'고 하였는데 주에서 '상祥은 요사스런 징조이다'라고 하였다. 『좌전』 희공 16년의 소에서 '악한 일 역시 상祥이라고 칭한다'고 하였다. 『도덕진경취선집道德眞經取善集』에서 손등孫登이 '생명을 두텁게 길러야지 함부로 움직이면 요사스런 징조가 나타난다'고 한 말을 인용하였으며, 또한 왕안석이 '이 경문의 상祥은 선행에 따라오는 상서로운 징조가 아니라 재앙을 의미하는 징조이다'라고 한 말을 인용하였다. 즉, '상祥'은 요사스러운 징조인 것이다."

⑧ 강彊: 힘을 과시하다, 폭력적이다.

⑨ 장壯: 힘이 강하다. 제30장의 왕필 주에서 말했다. "'장壯'은 무력이 횡행함이다." 여기서의 '장壯'도 앞 구절의 "강彊"(힘을 과시하다.)을 가리켜 말한 것이다.

【번역】

두텁게 덕을 품고 있는 사람은 갓난아기에 비유할 수 있다. 벌, 전갈, 독사가 그를 물어서 상해를 입히지 않고 흉포한 새나 맹수가 그를 후려치지 않는다. 그의 근골은 유약하지만 주먹은 아주 단단하게 쥘 수 있다. 그는 아직 남녀의 교합을 모르지만 작은 생식기는 오히려 자동으로 발기하니 이는 정기가 충만하기 때문이다. 그는 온종일 울지만 그의 목구멍은 잠기지 않으니 이는 원기가 순수하고 조화롭기 때문이다.

순수하고 조화로운 도리를 이해한 것을 "영속적인 규칙(常)"이라고 부르고,

영속적인 규칙을 이해한 것을 "명明"(명철함)이라고 한다. 욕심을 부리면서 생을 탐하면 재앙이 생길 것이고, 잔꾀를 부려서 조화로운 기를 주도하는 것은 힘을 과시하는 것이다. 힘이 과도하게 강하면 노쇠하게 되는데 이를 일컬어 도에 부합하지 않는다고 말한다. 도에 부합하지 않으면 빠르게 죽음을 맞이하게 될 것이다.

【해설】

노자는 갓난아기(赤子)의 비유를 통해 깊고 두터운 수양의 경지를 갖춘 사람이 갓난아이와 같이 순진하고 부드러운 상태로 돌아갈 수 있음을 표현했다. "정기가 충만하다"는 충실하고 충만한 정신의 상태를 형용한 것이다. "원기가 순수하고 조화롭다"는 집중되고 조화로운 마음의 상태를 형용한 것이다.

제56장

【원문】

知者不言, 言者不知①.

塞其兌, 閉其門②, 挫其銳, 解其紛, 和其光, 同其塵③, 是謂"玄同"④. 故不可得
而親, 不可得而疏; 不可得而利, 不可得而害; 不可得而貴, 不可得而賤⑤.
故爲天下貴.

【주석】

① 지자불언知者不言, 언자부지言者不知: 곽점 죽간본에는 "지지자불언智之者不言, 언지
자부지言之者不智"로 되어 있다. 이 말을 글자대로 해석해 보면 "아는 사람은
말하지 않고 말하는 사람은 모른다"이다. 그러나 "지자知者"는 아마도 "지자智者"
로 되어야 할 것이다.

　　엄영봉이 말했다. "이 두 '지知'자는 원래 모두 '지知'로 되어 있었지만, 아마도
거성으로 읽어서 '지혜智慧'의 '지智'가 되어야 할 것 같다. 육덕명의 『경전석문』에
서 말했다. '지知는 아마 모두 음이 지智일 것이다.'…… 하상공은 '지자불언智者不
言'에 대하여 '지혜로운 사람(知者)은 행동을 귀하게 여기지 말을 귀하게 여기지
않는다'라고 주를 달았고, 왕필은 '자연自然에 따른다'고 주를 달았다. 또 하상공은
'언자부지言者不知'에 대하여 '네 마리의 말(馬)이 끄는 수레조차 혀를 따라가지
못하니 말(言)이 많으면 우환이 많다'고 주를 달았으며 왕필은 '말이 많으면
문제(事)의 단서를 만들어 낸다'고 주를 달았다. 아마도 하상공본과 왕필본에는
'지知'가 모두 '지智'로 되어 있었던 것 같다. 이반 모건(Evan Morgan)은 그의

저서인 영문본 『회남홍렬淮南鴻烈』에서 백거이가 『노자』를 읽고 지은 시를 '말하는 사람은 지혜롭지 않고 지혜로운 사람은 침묵한다. 나는 이 말을 노자에게 들었는데, 노자가 지혜로운 사람이라고 말한다면 그 자신은 어째서 오천 자의 『노자』를 지었단 말인가?'라고 인용하였으며, '지智'를 'wise'(지혜롭다)로 번역하였다. 이는 당나라 때 보았던 고본 역시 '지智'로 되어 있었음을 충분히 증명한다. 그리고 고려高麗판 영인影印 이조李朝 「도가논변모자이혹론道家論辨牟子理惑論」은 '지자불언智者不言'으로 인용하였고, 일본의 「대장경모자이혹론大藏經牟子理惑論」은 『노자』의 해당 대목을 '지자불언智者不言, 언자부지言者不智'로 인용하였다." 【번역】은 엄영봉의 설을 따랐다.

"언言"은 명성과 위엄으로 교화하고, 정치와 명령을 내리는 것을 의미한다. 제2장 【주석】⑨, 제17장 【주석】④, 제23장 【주석】①에 보인다. 장석창이 말했다. "이 장의 '언言'은 명령을 내려서 정치와 교화를 시행하는 것이니 '언어'라는 일반적인 의미가 아니다."

② 색기태塞其兌, 폐기문閉其門: 이 두 구절은 이미 제52장에 나왔으니 그 장의 【주석】④를 참고하기 바란다. 죽간본에는 이 부분이 "폐기태閟其兌, 색기문賽(塞)其門"으로 되어 있다. "폐閟"는 "폐閉"자의 다른 형태이다. "세兌"는 "태兌"를 가차한 것으로, 사람 몸의 구멍을 가리킨다.(魏啓鵬의 설)

③ 좌기예挫其銳, 해기분解其紛, 화기광和其光, 동기진同其塵: 날카로운 부분을 드러내지 않고, 혼란을 해소하고, 빛을 감추고, 속세와 뒤섞여 하나가 된다. 이 네 구절은 제4장에서 중복되어 나타난다.

마서륜이 말했다. "좌예挫銳·해분解紛·화광和光·동진同塵은 바로 현동玄同의 의미를 설명하고 있으니, 이 네 구절이 없어서는 안 된다."

④ 현동玄同: 현묘하게 평등해지는(齊同) 경지, 즉 도의 경지를 의미한다.

왕도가 말했다. "현동玄同은 만물과 크게 같아(同)지면서도 눈으로 볼 수 있는 자취가 없는 것이다."(『老子億』에서 인용)

⑤ 불가득이친不可得而親, 불가득이소不可得而疏; 불가득이리不可得而利, 불가득이해不

可得而害; 불가득이귀不可得而貴, 불가득이천不可得而賤: "현묘하게 평등해진"(玄同) 경지가 친소의 거리, 이익과 손해, 신분의 귀천이라는 구별을 초월했음을 가리킨 것이다.

임희일이 말했다. "친소親疎, 이해利害, 귀천貴賤 너머로 초월했음을 말하였다."

감산덕청의 주에서 말했다. "성인의 자취는 마음 안에 간직되어 있고 그 마음은 사물의 겉모습을 뛰어넘었기 때문에 친소, 이해, 귀천의 사이에 있지 않다. 이것이 바로 천하에서 존귀해지는 이유이다."

【번역】

지혜를 지닌 사람은 말이 많지 않으니 말이 많으면 지혜로운 사람이 아니다. 감각적 욕망의 구멍을 막고 감각적 욕망의 문을 닫으며 날카로움을 드러내지 않고 혼란을 해소하며 빛을 감추고 속세와 뒤섞여 하나가 되는 것, 이것이 바로 현묘하게 평등해지는 경지(玄同)이다. 이렇게 하면 친밀함과 소원함을 나누지 않고 이익과 손해를 나누지 않으며 귀함과 천함을 나누지 않는다. 그러므로 천하에서 존귀해지는 것이다.

【해설】

이상적인 인격의 모습은 "날카로움을 드러내지 않고" "혼란을 해소하며" "빛을 감추고" "속세와 뒤섞여 하나가 되어" 현묘하게 평등해지는 "현동玄同"의 가장 높은 경지에 도달하는 것이다. "현동"의 경지는 나를 단단하게 가리고 있는 것을 제거하고, 둘러싸서 봉쇄하고 있는 일체의 장벽을 제거함으로써, 세속의 편협한 인간관계의 한계를 뛰어넘어 탁 트인 마음과 차우침 없는 마음으로 모든 사람과 만물을 대하는 것이다.

노자철학과 장자철학의 가장 큰 차이점이 바로 노자철학은 경지에 대하여 거의 말하지 않은 반면 장자철학은 그만의 독특한 인생의 경지를 드러내기 위하여 힘을 기울였다는 것이다. 만약 노자철학에 소위 "경지"라고 할 것이 있다면 "현동"의 개념이 그나마 근접한다고 할 수 있다.

제57장

【원문】

以正^①治國, 以奇^②用兵, 以無事取天下^③. 吾何以知其然哉? 以此^④:

天下多忌諱, 而民彌貧^⑤; 民^⑥多利器^⑦, 國家滋昏; 人多伎巧^⑧, 奇物^⑨滋起;

法令滋彰^⑩, 盜賊多有.

故聖人云: "我無爲, 而民自化^⑪; 我好靜, 而民自正; 我無事, 而民自富; 我無

欲, 而民自樸."

【주석】

① 정正: 청정淸靜의 도를 가리킨다.

　　감산덕청이 말했다. "천하와 국가를 다스리는 자는 사욕이 없는 청정淸靜한

　　상태를 바른 것으로 삼아야 한다."

② 기奇: 교묘하다, 종잡을 수 없다, 임기응변에 능하다. 백서본에는 "기奇"가

　　"기畸"로 되어 있다.

③ 취천하取天下: 천하를 다스리다.

　　주겸지가 말했다. "취천하取天下는 민심을 얻었다는 의미이다.……『순자』

　　「왕제」의 양경楊倞 주에서 말했다. '취민取民은 민심을 얻었다는 말이다.'"

④ 이차以此: 곽점 죽간본과 백서본에는 모두 이 두 글자가 없다.

⑤ 천하다기휘天下多忌諱, 이민미빈而民彌貧: 곽점 죽간본에는 "천(하)다기휘天(下)多忌

　　諱, 이민미반(반)而民彌畔(叛)"으로 되어 있다. 죽간본의 문장이 다른 여러 판본들보

다 낫다.

팽호가 말했다. "'반畔'은 '반叛'을 가차한 것이니 두 구절의 의미는 다음과 같다. 군주가 만든 금기사항이 많아질수록 백성들의 배반이 많아질 것이다. '나라에 혼란이 늘어난다'고 한 뒤의 구절과 대구를 이룬다."(『郭店楚簡老子校讀』)

⑥ 민民: 경룡비본, 당현종본, 강사제본, 왕순보본 및 다수의 고본에 "인人"으로 되어 있다.

장석창이 말했다. "'민民'은 여러 판본대로 '인人'이 되어야 한다. '천하에 금기가 많아진다', '사람들의 기교가 늘어난다', '법령이 점차 늘어난다' 이 네 구절은 모두 군주를 가리켜서 말한 것이다. 작위함으로는 천하를 다스릴 수 없다는 내용을 밝히고 있기 때문이다. 제36장에서 '국가의 날카로운 무기는 결코 마음대로 드러내지 말아야 한다'고 한 내용 역시 군주를 가리켜서 말한 것이니, 역시 증거가 될 수 있다."

엄영봉이 말했다. "반정관본에는 '조朝'로 되어 있다. 제36장에 '국지이기國之利器'라는 말이 나오고, 제53장에 '조정(朝)이 매우 부패하다'는 말이 나온다. 아마도 '조朝'라고 하는 것이 의미의 측면에서 나은 것 같다."

⑦ 이기利器: 예리한 무기. 일설에는 권모술수를 비유한 것이라고 한다.

왕도가 말했다. "이기利器는 곧 나라의 유용한 도구이니 지모와 권모술수 같은 부류이다."

⑧ 기교伎巧: 기교, 즉 간교한 것이다.

여혜경본, 진상고본, 구재질본, 임희일본 및 다수의 고본에 "기伎"가 "기技"로 되어 있다. 『차해』본에는 "기伎"가 "지知"로 되어 있는데, 백서 갑본도 동일하다. 조지견본에는 "지智"로 되어 있다. 부혁본에는 "기교伎巧"가 "지혜智慧"로 되어 있고, 범응원본에는 "지혜智惠"로 되어 있다. 각종 고본을 참고해 보면 "기교伎巧"에는 '간교하다', '꾀로 남을 속이다'는 의미가 있음을 확인할 수 있다.

왕도가 말했다. "교巧는 교묘하게 속이는 것이니, 기예에 한정된 것이 아니다."

⑨ 기물奇物: 사특한 일. 죽간본에는 "가물哦物"로 되어 있다. "가哦"는 가혹하다

혹은 지나치게 엄격하다는 의미의 '가苛'로 읽어야 한다. "가물苛物"은 "가혹한 일"(苛事)이라는 의미와 같다. "가苛"의 용법은 "가혹한 정치"나 "가혹한 예"라고 할 때의 "가苛"와 서로 유사하다.(구석규의 설)

범응원본에는 "사사㦮事"로 되어 있다. 범응원이 말했다. "'사㦮'는 '사邪'와 같으니 바르지 않은 일을 의미한다."

⑩ 법령자창法令滋彰: 하상공본에는 "법물자창法物滋彰"으로 되어 있고, 죽간본과 백서 을본도 동일하다.

하상공의 주에서 말했다. "'법물法物'은 좋은 물건을 의미한다. 진귀하고 좋은 물건이 점점 늘어나서 널리 드러나면 농사가 폐해져서 기근과 추위가 동시에 닥칠 것이기 때문에 도적이 많아지게 된다."

⑪ 아무위我無爲, 이민자화而民自化: "자화自化"는 자신을 화육한다는 의미이다.

신양이 말했다. "여기에서는 사적 소유욕의 문제를 제기하고 있다. 왜 주나라 말기의 당시 사회가 혼란하게 되었을까? 다름 아니라 '천자'와 제후가 '사욕' 때문에 군대를 움직여서 서로 쟁탈을 벌였기 때문이다. 이로 인해 천하에 많은 일이 생겨나고 백성은 도저히 편안할 수 없었다. 노자가 원했던 것은 사욕을 극복하고 착취를 완전히 없애서 백성들의 배불리 먹고 따뜻한 옷을 입고 싶은 욕구를 충족시켜 주는 것이다. 즉 '백성에게 맛있는 음식, 아름다운 의복, 쾌적한 거처, 즐거운 풍속이 있는 상태'(제80장)인 것이다. '지나치게 많은 재화를 착취하는 것'(제53장), '얻기 어려운 재화를 값없게 쳐주지 않음'(제3장)을 반대하고 대신 '일체의 과도한 조치들과 잔혹한 정치행위를 금지하고, 모든 사치스러운 행위를 실행하지 말아야 한다'(제29장)고 주장하였다. 즉 극단적이고, 사치스럽고, 과도한 것을 배격했던 것이다. 여기에서 우리는 노자가 불합리한 착취 제도를 반대하였음을 알 수 있다. 그는 '무위'와 '무욕'을 하나로 연결하였다. '무위'는 타인의 것을 쟁탈하려는 행위를 하지 않는 것이며, '무욕'은 타인의 재물을 점유하려는 욕심을 갖지 말라는 것이다."(「老子的哲學」, 『河北師範大學學報』 1981 3기)

【번역】

청정淸靜의 도로 나라를 다스리고, 신묘한 방법으로 군대를 운용하고, 백성을 방해하지 않음으로써 천하를 다스린다. 내가 어떻게 이런 것을 알겠는가? 다음과 같은 사실로부터 알아차릴 수 있다.

천하의 금기가 많아질수록 백성들은 더욱 빈곤에 빠진다. 세상에 날카로운 무기가 많아질수록 국가는 더욱 혼란에 빠진다. 사람들의 간교함이 많아질수록 사악한 일이 연달아 발생한다. 법령이 삼엄할수록 도적들은 도리어 끊임없이 증가한다.

그러므로 도道를 터득한 사람은 이렇게 말한다. "내가 무위하면 백성들은 자기 자신을 화육한다. 내가 고요함을 좋아하면 백성들은 저절로 궤도에 오른다. 내가 방해하지 않으면 백성들은 저절로 풍족해진다. 나에게 탐욕이 없으면 백성들은 자연스럽게 소박해진다."

【해설】

　　"천하의 금기가 많아질수록 백성들은 더욱 빈곤에 빠진다.…… 법령이 삼엄할수록 도적들은 도리어 끊임없이 증가한다." 이 대목에서 우리는 노자가 형벌에 의존하는 모든 정치에 대해 비판을 제기했음을 알 수 있을 뿐만 아니라, 전란과 권력의 횡포가 횡행했던 노자 당시의 시대적 상황을 생생하게 이해할 수 있다. 노자가 제창한 "무위"는 결코 과녁 없이 쏜 화살이 아니다. 윌리엄 제임스(William James)는 이렇게 말했다. "자기 스스로 다른 사람의 이상적 상태에 대하여 멋대로 판단할 자격이 있다고 여기는 것이야말로 대다수의 인간이 불평등해지고 잔혹해지는 원인이다." 위정자는 통상 자신이 사회에서 특별한 역할을 담당한다고 생각한다. 그래서 자기 마음대로 여러 가지 기준을 독단적으로 제정하고 함부로 행동하며 강제로 추진하곤 한다. 노자의 불간섭주의와 방임사상은 이러한 상황 속에서 만들어졌다. "무위"사상은 바로 이러한 상황 속에서 통치 집단의 강압성을 제거하고 백성의 자각성을 고취하기 위해 제기되었던 것이었다.

　　이 장은 제37장과 호응하고 있으면서 동시에 그 내용을 더욱 구체화하고 있다. 이 장의 마지막 단락은 이렇게 말하고 있다. "내가 무위하면 백성들은 자기 자신을 화육한다. 내가 고요함을 좋아하면 백성들은 저절로 궤도에 오른다. 내가 방해하지 않으면 백성들은 저절로 풍족해진다. 나에게 탐욕이 없으면 백성들은 자연스럽게 소박해진다." 이는 노자 "무위정치"의 이상이 실현된 사회의 구체적 모습을 묘사한 것이다.

제58장

【원문】

其政悶悶①, 其民淳淳②; 其政察察③, 其民缺缺④.

禍兮, 福之所倚; 福兮, 禍之所伏. 孰知其極? 其無正⑤. 正復爲奇, 善復爲妖⑥.

人之迷, 其日固久⑦.

是以聖人方而不割⑧, 廉而不劌⑨, 直而不肆⑩, 光而不耀⑪.

【주석】

① 민민悶悶: 흐리멍덩하다. 여기에는 관대하다는 의미가 포함되어 있다. 제20장에
"오직 나만 어두컴컴하다"(悶悶)는 구절이 있는데 순박한 모습을 형용한 것이다.

② 순순淳淳: 순박하고 인정이 두텁다는 뜻이다. "순순淳淳"은 백서 을본에 "둔둔屯屯"
으로 되어 있다.

　　고형이 말했다. "순淳은 돈惇을 가차한 것이다. 『설문해자』에서 말했다. '돈惇은
두텁다는 의미이다.'"

③ 찰찰察察: 가혹하다. (제20장의 【주석】⑲와 같다).

　　임희일이 말했다. "찰찰察察은 사소한 것까지 따진다는 의미이다."

④ 결결缺缺: 교활하다.

　　장석창이 말했다. "'결결缺缺'은 교활함이 얼굴에 가득한 모습이다."

　　고형이 말했다. "'결결缺缺'은 회獪를 가차한 것이다. 『설문해자』에서 말했다.
'회獪는 교활하다는 의미이다.' 회회獪獪는 속인다는 의미이다."

⑤ 기무정其無正: 그들에게 일정한 표준이 없다. 복과 재앙이 끊임없이 변화함을 가리킨다.

범응원이 말했다. "무정無正은 정해지지 않았다는 의미와 같다."

주겸지가 말했다. "'기무정其無正'의 '정正'은 '정定'으로 읽어야 하니 정해진 것이 없다는 말이다. 『옥편』에서 말했다. '정正은 길다, 정해졌다는 의미이다.' 여기에서는 '정해졌다'로 풀이해야 한다. 복과 재앙이 맞물려서 순환하는데 누가 그 끝을 알겠는가? 여기에는 정해진 것이 없으니 그 귀결점을 누구도 알지 못하는 것이다."

⑥ 정부위기正復爲奇, 선부위요善復爲妖: 올바른 것이 다시 사특한 것으로 바뀌고, 선한 것이 다시 악한 것으로 바뀐다.

엄영봉이 말했다. "'기奇'는 사특하다는 의미이다. '요妖'는 선하지 않은 것이니 악을 의미한다. 바른 것이 다시 사특한 것으로 바뀌고, 선한 것이 다시 악한 것으로 바뀌며, 복이 떠나가고 재앙이 찾아오고, 재앙과 복이 또 서로 의존하면서 전환됨을 말한 것이다."

동서업이 말했다. "노자는 최소한 모순 관계가 통합되는 법칙에 따라 서로 반대되는 것이 상대를 완성시켜 준다는 것을 알고 있었다. 예를 들어 '유'가 없으면 '무'도 없고, '어려움'이 없으면 '쉬움'도 없으며, '긴 것'이 없으면 '짧은 것'도 없다는 것 등등이다. 동시에 그는 서로 반대되는 것들이 상호 전환된다는 것도 알고 있었다. 예를 들어 '아름다운 것'은 '추악한 것'으로 전환될 수 있고, '선善'은 '불선不善'으로 전환될 수 있다. 왜냐하면 모든 사물 안에는 그 자신을 부정하는 요소가 항상 포함되어 있기 때문이다. 예를 들어 '재앙'은 '복이 기대어 있는 곳'이고, '복'은 '재앙이 엎드려 있는 곳'이다. 즉 서로 반대되는 것이 상대를 완성시켜 주어 변화하고 발전하는 것이다. 그래서 '누가 그 끝을 알겠는가?'라고 말했다. '바른 것'은 '사악한 것'으로 변할 수 있고, '선善'은 '사특한 것'으로 변할 수 있다. 이렇게 사물을 변증법적으로 관찰한 것은 노자철학의 가장 위대한 성취이다."

⑦ 인지미人之迷, 기일고구其日固久: 사람들이 미혹에 빠진 것은 이미 오래되었다.

　　엄영봉이 말했다. "사람들이 복과 재앙의 문제에 미혹되어 반대의 현상이 생겨나는 순환의 원리를 전혀 알지 못하게 된 지가 분명 아주 오래되었다."

⑧ 방이불할方而不割: 반듯하여 바르지만 타인을 베어 상처를 주지 않는다.

　　오징이 말했다. "'방方'은 사물의 모난 곳과 같다. 네 모퉁이에 모서리가 있어서 그 모서리가 모두 칼날처럼 사람에게 상해를 입힐 수 있다. 그러므로 '할割'이라고 말하였다. 모난 사람은 유연하게 선회하는 일이 없다. 어떤 사건을 만나거나 사물을 접했을 때 반드시 상해를 입히는 경우가 발생한다. 그러나 성인은 해를 입히지 않는다."

⑨ 렴이불귀廉而不劌: 날카롭지만 사람을 해치지 않는다. "렴廉"은 날카롭다는 의미이다. "귀劌"는 해친다는 의미이다.

　　장석창이 말했다. "'렴廉'은 '리利'를 가차한 것이다. 『국어』「진어」에서 '살군이위렴殺君以爲廉'이라고 하였는데, 군주를 시해하는 것을 이익(利)으로 여긴다는 말이다. 『장자』「산목」에서 '성즉훼成則毀, 렴즉좌廉則挫'라고 하였는데 날카로우면(利) 꺾이게 된다는 말이다. 『여씨춘추』「맹추기」에서 '기기렴이심其器廉以深'이라고 하였는데 이때 사용하는 기물은 모가 나 있으면서(利) 깊다는 말이다. 『예기』「빙의」의 정현 주에서 '귀劌는 해친다는 의미이다'라고 하였다. 그렇다면 이 경문은 '날카롭지만 해치지 않는다'고 말한 것이다."

　　장송여가 말했다. "'렴이불귀廉而不劌'는 옛 말이니 『순자』「불구」에서도 보인다. 양경楊倞의 주에서 말했다. '렴廉은 모서리이다. 『설문해자』에서 '귀劌는 날카로운 면이 상처를 입힌다는 의미이다'라고 하였다. 『순자』의 내용은 날카로운 모서리가 있으나 날카로운 면이 상처를 입히는 지경에 이르지 않는다는 의미이다.'"

⑩ 직이불사直而不肆: 솔직하지만 방자하지 않다.

　　오징이 말했다. "정직한 사람은 타인의 잘못을 포용하지 못하니 함부로 말을 해서 타인의 단점을 들추어낸다. 그러나 성인은 함부로 굴지 않는다."

⑪ 광이불요光而不耀: 밝게 빛나지만 눈부시게 하지 않는다.

　　오징이 말했다. "빛나는 사람은 자신의 재능을 감추지 못하니, 자신의 행동을 자랑하여 장점을 드러낸다. 그러나 성인은 자랑하지 않는다."

【번역】

　　정치가 관대하면 백성은 순박해지고, 정치가 가혹하면 백성은 교활해진다. 재앙이여! 복은 그 안에서 기대고 있다. 복이여! 재앙은 그 안에 숨어 있다. 누가 이것의 종극을 알겠는가? 이러한 것들에는 결코 정해진 표준이 없다! 바른 것이 갑자기 사특한 것으로 변하고, 선이 갑자기 악으로 변한다. 사람들이 미혹에 빠진 지는 이미 오래되었다.

　　그러므로 도道를 터득한 사람은 반듯하지만 사람을 베지 않고, 날카롭지만 사람에게 상처를 주지 않고, 솔직하지만 함부로 굴지 않고, 밝게 빛나지만 눈에 거슬리게 하지 않는다.

【해설】

　　"그 정치가 관대하다"는 청정한 마음에 기초한 "무위"의 정치를 가리킨다. 반면에 "그 정치가 가혹하다"는 가혹한 "유위"의 정치를 가리킨다. 노자는 "무위"의 정치를 숭상하여 관대한(悶悶) 정치가 사회의 기풍을 순후하게 만들 수 있고, 백성의 생활을 순박하게 만들 수 있으며, 이러한 사회만이 안녕과 평화의 길을 향해 갈 수 있다고 보았다. 노자의 소망은 백성이 행복하고 평온한 생활을 누리면서 편안하고 자유로운 나날을 보내는 것이었다. 이렇게 본다면 노자의 정치적 이상에는 도리어 능동적으로 세상의 혼란을 구제하려는 일면이 있다고 할 수 있다. 단지 실행 방법이나 태도의 측면에서 여타 학파들과 다른 점이 있었을 뿐이다. 그가 구상한 이상적 인격의 모습 역시 이 장에서 살펴볼 수 있다. 그는 "도道를 터득한 사람은 반듯하지만 베지 않고, 날카롭지만 사람에게 상처를 주지 않고, 솔직하지만 함부로 굴지 않고, 밝게 빛나지만 눈에 거슬리게 하지 않는다"고 말하였다. 여기에서 "반듯함", "날카로움", "솔직함", "밝게 빛남"은 능동적인 인격과 태도를 묘사한 것이다. 반면 "베지 않음", "상처를 주지 않음", "함부로 굴지 않음", "눈에 거슬리게 하지 않음"은 백성들이 어떠한 강제력이나 강압을 느끼지 않음을 형용하고 있다. 이는 도道를 터득한 사람의 정치는 능동적인 이상을 갖고 있지만, 백성들이 그의 행위로 인해 어떠한 강제나 강압의 느낌을 가지지 않음을 설명하고 있다.

"재앙이여! 행복은 그 안에서 기대고 있다. 복이여! 재앙은 그 안에 숨어 있다." 재앙과 복은 서로가 서로의 원인이 되니 새옹지마의 고사를 쉽게 연상시킨다. 일상생활에서 재앙의 근원은 복 안에 잠복해 있고, 복의 요소는 재앙 안에 포함되어 있다. 재앙과 복은 서로 의존해 있으며 서로를 낳아 준다. 사실 바름과 사특함, 선과 악 역시 마찬가지이다. 심지어 모든 사태와 현상은 대립하는 상황 속에서 반복되며 변화한다. 이렇게 반복되고 변화하는 순환의 과정은 멈추지 않는다. 그러나 사람들은 상호 의존하고 상대방의 원인을 자신 안에 두어 순환하는 이치를 이해하지 못한다. 노자는 사물을 관찰할 때 결코 표면에 머무르지 말고 겉으로 드러나는 현상으로부터 심층을 꿰뚫어 보아 모든 면을 이해할 것을 지적하였다. 그는 사물을 관찰하는 시야를 넓혀 줌으로써, 우리들이 현실 환경의 한계를 뛰어넘고, 당장의 곤경에 빠지지 않으며, 또한 지금 당장의 마음이 집착하는 대로 행동하지 않도록 해준다.

제59장

治人事天^①, 莫若嗇^②.

夫唯嗇, 是謂早服^③; 早服謂之重積德^④; 重積德則無不克; 無不克則莫知其極;
莫知其極, 可以有國; 有國之母^⑤, 可以長久; 是謂深根固柢, 長生久視^⑥之道.

【주석】

① 사천事天: 하늘이 부여한 것을 보존하고 기르다.(嚴靈峰, 『老子達解』)

　"천天"에는 두 가지 해석이 있다. 첫째, "자연自然"으로 해석한다. 성현영의
소에서 말했다. "천天은 자연自然을 의미한다." 둘째, "몸"(身)으로 해석한다.
하상공의 주에서 말했다. "몸을 다스리는 사람은 정기精氣를 아껴서 방종하지
말아야 한다." 【번역】은 후자를 따랐다.

　왕도가 말했다. "사천事天은 하늘이 부여한 것을 온전히 하는 것을 말하니,
곧 자기 수양(修身)을 이른다."

　해동이 말했다. "『여씨춘추』「선기」에서 '그들이 일삼는(事) 것이 말단이다'라
고 했는데 고유의 주에서 '사事는 다룬다(治)는 의미이다'라고 하였다. 또 「본생」에
서 '이러한 방식으로 타고난 바(天)를 온전하게 한다'라고 하였는데 고유의
주에서 '천天은 자신의 몸을 가리킨다'고 하였다.…… 아끼는 방식으로 사람을
다스리면 백성이 고생하지 않고, 아끼는 방식으로 자신을 다스리면 정기(精)가
모자라지 않는다."

　엄영봉이 말했다. "'천天'은 자기 몸의 체질(身性)과 같다. 체질에 따라 타고난

바(天)를 온전하게 한다. '사천事天'은 자기 몸을 다스린다는 의미와 같다.”

내 생각은 다음과 같다. 이 장의 중점은 “아낌”(嗇)을 논하는 것에 있다. “아낌”은 “오래 유지하고 오래 존재하는 방도”(長生久視之道)이다. 임희일의 주에서 말했다. “나라를 다스리는 방도가 이와 같듯이 양생하는 방도 역시 이와 같다. 양생할 때 아낄 수 있다면 오래 살 수 있다.” “나라를 다스린다”와 “양생한다”는 바로 “치인治人과 사천事天”을 가리켜 말한 것이다. 이 장은 어떻게 나라를 다스리고 양생해야 할지에 대하여 말했으나 어떻게 자연계(天)를 대해야 하는지에 대해서는 한 마디도 언급하지 않았다. 그러므로 본문의 “사천事天”은 임희일의 견해에 의거하여 “양생”으로 해석해야 할 것이다. 『맹자』「진심상」에서 말했다. “마음을 보존하고 본성을 길러 내는 것이 하늘을 섬기는(事天) 방법이다.” 여기에서도 양생을 “사천事天”의 방법으로 해석하고 있으니 『노자』 본문을 이해할 수 있는 간접적인 증거이다. 도가의 “양생”은 마음을 보존하는 것(存心)과 본성을 길러내는 것(養性)에 중점을 두고 있다.(신령하고 밝은 본심을 보존하고, 하늘로부터 타고난 본성을 길러 낸다.)

② 색嗇: 아끼다, 잘 보살피다.

고형이 말했다. “『설문해자』에서 말했다. ‘색嗇은 소중하게 아낀다는 의미이다. 來와 㐭으로 구성된 글자이니, 글자 그대로 보면 가져온 것(來)을 곳집(㐭)에 저장해 둔다는 의미이다. 그러므로 농부를 색부嗇夫라고 불렀다.’…… 이는 ‘색嗇’의 본래 의미는 거두어서 저장한다는 것인데 여기에서 소중하게 여겨서 사용하지 않는다는 의미로 확장된 것이다. 이 ‘색嗇’자는 정신과 형체를 거두어서 잘 간직하고 쓸데없이 사용하지 않아서 무위로 돌아가는 것을 말한다.”

③ 조복早服: “복服”은 “비備”와 통하니 준비한다는 의미이다. “조복早服”은 일찍 준비한다는 의미이다.(임계유의 설) 죽간본에는 “조복早服”이 “조비早備”로 되어 있다.

요내姚鼐가 말했다. “‘복服’은 일한다(事)는 의미이다. 아끼면 시간이 한가롭고 힘이 남게 된다. 그러므로 일이 아직 닥치지 않았을 때 일찍부터 일을 해서 그 덕을 많이 축적해 둘 수 있다면, 일이 닥쳤을 때 감당 못할 것이 없게 된다."

노건이 말했다. "'조복早服'은 일찍부터 일을 해 둔다는 의미이다."

④ 중적덕重積德: 끊임없이 덕을 쌓는다는 것이다. "중重"은 많다, 두텁다는 의미이니 끊임없이 늘어난다는 의미를 함축하고 있다. "덕德"은 "덕"을 아낀다는 의미이다.

⑤ 유국지모有國之母: "유국有國"은 나라를 보호한다는 의미를 함축하고 있다. "모母" 는 나라를 보호하는 근본적인 도를 비유한 것이다.

⑥ 장생구시長生久視: 오랫동안 유지하고 오랫동안 존재하다. "구시久視"는 오래 존재한다는 의미이다.

【번역】

나라를 다스릴 때나 심신을 지키고 기를 때나 정기(精力)를 아끼는 것보다 중요한 것은 없다.

정기를 아낀다는 것은 곧 일찍부터 준비한다는 것이고, 일찍부터 준비한다는 것은 끊임없이 덕을 쌓는 것이다. 끊임없이 덕을 쌓는다면 어떤 것도 감당하지 못할 것이 없을 것이고, 어떤 것도 감당하지 못할 것이 없다면 그의 역량을 헤아리지 못할 것이다. 그의 역량을 헤아리지 못하면 나라를 보호하는 책무를 담당할 수 있을 것이고, 나라를 다스리는 원리를 장악하면 오랫동안 유지할 수 있을 것이다. 이것이 바로 뿌리를 깊게 하고 오랫동안 유지하고 존재하는 도리이다.

【해설】

노자가 제시한 "아낌"(嗇) 개념은 재물에 대한 것에 국한되지 않는다. 오히려 정신적인 것을 특히 중시하였다. "아낌"은 능력을 배양하고 뿌리를 두텁게 간직하고 생명력으로 가득 채우는 것이다.

또한 이 장은 "뿌리를 깊게 하고 오랫동안 유지하고 존재하는 도라"를 말함으로써 사람들의 성찰을 유도했다.

제60장

【원문】

治大國, 若烹小鮮①.

以道莅②天下, 其鬼不神③; 非④其鬼不神, 其神不傷人; 非其神不傷人, 聖人
亦不傷人. 夫兩不相傷⑤, 故德交歸焉⑥.

【주석】

① 치대국治大國, 약팽소선若烹小鮮: "소선小鮮"은 작은 생선을 가리킨다.

　　부산이 말했다. "자질구레하고 불필요한 일을 하지 않는 것이다."(「讀老子」,

『霜紅龕集』, 권32)

② 리莅: "리蒞"와 같으니 '임한다'는 의미이다.

　　임희일본에 "리莅"가 "리蒞"로 되어 있다. 백서 을본에는 "리莅"가 글자의
일부분이 생략되어 "립立"으로 되어있다.

③ 기귀불신其鬼不神: 귀신과 요괴가 설치지 못한다. 옛사람들은 항상 음양의 조화에
따라 나라가 태평하고 백성이 편안해지는지가 결정된다고 설명하였다. 옛사람
들은 음기가 지나치게 왕성한 것을 "귀鬼"라고 불렀다. "신神"은 여기에서
"펴지다"(伸)로 해석한다.

　　범응원이 말했다. "귀신鬼神은 음양 안에 있는 영험함(靈)이다. '귀鬼'의 일차적
인 의미는 돌아간다는 것이고, '신神'의 일차적인 의미는 펴진다는 것이다.
장재가 말했다. '귀신鬼神은 음양 두 기의 본래적인 능력이다.' 주희가 말했다.
'두 기로 말하자면 귀鬼는 음기의 영험함이고, 신神은 양기의 영험함이다. 그러나

하나의 기로 말하자면 나아가서 퍼지는 것은 신神이 되고, 반대로 돌아오는 것은 귀鬼가 된다. 그러나 실제로는 한 가지일 뿐이다.' 그렇다면 성인께서 도에 입각하여 무위함으로써 천하에 임하였더니, 음양의 두 기가 순조롭게 조화를 이루어 음으로 돌아가야 할 것이 양에서 퍼지지 않았다는 것이다."

고형이 말했다. "이 '신神'자는 '신魖'을 가차한 것이다. 『설문해자』에서 말했다. '신魖은 귀신이라는 의미이다. 귀鬼가 의미부이고 신申이 소리부이다.' 대개 귀鬼가 영험한 것을 신魖이라고 하니, 기귀불신其鬼不魖은 귀신(鬼)이 영험하지 않다는 의미와 같다."

④ 비非: "불유不唯" 두 글자의 합음이다.(高亨, 『老子正詁』)

⑤ 양불상상兩不相傷: 귀신과 성인이 사람의 영역에 침범하지 않음을 가리킨다.

⑥ 덕교귀언德交歸焉: "교交"는 '모두'나 '함께'를 의미한다.(왕필의 주) "교귀交歸"는 만나서 돌아온다는 의미이다. 『한비자』에서 말했다. "'덕교귀언德交歸焉'은 그 덕이 위아래로 함께 왕성하여 모두 백성에게 돌아간다는 의미이다."

【번역】

대국을 다스리는 것은 마치 작은 생선을 삶는 것과 같다.

도道로 천하를 다스리면 귀신과 요괴가 설치지 못한다. 귀신과 요괴가 설치지 못할 뿐 아니라 천지의 신명이 사람을 침범하지 않을 것이며 성인 역시 사람을 침범하지 않을 것이다.

도를 터득한 사람과 귀신이 모두 사람을 침범하지 않기 때문에 덕이 백성에게 모이게 된다.

【해설】

"대국을 다스리는 것은 마치 작은 생선을 삶는 것과 같다." 이 격언은 전통적인 중국의 정치사상에 중대한 영향을 미쳤다. 이 비유는 정치의 핵심이 백성을 안정시키고 괴롭히지 않는 것에 있으니, 백성을 괴롭히면 백성에게 해를 입히게 됨을 보여 준다. 가혹한 정치로 백성에게 해를 끼치면 재앙이 곧 닥치게 될 것이다. 만약 "청정무위"할 수 있다면 모든 사람들이 저마다 자신이 타고난 바를 달성하여 서로 아무 탈 없이 편안할 것이다.

이 장은 재앙이 '귀신과 요괴가 설친' 결과라는 통념을 거부하고, 재앙이 온전히 사람들의 행동에 달려 있다고 설명한다. 사람들의 행동이 온당하다면 재앙이 발생할 리 없다는 것이다.

제61장

【원문】

大邦^①者下流, 天下之交, 天下之牝^②. 牝常以靜勝牡, 以靜爲下.
故大邦以下小邦, 則取小邦; 小邦以下大邦, 則取大邦. 故或下以取, 或下而
取^③. 大邦不過欲兼畜人^④, 小邦不過欲入事人. 夫兩者各各得所欲, 大者宜
爲下.

【주석】

① 방邦: 통행본에는 "국國"으로 되어 있으나 백서 갑본에 근거하여 개정한다.
   뒤 문장의 "방邦"자도 모두 갑본에 근거하여 개정한다.

② 천하지교天下之交, 천하지빈天下之牝: 백서 갑본에는 "천하지빈天下之牝, 천하지교야
   天下之交也"로 되어 있다.

   장송여가 말했다. "'천하지빈天下之牝'과 '천하지교天下之交'는 모두 '하류下流'라
   는 말로부터 생겨난 것이니 그 의미가 모두 동일하다."

③ 혹하이취或下以取, 혹하이취或下而取: "하下"는 겸허하게 자신을 낮춘다는 의미이
   다. "취取"는 "취聚"를 가차한 것이다. "이취以取"는 이로써 사람들을 모은다는
   의미이고, "이취而取"는 사람들이 어떤 사람에게 모이게 된다는 의미이다.

   이 장에 네 번 등장하는 "취取"자는 모두 "취聚"를 가차한 것이다. 고환본,
   개원본, 돈황본, 『차해』본, 조지견본에 "취取"가 모두 "취聚"로 되어 있다.
   장묵생의 해석은 다음과 같다. "그러므로 혹 겸허하게 자신을 낮춤으로써
   소국의 우러름을 얻고, 혹 겸허하게 자신을 낮추어서 대국의 신임을 얻는다."

④ 겸휵인兼畜人: 사람을 한데 모아서 길러 준다는 의미이다. "겸兼"은 모은다는 의미이다. "휵畜"은 길러 준다는 의미이다.

【번역】

대국은 강의 하류와 같이 낮은 곳에 있어야 하고 천하에서 가장 부드러운 여성적인 자리에 있어야 하니 이곳은 천하의 모든 것이 합류하는 곳이다. 여성적인 부드러움이 고요함과 평온함으로 남성적인 강함을 이겨 낼 수 있는 이유는 고요함과 평온함으로 낮은 곳에 머무를 수 있기 때문이다.

그래서 대국이 소국에게 자신을 겸허하게 낮춘다면 소국을 불러 모을 수 있고, 소국이 대국에게 자신을 겸허하게 낮춘다면 대국에게 받아들여질 수 있다. 그래서 [대국은] 때때로 자신을 겸허하게 낮춰서 [소국을] 불러 모으고, [소국은] 자신을 겸허하게 낮춰서 [대국에게] 받아들여지는 것이다. 대국은 소국을 모아서 길러 줄 뿐이고, 소국은 대국에게 받아들여지길 추구할 뿐이다. 이러한 방식으로 대국과 소국은 모두 원하는 것을 달성할 수 있으나, 대국은 더욱 겸허하게 자신을 낮춰야 한다.

【해설】

인류가 평화롭게 공존할 수 있을지 여부는 대국의 태도에 달려 있다. 이 장은 도입부에서 "대국은 강의 하류와 같이 낮은 곳에 있어야 한다"로 시작하였고 끝에서 "대국은 더욱 겸허하게 자신을 낮춰야 한다"고 마무리하면서 다시 한 번 대국이 자신을 겸허하게 낮춰서 포용해야지 자신의 강대함에 의존하여 약소한 국가를 업신여기지 말아야 한다고 강조했다. "겸허하게 자신을 낮춤" 이외에도 노자는 여성적인 고요함(雌靜)을 언급하였다. 여성적인 고요함은 조급하게 움직이는 것을 겨냥하여 내놓은 말이다. 조급하게 움직이면 탐욕에 이끌려 침략 행위를 쉽게 일으킨다.

노자는 당시에 각국의 제후들이 무력을 서로 숭상하여 무모하게 전쟁을 일으킨다고 느꼈다. 그래서 나라와 나라의 관계에서 겸허하게 모두를 포용해야

한다고 호소했다. 특히 대국이 겸허하게 다툼을 벌이지 않아야만 비로소 소국의
신뢰와 복종을 얻어 낼 수 있다.

제62장

【원문】

道者萬物之奧①. 善人之寶, 不善人之所保②.

美言可以市, 尊行可以加人③. 人之不善, 何棄之有? 故立天子, 置三公④, 雖
有拱璧以先駟馬⑤, 不如坐進此道⑥.

古之所以貴此道者何? 不曰: 求以得⑦, 有罪以免邪⑧? 故爲天下貴.

【주석】

① 오奧: '장藏'과 같으니 돌봐 준다는 의미를 함축하고 있다. 백서 갑본과 을본에는
"오奧"가 "주注"로 되어 있다. "주注"는 주主로 읽는다. 『예기』「예운」에서
"그러므로 사람들은 이것을 주인(奧)으로 여긴다"고 하였는데 정현의 주에서
"오奧는 주인(主)과 같은 의미이다"라고 하였다.(馬王堆漢墓帛書整理小組,『老子甲本釋
文』에 보인다.)

　　하상공 주에서 말했다. "'오奧'는 간직한다(藏)라는 의미이다."

　　왕필 주에서 말했다. "'오奧'는 애애와 같으니 감싸 줄 수 있다는 말이다."

② 불선인지소보不善人之所保: 불선한 사람조차 지키려고 하는 것.

　　하상공 주에서 말했다. "'도道'는 불선한 사람조차 간직하면서 의지하는 것이
다. 환란을 마주하게 되었을 때 도리어 스스로 후회하면서 낮출 줄 알게 된다."

　　엄준본, 경룡비본, 『차해』본, 조지견본에는 '보保'가 '불보不保'로 되어 있다.

③ 미언가이시美言可以市, 존행가이가인尊行可以加人: 아름다운 언사는 사회적 교제를
위하여 사용할 수 있고, 고귀한 행위는 사람들에게 중시 받을 수 있다. "시市"는

교역하는 행위를 가리킨다. "가加"는 베푼다는 의미이니, "가인加人"은 타인에게 영향을 베푼다는 의미이다.

오징이 말했다. "반복해서 선한 사람의 보배에 대하여 말했다. 선한 사람은 도 덕분에 사람들로부터 중시를 받는다. 마치 아름다운 물건이 비싸게 팔리는 것처럼 아름다운 말은 소중하게 여겨지고, 탁월한 행실은 존중을 받을 만해서 보통 사람보다 월등히 특출하다."

내 생각은 다음과 같다. 통행본에 "미언가이시美言可以市, 존행가이가인尊行可以加人"으로 되어 있지만 『회남자』「도응훈」및 「인간훈」은 "미언가이시존美言可以市尊, 미행가이가인美行可以加人"으로 인용하였다. 유월과 해동은 『회남자』를 따라야 한다고 생각했다. 그러나 백서 갑본과 을본을 가지고 검증을 해 보면 왕필본 및 기타 고본과 정확히 부합한다. "대개 노자의 이 두 구절은 '미언美言'을 낮추고 '존행尊行'을 높인다는 의미이니 경문에 오류가 없음이 증명될 수 있다."(黃釗, 『帛書老子校注析』)

④ 삼공三公: 태사太師, 태부太傅, 태보太保.

⑤ 공벽이선사마拱璧以先駟馬: "큰 보옥"(拱璧)은 앞에 있고 "수레를 끄는 네 마리의 말"(駟馬)은 뒤에 있는 것이 바로 고대에 물건을 바칠 때의 예의이다.

장석창이 말했다. "옛날에 물건을 바칠 때는 가벼운 물건이 앞에 있고 무거운 물건이 뒤에 있었다. '공벽이선사마拱璧以先駟馬'는 수레를 끄는 네 마리의 말 앞에 큰 보옥을 둔다는 의미이다."

⑥ 불여좌진차도不如坐進此道: 도道를 바치는 것만 못하다.

⑦ 구이득求以得: 구하는 것이 있으면 바로 얻게 된다.

왕필본에는 "이구득以求得"으로 되어 있다. 경룡비본, 부혁본, 돈황본, 엄준본, 고환본, 『경전석문』, 이약본, 육희성본, 소철본, 임희일본, 범응원본, 오징본 및 기타 여러 고본에는 "이구以求"가 모두 "구이求以"로 되어 있으며, 백서 갑본과 을본도 동일하다. 이에 근거하여 개정한다.

유월이 말했다. "당나라 경룡비본과 부혁본에는 모두 '구이득求以得'으로 되어 있어 '유죄이면_{有罪以免}'과 정확히 서로 대비를 이루고 있으니 이를 따라야 한다."

⑧ 유죄이면야_{有罪以免邪}: 이 구절은 바로 "불선한 사람이 지키려고 하는 것"이라고 한 앞 구절에 대한 설명이다. 즉 죄가 있는 사람이 도_道를 얻으면 죄를 사면 받을 수 있기 때문에 불선한 사람조차 이것을 더욱 지키려고 한다는 말이다.

【번역】

도_道는 만물을 감싸 주는 것이다. 선한 사람의 보배요, 불선한 사람조차 지키려고 하는 것이다.

아름다운 언사는 사회적 교제를 위하여 사용할 수 있고, 고귀한 행위는 사람들에게 중시 받을 수 있다. 불선한 사람이 어찌 도를 내버릴 수 있겠는가? 그래서 천자를 옹립하거나 삼공을 설치할 때 비록 큰 보옥을 앞에 두고 수레를 끄는 네 마리의 말을 뒤에 두어서 예물을 바치는 예법이 있더라도 도_道를 바치는 것만 못하다.

옛날에 도_道를 중시했던 이유는 무엇일까? 구하는 것이 있으면 얻을 수 있고, 죄가 있으면 사면될 수 있다고 말하지 않았던가? 그래서 천하의 모든 사람들에게 중시를 받는 것이다.

【해설】

이 장의 의미는 도의 중요성을 천명하는 것에 있다. 천자와 삼공이 큰 보옥과 수레를 끄는 네 마리의 말을 보유하고 있더라도 도_道를 지키는 것보다 중요하지 않다.

제63장

【원문】

爲無爲, 事無事, 味無味①.

大小多少②, [報怨以德③.] 圖難於其易, 爲大於其細; 天下難事, 必作於易,
天下大事, 必作於細. 是以聖人終不爲大④, 故能成其大.

夫輕諾必寡信, 多易必多難. 是以聖人猶難之, 故終無難矣.

【주석】

① 미무味無味: 아무 맛이 없는 것을 맛있다고 여긴다.

왕필의 주에서 말했다. "담박함을 맛있다고 여기는 것이 정치의 극치이다."

② 대소다소大小多少: 큼(大)은 작음(小)에서 생겨나고, 많음(多)은 적음(少)에서 생겨난
다.(嚴靈峰, 『老子達解』) 죽간본에는 이 구절이 "대소지大小之"로 되어 있으며, 그
뒤의 "다이필다난多易必多難"과 바로 접해 있어서 여러 판본과 같지 않다.

내 생각은 다음과 같다. 통행본의 "대소다소大小多少" 네 글자는 의미가 불분명
하여 요내 등은 빠진 글자가 있을 것이라 의심했다. 요내가 말했다. "'대소다소大小
多少' 아래에는 빠진 글자가 있으니 억지로 해석해선 안 된다." 해동奚侗이
말했다. "'대소다소大小多少'는 의미가 무엇인지 말할 수 없다. 아마도 앞뒤로
탈자나 착간이 있는 것 같다." 장석창 역시 "의미를 해석할 수 없으니 응당
잘못된 문장이 있을 것이다"라고 여겼다.

"대소다소大小多少"에는 몇 가지 견해가 있다. 첫 번째, 일반 사람들이 크다고
간주하는 것을 작다 여기고, 일반 사람들이 많다고 하는 것을 적다고 여긴다.

예를 들어 감산덕청의 주에서 이렇게 말했다. "세상 사람들은 모두 명성과 지위를 크다 여기며, 이익과 봉록을 많다 여겨서 취하려고 한다. 하지만 '도道'는 지극히 텅 비어 있고 미세하며 담박하고 무물無物이라 모두들 작거나 적은 것으로 여긴다. 성인이 공업과 명성에서 벗어난 것은 이러한 크고 많은 것을 떠나서 작고 적은 것을 취한 것이다." 이는 도道를 터득한 사람과 일반 사람들의 가치관이 동일하지 않다는 의미이다. 두 번째, 작은 것을 큰 것이라 생각하고, 많은 것을 적은 것이라 생각한다. 고형은 다음과 같이 해석한다. "'대소大小'는 소小가 목적어이고 대大가 서술어이니 작은 것을 크다고 여기는 것이다. '다소多少'는 소小가 목적어이고 대大가 서술어이니 적은 것이라도 많다고 여기는 것이다. 소소한 불을 보고는 장차 들판을 태워 버릴 것이라 말하고, 졸졸 흐르는 물을 보고는 장차 마을을 쓸어버릴 홍수가 될 것이라고 말하니, 즉 작고 적은 것에 신중하고 조심한다는 의미이다." 세 번째, 임희일의 해석은 다음과 같다. "커질 수 있는 것은 필시 작아질 수도 있을 것이며, 많아질 수 있는 것은 필시 적어질 수도 있을 것이다."

엄영봉은 『한비자』「유로」에 근거하여 "큰은 작음에서 생겨나고 많음은 적음에서 흥기한다"라고 보충하였으니(『老子達解』에 보인다.) 아래의 구절에서 "쉬울 때 어려운 일을 도모하고, 미세할 때 큰일을 한다"고 한 문장의 의미와 서로 연관될 수 있다.

③ 보원이덕報怨以德: 이 구절은 앞뒤의 문장과 서로 연관되지 않는 것 같다. 마서륜은 제79장의 "화대원和大怨"의 앞에 있어야 한다고 여겼으며, 엄영봉은 제79장의 "필유여원必有餘怨"의 뒤에 있어야 한다고 여겼다. 여기서는 엄영봉의 설에 의거하여 제79장으로 이동시킨다. 해당 장의 【주석】①을 참조할 것.

④ 불위대不爲大: 자기 자신을 위대하다고 여기지 않는다.

【번역】

무위의 태도로 행동하고, 간섭하지 않는 방식으로 일을 하며, 담박하여 아무

맛이 없는 것을 맛있다고 여긴다.

큼은 작음에서 생겨나고, 많음은 적음에서 생겨난다. [덕으로 원한을 갚는다.]
곤란한 것을 처리할 때에는 쉬운 것부터 시작하고, 원대한 것을 실현할 때에는
미세한 것부터 시작한다. 천하의 곤란한 일은 반드시 쉬운 것으로부터 일어나고,
천하의 대사는 반드시 미세한 것으로부터 일어난다. 그래서 도道를 터득한
사람은 시종일관 자신을 위대하다고 여기지 않으니, 이로 인해 위대한 일을
성취할 수 있는 것이다.

쉽게 승낙한다면 분명 신뢰를 잃게 되고, 일을 너무 쉽게 보면 분명 더 많은
곤경을 만나게 된다. 그래서 성인은 늘 모든 일을 어려운 것으로 간주한다.
이로 인해 끝내 곤경에 처하지 않는 것이다.

【해설】

　　"무위의 태도로 행동한다."(爲無爲)—세상을 살아갈 때 객관적 상황에 의거하여
행동해야지 주관에 따라 억지를 부리며 마음대로 행동해서는 안 된다. 이것이
바로 노자가 일관되게 제시한 세상살이의 핵심 종지이다.

　　사안의 크기 및 난이도와 관련된 문제에 대하여 도가는 늘 상당히 예리한
지혜를 지니고 있었다. 노자는 "도의 광범위함"을 말하였지만 동시에 "미세한
것까지 살펴볼 수 있는 것을 '명明'(밝음)이라 부른다"(제52장)고 말하면서 크고
작은 것을 다 함께 고려할 것을 주장했다. 장자 역시 "세미한 것에서부터 큰
것을 보는 자는 미진하고, 큰 것에서부터 세미한 것을 보는 자는 명확하지 않다"고
하였다. 노자는 또한 "우주 공간 안에는 네 가지 커다란 것이 있으니" "도가
크고, 하늘이 크며, 땅이 크고, 사람 역시 크다"(제25장)고 공언하여 인간의 사유
지평을 확장하고, 인간의 정신 영역을 제고시키는 동시에 "앞으로 일어날 일을
알려 주는 징조"(제36장)를 알아챌 것을 지적하였다. 광범위한 도(大道)와 사태의
이치(事理)는 보통 "은미하고" "희미하며" "소리가 나지 않기에" 미세한 것을
알아채는 사람만이 그것을 체득할 수 있고, 작은 것을 보는 사람만이 그것을
통찰할 수 있다.

난이도의 문제 역시 일을 처리하는 태도와 밀접한 관계가 있다. 노자는 아주 곤란한 일을 처리할 때 반드시 먼저 세미하고 쉬운 것에서부터 착수해야 한다고 일깨워 주었다. 세미하고 쉬운 일에 직면하더라도 가벼운 마음으로 대수롭지 않게 여겨서는 안 된다. "어렵게 여김"은 신중한 태도이다. 즉 신중하고 면밀하게 사려하고, 세심하게 행동하는 것이다. 이 장에서 말하고 있는 가르침은 일상적 행동거지와 학문 탐구를 막론하고 모든 경우에도 결코 바뀔 수 없는 지극한 이치이다.

제64장

【원문】

其安易持^①, 其未兆易謀. 其脆易泮^②, 其微^③易散. 爲之於未有, 治之於未亂.
合抱之木, 生於毫末^④; 九層之臺, 起於累土^⑤; 千里之行, 始於足下.
爲者敗之, 執者失之. 是以聖人無爲故無敗; 無執故無失^⑥.
民之從事, 常於幾成而敗之. 愼終如始, 則無敗事.
是以聖人欲不欲, 不貴難得之貨; 學不學^⑦, 復衆人之所過, 以輔萬物之自然
而不敢爲.

【주석】

① 기안이지其安易持: 이 장은 죽간본에도 보이지만 죽간본에만 두 장으로 나뉘어
   있다. 죽간본에는 "기안이지其安易持"에서부터 "천리지행千里之行, 시어족하始於
   足下"까지가 하나의 장이고, "위자패지爲者敗之"에서부터 "이보만물지자연이불
   감위以輔萬物之自然而不敢爲"까지가 또 다른 장으로 구성되어 있다. 둘은 장의
   순서가 서로 연결되어 있지 않다.

② 기취이반其脆易泮: 연약한 것은 쉽게 쪼개진다.

   부혁본, 범응원본 및 초횡본에는 "반泮"이 "판判"으로 되어 있다. "반泮"과
   "판判"은 고대에 통용되었다. 『설문해자』에서 말했다. "판判은 나눈다는 의미이다."

   하상공본, 경룡비본, 돈황본, 엄준본, 고환본, 이약본, 육희성본, 진경원본,
   여혜경본, 임희일본 및 여러 고본에는 "반泮"이 "파破"로 되어 있다.

③ 미微: 죽간본에는 "기幾"로 되어 있다. "기幾"에 대하여 『설문해자』에는 "기미이

다"라고 말했다. 『주역』「계사전」에는 "기미(幾)를 알아챈다", "사물의 심오하고 은미한 것(幾)까지 깊이 연구한다"라고 하여 "기幾"는 선진철학의 중요 개념으로 간주되고 있는데 아마도 『노자』학에서 연원한 것 같다.

④ 호말毫末: 아주 작은 맹아를 가리킨다.

⑤ 루토累土: 두 가지 해석이 있다. 첫 번째, 지대가 낮은 곳이다. 하상공 주에서 "낮은 곳(卑)에서부터 높은 곳에 이른다"고 하였으니, "비卑"가 바로 지대가 낮은 곳을 가리킨다. 엄영봉도 "'루토累土'는 땅 중에서 낮은 곳이다"라고 하였다. 두 번째, 한 줌의 흙이다. 임희일이 말했다. "삼태기 하나 만큼의 흙이다." 고형이 말했다. "'루累'란 '류虆'로 읽어야 하니 삼태기이다. '기어루토起於累土'는 삼태기의 흙에서부터 일어난다는 말과 같다." 삼태기는 흙을 담는 도구이니, 루토累土는 즉 삼태기 하나만큼의 흙이다.

⑥ 위자패지爲者敗之, 집자실지執者失之. 시이성인무위고무패是以聖人無爲故無敗; 무집고무실無執故無失: 이 이하의 내용은 앞 문장과 의미가 서로 연관되지 않으니 아마도 다른 장의 문장일 것이다. 내 생각은 다음과 같다. "위자패지爲者敗之" 이하의 내용은 죽간본에 별도로 하나의 장으로 구성되어 있다. 죽간본은 체제와 글자의 모습이 다르기 때문에 정리를 담당했던 학자들이 갑조·을조·병조 셋으로 나누었다. 셋은 장의 순서와 내용이 서로 중복되지 않지만 이 장의 문장만은 갑조와 병조에 중복되어 나타난다. 하지만 자구가 약간 다르니 서로 다른 계통의 판본으로부터 연원하였음을 알 수 있다.

⑦ 학불학學不學: 죽간본 갑조에는 "교불교教不教"로 되어 있으니, 사람들이 아직 본받지 못했던 위대한 도를 본받으라는 말이다.(魏啓鵬의 설)

【번역】

국면이 안정될 때에는 지키기 쉽고, 사태가 변화하는 자취가 없을 때에는 도모하기 쉽다. 사물이 연약할 때 쪼개지기 쉽고, 사물이 미세할 때 흩어지기 쉽다. 핵심은 사태가 아직 발생하기 이전에 먼저 준비를 하고, 재앙이 아직 생겨나기

전에 알맞게 처리하는 것에 있다.

한 아름의 큰 나무도 아주 작은 맹아로부터 생장한 것이고, 9층의 높은 누대도 한 줌의 흙으로부터 축조해 낸 것이며, 천 리의 먼 길도 두 다리로 걸음을 내딛어 가는 것부터 시작한다.

억지를 부리면서 마음대로 굴면 일을 망치게 되고, 고집을 부리면서 집착하면 잃어버리게 된다. 그래서 성인은 마음대로 굴지 않기 때문에 일을 망치지 않고, 집착하지 않기 때문에 잃어버리지 않는 것이다.

일반 사람들은 일을 하다가 항상 거의 성공하려고 할 때 실패하게 된다. 어떤 일이 끝날 때까지 처음 시작했을 때처럼 신중하면 실패할 수 없다.

그래서 성인은 사람들이 원치 않는 것을 원하여서, 얻기 어려운 물건을 진귀하게 여기지 않고, 사람들이 배우지 않는 것을 배워서 많은 사람들의 잘못을 교정해 준다. 이로써 만물의 자연스러운(自然) 변화를 보조하되 간섭을 가하지 않는다.

【해설】

이 장의 앞 단락은 전체적인 의미가 완전하고 일관적이다. 그 대체적인 의미는 다음과 같다.

1. 재난의 근원을 주시한다. 재앙이 아직 발생하기 전에 먼저 예방한다.

2. 모든 일은 작은 것에서부터 커지고, 가까운 곳에서부터 먼 곳까지 도달한다. 토대를 만드는 작업이 매우 중요하니, "한 아름의 큰 나무도 아주 작은 맹아로부터 생장한 것이고, 9층의 높은 누대도 한 줌의 흙으로부터 축조해 낸 것이며, 천 리의 먼 길도 두 다리로 걸음을 내딛어 가는 것부터 시작한다"라고 말한 것이다. 큰일은 반드시 끈기와 인내심을 가지고 조금씩 완성시켜 나가야 한다. 마음이 조금이라도 안일하거나 해이하면 아홉 길(仞)의 산을 만들다가 삼태기 하나만큼의 흙이 모자라서 공이 무너지는 것처럼 성공 직전에 일이 어그러지고 말 것이다.

제65장

【원문】

古之善爲道者, 非以明①民, 將以愚②之.

民之難治, 以其智多③. 故以智治國, 國之賊; 不以智治國, 國之福.

知此兩者④亦稽式⑤. 常知稽式, 是謂"玄德", 玄德深矣, 遠矣, 與物反矣⑥,

然後乃至大順⑦.

【주석】

① 명明: 교묘하다.

　　왕필의 주에서 말했다. "'명明'은 식견이 많아져서 교묘한 방법으로 기만을 일삼아 본래의 순박함을 가려 버리는 것을 의미한다."

　　하상공의 주에서 말했다. "'명明'은 교묘하게 속일 줄 아는 것이다."

② 우愚: 순박하다, 질박하다.

　　왕필의 주에서 말했다. "'우愚'는 무지함을 의미하니, 꾸밈없는 상태(眞)를 지키고 자연自然에 순응하는 것이다."

　　하상공의 주에서 말했다. "질박하여 거짓이나 기만을 일삼지 못하게 만든다."

　　범응원이 말했다. "'장이우지將以愚之'는 순박함이 흩어지지 않게 하고, 교활함으로 속이는 일이 발생하지 않도록 만드는 것이다. 이른바 '어리석게 만든다'(愚之)는 기만하는 것이 아니라 단지 자연自然에 따를 뿐 견강부회와 사사로운 의도로 이끌지 않는다는 말이다."

　　고일함高一涵이 말했다. "어째서 노자의 정치철학은 당시 정치·사회적 현실에 저항하는 것이라고 평가되는 것일까? 그는 당시에 끊임없이 전쟁이 벌어져서 백성들이 뿔뿔이 흩어졌음을 목격하였기 때문에 '전쟁의 종식'(去兵)을 주장하였다. 또한 당시의 사회적 빈부가 균등하지 않아 부족한 자에게 덜어 내어 여유가 있는 자에게 보태고 있음을 목격하였기 때문에 '검약을 숭상할 것'(尚儉)을 주장하였다. 또한 당시의 폭군과 탐관오리가 백성을 하찮게 여기고 있음을 목격하였기 때문에 '무위無爲'를 주장하였다. 또한 당시에 교활한 지모가 날로 성행하여 거짓과 기만이 날로 출현하고 있음을 목격하였기 때문에 '어리석음을 숭상할 것'(尚愚)을 주장하였다. 전쟁의 종식, 검약에 대한 숭상, 무위, 어리석음에 대한 숭상, 이 네 가지 주장은 바로 이상적인 나라를 만들기 위하여 노자가 구상한 방법이었다."(「老子의 政治哲學」, 『新青年雜志』 제6권 5호)

장묵생이 말했다. "그(노자)는 타인과 내가 함께 어리석어져서 세상의 모든 계급을 제거하고 만물과 나의 간극을 모두 없애는 거대한 평등을 만들고자 했다. 이렇게 하면 인간의 여러 갈등과 분쟁이 저절로 없어질 것이라고 생각했다."(『老子』, 60쪽)

③ 지다智多: 교활한 지모와 거짓이 많아진다.

왕필의 주에서 말했다. "지모가 많아지고 교묘하게 속인다."

범응원이 말했다. "자연自然에 따르지 않고, 사사로운 의도와 견강부회를 명민하다(明)고 간주하는 것이 바로 세속에서 말하는 지혜이다."

서복관이 말했다. "지다智多는 바로 사욕이 많다는 것이다. 사욕이 많으면 분쟁이 일어나서 서로를 위험에 빠뜨린다. 노자는 백성이 나빠지는 원인이 모두 통치자의 나쁜 영향을 받았기 때문이라고 일관되게 생각했다. 백성의 지모가 많아지는 것 역시 통치자의 나쁜 영향을 받은 결과이다."

경룡본, 돈황신※본에는 "지다智多"가 "다지多智"로 되어 있다.

④ 양자兩者: 앞 문장의 "지모로 국가를 다스리는 것은 국가의 재앙이고, 지모로 국가를 다스리지 않는 것은 국가의 복이다"를 지칭하여 말한 것이다.

⑤ 역계식亦稽式: "역亦"은 내乃와 통하고(풀이는 『古書虛字集釋』에 보인다.) 내乃는 '~이

다'(爲)라는 의미이다. "계식稽式"은 법식, 법칙이라는 의미이다.

경룡비본, 돈황신본, 돈황임본, 하상공본, 고환본, 임희일본 및 기타 고본에는 "계식稽式"이 "해식楷式"으로 되어 있는 경우가 많다.

⑥ 여물반의與物反矣: 두 가지 해석이 있다. 첫 번째, "반反"을 '상반되다'라는 의미로 읽어서 "덕德"과 일반적인 사물의 성질이 상반된다고 해석한다. 예를 들어 하상공의 주에서 "현덕玄德을 지닌 사람은 만물과 정반대로 다르다. 만물은 자신에게 더하기를 바라지만, 현덕을 지닌 사람은 다른 사람들에게 베풀어 준다"고 하였다. 두 번째, "반反"을 '반返'의 가차로 읽어서 "덕德"과 사물이 순수함과 순박함으로 되돌아간다고 해석한다. 왕필의 주에서 "꾸밈없는 상태(眞)로 되돌아간다"고 하였으니 순수함과 순박함으로 되돌아간다는 뜻이고, 임희일의 주에서 "반反은 돌아간다(復)는 의미이니, 만물과 함께 모두 처음의 상태(初)로 되돌아갈 것을 추구한다"고 하였다. 임희일이 언급한 '처음의 상태(初)'는 바로 순수함과 순박함이다. 【번역】은 후자를 따랐다.

⑦ 대순大順: 자연自然.

임희일이 말했다. "대순大順은 곧 자연自然이다."

【번역】

이전에 도를 잘 행했던 사람은 백성에게 교묘함을 가르치지 않았고 대신 백성을 순박하게 만들었다.

백성이 다스리기 어렵게 된 원인은 바로 그들이 지나치게 많은 지모와 잔꾀(心機)를 사용했기 때문이다. 그래서 지모로 국가를 다스리는 것은 국가의 재앙이고, 지모로 국가를 다스리지 않는 것은 국가의 복이다.

이러한 두 가지 차이점을 인식하는 것이 바로 국가를 다스리는 법칙이다. 항상 이러한 법칙을 지켜 나가는 것이 바로 "현덕玄德"이다. "현덕玄德"은 심원하도다! "덕"이 사물과 함께 순수함과 순박함으로 되돌아간 연후에야 비로소 가장 화순한 상태(和順)에 도달할 수 있다.

【해설】

이 장은 정치가 순수함과 순박함에 달려 있음을 강조하고 있다. 노자는 정치의 성패가 언제나 통치자의 마음가짐과 통치 방법에 달려 있다고 생각했다. 통치자가 이와 같이 순수하고 순박한 상태일 때 비로소 선량한 정치 기풍을 이끌어 낼 수 있고, 선량한 정치 기풍이 있어야만 사회가 비로소 안정된 상태를 향해 나아갈 수 있다. 만약 통치자가 교묘하고 교활하면, 문란하고 잘못된 정치 기풍을 만들어 낸다. 정치 기풍이 문란하고 잘못되면, 사람들이 서로를 기만하고 해쳐서 사회에 평안한 날이 없게 만들 것이다. 이러한 관점에 근거했기 때문에 노자는 통치자가 백성을 순수함과 순박함으로 인도해야 한다고 요구했던 것이다.

노자는 난세를 살아가면서, 모든 사람들이 공격적인 마음가짐으로 지모를 다투고 서로 경쟁하면서 기만을 일삼는 것이 세상을 혼란하게 만드는 가장 핵심적인 원인이라고 느꼈다. 그래서 세속적 가치를 둘러싼 투쟁을 포기하고 순수함과 순박함으로 되돌아가자고 사람들에게 호소하였다. 노자는 당시의 폐단들에 분개하며 이를 바로잡기 위하여 이렇게 말했던 것이다.

이 장의 내용은 후세의 사람들로부터 많은 오해를 받았다. 그들은 노자가 우민정치를 주장하였다고 생각했다. 그러나 사실상 노자가 말한 "어리석음"(愚)이란 순수함과 순박함을 의미하는 것이다. 그는 백성에게 순수함과 순박함을 원하였을 뿐 아니라 통치자 스스로 더욱 앞장서서 순수하고 순박한 상태가 되도록 노력하기를 바랐다. 그래서 제20장에서 "나는 진실로 '어리석은 자'의 마음이로다!"라는 말이 있게 된 것이다. 이는 순수함과 순박함(어리석음)이 바로 높은 수준까지 인격을 수양한 이상적인 통치자의 경지임을 설명하고 있다.

제66장

【원문】

江海之所以能爲百谷王^①者, 以其善下之, 故能爲百谷王.

是以聖人^②欲上民, 必以言下之; 欲先民, 必以身後之. 是以聖人處上而民不
重^③, 處前而民不害. 是以天下樂推^④而不厭. 以其不爭, 故天下莫能與之爭.

【주석】

① 백곡왕百谷王: 온갖 시내(川)가 귀착하는 곳.

"백곡百谷"은 온갖 시내를 의미한다. 『설문해자』에서 말했다. "샘이 솟아나
시내로 이어지는 곳을 '곡谷'이라고 한다." 그래서 "백곡百谷"은 온갖 시내라고
말할 수 있는 것이다.

"왕王"에 대하여 『설문해자』에서 "왕王은 천하가 귀착하는 곳이다"라고 하였
는데 여기에서의 "왕王"도 귀착한다는 의미를 갖고 있다.

② 성인聖人: 왕필본에는 이 두 글자가 빠져 있다. 경룡비본, 부혁본, 하상공본
및 여러 고본에는 "시이是以" 뒤에 "성인聖人" 두 글자가 있다. 백서본도 동일하다.
문장의 용례 및 여러 고본에 의거하여 보충한다.

장석창이 말했다. "『도장』의 왕필본에는 '성인聖人' 두 글자가 있으니, 이에
근거하여 보충해야 한다."

③ 중重: 얽매다, 견딜 수 없다.

고형이 말했다. "백성이 군주를 떠받드는 것은 마치 무거운 짐으로 크게
얽매고 있는 것(累)과 같으니, 이것이 여기에서 말하는 '중重'이다. 그러므로

'중重'은 '루累'와 같은 의미이며, '민부중民不重'은 백성이 부담으로 여기지 않는다는 말이다. 『시경』「소아·무장대거無將大車」에 '온갖 시름을 생각하지 말라. 단지 자신을 얽맬(重) 뿐이구나'라고 하였는데 정현의 전箋에서 '중重은 루累와 같은 의미이다'라고 하였다. 『한서』「형연오전」에서 '사태가 발각되자 연루(重)되고 말았다'고 하였는데 안사고의 주에서 '중重은 루累와 같은 의미이다'라고 하였으니, 이것이 바로 중重을 루累로 읽을 수 있는 근거들이다."

④ 락추樂推: 죽간본에는 "락진樂進"으로 되어 있으니 죽간본의 문의가 낫다.

【번역】

온갖 강의 물줄기가 강과 바다로 모여드는 이유는 강과 바다가 낮은 장소에 잘 머무르기 때문이다. 그래서 온갖 강의 물줄기가 한데 모여드는 곳이 되는 것이다.

그래서 성인은 백성의 지도자가 되고자 할 때 반드시 언행을 일치시켜서 그들에게 자신을 겸허하게 낮추며, 백성의 본보기가 되고자 할 때 반드시 자신의 이익을 그들의 뒤에 두었다. 그래서 성인은 높은 지위에 있더라도 백성은 부담으로 느끼지 않았으며, 앞에 있더라도 백성은 해를 입는다고 느끼지 않았다. 그래서 천하의 모든 백성이 기쁘게 받들어 모시면서 싫어하지 않았던 것이다. 그가 타인과 다투지 않기 때문에 천하의 그 누구도 그와 다툴 수 있는 자가 없다.

【해설】

통치자는 권세가 손아귀에 있을 때 백성에게 중압감을 느끼게 하기 십상이다. 통치자가 자기 마음대로 행동하게 되면 백성은 그 부담을 견디지 못한다. 따라서 이 장에서는 높은 지위에 있는 사람이 반드시 온 힘을 다하여 백성에게 부담과 해악을 가져다주는 요인을 피해야 한다고 주장했다.

노자는 높은 지위에 있는 사람이 권위와 위세로 사람들을 능멸하여 백성에게 심대한 압력을 가하고, 남보다 앞에서 선도하는 지도자가 자신의 이익만 우선으로 추구하여 백성에게 심대한 손해를 끼친다는 점을 깊이 통감했다. 그래서 통치자에게 낮은 위치에 있으면서 양보해야 함을 일깨웠다. 이것이 바로 앞에서 몇 번이나 말했던 "부쟁不爭"(다투지 않음)의 사상이다.(제8장, 제22장과 같다.)

이 장은 강과 바다의 비유로부터 시작하고 있다. 이는 제32장에서 "비유하자면, 도가 천하에 있는 것은 강과 바다가 하천과 계곡이 흘러들어 만들어진 것과 같다"고 말한 의미와 동일하다. 노자는 강과 바다를 통해서 사람이 낮은 위치에 있고 뒤에 머물러야 함을 비유하였으며, 동시에 강과 바다를 통해서 사람의 큰 도량과 포용력을 상징하기도 하였다.

제67장

【원문】

[天下皆謂我: "'道大, 似不肖." 夫唯大, 故似不肖. 若肖, 久矣其細也夫!^①]
我有三寶, 持而保之. 一曰慈, 二曰儉^②, 三曰不敢爲天下先.
慈故能勇^③; 儉故能廣^④; 不敢爲天下先, 故能成器長^⑤.
今舍慈且^⑥勇; 舍儉且廣; 舍後且先; 死矣!
夫慈, 以戰則勝^⑦, 以守則固. 天將救之, 以慈衛之.

【주석】

① 천하개위아天下皆謂我: "'도道'대大, 사불초似不肖." 부유대夫唯大, 고사불초故似不肖.
약초若肖, 구의기세야부久矣其細也夫!: 이 장은 전반적으로 자애로움(慈)을 논하고
있어서 이 단락은 뒤 문장의 의미와 호응하지 않는 것 같다. 아마도 다른
장의 착간일 것이다. 이 단락의 문장을 현대어로 번역해 보면 다음과 같다.
"천하의 모든 사람들은 나에게 말하길 '도道'란 광대하지만 어떠한 구체적인
사물과도 닮지 않았다. 바로 이것이 광대하기 때문에 어떠한 구체적 사물과도
닮지 않은 것이다. 만약 이것이 어떤 것과 닮았다고 말한다면 진작 보잘것없어졌
다!' 통행본에는 첫 구절의 "대大" 앞에 "도道"자가 있지만 백서본 및 부혁본에는
없다. 백서 을본에는 다음과 같이 되어 있다. "천하개위아대天下皆謂我大, 대이불초
大而不肖. 부유불초夫唯不肖, 고능대故能大. 약초若肖, 구의기세야부久矣其細也夫."
② 검儉: 소유하고 있지만 모조리 쓰지 않는다. 제59장의 "색嗇"과 같은 의미이다.
호기창胡寄窓이 말했다. "사치를 배격하고 검약을 중시하는 노자의 주장은

기타 선진시대 각 학파의 사상과 비교해 보았을 때 어떠한 특별한 점도 없지만, 이러한 주장을 내놨다는 것 자체가 최소한 당시 귀족들이 과도하게 사치를 부리면서 욕망을 다하고 잔혹하게 백성을 착취하는 것에 대하여 노자가 반대하는 입장을 지녔다는 사실을 보여 준다."(『中國經濟思想史』上, 210쪽)

③ 자고능용慈故能勇: 자애롭기 때문에 용감할 수 있다. 이 구절에는 맹자가 "인한 사람에게는 대적할 자가 없다"라고 한 의미를 포함하고 있다.

장석창이 말했다. "여기서의 '용勇'은 겸허하게 물러나고 방어하는 것에 용감하다는 말이지, 남의 것을 빼앗거나 침략하는 것에 용감하다는 말이 아니다. '자고능용慈故能勇'은 오직 성인이 자애로운 마음을 지닌 연후에야 병사들이 방어할 용기를 지니게 된다는 말이다."

④ 검고능광儉故能廣: 검약하고 아끼기 때문에 광대해질 수 있다.

『한비자』「해로」에서 말했다. "지사智士가 재물을 검약하여 사용한다면 집안이 부유해질 것이고, 성인聖人이 정신(神)을 중시하여 아낀다면 정기(精)가 왕성해질 것이고, 군주가 사졸을 귀중하게 여겨서 전쟁을 치른다면 백성이 많아질 것이니, 백성이 많아진다면 나라가 광대해진다."

왕필의 주에서 말했다. "절제하고 검약하여 비용을 아낀다면 천하가 궁핍해지지 않게 된다. 그러므로 광대해질 수 있다."

⑤ 기장器長: 만물의 으뜸. "기器"는 '물物'이니 만물을 지칭한다.

⑥ 차且: 취한다.

⑦ 이전즉승以戰則勝: 부혁본과 범응원본에는 "이진즉정以陳則正"으로 되어 있다. 범응원이 말했다. "'진陳'은 음이 진陣이니 군사의 대열이다."

【번역】

나에게는 세 가지의 보배가 있으니 이를 굳게 지키면서 보존한다. 첫 번째는 '자애로움'이라 하고, 두 번째는 '검약'이라 하며, 세 번째는 '감히 천하 모든 사람들의 앞에 위치하지 않음'이라 한다.

자애롭기 때문에 용감할 수 있으며, 검약하기 때문에 광대해질 수 있고, 천하 모든 사람들의 앞에 위치하지 않기 때문에 만물의 으뜸이 될 수 있다.

요즘에는 자애로움을 내버린 채 용감하길 원하고, 검약을 내버린 채 광대해지기를 추구하며, 겸양을 내버린 채 앞을 다투기를 원하니 이는 죽음의 길로 달려가는 것이로다!

자애로움으로 정벌이나 전쟁을 한다면 승리할 수 있고, 자애로움으로 수비한다면 견고하게 지킬 수 있다. 하늘이 누군가를 도와주려고 한다면 자애로움으로 그를 보호할 것이다.

【해설】

이 장에서 말하고 있는 세 가지 보배는 다음과 같다. 첫 번째는 "자애로움"(慈)이다. 자애로움은 사랑하는 마음에 기초한 동정심이자 인간이 우애를 맺으면서 함께 살아가는 기본적인 동력이다. 두 번째는 "검약"(儉)이다. 검약은 간직하고 쌓아 나가면서 멋대로 굴지 않고 사치부리지 않는 것이다. 이는 제59장의 "색嗇"과 같은 의미이다. 세 번째는 "감히 천하 모든 사람들의 앞에 위치하지 않는 것"(不敢爲天下先)이다. 이는 "겸양"이나 "부쟁"의 사상이다.

이 장의 중점은 "자애로움"을 말하는 것에 있다. 노자는 몸소 전란의 시대를 겪으면서 폭력의 잔혹성을 목격하고 사람과 사람 사이에 자애로운 마음이 결여되었음을 깊이 통감했기에 모든 힘을 다하여 이러한 주장을 했던 것이다.

제68장

【원문】

善爲士①者, 不武; 善戰者, 不怒; 善勝敵者, 不與②; 善用人者, 爲之下. 是謂不爭之德, 是謂用人, 是謂配天, 古之極也③.

【주석】

① 위사爲士: "위爲"는 다스림, 관리함의 의미이다. 여기에서는 통솔함, 거느림을 말한다. "사士"는 사졸을 의미한다. 사졸 통솔은 장수의 담당이다.

　　왕필이 말했다. "'사士'는 병졸들의 장수이다."

② 불여不與: 다투지 않는다.

　　왕필의 주에서 말했다. "적과 다투지 않음을 의미한다."

　　고형이 말했다. "'여與'는 '전투'(鬪)와 같다. 옛날에는 대적하여 전투하는 것을 '여與'라고 하였다."

③ 시위부쟁지덕是謂不爭之德, 시위용인是謂用人, 시위배천是謂配天, 고지극야古之極也: 왕필본에는 "시위부쟁지덕是謂不爭之德, 시위용인지력是謂用人之力, 시위배천고지극是謂配天古之極"로 되어 있으나, 백서 을본에 의거하여 개정한다.

　　허항생이 말했다. "을본에는 '시위용인是胃(謂)用人, 시위배천是胃(謂)肥(配)天, 고지극야古之極也'로 되어 있고, 부혁본에는 '시위용인지력是謂用人之力, 시위배천是謂配天, 고지극야古之極也'로 되어 있다. 아마도 부혁본에 있는 '지력之力' 두 글자는 후대의 사람들이 보탠 것 같다. 여기에서는 을본을 따른다."(『帛書老子註譯與硏究』)

고명이 말했다. "백서 갑본과 을본에는 '지력之力' 두 글자가 없고, '시위부쟁지덕是謂不爭之德, 시위용인是謂用人, 시위배천是謂配天, 고지극야古之極也'로 되어 있다. 즉 '인人'과 '천天'이 운이 맞고, '덕德'과 '극極'이 운이 맞아서 앞뒤로 모두 운을 맞추어 읽은 것이다. 통행본에는 중간에 '지력之力' 두 글자가 추가되어 있는데 격식에 전혀 맞지 않다."

【번역】

장수의 역할에 뛰어난 자는 무위를 드러내지 않고, 전쟁에 뛰어난 자는 경솔하게 격노하지 않으며, 전투에서 적군에게 승리하는 것에 뛰어난 자는 대적하거나 싸울 필요가 없고, 용인에 뛰어난 자는 타인에게 자신을 겸허하게 낮춘다. 이것을 싸우지 않음의 덕이라 하고, 이것을 용인에 뛰어나다고 하며, 이것을 천도에 부합하였다고 한다. 이것이 바로 옛날부터의 최고 준칙이다.

【해설】

'무위'(武)와 '격노'(怒)는 침략하는 행위이며 흉포함의 표출이다. 노자는 도리어 사람들에게 "무위를 드러내지 말 것"과 "격노하지 말 것"을 요구하였으니 그 의도는 바로 강력한 힘을 드러내거나 포악하게 굴지 말라는 것이다. 전쟁 중에 "다투지 않음"을 논한 것은 살육을 즐기지 말라는 요구이다. 이는 앞 장에서 전란 중에 "자애로움"을 강조했던 것과 상응한다. 이는 옛날부터의 준칙이다.

제69장

【원문】

用兵有言: "吾不敢爲主①, 而爲客②; 不敢進寸, 而退尺." 是謂行無行③; 攘無臂④; 扔無敵⑤; 執無兵⑥.

禍莫大於輕敵, 輕敵幾喪吾寶.

故抗兵相若⑦, 哀⑧者勝矣.

【주석】

① 위주爲主: 침범하다, 공세를 취하다.

　　하상공의 주에서 말했다. "'주主'는 앞선다는 의미이니 감히 먼저 거병하지 않는 것이다."

　　오징이 말했다. "'위주爲主'는 전쟁의 구실을 만들어 타인을 공격한다는 의미이다."

② 위객爲客: 수세를 취함, 어쩔 수 없이 응전함을 가리킨다.

③ 항무항行無行: "항行"은 행렬, 진열의 형세를 의미한다. "항무항行無行"은 즉 설령 진열의 형세를 갖출 일이 있더라도 늘어놓을 만한 진열의 형세가 없는 것 같다는 말이다.

④ 양무비攘無臂: 양비攘臂는 화가 나서 팔을 휘두른다는 의미이다. "양무비攘無臂"는 즉 설령 팔을 휘두르려 해도 휘두를 팔이 없는 것 같다는 말이다.

⑤ 잉무적扔無敵: "잉扔"은 나아간다는 의미이니, 잉적扔敵은 적에게 나아간다는

의미이다. 즉 "잉무적扔無敵"은 설령 적을 맞이하였더라도 나아갈 적이 없는 것 같다는 말이다. 이 구절은 백서 갑본과 을본에 모두 "내무적乃無敵"으로 되어 있고 "집무병執無兵"의 뒤에 있다.

⑥ 집무병執無兵: "병兵"은 병기를 지칭한다. "집무병執無兵"은 설령 병기가 있더라도 쥘 만한 병기가 없는 것 같다는 말이다.

　범응원이 말했다. "만약 전쟁할 의사가 없다면 설령 군대에 있더라도 들어 올릴 팔이 없는 것 같고, 나아갈 적이 없는 것 같으며, 쥘 만한 병기가 없는 것 같다. 그러니 어찌 군대를 운용하는 재앙이 생기겠는가!"

⑦ 항병상약抗兵相若: 양측의 군대가 서로 대등하다. "약若"은 왕필본에 "가加"로 되어 있으나 부혁본, 돈황신본, 백서본에 의거하여 개정한다.

　장송여가 말했다. "돈황당唐사본에는 '고항병상여故抗兵相如'로 되어 있다. '상여相如'는 범응원본, 개원본, 하상공본, 여러 왕필본에 모두 '상가相加'로 되어 있다. 왕필의 주에서 '항抗은 든다는 의미이고, 가加는 대등하다는 의미이다'라고 하였으니 아마 '가加'와 '여如'는 옛날부터 으레 오기되었던 것 같다. 돈황의 또 다른 판본에는 '상약相若'이라고 되어 있어 부혁본 및 백서본과 동일하다. '약若' 역시 대등하다는 의미이다."

⑧ 애哀: "자애롭다"는 의미가 있다. 『설문해자』에서 말했다. "애哀는 애석하게 여긴다는 의미이다." 애석하게 여김이란 곧 제67장에서 말한 "자애로움"(慈)이다.

　임희일이 말했다. "'애哀'라는 것은 군대의 운용을 근심하며 즐거워하지 않는 것이다. 둥둥 소리를 내며 북을 치거나 뛰어 올라 병기를 휘두르는 짓은 애석해하는 것이 아니다."

【번역】

　용병에 관하여 이러한 말이 있다. "나는 감히 침범하지 않는 대신 수세를 취하며, 감히 한 치(寸) 전진하지 않는 대신 한 자(尺) 후퇴한다." 이 말은 바로 다음과 같은 의미이다. 진열의 형세를 갖추었더라도 늘어놓을 진열의 형세가 없는 것 같고, 팔을 휘두르려 해도 휘두를 팔이 없는 것 같고, 적을 맞이하였더라도 나아갈 적이 없는 것 같고, 병기가 있더라도 쥘 만한 병기가 없는 것 같다. 적을 경시하는 것보다 큰 재앙은 없다. 적을 경시하면 아마도 나의 "세 가지 보배"를 상실하게 될 것이다.

그래서 양쪽 군대가 서로 대등할 때 자애로운 쪽이 승리를 획득할 수 있다.

【해설】

기본적으로 노자는 전쟁에 반대하였다. 어쩔 수 없이 전쟁에 휘말리게 되더라도 "나는 감히 침범하지 않는 대신 수세를 취하며, 감히 한 치(寸) 전진하지 않는 대신 한 자(尺) 후퇴한다." 즉 도발하지 않고 완전히 수동적인 수세를 취하며, 침략하지 않고 전쟁의 빌미가 될 만한 일에 뜻을 두지 않는다. "진열의 형세를 갖추었더라도 늘어놓을 진열의 형세가 없는 것 같고, 비록 팔을 휘두르려 해도 휘두를 팔이 없는 것 같고, 적을 맞이하였더라도 나아갈 적이 없는 것 같고, 병기가 있더라도 쥘 만한 병기가 없는 것 같다"라고 말한 것은 바로 적을 제압할 수 있는 역량을 지녔더라도 경솔하게 사용하지 않는다는 의미이다. 이것이 바로 겸허한 자세로 물러나 다투지 않는다는 사상이다. 마지막에 노자는 참전하는 자에게 "적을 경시하지 말 것"을 경고한다. 적을 경시하는 것은 바로 호전성을 드러내는 것이니, 군대를 출진시켰는데 적을 경시한다면 살상이 많아질 것이고, 살상이 많아지면 자애로운 마음을 잃어버리게 된다. 그래서 노자는 "나의 세 가지 보배를 상실하게 될 것이다"라고 하였다.

이 장과 앞에 있는 두 장의 내용은 호응한다. 자애로움을 천명함으로써 "다투지 않음"(不爭)의 덕을 드러내고 있는 것이다.

제70장

【원문】

吾言甚易知, 甚易行. 天下莫能知, 莫能行.

言有宗①, 事有君②. 夫唯無知③, 是以不我知.

知我者希, 則④我者貴⑤. 是以聖人被褐⑥懷玉.

【주석】

① 언유종言有宗: 말에 종지가 있다.

　　여혜경이 말했다. "무위無爲와 자연自然이 바로 말에 담긴 종지이다."

② 사유군事有君: 행위에 근거가 있다. "군君"에는 "종주"(主)의 의미가 있으니 "유군有君"은 근거하는 바가 있음을 가리킨다. 부혁본에는 "군君"이 "주主"로 되어 있다.

③ 무지無知: 두 가지 설명방식이 있다. 하나는 타인이 이해하지 못함을 지칭하고, 다른 하나는 자신의 무지함을 지칭한다. 【번역】은 전자를 취하였다.

④ 칙則: 법칙으로 삼는다.

　　감산덕청의 주에서 말했다. "'칙則'은 법칙이니, 기준으로 삼는다는 의미이다."(『老子道德經解』)

⑤ 귀貴: 얻기 어렵다.

　　장석창이 말했다. "사물은 희소한 것이 귀하게 여겨지니, '귀貴' 역시 희소하다는 의미이다."

⑥ 피갈被褐: "피被"는 입는다는 의미이다. "갈褐"은 거친 베이다. "피갈被褐"은 거친 베옷을 착용한다는 의미이다. 백서 갑본과 을본에는 "피갈被褐" 뒤에 "이而"가 있다.

【번역】

나의 말은 이해하기 쉽고 실행하기 쉬운데 많은 사람들은 오히려 이해하지 못하고 실행하지 못하고 있다.

말에는 종지가 있고 행위에는 근거가 있다. 바로 이러한 도리를 이해하지 못했기 때문에 나를 이해하지 못하는 것이다.

나를 이해하는 자가 적어질수록 나를 법칙으로 삼는 자는 드물어진다. 이러한 이유로 도道를 터득한 성인은 거친 베옷을 착용하고 있지만 안으로 아름다운 옥을 품고 있는 것이다.

【해설】

노자는 허정虛靜(텅 비고 고요함), 유화柔和(부드럽고 조화로움), 자검慈儉(자애롭고 검약함), 부쟁不爭(다투지 않음)을 제창하였다. 이러한 것은 모두 인성의 자연스러운(自然) 도리에 근본을 두고 있기에 일상생활에서 가장 실행하기 쉽고 가장 효과를 볼 수 있는 것들이다. 그러나 세속의 사람들은 조급함에 현혹되고 영예와 이익에 미혹되어 이러한 도리와 배치되어 버리고 말았다.

노자의 사상은 인간의 행위를 근본적으로 탐색하고 세간의 사물을 근원적으로 인식한 뒤에 간결하고 소박한 언어로 단순한 원리(道理)를 설명하려고 했다. 그의 언어는 간결하고 소박하며 원리 역시 단순하지만, 그 안에 담긴 내용은 반대로 매우 풍부하여 마치 거친 베옷을 입고 있지만 그 안에 아름다운 옥을 품고 있는 것 같다. 노자는 세상 사람들이 단지 쓸모없이 화려한 겉치레만을 동경하는 것이 안타까웠기 때문에 "나를 법칙으로 삼는 자는 드물어진다"고 탄식하였다.

제71장

【원문】

知不知^①, 尙矣^②; 不知知^③, 病也. 聖人不病, 以其病病^④. 夫唯病病, 是以不病^⑤.

【주석】

① 지부지知不知: 이 구절에는 몇 가지 해석이 있는데, 가장 일반적인 해석은 다음과 같다. 첫 번째, 알고 있으나 스스로 안다고 간주하지 않는다. 두 번째, 자신에게 모르는 것이 (있음을) 안다.

② 상의尙矣: 하상공본과 왕필본에는 '상上'으로 되어 있으며 '의矣'가 빠져 있다. '상上'과 '상尙'은 옛 글자에서 통용되었다.

　　장석창이 말했다. "『회남자』「도응훈」에서는 '지이부지知而不知, 상의尙矣; 부지이지不知而知, 병야病也'라고 인용하였으며,『문자』「부언符言」에는 '지부지知不知, 상야上也; 부지지不知知, 병야病也'라고 되어 있다.…… 왕필본은 문장의 의미가 분명하지 않으니,『회남자』에 근거하여 바로잡아야 한다." 내 생각은 다음과 같다. 백서 갑본과 을본 및 부혁본은 '상上'이 '상의尙矣'로 되어 있어서 『회남자』「도응훈」에서 인용한 것과 동일하니 이에 근거하여 개정한다. 뒤 구절의 '병病' 다음에는 『회남자』에 근거하여 '야也'를 보충하였다.

③ 부지지不知知: 모르는데 도리어 안다고 생각한다.

④ 병병病病: 병을 병으로 여긴다.(Who recognizes sick-minded as sick-minded)

⑤ 성인불병聖人不病, 이기병병以其病病. 부유병병夫唯病病, 시이불병是以不病: 왕필본에

는 원래 '부유병병夫唯病病, 시이불병是以不病, 성인불병聖人不病, 이기병병以其病病, 시이불병是以不病'으로 되어 있으나, 문구가 전도되어 있으며 중복되기도 하였다. 장석창의 설명에 근거하여 『태평어람』에 인용된 바에 따라 개정한다.

장석창이 말했다. "『태평어람』「질병부」는 '성인불병聖人不病, 이기병병以其病病; 부유병병夫唯病病, 시이불병是以不病'으로 『노자』의 문장을 인용하였다. 여러 판본과 비교해 보았을 때 이것이 나으므로 이에 근거하여 개정해야 한다. 대개 '부유夫唯'가 포함된 구절은 앞 구절의 의미를 이어서 말을 반복하고 있는데 이는 노자 특유의 문장 구성이다. 지금 한번 본문 전체를 가지고 검증해 보면 다음과 같다. 제2장에서 '업적이 성취되어도 스스로 으스대지 않는다. 바로 그가 스스로 으스대지 않기에 그의 공로는 사그라질 수 없는 것이다'(功成而弗居. 夫唯弗居, 是以不去)라고 하였는데, '부유夫唯'를 포함한 두 구절은 앞 구절의 '불거弗居'(으스대지 않는다.)를 받아서 말을 반복하였으니 이것이 첫 번째 사례이다. 제8장에서 '물은 만물을 윤택하게 하면서 만물과 다투지 않는 일 및 사람들이 싫어하는 곳에 머무는 일을 잘한다.(水善利萬物而不爭)…… 오직 다투지 않기 때문에 도道에 매우 가깝다(夫唯不爭, 故無尤)'라고 하였는데, '부유부쟁夫唯不爭'을 포함한 두 구절은 앞 구절의 '부쟁不爭'(다투지 않는다.)을 받아서 말을 반복하였으니 이것이 두 번째 사례이다. 제15장에서 '도로 되돌아간 사람은 과도하게 채우려고 하지 않는다. 과도하게 채우려고 하지 않기 때문에 자신을 잘 감추면서 조기에 완성하지 않는 것이다'(保此道者不欲盈. 夫唯不盈, 故能蔽不新成)라고 하였는데, '부유불영夫唯不盈'을 포함한 두 구절은 앞 구절의 '불욕영不欲盈'(채우려고 하지 않는다.)을 받아서 말을 반복하였으니 이것이 세 번째 사례이다. 제72장에서 '백성의 삶을 핍박하지 말고 백성의 생활을 억압하지 말라. 백성을 억압하지 않아야만 백성은 (통치자를) 염증 내지 않을 것이다'(無厭其所生. 夫唯不厭, 是以不厭)라고 하였는데, '부유불압夫唯不厭'을 포함한 두 구절은 앞 구절의 '무압無厭'(핍박하고 억압하지 말라.)을 받아서 말을 반복하였으니 이것이 네 번째 사례이다.[1] 이 장의 문장

---

1) [역자주] 장석창은 "夫唯"를 활용한 『노자』 특유의 문장 구성을 언급하고 있다. 예를

즉 '부유병병夫唯病病, 시이불병是以不病' 두 구절이 '성인불병聖人不病, 이기병병以其病病' 두 구절의 앞으로 전도되어 있고, 또 '시이불병是以不病'이 마지막 구절에 괜히 끼어들어 가는 바람에 고본의 참된 모습을 잃어버리고 말았다."

【번역】

자신에게 모르는 것이 있음을 아는 것이 가장 훌륭하다. 반면 알지 못하는데 도리어 스스로 안다고 여기는 것이 문제이다. 도道를 터득한 사람에게는 문제가 없다. 왜냐하면 그는 문제를 문제로 간주하기 때문이다. 그가 문제를 문제로 간주하기 때문에 그에게는 문제가 없는 것이다.

【해설】

이 장은 부지不知의 태도에 관하여 말하고 있다.

어떤 사람은 단지 사물의 겉모습만 보고 곧장 사물의 진상을 통찰했다고 착각한다. 또 어떤 경우에는 수박 겉핥기 수준으로 알거나, 잘 알지도 못하면서 아는 척한다. 앎을 추구하는 태도의 측면에서 이는 정직(眞誠)이 결여된 것이다. 그래서 황당무계한 주장을 늘어놓는 "병"에 걸리게 되었다고 말했다. 도道를 터득한 사람은 황당무계한 주장을 늘어놓는 병에 걸리지 않았다고 간주된다. 왜냐하면 끊임없이 자신이 누구인지 깨닫고 자신을 성찰하며, '부지'의 원인과 유래를 절실하게 탐색해서 어떤 일을 명료하게 이해하기 전까지 경솔하게 단언하지 않기 때문이다. 정직한 마음은 바로 이와 같이 앎을 추구하는 과정에서 획득될 수 있다.

공자는 "아는 것을 안다고 하고 모르는 것을 모른다고 하는 것, 이것이 바로 진정한 앎이다"라고 말했으며, 소크라테스는 "자신의 무지를 알아라!"라고

들어 제2장의 "功成而弗居. 夫唯弗居, 是以不去"에서 弗居는 夫唯를 기준으로 반복되고 있다. 이러한 방식으로 앞 문장의 내용을 뒤의 문장에서 반복하고, 故 혹은 是以 등의 접속사를 활용하여 결론으로 어이지는 문장 패턴을 다수의 장에서 확인할 수 있다는 것이다.

말했다. 두 말의 기본적인 의미는 서로 동일하다. 즉 자신을 제대로 이해하는 현명함을 갖추고 자신을 진실하게 점검하여 스스로를 개선하고 발전시켜 나갈 것을 추구해야 한다.

제72장

【원문】

民不畏威, 則大威至^①.

無狎^②其所居, 無厭^③其所生. 夫唯不厭, 是以不厭^④.

是以聖人自知不自見^⑤; 自愛不自貴^⑥. 故去彼取此^⑦.

【주석】

① 민불외위民不畏威, 즉대위지則大威至: "외위畏威"의 "위威"는 '위압'이라는 의미이다. "대위大威"의 "위威"는 두려워할 만한 일을 가리키니 '재앙'이라는 의미이다.

　　왕필의 주에서 말했다. "위압이 더 이상 백성을 통제하지 못하거나 백성이 그 위압을 감당하지 못하면 상하의 질서가 크게 붕괴된다."

　　진주가 말했다. "백성 중 누가 삶을 즐거워하지 않고 죽음을 두려워하지 않겠는가? 하지만 압제하는 힘이 더욱 강할수록 반항하는 힘이 더욱 맹렬해진다. 이것이 바로 전제정치 하에서 폭력이 많았던 이유이다."

　　장묵생이 말했다. "전제 정부에서는 권력으로 백성에게 압력을 가한다. 백성이 더 이상 견딜 수 없는 지경에 도달하면 죽음을 무릅쓰고 난을 일으킨다."

② 압狎: "협狹"을 가차한 것이다.

　　해동이 말했다. "'협狹'은 즉 『설문해자』의 '협陜'자이니, '애隘'의 의미이다. '애隘'에는 핍박한다는 의미가 있다. 이 구절은 천하를 통치하는 자가 백성의 삶을 핍박해서 평안하지 못하게 만들지 말라고 하였다."

　　하상공본, 경룡비본, 고환본, 돈황 경庚본·임壬본 및 다수의 고본에는 "압狎"이

"협狹"으로 되어 있다.

③ 압厭: 억누른다.

　　해동이 말했다. "'압厭'은 『설문해자』에서 '억압한다(笮)는 의미이다'라고 하였다. 백성의 생활을 억압해서 순조롭지 못하도록 만들지 말라고 하였다."

④ 부유불압夫唯不厭, 시이불염是以不厭: (백성을) 억압하지 않아야만 백성은 비로소 (통치자를) 염증 내지 않을 것이다.

　　고형이 말했다. "앞 구절의 '압厭'은 앞의 문장에서 '그들의 생활을 억압하는 일이 없다'고 할 때의 '압厭'이다. 뒤 구절의 '염厭'은 제66장에서 '천하의 모든 백성이 기쁘게 받들어 모시면서 싫어하지(厭) 않았던 것이다'라고 할 때의 '염厭'이다. 군주가 백성을 핍박하지 않기 때문에 백성은 군주를 싫어하지 않게 된다는 말이다."

⑤ 부자현不自見: '현見'은 음이 현現이니 내보인다는 의미로 읽는다. "부자현不自見"은 즉 자신을 드러내지 않는다는 것이다. 제22장의 【주석】④를 참조할 것.

⑥ 자애부자귀自愛不自貴: 성인은 자신을 아끼고자 할 뿐 자신의 고귀함을 드러내려 하지 않음을 가리킨다.

　　장석창이 말했다. "'자애自愛'는 마음이 청정하여 사욕이 적은 것이다. '자귀自貴'는 유위하여 사욕이 많은 것이다. 이는 성인은 마음이 청정하여 사욕을 줄이지, 유위하여 사욕을 키우지 않음을 말한 것이다."

⑦ 거피취차去彼取此: "자신을 드러내는 것"(自見)과 "자신의 고귀함을 드러내는 것"(自貴)을 버리고, "자신을 아는 것"(自知)과 "자신을 아끼는 것"(自愛)을 취한다는 말이다.

【번역】

백성이 통치자의 위압을 두려워하지 않으면 더 큰 재앙이 발생할 것이다. 백성의 삶을 핍박하지 말고 백성의 생활을 억압하지 말라. 백성을 억압하지 않아야만 백성은 비로소 (통치자를) 염증 내지 않을 것이다.

그러므로 도道를 터득한 사람은 단지 자기를 알려고 할 뿐 자신을 드러내지 않으며, 단지 자신을 아끼고자 할 뿐 자신의 고귀함을 드러내지 않는다. 그래서 후자를 버리고 전자를 취하는 것이다.

【해설】

폭정의 핍박은 공포라는 수단으로 백성에게 압력을 가한다. 백성은 더 이상 안정된 생활을 누리지 못하거나 편안히 살아가지 못하게 되었을 때 궁지에 몰려 위험을 무릅쓰게 될 것이다.

이 장은 강압적인 정치를 향하여 제기한 경고이다.

제73장

【원문】

勇於敢則殺, 勇於不敢則活^①. 此兩者, 或利或害^②. 天之所惡, 孰知其故? [是以聖人猶難之^③.]

天之道^④, 不爭而善勝, 不言而善應, 不召而自來, 繟然^⑤而善謀. 天網^⑥恢恢^⑦, 疏而不失^⑧.

【주석】

① 용어감즉살勇於敢則殺, 용어불감즉활勇於不敢則活: 완강함에 용감하면 죽을 것이지만 유약함에 용감하면 살 것이다.

　　장석창이 말했다. "제76장에서 '완강한 사람은 죽음의 무리이고, 유약한 사람은 삶의 무리이다'라고 하였으니 '감敢'은 완강함이고, '불감不敢'은 유약함이다."

② 차양자此兩者, 혹리혹해或利或害: 유약함에 용감하면 이롭고, 완강함에 용감하면 해로움을 가리킨다.

③ 시이성인유난지是以聖人猶難之: 이 구절은 제63장의 문장인데 여기에서 중복으로 나타났다.

　　경룡비본, 엄준본, 『차해』본, 돈황신본에는 모두 "시이성인유난지是以聖人猶難之" 구절이 없다. 백서본으로 검증해 보더라도 그러하니, 이에 근거하여 산삭해야 한다.

　　해동이 말했다. "'시이是以' 이하 구절은 의미가 앞·뒤의 문장과 연결되지 않는다. 아마 제63장의 문장이 여기에 중복으로 나타난 것 같다."

마서륜이 말했다. "'시이是以' 이하 구절은 제63장의 내용이 착간되어 중복으로 나타난 것이다. 역주易州본에 이 구절이 없는 것으로부터 확인할 수 있다."

고형이 말했다. "'시이성인유난지是以聖人猶難之'는 엄준본, 육조시대 판본의 파편, 경룡비본, 용흥관비본에 모두 없다. 이 구절은 후대의 사람이 제63장의 내용을 인용하여 이 경문에 주석을 단 것이다. 산삭해야 한다."

④ 천지도天之道: 자연의 법칙.

⑤ 천연繟然: 평온하다, 안정되다, 느긋하다.

하상공의 주에서 말했다. "'천繟'은 느긋하다는 의미이다."

엄준본, 돈황경본, 왕방본, 여혜경본, 임희일본, 오징본 등 고본에는 '천繟'이 '탄坦'으로 되어 있다.

⑥ 천망天網: 자연의 범위.

⑦ 회회恢恢: 관대하다, 광대하다.

⑧ 실失: 빠뜨리다.

【번역】

완강함에 용감하면 죽을 수 있고, 유약함에 용감하면 살 수 있다. 이러한 두 가지 용감함의 결과 중 어떤 것은 이롭지만 어떤 것은 해롭다. 천도天道가 싫어하는 것, 그 이유가 무엇인지 누가 알겠는가?

자연의 법칙은 쟁탈하지 않지만 이기는 것에 뛰어나고, 말하지 않지만 응답하는 것에 뛰어나고, 부르지 않지만 저절로 다가오고, 느긋하지만 계획을 세우는 것에 뛰어나다. 자연의 범위는 광대하여 끝이 없으며, 듬성듬성하지만 조금이라도 빠뜨리는 법이 없다.

【해설】

노자가 생각하기에 자연의 법칙은 유약하고 다투지 않는 것이니, 인간의 행위는 자연의 법칙을 본받아 완강함과 호전성을 멀리하고 경계해야 한다. "완강함에 용감하면" 위세를 부리면서 경쟁을 추구하다 두려움과 거리낌이 없어질 것이고, "유약함에 용감하면" 부드럽고 자애로워 신중하게 행동할 것이다. 인간의 행위는 후자를 선택하고 전자를 내버려야 한다.

제74장

【원문】

民不畏死, 奈何以死懼之? 若使民常畏死, 而爲奇^①者, 吾將得而殺之^②, 孰敢?
常有司殺者^③殺. 夫代司殺者^④殺, 是謂代大匠斲^⑤. 夫代大匠斲者, 希有不傷
其手矣.

【주석】

① 기奇: 기괴하다. "위기爲奇"는 사악한 행위를 가리킨다.

　　왕필이 말했다. "괴이한 것으로 군중을 혼란하게 만드는 것을 '기奇'라고
한다."

② 오장득이살지吾將得而殺之: 통행본은 '득得' 앞에 '집執'이 불필요하게 덧붙어 있다.
이 구절은 백서 갑본에 근거하여 개정한다.

　　허항생이 말했다. "이 구절은 백서 을본에 '오득이살지吾得而殺之'로 되어 있고,
부혁본은 을본과 동일하다. 그러나 앞뒤의 맥락에 따라 보면 응당 '장將'이
있는 것이 더 낫다. 여기에서는 백서 갑본을 따른다."

　　고명이 말했다. "기타 전해지는 판본에는 모두 '오득집이살지吾得執而殺之'로
되어 있어 '집執'자가 추가되어 있다. 내 생각에 '득得'이라는 글자에는 본래
'잡다', '체포하다'라는 의미가 있다.…… 이 문장은 백서 갑본과 을본을 따라
'오득이살지吾得而殺之'로 되는 것이 옳다."

③ 사살자司殺者: 사람 죽이는 일을 전담하는 것, 즉 천도天道를 가리킨다.

④ 대사살자代司殺者: 사람 죽이는 일을 대신 전담하는 것.

  장묵생이 말했다. "'대사살자代司殺者'는 천도의 이름을 도용하는 것을 가리킨다."

  장석창이 말했다. "군주가 청정淸靜하지 못하여 오로지 형벌에만 의존하는 것이 바로 하늘을 대신하여 죽이는 것이다."

⑤ 착斲(斫): 자르다, 깎다.

【번역】

백성이 죽음을 두려워하지 않는데 왜 죽음으로 그들을 위협하는가? 만약 백성으로 하여금 진정 죽음을 두려워하게 만들면, 사악한 짓을 저지르는 사람을 우리가 붙잡아 죽일 수 있을 것이다. 그렇게 하면 누가 감히 나쁜 짓을 저지르겠는가? 일반적으로 사람 죽이는 일을 전담하는 사람이 있어서 사람 죽이는 임무를 수행한다. 사람 죽이는 일을 대신 전담해서 사람 죽이는 일을 수행하면 이는 마치 목공 대신 나무를 깎는 것과 같다. 목공 대신 나무를 깎을 때 자신의 손을 다치지 않는 경우가 드물다.

【해설】

  사람의 삶과 죽음은 본래 자연自然에 순응하는 것이다. 예컨대 장자는 "때맞춰 찾아오는 것이 인간의 삶이고, 때맞춰 가는 것이 인간의 죽음이다"라고 말했다. 사람이 세상에 태어난 이상 당연히 타고난 수명을 모두 누려야겠지만, 독재자는 단지 자신의 권익을 지키기 위하여 무거운 형벌과 각종 법령을 제정하여 자기 마음대로 사람을 죽인다. 이로 인해 천수를 누리고 죽을 사람들이("일반적으로 사람을 죽이는 일을 전담하는 사람이 있어서 사람을 죽이는 임무를 수행한다.") 오히려 나이가 젊고 힘이 왕성한 시기에 통치계급에 의하여 궁지에 몰려 처벌을 받거나 처형을 당하고 만다.

  이 장은 당시의 엄혹한 형벌과 준엄한 법령이 백성을 죽음의 길로 내몰고 있는 현실에 대하여 노자가 비통한 마음으로 반대하는 의사를 내보인 것이다.

제75장

【원문】

民之饑, 以其上食稅之多, 是以饑.
民之難治, 以其上之有爲^①, 是以難治.
民之輕死, 以其上求生之厚^②, 是以輕死.
夫唯無以生爲^③者, 是賢^④於貴生^⑤.

【주석】

① 유위有爲: 정령이 번잡하고 가혹하다, 억지를 부리며 마음대로 행동한다.

　　임희일이 말했다. "'유위有爲'는 정치를 행하는 자가 지모와 술수를 과도하게 사용하는 것을 말한다."

　　장송여가 말했다. "이 장은 노동하는 인민과 봉건 통치자 사이에 존재하는 계급 모순의 실상을 폭로하고 있다. 인민의 기근과 흉황은 통치자의 과중한 조세로 인해 초래되고, 인민의 저항은 통치자의 가혹한 조치로 인해 발생하며, 인민이 목숨을 경시하게 된 것은 통치자의 끝없는 착취로 인해 만들어진 결과이다. 이러한 내용은 당연히 『노자』를 관통하는 '무위無爲'사상과 상통한다."

② 이기상구생지후以其上求生之厚: 통치자가 자신의 삶을 돌보는 것이 사치스럽다.

　　"상上"자는 왕필본에 원래 빠져 있었으나 부혁본에 근거하여 '상上'을 보충한다.

　　엄영봉이 말했다. "'상上'자는 원래 빠져 있었으나 부혁본, 두도견杜道堅본에 모두 '상上'자가 있다. 왕필의 주에서 말했다. '백성이 간사해지는 원인과 통치가 혼란에 빠지는 원인은 모두 윗사람 때문이지 아랫사람 때문이 아니다. 백성은 윗사람을 따르기 때문이다.' 왕필의 주와 앞 두 구절의 사례에 의하면 '상上'자가 있어야 한다. 부혁본과 왕필의 주에 근거하여 글자를 보충하고 바로잡는다."

③ 무이생위無以生爲: 풍요로운 삶과 사치를 추구해야 할 목표로 삼지 않는다. 이는 즉 '삶을 후하게 돌보지 않는 것'(不貴生)이니, 삶은 담박해야 한다.

　하상공의 주에서 말했다. "오직 풍요로운 삶을 위하여 노력하지 않는 사람만은 관직과 녹봉이 그의 마음에 간여하지 못하고, 재물과 이익이 그의 몸에 영향을 주지 못한다."

④ 현賢: 더 낫다.

⑤ 귀생貴生: 삶을 후하게 돌본다.

　고형이 말했다. "군주가 자신의 삶을 귀중하게 생각하면 후하게 돌보려 할 것이고, 후하게 돌보게 되면 세금을 가혹하게 수취할 것이다."

【번역】

　백성이 기아에 빠지게 되는 원인은 바로 통치자가 부세를 지나치게 착복하기 때문이다. 이로 인해 기아에 빠지게 되는 것이다.

　백성을 통치하는 것이 어려워지는 원인은 바로 통치자가 억지를 부리며 마음대로 행동하기 때문이다. 이로 인해 통치가 어려워지는 것이다.

　백성이 죽음을 경시하게 되는 원인은 바로 통치자가 자신의 삶을 사치스럽게 돌보기 때문이다. 이로 인해 쉽게 자신의 목숨을 거는 것이다.

　청정清靜하고 담박한 사람만이 사치스럽게 자신의 삶을 돌보는 사람보다 낫다.

【해설】

　착취와 억압은 정치가 혼란해지는 근본적인 원인이다. 윗자리에 있는 사람이 백성을 착취하여 자신의 삶만 돌보는 가렴주구를 일삼는 데다가 정치마저 번잡하고 가혹하다면 백성들이 처벌을 피하지 못하게 만들고 말 것이다. 이러한 통치자는 이미 거대한 흡혈귀나 커다란 호랑이와 다름없어진 셈이다. 이러한 지경에 이르면 자연스럽게 백성들은 기아와 죽음의 끝자락으로부터 분연히 일어나 목숨을 걸고 저항할 것이다.

이 장은 가혹한 정치를 향해 보내는 경고이다.

제76장

【원문】

人之生也柔弱^①, 其死也堅強^②.

草木^③之生也柔脆^④, 其死也枯槁^⑤.

故堅強者死之徒^⑥, 柔弱者生之徒^⑦.

是以兵強則滅, 木強則折^⑧.

強大處下, 柔弱處上.

【주석】

① 유약柔弱: 신체가 유연함을 가리킨다.

② 견강堅強: 신체가 경직됨을 가리킨다. 백서 갑본과 을본에는 "견강堅強" 앞에
"근인筋肋" 두 자가 있다.

③ 초목草木: 통행본의 경우 "초목草木" 앞에 "만물萬物" 두 글자가 있는데 이는
연자衍字이다. 부혁본, 엄준본, 왕방본, 여혜경본, 소약우본, 팽사본, 동사정본,
범응원본, 오징본, 초횡본에 모두 "만물萬物" 두 글자가 없으니 이에 근거하여
산삭한다.

　장석창이 말했다. "의미를 검토해 보면 '만물萬物' 두 글자는 당연히 연문이다.
대개 '유취柔脆'와 '고고枯槁'는 모두 초목을 지칭하여 말한 것이다."

　엄영봉이 말했다. "'사람'(人)과 '초목草木'은 모두 '만물'에 속하니 '만물萬物'
두 글자는 당연히 연문이다. 부혁본에 근거하여 산삭한다."

④ 유취柔脆: 초목의 형질이 유연함을 가리킨다.

　소철본, 엽몽득본에는 "유취柔脆"가 "유약柔弱"으로 되어 있다.

⑤ 고고枯槁: 초목이 시든 것을 형용한다.

⑥ 사지도死之徒: 죽음에 속하는 부류이다.

⑦ 생지도生之徒: 삶에 속하는 부류이다.

⑧ 병강즉멸兵强則滅, 목강즉절木强則折: 왕필본에는 "병강즉불승兵强則不勝, 목강즉병木强則兵"으로 되어 있으나, 『열자』「황제」 및 『회남자』「원도훈」 등의 책에서 인용한 바에 근거하여 개정한다.

　팽사彭耜가 말했다. "황무재본에는 '공共'이 '절折'로 되어 있다." 황무재가 말했다. "『열자』는 '병강즉멸兵强則滅, 목강즉절木强則折'로 노담의 말을 인용하였다. 『열자』는 대체로 『노자』의 의미를 조술하였고, 시간적 거리 역시 멀지 않다. '목강즉절木强則折'은 그 문장이 순통하지만, 요즘에는 '절折'이 '공共'으로 되어 있으며 이를 '껴안다'(拱는 의미로 읽는다. 이러한 설명은 순통하지 않으니 『열자』를 기준으로 바로잡아야 한다."(『道德眞經集註』)

　유월이 말했다. "내 생각에 '목강즉병木强則兵'이라고 할 경우 의미가 통하기 어렵다. 하상공본은 '목강즉공木强則共'으로 되어 있으나 더욱 의미를 알 수 없다. 『노자』의 원래 문장은 '목강즉절木强則折'이었을 것이다. '절折'의 일부분이 손상되어 우방변의 '근斤'만 남게 된 상태에서 '병기가 강하면 이기지 못한다'(兵强則不勝)라고 한 앞 문장의 의미와 연결시키고자 '병兵'으로 오독하게 된 것이다. '공共'자는 또 '병兵'의 오류이다. 『열자』「황제」에서 '병강즉멸兵强則滅, 목강즉절木强則折'이라고 노담의 말을 인용하였으니, 이 장의 문장 역시 이를 근거로 정정할 수 있다."(『老子平議』)

　유사배가 말했다. "유월의 설이 옳다. 『회남자』「원도훈」에서도 '병강즉멸兵强則滅, 목강즉절木强則折'로 되어 있다. '불승不勝'은 아마도 후대 사람들의 단 주석일 것이다."(『老子斠補』)

　해동이 말했다. "나무가 강하면 부드러운 성질을 잃어버려서 쉽게 잘리거나 꺾인다. ‘절折’은 각 판본에 ‘공共’ 혹은 ‘병兵’으로 되어 있지만 모두 오류이다. ‘절折’이 손상되고 남은 부분이 ‘병兵’으로 잘못 적히게 되었고, 형태가 비슷한 까닭에 재차 ‘공共’으로 오인하게 된 것이다. 여기서는 『열자』「황제」, 『문자』「도원」, 『회남자』「원도훈」에 인용된 바에 근거하여 개정한다.”(『老子集解』)

장석창이 말했다. “『열자』에는 ‘불승不勝’이 ‘멸滅’로 되어 있고, ‘병兵’이 ‘절折’로 되어 있으니 이를 따라야 한다. 이 문장의 ‘멸滅’과 ‘절折’은 운이 맞는다.”(『老子校詁』)

내 생각은 다음과 같다. 백서 갑본과 을본에는 이 문장의 앞 구절이 “병강즉불승兵强則不勝”으로 되어 있어서 왕필본 및 여러 전해지는 판본과 동일하다. 뒤 구절은 백서 갑본의 경우 ‘목강즉항木强則恒’으로 되어 있고 을본의 경우 ‘목강즉경木强則競’으로 되어 있다. 고명은 이에 대하여 다음과 같이 말했다. “엄준본, 부혁본 등 여러 판본에서 ‘목강즉공木强則共’으로 되어 있는 것은 오류가 아니다. ‘공共’, ‘항恒’, ‘경競’은 옛날에 독음이 같았다. 여기에서는 모두 ‘홍烘’을 가차한 것으로 봐야 한다. 『이아』「석언」에서 ‘홍烘은 횃불(燎)이다’라고 하였다.”

【번역】

사람이 살아 있을 때 신체는 유연하지만, 죽을 때가 되면 경직되고 만다.
초목이 생장할 때 형질은 유연하지만, 죽을 때가 되면 마르고 만다.
그러므로 완강한 것은 죽음에 속하는 부류이고, 유약한 것은 삶에 속하는 부류이다.
이로 인해 군대를 움직일 때 위세를 부리면 멸망을 당하게 되고, 나무가 크고 강하면 벌목을 당하고 만다.
강대한 모든 것은 오히려 아랫자리에 머무르며, 유약한 모든 것은 오히려 윗자리를 점한다.

【해설】

노자는 인간과 초목이 살아가는 현상으로부터 성장하는 것은 모두 유약하지만 죽은 것은 모두 경직된 상태라고 설명했다. 노자는 만물의 활동을 통해 관찰한 사물의 일정한 법칙으로부터, “완강한 것은 죽음에 속하는 부류이고, 유약한 것은 삶에 속하는 부류이다"라고 단언했다. 이러한 결론은 사나운 것이 쉽게 생기를 잃어버리는 반면 유연한 것은 생기가 충만하다는 의미를 함축한다. 이는 사물의 내재적인 발전 양상 측면에서 말한 것이다. 겉으로 드러난 양상의 측면에서 말하자면, 완강한 것은 죽음에 속하는 부류이다. 완강한 것은 뚜렷하게 돌출되어 있어서 외부의 힘과 충돌할 때 머리부터 부딪히고 말기 때문이다. 재능 역시 밖으로 드러났을 때 질시와 공격을 받기 십상이다. 이는 바로 높고 커다란 나무가 벌목을 당하기 쉬운 것과 마찬가지이다. 사람이 만들어 낸 재앙도 그렇거니와 자연의 재난 역시 마찬가지이다. 광풍이 불 때 높고 커다란 나무는 종종 꺾이곤 하지만 작은 풀은 유연함 덕분에 오히려 바람을 따라 흔들리며 부러지지 않는다.

이 장에서 유약함을 귀하게 여기고 굳셈을 경계했던 노자의 사상을 잘 보여 주고 있다. "유약함이 강건함을 이긴다"는 내용은 제36장, 제43장, 제78장에서도 보인다.

제77장

【원문】

天之道, 其猶張弓與? 高者抑之, 下者擧之; 有餘者損之, 不足者補之.

天之道, 損有餘而補不足. 人之道^①, 則不然, 損不足以奉有餘.

孰能有餘以奉天下, 唯有道者.

是以聖人爲而不恃, 功成而不處, 其不欲見賢^②.

【주석】

① 인지도人之道: "인지도人之道"는 사회의 일반적인 법칙을 가리킨다.

　　양흥순이 말했다. "노자의 입장에서 볼 때 여유가 있는 것을 덜어 내서
부족한 것에 보충하는 것은 바로 자연계 최초의 자연 법칙 즉 하늘의 도(天之道)이
다. 하지만 사람들은 일찍부터 '하늘의 도'를 망각하고, 이를 대신하여 인간
자신의 법칙 즉 인간의 도(人之道)를 세우고 말았다. '인간의 도'는 오직 부유한
사람에게만 유리하고 가난한 사람에게는 손해만 끼쳤다. '하늘의 도'는 가난한
자에게 유리하고 그들에게 안정과 평화를 가져다주어 '인간의 도'와 상반된다.
인간의 도는 부유한 사람의 수중에 있는 수단인데, 가난한 사람들을 '백성이
죽음을 두려워하지 않는' 궁지로 몰아세운다."

② 시이성인위이불시是以聖人爲而不恃, 공성이불처功成而不處, 기불욕현현其不欲見賢:
"위이불시爲而不恃, 공성이불처功成而不處"는 백서 을본에 "위이불유爲而弗有, 성공
이불거成功而弗居"로 되어 있다. 백서 을본에는 "기불욕현현其不欲見賢" 앞에 "약차
若此" 두 글자가 있다. "현見"은 드러낸다는 의미이다. "현賢"은 장석창이 『설문해

자』에 근거하여 '재물이 많다'는 의미로 풀었다.

장석창이 말했다. "『설문해자』에서 '현賢은 재물이 많다(多財)는 의미이다'라고 하였다. 제3장에서 '불상현不尙賢, 사민부쟁使民不爭'이라고 하였는데 이는 많은 재물을 숭상하지 않아 백성이 서로 다투지 않게 만든다는 의미이다. 이 장의 '현賢' 역시 재물이 많다는 의미이다. 즉 앞 문장의 '넉넉함'(有餘)을 가리켜서 말한 것이다. 이는 '성인은 행위하더라도 넉넉함을 자부하지 않고, 공업이 성취되더라도 넉넉함을 누리지 않는다. 근본적으로 자신의 넉넉함을 드러내려 하지 않기 때문이다'라는 의미이다. 세 구절은 바로 앞 문장을 이어서 말한 것이다."

풍달보가 말했다. "현賢은 통상 총명함이나 재능이 있다는 의미로 풀이된다. 그러나 『노자』의 모든 장을 검토해 보면 장석창의 설명이 나은 것 같다. 이 장은 먼저 자연의 법칙을 말하였고, 다음으로 인간세상의 일반적인 실정을 말하면서 재차 도道를 터득한 사람의 선택을 살펴본 뒤, 마지막으로 성인의 처신을 이야기했다. 하늘의 도를 알게 되면 무엇을 버리고 취해야 할지 알 수밖에 없다."

【번역】

자연의 법칙은 활시위를 잡아당기는 것과 닮지 않았는가? 활시위가 높으면 그것을 눌러서 낮춰야 하고, 활시위가 낮으면 그것을 올려서 높여야 하며, 넉넉한 것은 덜어 내고 부족한 것은 보충한다. 자연의 법칙은 넉넉한 것을 덜어 내어 부족한 것을 보충한다. 인간 세상의 행위 법칙은 이와 같지 않다. 오히려 부족한 자의 것을 탈취하여 넉넉한 사람에게 바친다.
누가 넉넉한 것을 가져서 천하의 부족한 자를 부양할 수 있을까? 이는 오직 도道를 터득한 사람만이 해낼 수 있다.
이로 인해 도道를 터득한 사람은 만물을 키워 주면서 자신의 능력을 자부하지 않고, 성취가 있지만 공업에 안주하지 않으니, 그는 자신의 지혜와 재능을 드러내고자 하지 않는다.

【해설】

　　이 장은 자연의 법칙과 사회의 규칙을 대비하여 설명하고 있다. 사회의
규칙은 매우 불공평하니 "부잣집에는 술과 고기가 썩어 가는데 길바닥에는 얼어
죽은 시체가 나뒹군다"고 말한 것이 딱 그렇다. 인간의 세상에서는 소수의 부호가
불로소득을 취하고 소수의 권세가가 가렴주구를 일삼아서 사회의 곳곳에서 약육강
식의 정황을 포착할 수 있다. 이것이 바로 노자가 "오히려 부족한 자의 것을
탈취하여 넉넉한 사람에게 바친다"고 말한 것이다. 자연의 법칙은 그렇지 않다.
자연의 법칙은 넉넉한 것을 가져와서 부족한 것에 보충하여 균형과 조화의
원칙을 지킨다. 사회의 규칙은 응당 자연 법칙의 균형과 조화를 본받아야 한다.
이것이 바로 노자가 "인간의 도는 하늘의 도를 본받아야 한다"라고 말한 의미이다.

　　노자가 살았던 시대는 정치·사회적으로 크게 동요하고 있었다. 빈부격차가
더욱 크게 벌어질수록 강력한 권세를 지닌 사람들이 겸병하는 풍조가 더욱
심해졌다. 노자가 이를 개탄하며 "세상의 군주들 중에서 누가 자신의 남아도는
재물을 빈곤한 자에게 줄 수 있을까?"라고 반문한 것도 이상한 일은 아니다.
물론 이러한 기대는 실현되기 어려웠다.

제78장

【원문】

天下莫柔弱於水, 而攻堅强者莫之能勝, 以其無以易之^①.

弱之勝强, 柔之勝剛, 天下莫不知, 莫能行.

是以聖人云: "受國之垢^②, 是謂社稷主; 受國不祥^③, 是謂天下王." 正言若反^④.

【주석】

① 이기무이역지以其無以易之: 통행본에는 "기其" 앞에 "이以"가 빠져 있다. 장석창이
   말했다. "'이기以其' 두 글자는 노자가 습관적으로 사용하는 말이다." 백서
   갑본과 을본으로 검증해 보니 옳다.

② 수국지구受國之垢: 온 나라의 굴욕을 감당하다.

③ 수국불상受國不祥: 온 나라의 재앙을 감당하다.

   장석창이 말했다. "『노자』에서 말하는 '곡曲'(휨), '왕枉'(굽음), '와窪'(웅덩이),
   '폐敝'(오래된 것), '소少'(적음), '자雌'(여성성), '유柔'(부드러움), '약弱'(약함), '천천賤'(천함),
   '손損'(덜어 냄), '색嗇'(아낌), '자慈'(자애), '검儉'(검약), '후後'(뒤), '하下'(아래), '고孤'(외로
   운 사람), '과寡'(부족한 사람), '불곡不穀'(선하지 않은 사람)의 부류는 모두 여기에서
   말하는 '구垢'(굴욕)와 '불상不祥'(상서롭지 않음)이다."

④ 정언약반正言若反: 정도에 맞는 말은 마치 역설 같다.

   하상공 주에서 말했다. "이것은 곧 바르고 곧은 말이지만 세상의 사람들은
   전혀 이해하지 못하고 정반대의 말로 간주한다."

감산덕청이 말했다. "도에 부합하는 바른 말이지만 세속에서는 정반대의 말이라고 생각할 뿐이다."

고연제가 말했다. "이 말은 모두 상편(도경)과 하편(덕경) 전반에 걸친 현묘한 말의 핵심 요지를 보여 주고 있다. 『노자』 안에서 '휜 것이 도리어 온전할 수 있고, 굽은 것이 도리어 곧게 뻗을 수 있으며, 움푹 파인 것이 도리어 가득 찰 수 있고, 오래된 것이 도리어 새로워질 수 있다'(제22장)고 하였으며, '유약함이 강건함을 이긴다'(제36장)라 하였고, '삶을 탐하지 않으면 오래 산다'(제55장)고 하였으며, '무위하면 무슨 일이든 해낸다'(제48장)라 하였고, '다투지 않지만 대적할 수 있는 자는 없다'(제22장)고 하였으며, '지혜를 지닌 사람은 말이 많지 않으니 말이 많으면 지혜로운 사람이 아니다'(제56장)라 하였고, '줄어들다가 도리어 늘어나고 늘어나다가 도리어 줄어들기도 한다'(제42장)고 말했다. 이러한 말들은 모순적인 것 같지만 그 원리는 상호보완적이니, 모두 '정도에 맞는 말은 반대로 말하는 것 같다'는 것을 보여 주고 있다."

장대년이 말했다. "역설적인 말이 바로 정도에 맞는 말이다. 이 역시 상대적인 것의 합일이다."(『中國哲學大綱』)

【번역】

세간에는 물보다 유약한 것이 없지만, 단단한 것에 충격을 가할 때에는 이보다 나은 것이 없다. 왜냐하면 어떤 것도 이를 대체할 수 없기 때문이다.
약함이 강함을 이기고, 부드러움이 굳셈을 이긴다. 천하에 이를 모르는 사람이 없지만 실행할 수 있는 사람은 없다.
그래서 도道를 터득한 사람은 이렇게 말한다. "온 나라의 굴욕을 감당해야만 한 나라의 군주에 걸맞고, 온 나라의 재앙을 감당해야만 천하의 군주에 적합하다."
정도에 맞는 말은 마치 반대로 말하고 있는 것 같다.

【해설】

노자는 물을 예로 들어 부드러움이 굳셈을 이겨 낸다는 원리를 설명하고 있다. 우리들이 관찰할 수 있는 것처럼, 처마에 똑똑 떨어지는 빗물은 오랜 시간이 지나면 거대한 돌도 뚫을 수 있고, 홍수가 범람하면 전답과 가옥을 침수시키고 다리를 쓸어버려서 어떠한 견고한 물건으로도 저지할 수 없다. 그래서 노자는 부드러움과 약함이 굳셈과 강함을 이긴다고 말한 것이다. 이로부터 노자의 "유약柔弱"이란 결코 일반적으로 나약하다거나 무력하다고 말할 때의 의미가 아니라, 오히려 그 안에 비교할 수 없을 정도로 강인한 성격을 내포하고 있음을 알 수 있다.

이 장은 물이라는 비유를 통하여 유약의 작용을 설명하였다. 물은 낮은 곳으로 향하며 낮은 곳에 머무는 성질을 갖고 있다. 여기에서 노자는 다시 낮춤과 굴욕의 개념을 동원하는데, 낮춤과 굴욕이란 바로 "부쟁不爭"(다투지 않음)의 개념으로부터 확장된 것이며, "부쟁"의 개념은 바로 소유욕을 겨냥하여 내놓은 것이다.

제79장

【원문】

和大怨, 必有餘怨; [報怨以德①,] 安可以爲善?

是以聖人執左契②, 而不責③於人. 有德司契, 無德司徹④.

天道無親⑤, 常與善人.

【주석】

① 보원이덕報怨以德: 이 구절은 원래 제63장에 있는 문장이었는데 진주와 엄영봉의
설에 의거하여 여기로 옮겼다.

　　엄영봉이 말했다. "'보원이덕報怨以德' 네 글자는 제63장의 문장이지만 앞뒤의
문맥과 호응하지 않는다. 진주는 '제63장에 있던 보원이덕報怨以德은 화대원和大怨,
필유여원必有餘怨의 앞에 있어야 한다'고 하였는데 진주의 설이 옳다. 하지만
이 네 글자는 응당 '안가이위선安可以爲善'의 앞, '필유여원必有餘怨'의 뒤에 있어야
한다. 그렇다면 원래 문장은 다음과 같았을 것이다. '화대원和大怨, 필유여
원必有餘怨, 보원이덕報怨以德, 안가이위선安可以爲善?'"

　　내 생각은 다음과 같다. 엄영봉의 설은 따를 만하다. "보원이덕報怨以德"은
원래 제63장에 있었지만 앞뒤의 문맥과 전혀 무관하니 아마도 이 장의 착간인
것 같다. 이곳으로 이동시켜야 문장의 의미가 서로 통한다. 이 단락의 의미는
다음과 같다. 큰 원한을 풀더라도 여전히 원한이 남아 있을 수밖에 없다.
그래서 노자가 생각하기에 덕으로 원망을 푸는 것은 좋은 방법이 아니고,
근본적으로 백성에게 원한을 사지 않는 것이 가장 좋다. 어떻게 해야만 백성에게

원한을 사지 않을 수 있을까? 뒤 문장에서 "좌계左契를 쥐되 타인에게 독촉하지 않는다"고 말한 '청정무위淸靜無爲'의 정치를 시행하는 것보다 좋은 것은 없다. 이렇게 해야만 백성에게 원망을 사지 않을 수 있다. 만약 '세금을 거두는 방식 즉 백성을 쥐어짜는 정치를 시행하면 백성에게 큰 원망을 사게 될 것이다. 이러한 상황에 이르면 덕으로 원한을 풀려 하더라도 좋은 방책이 아니다.

② 좌계左契: "계契"는 즉 권계券契이니 요즘 말하는 "계약서"와 같다. 고대에는 나무를 쪼개서 계약서(契)를 만들었는데 후일 서로 합쳐 신표로 삼기 위하여 좌우로 나누어 각자 절반씩 보관하였다. 좌계左契는 채무자가 서명한 뒤 채권자에게 넘겨줘서 보관토록 하는 것인데, 요즘 말하는 차용증의 부본과 같다.

고형이 말했다. "『설문해자』에서 '계契는 큰 약속이다. 권券은 계약이다'라고 하였다. 고대의 계약서(契券)는 오른쪽을 존귀하게 여겼다. 『예기』「곡례」에서 '곡식을 바치는 자는 우계右契를 쥔다'고 하였는데 정현의 주에서 '계契는 계약문서인데 오른쪽을 귀하게 여겼다'고 하였다. 『상군서』「정분」에서는 '법령을 자문하는 관리에게 좌권左券을 준다. 법령을 주관하는 관리는 그 우권右券을 나무 상자 안에 조심스레 넣어 두고 방 안에 보관한다'고 하였고, 『전국책』「한책」에서는 '안성군이 우계右契를 쥐고 공을 위하여 진秦나라 왕과 위魏나라 왕에게 덕을 베풀어 줄 것을 요구하였다'고 하였으니, 모두 이와 관련된 근거들이다. 성인이 쥐는 계약서(契)는 필시 존귀한 것일 텐데 어째서 이 경문은 '좌계를 쥔다'고 하였을까? 제31장에서 '경사스러운 일에서는 왼편을 높은 것으로 여기고 흉한 일에서는 오른편을 높은 것으로 여긴다'라고 한 말로 검증해 보면, 계약서를 사용하는 일은 본래 길사에 속하니 노자가 필시 좌계를 높은 쪽으로 여겼음을 확인할 수 있다. 대개 좌계와 우계 중 무엇이 높고 무엇이 낮은지는 시기와 지역에 따라 달라서 일률적이지 않다. 『설문해자』에서 '책責은 구한다는 의미이다'라고 하였다. 채권자는 좌계를 쥐고, 채무자는 우계를 쥔다. 채권자는 좌계를 쥐고서 채무자에게 상환할 것을 요구한다. 성인은 좌계를 쥐지만 타인에게 독촉하지 않으니 즉 시혜를 베풀기만 하고 갚으라고 요구하지 않는 것이다."

내 생각은 다음과 같다. 통행본은 "좌계左契"로 되어 있으나 백서 갑본에는 "우계右契"로 되어 있다. 고명은 갑본을 따라야 한다고 여겼다. 고명이 말했다. "경문의 의미에 따라 고찰해 보면 갑본은 '시이성인집우계是以聖人執右契, 이불이 책어인而不以責於人'으로 되어 있었을 것이니, '성인은 우계를 쥐고서 독촉할 법도 하지만 독촉하지 않으니, 시혜를 베풀 뿐 갚기를 구하지 않는 것이다'라는 의미이다. 이는 바로 『노자』에서 '만물을 낳고 길러도 자신의 소유로 삼지 않으며, 만물을 번성시켜도 주재하지 않는다'(51장)고 말한 현덕玄德사상과 일치한 다. 을본에는 '좌계를 쥔다'고 되어 있어 의미를 알 수 없다. 비록 역대의 학자들이 광범위하게 자료를 수집하고 인용함으로써 다방면에 걸쳐 해석을 해 왔지만, 여전히 노자의 요지에 부합하지 않는다. 이에 근거하여 백서 갑본이 바로 『노자』 원본의 옛 문장이며, 을본과 세간에 전해지는 통행본에는 모두 오류가 있음이 충분히 입증될 수 있다. 지금 고금에 걸친 각 판본을 교감한 내용에 따르면 『노자』의 경문은 '시이성인집우계是以聖人執右契, 이불이책어인而 不以責於人'으로 정정되어야 한다. 우계는 위상이 높으니 채권자가 쥐는 것이고, 좌계는 위상이 낮으니 채무자가 쥐는 것이다. 성인은 우계를 쥐고 있으나 사람들에게 독촉하지 않으니, 시혜를 베풀 뿐 갚기를 요구하지 않는다."

③ 책責: 상환을 독촉하다. 즉 채권자가 받아서 소지하고 있는 좌계로 채무자에게 갚지 못한 것을 독촉한다는 의미이다.

④ 사철司徹: 세금 징수를 관장하다. "철徹"은 주나라의 세금제도이다.

⑤ 천도무친天道無親: 천도에는 편애가 없다. 제5장의 "천지는 편애함이 없다"고 한 의미와 서로 통한다.

　　고명이 말했다. "『노자』는 '천도는 편애함이 없으나 항상 선한 사람과 함께한 다'라는 옛 속담으로 책 전체를 마무리하고 있다. 유사한 말이 『서경』「주서·채 중지명」에 '황천은 특별히 친애하는 이가 없다. 오직 덕을 지닌 자를 도울 뿐이다'라고 한 대목에도 보인다. 선善은 덕德의 스승이다. 『노자』와 『서경』의 용어는 비록 동일하지만 의미에는 차이가 있다. 『노자』는 옛 속담에 있는

‘천도天道’를 통해서 자연계의 법칙을 설명하였으니 「주서」의 ‘천명天命’과 같지 않다.”

【번역】

깊은 원한을 풀어 주더라도 반드시 원한이 남아 있을 수밖에 없다. [덕으로 원한을 갚는 것,] 이것이 어찌 좋은 방법일 수 있겠는가?
이로 인해 성인은 차용증의 부본(左契)을 보관하되 사람들에게 상환을 독촉하지 않는다. 덕을 지닌 사람은 차용증을 가진 사람처럼 관대하지만, 덕이 없는 사람은 조세 징수를 담당하는 사람처럼 가혹하다.
자연의 법칙은 편애하는 법이 없으나 일반적으로 선한 사람과 함께한다.

【해설】

이 장은 위정자가 백성에게 원망을 쌓으면 안 됨을 보여 주고 있다. 세금으로 백성을 착취하고 형벌로 대중을 억압하는 것은 모두 백성에게 원망을 받기 충분하다. 이상적인 정치는 “덕”으로 백성을 교화하는 것, 즉 백성을 지원하여 나누어 주되 독촉하지 않아 결코 백성을 괴롭히지 않는 것이다. 이것이 바로 “차용증의 부본을 보관하되 사람들에게 상환을 독촉하지 않는다”는 말의 의미이다.

“자연의 법칙(天道)은 편애하는 법이 없다”와 “천지는 편애함이 없다”(제5장)에 담긴 의미는 일치한다. 모두 비정한 자연관에 관한 것이다. 사람의 심리에는 일반적으로 “인정에 이끌려 움직이는 경향”이 있다. 기분이 좋을 때에는 꽃과 나무가 모두 머리를 끄덕이며 미소를 짓는 것처럼 보인다. 하지만 기분이 우울할 때에는 산하대지가 모두 슬퍼하고 애처로운 것처럼 보인다. 이는 사람의 주관적 감정을 외부 사물에 투사해서, 우주를 사람의 감정으로 만들어 버렸기 때문이다. 노자는 반대로 사람의 주관적인 감정을 외부 사물에 덧씌우지 않기 때문에 자연의 법칙에 편애하는 감정이 없다고 말한다.(어떤 사물에 대하여 특별한 정감을 갖고 있지 않다면 꽃이 피고 낙엽이 지는 것 모두가 자연의 현상일 뿐 특정한 호오에 따른 감정의 결과물이 아니다.) “천도는 편애함이 없으나 일반적으로 선한 사람과 함께한다”라고 말한 것은, 결코 선한 사람을 도와주는 인격화된 천도가 있다는 의미가 아니라, 선한 사람이 도움을 얻게 된 것은 바로 스스로 만들어 낸 결과라는 것이다.

제80장

【원문】

小國寡民^①. 使有什伯人之器^②而不用; 使民重死而不遠徙^③. 雖有舟輿, 無所乘之; 雖有甲兵, 無所陳之. 使民^④復結繩而用之.

甘其食, 美其服, 安其居, 樂其俗. 隣國相望, 鷄犬之聲相聞, 民至老死, 不相往來.

【주석】

① 소국과민小國寡民: 이는 노자가 고대 농촌사회에 기초하여 이상화한 민간의 생활 모습이다.

　　동서업이 말했다. "사실 이는 이상화된 소농 농촌으로서 고대 공동체의 형식을 유지하고 있다. 어떤 사람은 노자가 단지 원시사회로의 회복을 도모하였다고 하지만, 이러한 설명은 결코 타당하지 않다. 왜냐하면 노자의 주장에는 여전히 '나라'(國)가 있고 통치가 있으며, 이런 사회 안에 여전히 '갑주와 무기'(甲兵)가 있고 게다가 '음식을 맛있게 여기고 의복을 아름답게 여길 수 있기 때문이다. 이러한 모든 것은 원시사회의 모습이 아니다. 노자는 단지 안정된 소농 경제를 구축하기를 원했기에, 통치자가 백성을 괴롭히지 않아서 소농 경제가 자유롭게 발전할 수 있도록 만들 것을 요구했다. 이렇게 해야만 그의 목적에 도달할 수 있었던 것이다."(『先秦七子研究』, 135쪽)

　　풍우란이 말했다. "『노자』 제80장은 그의 이상사회의 모습을 그려 내고 있다. 표면적으로 봤을 때 이는 마치 원시사회인 것 같지만 실제로는 전혀 그렇지 않다. 이 사회에서는 '비록 배와 수레가 있지만 여기에 타는 일이 없고, 비록 갑주와 병기가 있더라도 이를 늘어놓는 일이 없으며, 사람들에게 결승結繩을 회복해서 사용토록 한다.' 여기에서 알 수 있듯이 이러한 사회 안에서는 결코 배나 수레가 없던 것이 아니라 단지 이것을 사용할 곳이 없었을 뿐이고, 결코 갑주와 무기가 없었던 것이 아니라 단지 전장에서 싸울 때 이것을 늘어놓아 쓸 필요가 없었을 뿐이며, 결코 문자가 없었던 것이 아니라 단지 문자를 사용할 필요가 없었기 때문에 다시 결승을 회복하였을 뿐이다. 『노자』에서는 이것을 '지극한 정치의 극치'라고 간주하였다. 이는 결코 일종의 원시사회가 아니다. 『노자』의 표현 방식을 통하여 말해 보자면 문명文明을 알고 있으나 순박함을 지키고 있었던 것이다. 우리가 통상적으로 말하는 이상적인 문명文明 사회에 대하여 『노자』는 만들 수 없는 것이 아니라, 만들 수 있지만 그렇게 하지 않을 뿐이라고 말하였다.

어떤 사람은 이러한 이해 방식을 따를 경우 『노자』 제80장은 결코 사회에 대한 것이 아니라 인간의 정신적 경지에 관한 것이 된다고 말할 것이다. 그렇다. 이는 인간의 정신적 경지를 말하고 있다. 『노자』는 바로 이러한 정신적 경지를 추구했던 것이다."(『中國哲學史新編』)

② 십백인지기什伯人之器: 왕필본 및 여러 판본에서는 모두 "십백지기什伯之器"로 되어 있다. 엄준본, 하상공본은 "십백인지기什伯人之器"로 되어 있고, 백서 갑본과 을본도 동일하다. 호적과 고명의 설명에 의거하여 하상공본을 따라야 한다.

호적이 말했다. "'십什'은 열배이고, '백佰'은 백배이다. 문명은 기계의 힘으로 인간의 힘을 대체하면서 진보했다. 하나의 수레가 천 근을 나를 수 있고 하나의 배가 수천 명을 실을 수 있으니 이것이 모두 '십백인지기什伯人之器'이다. 뒤 문장에서 '비록 배와 수레가 있더라도 이를 타는 일이 없고, 비록 갑주와 병기가 있더라도 이를 늘어놓는 경우가 없다'라고 한 말이 바로 이 구절을 해석한 것이다."

고명이 말했다. "'십백인지기十百人之器'는 10인분 혹은 100인분의 역할을 해낼 수 있는 도구이지 유월이 말한 병기와 같은 것이 아니다. 뒤의 경문에서 '비록 배와 수레가 있더라도 이를 타는 일이 없고, 비록 갑주와 무기가 있더라도 이를 늘어놓는 경우가 없다. 사람들에게 결승結繩을 회복해서 사용토록 한다'고 하였다. 여기서 '배와 수레'는 보행을 대체하는 도구로서 산을 넘고 물을 건너 천 리의 먼 길을 갈 때 10인분 혹은 100인분의 역할을 해낸다. 마찬가지로 '갑주와 무기'는 전쟁할 때 사용하는 도구인데 갑주를 입고 무기를 들었을 때 10인분 혹은 100인분의 역할을 해낸다. 이로부터 '십十'은 10배이고, '백百'은 100배이며, '십백인지기十百人之器'가 가리키는 것은 10인분 혹은 100인분의 역할을 해내는 도구임을 알 수 있다."

③ 불원사不遠徙: 백서본에는 "원사遠徙"로 되어 있다.

허항생이 말했다. "'원사遠徙'는 갑본에 '원송遠送'으로 되어 있고, 을본에 '원사遠徙'로 되어 있다. 지금 을본을 따른다. 기타 판본은 모두 '불원사不遠徙'로 되어 있는데 '불不'은 아마도 후대 사람이 덧붙인 것 같다. '중重'과 '원遠'은 문장 안에서 병렬로 이어지고 있으며 모두 동사이다. '원사遠徙'는 이사를 멀리하는 것, 즉 이사를 하지 말아야 할 일로 간주한다는 것이니 이사를 매우 엄중한 일로 여겨서 마음대로 이사 가지 않는다는 의미이다."

④ 민民: 왕필본에 "인人"으로 되어 있다. 『장자』「거협」에는 "민결승이용지民結繩而用之"라고 하여 "민民"으로 되어 있다. 백서 을본, 부혁본, 경룡비본, 하상공본 및 기타 고본에는 "인人"이 모두 "민民"으로 되어 있다. 앞 문장과 일관성을 추구하자면 이에 의거하여 개정해야 할 것이다.

【번역】

국토는 협소하고 백성은 적다. 설령 인력의 10배, 100배나 되는 도구가 있더라도 결코 사용하지 않고, 백성들이 죽음을 무겁게 여겨서 먼 곳으로 이사하지 않게 만든다. 비록 배와 수레가 있더라도 탈 필요가 없으며, 비록 갑주와 무기가 있더라도 늘어놓을 기회가 없다. 백성들이 노끈을 묶어서 사실을 기록하는 모습을 회복하게 한다.

백성에게 맛있는 음식, 아름다운 의복, 쾌적한 거처, 즐거운 풍속이 있다. 이웃나라와의 거리는 서로 눈으로 볼 수 있을 정도이고, 닭이 울고 개가 짖는 소리를 서로 들을 수 있을 정도로 가깝지만 백성은 태어나서 죽을 때까지 서로 왕래하지 않는다.

【해설】

　“소국과민小國寡民”은 현실에 대한 불만과, 여기저기 흩어져 있던 당시의 농촌 생활에 바탕을 두고 구상해 낸 “무릉도원”의 유토피아이다. 이 좁은 세상 안에서 사회질서는 억압적인 힘으로 유지할 필요가 없다. 단순하게 각 사람의 순수하고 선량한 본성(本能)에 의존하기만 하면 서로 무탈하고 편안할 수 있다. 이 좁은 세계 안에서는 전쟁과 같은 환란이 없고, 무거운 세금과 같은 핍박도 없고, 난폭하고 흉악한 분위기도 없다. 백성들의 풍속은 순박하고 진실하여 문명의 오염으로부터 벗어나 있다. 그래서 사람들은 걱정하거나 불안해하지도 않으며, 두려워하거나 낙담하지도 않는다. 이렇게 단순하고 순박한 공동체는 실로 고대 농촌 생활을 이상화해서 묘사한 것이다. 중국 고대 농촌사회는 자율적이고 자급자족하는 무수한 촌락으로부터 형성되었다. 각각의 촌락 간에는 교통이 불편하기 때문에 경제적 자급자족을 추구할 수밖에 없었다. 그래서 이러한 유토피아 역시 당시 봉건사회 경제활동의 고립성이이라는 특징을 반영하고 있다.

제81장

【원문】

信言不美, 美言不信①.

善者不辯, 辯者不善②.

知者不博, 博者不知.

聖人不積, 旣以爲人己愈有, 旣以與人己愈多.

天之道, 利而不害; 人之道③, 爲而不爭.

【주석】

① 신언불미信言不美, 미언불신美言不信: "신언信言"은 진실한 말, 진심에서 우러나온
   말이다. "미언美言"은 화려한 말 즉 교묘한 말이다.(감산덕청의 주)

　　장송여가 말했다. "이 장은 서두에서 아름다움과 진실함, 선함과 교묘함,
   깊은 이해와 박식함의 여러 가지 범주를 내세우고 있지만 사실 진실과 거짓,
   선과 악, 아름다움과 추함 등 모순·대립하는 일련의 문제를 제시함으로써
   사물의 표면적 현상과 내재적 본질이 종종 일치하지 않음을 설명하였다. 이
   안에는 풍부한 변증법적 사상이 포함되어 있다."

② 선자불변善者不辯, 변자불선辯者不善: 백서 갑본에는 글자가 빠져 있으나 을본은
   보존 상태가 양호하여 "선자부다善者不多, 다자불선多者不善"으로 되어 있다.
   갑본과 을본에는 이 구절이 모두 "지자불박知者不博, 박자부지博者不知"의 뒤에
   있다.

③ 인지도人之道: 통행본에는 "성인지도聖人之道"로 되어 있으나 백서 을본에 의거하

여 개정한다.

진실한 말은 화려하지 않고, 화려한 말은 진실하지 않다.

행실이 선량한 사람은 교묘하게 말하지 않고, 교묘하게 말하는 사람은 선량하지 않다.

진정으로 이해한 사람은 박식하지 않고, 박식한 사람은 깊이 이해할 수 없다.

도道를 터득한 성인은 자기 몫을 쌓아 두지 않으니 그는 타인을 전심으로 도와주지 만 자신은 도리어 더욱 충분해지고, 타인에게 전부 나누어 주지만 자신은 도리어 더욱 풍족해진다.

자연의 법칙은 만물을 이롭게 할 뿐 해치지 않으며, 인간의 행위는 시혜를 베풀 뿐 빼앗지 않는다.

【해설】

이 장의 격언은 인류 행위의 최고 준칙이라 할 만하다. 앞에 있는 세 구절의 격언은 사람들에게 진실함, 신중한 언사, 정밀한 이해를 요구하고 있다. 뒤에 있는 네 구절은 사람들에게 "백성을 이롭게 할 뿐 빼앗지 말 것"을 요구하고 있다.

진실한 말은 솔직함에 기인하기 때문에 결코 화려하지 않다. 화려한 말은 듣기 좋기 때문에 종종 허위로 꾸며져 있고 진실하지 않다.

선한 사람의 언사는 이치에서 벗어나지 않고 진실에 부합하기 때문에 교묘한 언사를 내세울 필요가 없고, 선한 사람의 행위는 거짓 없이 진솔하며 정직하여 속이지 않기 때문에 스스로 변명을 늘어놓을 필요가 없다. 도리어 큰소리로 떠들면서 교묘한 언사를 늘어놓는 사람은 언행의 흠결로 인해 자신을 감추려고 한다.

"진정으로 이해한 사람은 박식하지 않고, 박식한 사람은 깊이 이해할 수 없다." 이 말은 현대 학술계의 현실을 적확하게 반영하고 있다. 현대의 지식

활동은 더욱 전문화되고 정밀해지고 있다. 박학을 강조하는 "단 하나라도 모르는 것은 학자(儒者)의 수치이다"라는 말이 통용되던 시절은 이미 지나가 버렸다. 박학을 자처하는 사람은 특정 학문에 대하여 수박 겉핥기로만 알 뿐인 경우가 많다. 그래서 학문 활동이 잡박하여 정밀하지 않으면 영원히 지식의 세계에 들어갈 수가 없게 된다.

"도道를 터득한 성인은 자기 몫을 쌓아 두지 않으니 그는 타인을 전심으로 도와주지만 자신은 도리어 더욱 충분해지고, 타인에게 전부 나누어 주지만 자신은 도리어 더욱 풍족해진다." 이는 가장 위대한 사랑의 표현이다. 에리히 프롬(Erich Fromm)은 이렇게 말했다. "사랑은 길러 줌과 나눔의 능력이다." "타인을 전심으로 도와주는 것"(爲人)과 "타인에게 전부 나누어 주는 것"(與人)은 나눔의 힘이 겉으로 드러난 것이다. "성인"의 위대함은 바로 그가 끊임없이 타인을 도와주되 사사롭게 소유하지 않는 것에 있다. 이 또한 바로 "시혜를 베풀 뿐 빼앗지 않는다"고 한 말의 의미이다. 노자는 세계의 분란이 인류의 상호 쟁탈, 즉 명성·이익·공로 등을 쟁탈하는 것으로부터 기원하였음을 깊이 체감했다. 어디서나 욕망을 펼쳐지고 있으며, 어디서나 경쟁적인 쟁탈이 벌어지고 있다. 인류사회의 갈등을 해소하기 위하여 노자는 바로 "부쟁不爭"(다투지 않음)의 사상을 제시했다. 노자의 "부쟁"은 결코 자기를 포기하는 것이 아니고 의기소침해 하는 것도 아니다. 그는 도리어 사람들에게 "행동"(爲)을 촉구하였다. 여기에서 말하는 "행동"은 자연自然의 실정에 따라 인류가 노력하는 것이다. 인류의 노력으로 얻어 낸 성과는 결코 마음대로 자신의 소유로 삼지 말아야 한다. 이렇게 타인을 위해 헌신하면서("타인을 전심으로 도와준다", "타인에게 모든 것을 나누어 준다", "만물을 이롭게 한다") 사람들과 공적과 명성을 경쟁하지 않는 정신 역시 위대한 도덕 행위이다.

역대 『노자』 주석서 소개 및 비평

선진 이래로 『노자』와 유관한 주석과 해설이 수백 종에 달한다. 이하의 내용은 한대부터 명대에 이르기까지 학자들의 주석서를 소개하고 비평한 것이다. 학자들과 주석서는 엄영봉이 편찬한 『무구비재노자집성無求備齋老子集成』 총서로부터 선별하였다.

1. 선진先秦부터 육조六朝까지

■ 한비자韓非子(B.C.280?~B.C.233) 「해로解老」

노자의 사상을 해석한 현존 저작 중 「해로」가 가장 오래된 글이다. 이 글은 『한비자』에 보인다.

「해로」는 『노자』의 각 장을 설명하고 해석하였다. 해당하는 장은 제1장, 제14장, 제38장, 제46장, 제50장, 제53장, 제54장, 제58장, 제59장, 제60장, 제67장이다. 한비가 설명하고 해석한 장의 순서와 내용에서 한 가지 특징을 도출할 수 있는데, 바로 『도덕경』의 상편과 하편 중 한비가 비교적 하편(제38장 앞은 상편이고, 제38장부터 하편이다.)을 중시했다는 것이다. 또한 한비는 노자의 인생철학과 정치철학을 더욱 중시하였다. 「해로」에서는 결코 노자의 형이상학적 사유를 중시하지 않았다. 한비는 공효를 중시하였기 때문에 「해로」 안에서 노자의 이러한 방면의 사유를 부각시켰다.

「해로」에는 한비가 『노자』의 원의를 곡해하거나 혹은 잘못 해석한 부분들이 있다. 그 대목들은 아래와 같다.

(1) 한비는 말했다. "대국을 다스리면서 누차 법을 바꾸면(變法) 백성이 고통스러워 진다. 그래서 도道를 터득한 군주는 허정虛靜을 귀하게 여기고 변법變法을 무겁게 여긴다." 노자가 "변법을 무겁게 여긴다"고 간주한 것은 분명한 곡해이다. 왕력王力은 이미 『노자연구老子研究』에서 "변법을 무겁게 여긴다고 말하지 않았으니 노담의 본지를 상당히 위배하고 있다. 애당초 법이 없는데 어찌 변법을 무겁게 여길 필요가 있겠는가?"라고 비판한 바 있다.

(2) 한비는 제50장의 "생지도生之徒, 십유삼十有三, 사지도死之徒, 십유삼十有三" 중 "십유삼十有三"을 팔·다리의 사지四肢와 눈·귀 등의 구규九竅로 해석했다. 그는 "사지와 구규"의 숫자 4와 9를 합쳐 보면 13이랑 딱 맞는다고 생각했기 때문에 이러한 잘못된 해석을 내놓게 된 것이다. "십유삼十有三"은 바로 10등분 중 3등분을 지칭하니 즉 10분의 3이다. 왕필의 주가 정확한데, "'십유삼十有三'은 10등분 중에서 3등분이 있다는 의미이다"라고 주를 달았다.

다른 곳에서 한비는 이렇게 말했다. "도道는 비유하자면 마치 물과 같아서 물에 빠진 사람은 물을 너무 많이 마셔서 죽는 반면 목마른 사람은 물을 적당히 마셔서 살아난다.…… 그러므로 이것을 얻어서 죽기도 하고 살기도 하며, 이것을 얻어서 실패하기도 하고 성공하기도 한다." 『노자』에서는 단지 "도道"를 얻으면 만물이 살아갈 수 있고 성공할 수 있다고 말했지 "도道"를 얻으면 "죽거나" "실패한다" 고 말한 적이 없다. 여기에서 한비가 한 말은 그저 자신의 생각일 뿐 노자의 사상과는 무관하다고 봐야 한다.

「해로」에는 정확한 해석도 많다. 여기에서는 "도"와 "덕"에 대한 한비의 해설만 거론해 보겠다.

(1) "도"에 관하여 한비는 이렇게 말했다. "'도'는 만물이 그렇게 되는 근거이며, 모든 이치(萬理)가 통합되어 있는 근원이다.…… 만물은 각각 이치가 다르지만 '도'는 만물의 이치를 모두 통합한다." 여기에서는 "도"가 만물의 공통된 이치이며 또한 만물의 보편적인 원리나 법칙을 가리킨 것이라고 말하였다. 한비가 여기에서 말한 "도"는 당연히 법칙성을 지닌 "도"를 지칭하는 것이다.

또 말했다. "'도'는 만물이 생성되는 근거이다." 여기서의 "도"는 만물이 생성되는 근거로서의 "도"를 지칭한 것이며 또한 형이상적으로 실재하는 "도"를 지칭한 것이다.

(2) "덕"에 관하여 한비는 이렇게 말했다. "'덕'은 '도'의 공능이다." 즉 "덕"이 "도"의 작용임을 말하고 있는 것이다. 이러한 해석은 간결하면서도 명료하다.

이 밖에 제59장의 "색嗇"자에 대한 한비의 해석 역시 지극히 합당하다. 그는 이렇게 말했다. "이것을 아낀다(嗇)는 것이란 정신精神을 아끼는 것이다.…… 성인이 정신을 활용하는 것은 평온하다. 평온하면 낭비가 적으니, 낭비가 적은 것을 '아낌'(嗇)이라고 한다." 노자의 "아낌"(嗇)과 "검약"(儉) 두 개념은 서로 통한다. 정신을 소중하게 아끼면서 정력을 쓸데없이 낭비하지 않는다는 의미이다. 이러한 한비의 해석은 후대의 주해보다 월등하게 뛰어나다. 후대의 사람들은 일반적으로 재물을 아끼고 검약한다는 의미로 "아낌"(嗇)과 "검약"(儉)을 오인하곤 한다.

▒ 한비자韓非子(B.C.280?~B.C.233) 「유로喩老」

대체적으로 말해서 「해로」는 일독할 가치가 있지만, 「유로」는 거의 대부분의 설명이 오류이다. 그래서 어떤 사람은 이 두 편이 한 사람의 손에서 나오지 않았을 것으로 의심하기도 하였다.(왕력이 말했다. "「해로」의 설명은 대부분 정밀하지만, 「유로」는 조잡하여 현묘한 요지를 놓치고 있다. 아마도 두 사람의 손에서 집필된 것 같다.")

「유로」는 전부 역사적 고사를 활용하여 『노자』를 부회하였다. 왕력은 일찍이 이렇게 말했다. "한비는 형벌(刑)·명칭(名)·법령(法)·술수(術)의 학문을 좋아하였기 때문에 권위에 의존하였다. 그는 「유로」를 저술하여 노자를 부회하였다." 아래는 전체 내용 중에서 가장 심각한 곡해들이다.

(1) "(신하를) 통제하는 권세가 군주 자신에게 있는 것을 '중重'(무겁다)이라고 한다. 군주 자신의 지위로부터 벗어나 있지 않은 것을 '정靜'(평온함)이라고 한다. 무겁다면 가벼운 것(輕)을 부릴 수 있고, 평온하다면 조급한 것(躁)을 부릴 수 있다.……

권세가 없는 것을 '경經'(가볍다)이라 하고, 군주 자신의 지위로부터 벗어나 있는 것을 '조躁'(조급함)이라고 한다. 그래서 조나라 무령왕(主父)은 생전에 유폐되어 죽고 말았다. 그러므로『노자』는 '가벼우면 신하를 놓치고 조급하면 군주의 지위를 상실한다고 하였으니 이는 무령왕의 경우를 말한 것이다." 이는 군주가 지위로부터 벗어나거나 권세를 놓쳐서는 안 됨을 설명한 것이다.

(2) "권세의 막강함은 군주의 연원이다. 군주는 여러 신하들 사이에서 권세가 막강하니 이를 상실하면 다시는 되찾을 수 없다.…… 상벌은 나라의 날카로운 도구(利器)이다. 그것이 군주에게 있다면 신하를 통제하지만, 신하에게 있다면 군주를 압도하게 된다. 군주가 포상을 드러내면 신하는 그 일부분을 덜어 내어 다른 사람에게 나누어 주면서 자신의 은덕(德)으로 삼는다. 군주가 형벌을 드러내면 신하는 형벌을 더하여 자신의 권위(威)로 삼는다." 이는 군주의 상벌이 나라를 통치할 때 사용하는 날카로운 도구이므로 경솔하게 타인에게 보여 주어서는 안 됨을 설명한 것이다.

(3) "월왕 구천句踐은 노복(臣)으로 오나라에 들어간 뒤, 오나라를 피폐하게 만들기 위하여 제나라를 정벌하라고 권했다. 오나라의 군사가 애릉艾陵에서 제나라에게 승리를 거두어 세력을 장강과 제수까지 확대하였고 황지黃池에서 강한 힘을 과시한 덕분에 월나라는 오호五湖에서 오나라를 제압할 수 있었다. 그러므로『노자』에서 '거두어들이고자 한다면 반드시 먼저 확장시켜 주고, 약화시키고자 한다면 반드시 먼저 강성하게 해 준다'고 하였다. 진나라 헌공獻公은 우나라를 습격하려고 할 때 그들에게 벽옥과 명마를 선물로 보내 주었으며, 지백知伯은 구유仇由를 습격하려고 할 때 그들에게 큰 수레를 선물로 보내 주었다. 그러므로『노자』에서 '취하고자 한다면 반드시 먼저 준다'고 하였다." 이는 타인의 나라를 멸망시키려고 한다면 먼저 상대방을 "확장시켜 주고" "강력하게 만들"되 나 자신은 감추고 타인에게 약한 모습을 보여 주어야 함을 말한 것이다. 또 타인의 나라를 취하려 한다면 먼저 재물을 주어서 우호적인 태도를 보이다가 준비가 되지 않은 기회를 틈타서 공격하여 취해야 한다고 말한 것이다.

(4) "주나라에는 옥으로 된 도관이 있었다. 주왕이 교격膠鬲에게 이를 찾아오라고

명을 내렸지만 문왕은 주지 않았다. 반면 비중費仲이 와서 구하자 그대로 내주었다. 교격은 현명하지만 비중은 무도했기 때문이다. 주나라는 현명한 사람이 자신의 뜻을 펼칠 수 있는 기회를 얻는 것을 싫어하였기 때문에 비중에게 준 것이다. 문왕이 위수(渭)가에서 태공太公을 등용했던 것은 태공을 귀하게 여겼기 때문이며, 비중에게 옥으로 된 도판을 빌려준 것은 옥판을 소중하게 생각했기 때문이다. 그러므로 『노자』에서 '스승을 귀하게 여기지 않고, 빌려준 것을 소중하게 생각하지 않으면 비록 지혜롭게 보이더라도 실상 매우 어리석은 것이다. 이것이 바로 정미하고 현묘한 도리이다'라고 말했다." 이는 타인의 나라를 멸망시키고자 한다면 반드시 먼저 상대방의 현명한 신하를 공격하고, 상대방의 아첨하는 신하에게 영합해야 한다고 말한 것이다.

이상은 한비가 『노자』를 통해서 도출해 낸 몇 가지 법가 학설이다. 그 내용은 모두 음모를 구사하여 타인을 속이는 기술을 추구하라는 것인데, 이는 노자의 원의를 완전히 곡해한 것이다. 노자의 사상은 권모술수적인 요소를 전혀 내포하고 있지 않다. 노자는 기지를 발휘하여 교묘하게 속이는 것을 가장 반대하였다. 불행히도 이러한 점들은 후대 사람들의 광범위한 오해를 초래하였고, 「유로」의 저자는 노자를 잘못 해석한 첫 번째 사람이었다.(전목 선생은 『莊老通辨』에서 노자가 권모술수를 말했다고 여러 차례 잘못 해석했다. 이는 모두 노자의 학문에 대한 깊은 연구가 부재하였기 때문이다. 노자의 몇몇 특정 어구에 대하여 문자의 표면적인 의미만 이해하였을 뿐 노자의 전반적인 철학 체계 및 그가 구축한 철학의 의미에 대하여 심도 있게 이해하지 못한 탓이다.)

■ 엄준嚴遵(?~?) 『도덕지귀론道德指歸論』

엄준은 한나라 성제成帝 시기의 사람이고, 『지귀』는 상당히 오래된 노자의 주해서라고 말할 수 있다.

『지귀』는 원래 모두 열 세권이었고 「논도편論道編」과 「논덕편論德編」으로 나뉘어 있었다. 진陳나라와 수隨나라 시기에 이미 「논도편」은 전부 유실되었고 고작 「논덕편」

의 일곱 권만 남아 있다. 엄영봉은 진경원의 『도덕진경장실찬미편道德眞經藏室纂微篇』에 근거하여 「논도편」의 일문을 채록해 냈다.

『지귀』는 황로사상에 입각하여 노자를 해석했다.

■ 엄준嚴遵(?~?) 『노자주老子注』

엄준의 『노자주』는 과거에 일찍 산실되고 말았다. 엄영봉은 진경원의 『도덕진경장실찬미편』, 이임李霖의 『도덕진경취선집道德眞經取善集』, 유유영劉惟永의 『도덕진경집의道德眞經集義』, 범응원의 『도덕경고본집주道德經古本集註』 등의 서적에서 엄준의 주와 관련된 내용을 모아 책으로 엮었다.

엄준은 『노자』를 72개의 장으로 나누었다. 근거가 되는 이유는 다음과 같다. "상경은 하늘과 짝하고, 하경은 땅과 짝한다. 음의 도리는 8이고 양의 도리는 9이다. 음으로써 양을 운행하기 때문에 72수가 있는 것이고, 양으로써 음을 운행하기 때문에 상하로 나뉘는 것이다. 5로써 8을 운행하기 때문에 상경은 40편이 된 뒤 다시 시작하고, 4로써 8을 운행하기 때문에 하경은 32편이 되어서 끝마치게 된다."

엄준이 『노자』에 주석을 단 내용에는 오류가 많은데 그 사례를 들어 보자면 아래와 같다.

"신명神明이 제자리를 얻자 허무虛無와 통하고, 혼백이 푹 쉬자 안정되어서 각각 자신에게 편안한 자리를 얻게 되고, 지志와 기氣가 평안하고 순조롭게 되자 혈맥이 조화롭고 평온해진다."("歸根曰靜, 靜曰復命"에 대한 주해이다.)

"'믿음직스럽지 못한 것(信不足)은 자기 위주인 사람을 일컫고, '믿지 않는 것(有不信)은 하늘과 인간이 믿지 않는다는 말이다."("信不足有不信"에 대한 주해이다.)

"천지는 태화太和에서 생겨나고 태화는 허명虛冥에서 생겨난다."("天下萬物生於有, 有生於無"에 대한 주해이다.)

엄준의 『노자』 주석으로부터 한대漢代 노자 해석사의 한 가지 관점을 살펴볼 수 있다.

■ 곡신자谷神子(?~?) 『도덕지귀논주道德指歸論注』

곡신자는 엄준의 『지귀』를 집록하고 주석을 더한 것이다. 『노자』의 원문에 대해서도 약간의 주석을 더하였다.

■ 갈현葛玄(164~244) 『노자절해老子節解』

갈현은 갈선공葛仙公으로도 불리는데, 도교의 방사方士에 속하는 인물이다. 신선神仙, 도인導引[1], 복기服氣[2], 양생養生과 같은 방사의 술법을 배웠다. 갈현이 『노자』에 주석을 단 것은 대부분 왜곡된 말이다. 여기에서는 몇 가지 사례를 들어 예증하도록 하겠다.

"사민불위도使民不爲盜"에 대하여 갈현은 다음과 같이 주를 달았다. "사특한 기가 오지 않으니 도적이 들어갈 수 없고, 엄지손가락을 한 번 감싸 쥐면(握固) 사특한 기가 떠나간다."

"천장지구天長地久"에 대하여 갈현은 다음과 같이 주를 달았다. "하늘의 장구함은 니환泥丸을 말하며, 땅의 장구함은 단전丹田을 말한다. 니환이 아래로 강궁絳宮에까지 이르고 단전이 위로 올라가서 일一을 움직이게 하면 위아래의 원기가 온갖 마디에 흐르게 되고 화기和氣를 윤택하게 하여 스스로 양생하는 대도가 완비될 것이다. 그러므로 '장생한다'고 하였다."[3]

"상선약수上善若水"에 대하여 갈현은 다음과 같이 주를 달았다. "선善이란 입 안에 있는 진액이다. 진액으로 입을 씻어 내면 감천甘泉이 나올 것이고, 이를 머금어서

---

1) [역자주] 도인은 陰康에 의하여 창안되었으며 손과 발을 움직여 氣와 血을 신체 각 부위에 골고루 통하게 하는 방법으로, 導引術이라고도 한다.
2) [역자주] 복기는 천지 사이에 널리 펴져 있는 元氣를 흡입하여 정신을 평안하게 하는 일종의 호흡법이다. 調息이라고도 한다.
3) [역자주] 『포박자』에 의하면 인체의 두부, 흉부, 복부의 세 부분을 '三丹田'이라고 하는데 두부를 상단전 니환궁, 흉부를 중단전 강궁, 복부를 하단전 황정궁이라고 한다. 이 안에는 각각 '一'이라는 신이 깃들어 있어서 인간은 생명활동을 영위하게 된다. 수행자가 이 세 개의 '일'에 상념을 집중하여 지켜 냄으로써 불로불사를 달성하는 도술을 '守一法' 혹은 '守三一法'이라고 한다.

삼키면 아래로 장기에 깃든 모든 신(萬神)을 이롭게 할 것이다. 그대가 이를 행하고자 한다면 항상 이른 새벽에 입을 새척해서 진액이 입 안에 가득하게 하고, 바로 머리를 들어 올려서 이를 삼켜야 한다. 이렇게 함으로써 장기에 깃든 모든 신을 이롭게 하고 정기를 증강시킨다."

"요혜명혜窈兮冥兮, 기중유정其中有精"에 대하여 갈현은 다음과 같이 주를 달았다. "뇌 안에 있는 원기元氣가 정기(精)로 변화한다."

책 전체의 주석에서 대부분 양생과 토납吐納에 관련된 말을 하고 있다.

■ 왕필王弼(226~249) 『도덕진경주道德眞經註』

의심의 여지없이 왕필의 주는 고주古註 중 일류의 작품이다. 왕필 주는 노자 "자연自然" 개념의 핵심 요지를 잘 파악하고 있다. 그는 노자철학의 몇 가지 기본 개념에 초점을 맞춰서 해석을 가하였다. 왕필이 택한 방법은 위진현학에서 통용되던 "변명석리辨名析理"이다. 소위 "변명"이란 하나의 용어에 담긴 의미를 분석하는 것이다. 하나의 용어에는 그 용어로 표현되는 개념이 있는데, 이러한 개념을 분석하는 것이 바로 "석리"이다. 왕필은 이러한 방법을 활용하여 노자철학의 용어에 담긴 원의를 정확하게 해석하였을 뿐 아니라 노자철학의 함의를 정밀하게 밝혔다. 우리는 먼저 왕필 주의 장점과 특징을 확인하기 위하여 아래에서 왕필의 몇몇 주석을 발췌하여 간략하게 설명하도록 하겠다.

제3장의 "상사민무지무욕常使民無知無欲"에 대하여 왕필은 다음과 같이 주를 달았다. "꾸밈없는 상태(眞)를 지킨다."

글자의 표면적 의미만 가지고 해석하면 노자가 백성을 무지하고 무욕한 상태로 만들라고 한 것은 우민정책으로 오해받기 쉽다. 그렇지만 사실 노자가 여기에서 말하고 있는 "지知"와 "욕欲"에는 모두 특별한 의미가 있다. 이른바 "지"는 거짓을 일삼고 남을 속이려는 계산적인 마음(心智)을 의미하고, "욕"은 남의 것을 빼앗고 훔치려는 욕망을 의미한다. 노자가 생각하게, 이러한 "지"와 "욕"은 일체의 속임수와 분쟁을 발생시키는 근본 원인이다. 따라서 "무지와 무욕"은 교활하고 계산적인 마음의 활동 및 남의 것을 빼앗으려는 욕망을 제거하여 꾸밈없이 순수하고 소박한 생활을 지켜나갈 것을 제안한다. 왕필은 "진眞"이라는 글자를 사용하여 노자가 "항상 백성을 무지하고 무욕한 상태로 만든다"라고 말했던 의미를 매우 간단명료하게 파악하였다.

제5장의 "천지불인天地不仁"에 대하여 왕필은 다음과 같이 주를 달았다. "천지는 자연自然에 맞게 놓아둘 뿐 작위하거나 조작하지 않으니, 만물끼리 스스로 서로 다스린다. 그러므로 인仁하지 않은 것이다. 반대로 인仁하다면 필시 무엇이든 만들어 세울 것이고 교화를 베풀어서 은택이나 작위(爲)가 생겨날 것이다. 무엇이든 만들어 세우고 교화를 베푼다면 만물은 자신의 참된 상태를 상실하고 만다."

여기에서 왕필이 자연自然에 순전히 맡겨 두고 자신에게 말미암아 발전하는 노자의 기본 정신을 잘 드러내고 있음을 확인할 수 있다.

제14장의 "무상지상無狀之狀, 무물지상無物之象"에 대하여 왕필은 다음과 같이 주를 달았다. "'없다!'고 말하려니 사물은 여기에 말미암아 생성된다. '있다!'고 말하려니 그 형상을 볼 수 없다. 그러므로 '형상이 없는 형상이요 사물이 없는 형상이다'라고 말했다."

이 장은 "도"에 대하여 논했다. "무"와 "유"는 "도"를 지칭한다. 왕필은 간결하고 명료하게 "무"와 "유"라는 개념을 해석하였을 뿐 아니라 노자가 "무"와 "유"라는 두 가지 개념을 사용한 이유를 설명했다. 왕필의 주해에 의거하여 우리들이 명확하게 이해할 수 있는 것은 다음과 같다. "도"는 "그 형상을 볼 수 없기" 때문에 "무"라는 개념을 사용하여 형용하였다. 그러나 형상을 볼 수 없는 "도"가 천지만물을 생성할 수 있기 때문에("만물이 여기에 말미암아 생성된다.") 다시 "유"라는 개념을 사용하여 이를 지칭하였다.

제20장의 "중인희희衆人熙熙"에 대하여 왕필은 다음과 같이 주를 달았다. "사람들은 칭찬과 출세에 정신을 잃고 명예와 이익에 현혹되어 욕심이 늘어나고 마음으로 경쟁하게 된다. 그래서 태뢰太牢로 연회를 베풀 때처럼 흥겨워하는 것이다."

왕필 주의 문장은 생동감이 넘치고 유려하다.

제25장의 "도법자연道法自然"에 대하여 왕필은 다음과 같이 주를 달았다. "도는 자연自然을 위배하지 않아야만 자신의 본성을 얻는다. 자연自然을 본받는 것이란 네모난 장소에 있을 경우 네모난 것에 따르고 둥근 장소에 있을 경우 둥근 것을 따르는 것이니, 자연自然에 대하여 위배되는 일이 없다."

"도는 자연을 본받는다"(道法自然)는 항상 사람들을 곤혹스럽게 만든다. "도"는 노자철학 안에서 애당초 가장 근본적인 개념이다. 일체의 모든 것은 "도"로부터 나오는데 그렇다면 "도"가 어떻게 "자연自然"을 본받는다는 것인가? 사실 이른바 "도법자연道法自然"은 "도가 자연自然을 위배하지 않는다"고 왕필이 말한 것처럼 "도"의 운행과 작용이 자연自然을 따른다고 말한 것에 지나지 않는다.

제27장의 "선행무철적善行無轍迹, 선언무하적善言無瑕讁, 선수불용주책善數不用籌策, 선폐무관건이불가개善閉無關楗而不可開, 선결무승약이불가해善結無繩約而不可解"에 대하여 왕필은 다음과 같이 주를 달았다. "자연自然에 따라 행할 뿐 조작하거나 시작하지 않는다.…… 사물의 본성에 따를 뿐 구별하거나 변별하지 않는다.…… 사물의 수에 기인할 뿐 구체적인 형태를 갖춘 도구의 도움을 받지 않는다. 사물의 자연스러움 (自然)에 기인할 뿐 인위적인 조치를 취하지 않는다.…… 이 다섯 가지는 모두 인위적인 조작이나 조치를 가하지 않고 사물의 본성에 따를 뿐, 외부적인 형식에 따라 만물을 통제하지 않는다는 말이다."

왕필은 확실히 "자연自然에 순응한다", "사물의 본성에 기인한다"는 노자의 기본적인 사유를 장악하였다. 이러한 사유는 책 전반에 걸쳐 퍼져 있다. 예를 들어 제29장의 왕필 주에서는 "만물은 자연自然을 본성으로 삼는다"고 하였고, "성인은 자연自然의 지극함에 통달하여 만물의 경향성(情)을 펼쳐 준다"고 하였다. 왕필은 '자신에게 말미암는다'는 노자철학의 기본 정신을 투철하게 이해하였고, 주석을 통하여 이 점을 잘 밝혀 주었다.

제36장의 "어불가탈어연魚不可脫於淵, 국지이기國之利器, 불가이시인不可以示人"에 대하여 왕필은 다음과 같이 주를 달았다. "'이기利器'는 나라를 이롭게 하는 도구이다.

오직 만물의 본성에 따를 뿐 형벌에 의존하여 만물을 다스리지 않는다. 도구는 보이지 않으나 만물이 각각 제 자리를 얻으니 나라를 이롭게 하는 도구인 것이다. '사람들에게 보여 줌'(示人)은 형벌에 맡긴다는 의미이다. 형벌을 가지고 나라를 이롭게 하려고 하면 실패하고 만다. 물고기가 연못에서 벗어난다면 반드시 패망하고 만다. 이와 마찬가지로 나라를 이롭게 하는 도구라고 착각하여 형벌을 확립하여 사람들에게 이를 보여 준다면 반드시 실패하고 말 것이다."

많은 사람들은 "국지이기國之利器, 불가이시인不可以示人"라는 이 구절을 권모술수로 오해한다. 왕필의 주해를 살펴보면, 당연히 '군주는 형벌을 확립하여 사람들에게 보여 주는 일을 하지 말아야 한다'고 군주에게 경고하는 것에 노자의 본의가 있음을 알 수 있다. 이 단락의 왕필 주를 읽어 보면 노자에게 권모술수의 사상이 있었다는 오해를 피할 수 있을 뿐만 아니라 엄격하고 가혹한 형벌제도의 해악에 반대했던 노자의 심경을 깊이 체득할 수 있을 것이다.

제65장의 "고지선위도자古之善爲道者, 비이명민非以明民, 장이우지將以愚之"에 대하여 왕필은 다음과 같이 주를 달았다. "'명明'은 식견이 많아져서 교묘한 방법으로 기만을 일삼아 본래의 순박함을 가려 버리는 것을 의미한다. '우愚'는 무지하여 참된 본성을 지키고 자연성(自然)에 순응하는 것을 의미한다."

"백성에게 교묘함을 가르치지 않았고 대신 백성을 순박하게 만들었다"고 한 노자의 말은 우민정책이라는 오해를 널리 받았다. 왕필 주를 읽어 보면 당연히 노자가 결코 일반적인 의미의 우민정책을 주장하지 않았음을 알 수 있다. 노자철학에서 "어리석음"(愚)이란 특별한 의미를 함축하고 있다. "어리석음", "꾸밈없는 상태"(眞), "순박함", "자연自然"의 의미는 서로 통한다. 노자는 백성이 참된 본성을 유지하여 순박해지길(愚) 바랐을 뿐 아니라 통치자에게 먼저 꾸밈없고 순박한 상태가 될 것을 요구하였다.

이상에서 인용한 왕필의 주를 통해 우리는 왕필이 노자철학의 진의를 깊이 이해하고 있었음을 확인할 수 있다. 왕필은 『노자』학 연구의 진정한 일등 공신이다.

왕필의 『노자주』와 곽상의 『장자주』는 모두 경전의 반열에 올라간 주석이다.

왕필 주가 이렇게 큰 역할과 영향력을 지녔다는 점에서 왕필 주가 지닌 문제점 역시 지적해야만 착오가 발생하지 않을 것이다. 이하에서는 왕필 주에 있는 내용상의 오류와 판본상의 오자·탈자를 지적하도록 하겠다.

먼저 왕필주에 있는 내용상의 오류를 살펴보도록 하겠다.

제5장의 "천지불인天地不仁, 이만물위추구以萬物爲芻狗"에 대하여 왕필은 다음과 같이 주를 달았다. "천지는 짐승을 위하여 꼴(芻)을 낳지 않지만 짐승은 꼴을 먹고, 인간을 위하여 개(狗)를 낳지 않으나 인간은 개를 먹는다."

"추구芻狗"는 풀을 엮어서 만든 개인데 제사를 지낼 때 사용하는 것이다. 『장자』 「천운」에도 추구를 언급한 바 있다. 왕필은 "추구"를 두 가지로 보는 오류를 범하였다. (엄영봉은 『老子衆說糾繆』에서 "'추구'는 한 가지 물건이지 '추'[꼴]와 '구'[개]라는 두 가지가 아니다"라고 말하여 왕필의 오류를 지적했다.)

제30장의 "이도좌인주자以道佐人主者, 불이병강천하不以兵强天下, 기사호선其事好 還"에 대하여 왕필은 다음과 같이 주를 달았다. "도를 터득한 사람은 힘써 '무위無爲'로 되돌아가고자 한다. 그러므로 '그의 일은 되돌아가길 좋아하는 것이다'(其事好還)라고 하였다."

왕필의 주는 『노자』의 원의와 완전히 상반된다. "기사호선其事好還"은 무력을 사용하는 것과 같은 일은 분명 보복을 당하게 된다는 말이다. "호선好還"은 "되갚는다" 혹은 "보복한다"는 의미를 내포하고 있다. 예를 들어 이가모는 "다른 사람의 아버지를 죽이면 다른 사람 역시 나의 아버지를 죽일 것이다. 다른 사람의 형을 죽이면 다른 사람 역시 나의 형을 죽일 것이다. 이것을 '호선好還'이라고 말한다"라 하였고, 또 임희일은 "내가 무력으로 타인에게 해를 가한다면 타인 역시 무력으로 나에게 해를 가할 것이다. 그러므로 '기사호선其事好還'이라고 하였다"라고 하면서 모두 "호선好還"을 보복한다는 의미로 읽었다. 이는 도리어 나에게 해가 된다는 의미를 함축하고 있으니, "무위"로 되돌아간다고 말해서는 안 된다.

제36장의 "장욕흡지將欲歙之, 필고장지必固張之; 장욕약지將欲弱之, 필고강지必固强 之; 장욕폐지將欲廢之, 필고흥지必固興之; 장욕탈지將欲奪之, 필고여지必固與之"에 대하여

왕필은 다음과 같이 주를 달았다. "강포함과 혼란을 제거하고자 한다면 이 네 가지 방식을 활용해야 한다. 사물의 본성에 기인하여 저절로 죽게 만들지, 사물을 제거하기 위하여 형벌에 의존하지 않는 것을 대단하다고 여긴다."

노자는 이 단락에서 사물이 극한에 달하게 되면 반전한다는 "물극필반物極必反"에 대하여 말했다는 점에서 왕필의 주와 노자의 원의 간에는 접점이 없다. 그렇지만 "사물의 본성에 기인한다"는 왕필의 주석은 그런대로 자연自然을 숭상하는 노자의 종지를 위배하지 않았으며, 많은 사람들과 달리 노자의 이 말을 권모술수로 곡해하지는 않았다.

제57장의 "이정치국以正治國; 이기용병以奇用兵"에 대하여 왕필은 다음과 같이 주를 달았다. "'도道'에 입각한 나라의 통치는 근본을 숭상하여 말단을 제거하지만, 올바름(正)에 입각한 나라의 통치는 형법을 확립하여 말단을 공격한다. 근본이 확립되지 않아서 말단까지 천박해지면 백성들은 갈 곳이 없어진다. 그러므로 반드시 기책으로 무력을 운용하는 지경에 이를 수밖에 없다."

"올바름으로 나라를 다스리고(以正治國), 기책으로 무력을 운용한다(以奇用兵)"는 대등한 두 개의 어구이다. 왕필은 이것들을 앞뒤로 연속되는 어구로 보는 바람에 결국 "올바름으로 나라를 다스림"이 "기책으로 무력을 운용하는" 결과를 야기한다고 이해했다. 왕필이 "올바름으로 나라를 다스린다"고 말한 노자의 원문을 "형법을 세워서 말단을 공격하는 것"으로 해석한 것은 사람들로 하여금 이해하기 어렵게 한다. 제45장에서 "청정清靜하고 무위無爲할 수 있다면 백성들의 모범이 될 수 있다"고 하였으며, 이 장은 "내가 고요함을 좋아하면 백성들은 저절로 궤도에 오른다"고 하였다. 두 사례에서 "고요함"(靜)과 "올바름"(正)은 호환되고 있다. 노자는 청정清靜의 도에 입각하여 나라를 다스려야 한다고 주장했기에 자연히 올바름에 입각하여 나라를 다스려야 한다고 주장했던 것이다. 이로부터 왕필 주가 타당하지 않음을 확인할 수 있다.

제58장의 "정부위기正復爲奇, 선부위요善復爲妖, 인지미人之迷, 기일고구其日固久. 시이성인방이불할是以聖人方而不割, 렴이불귀廉而不劌"에 대하여 왕필은 꽤 많은 오류를

범하였다. 아래에서는 구절을 나누어서 언급하도록 하겠다.

"정부위기正復爲奇"에 대하여 왕필은 다음과 같이 주를 달았다. "올바름에 입각하여 나라를 다스린다면 다시 기책으로 무력을 운용하게 된다."

왕필의 해석은 제57장의 주석과 마찬가지로 "올바름으로 나라를 다스리면" "기책으로 무력을 운용하게 되는" 결과를 야기할 것이라 오해하고 말았다. 사실 "정부위기正復爲奇"는 사물이 전환되는 양상을 설명했을 뿐이다.

"선부위요善復爲妖"에 대하여 왕필은 다음과 같이 주를 달았다. "선을 세워서 만물을 조화롭게 하면 다시 요상한 우환거리가 생겨난다."

"선부위요善復爲妖"와 "정부위기正復爲奇"의 내용은 동일하다. 둘 모두 만물이 순환하면서 상생한다는 이치를 형용했을 따름이다.

"인지미人之迷, 기일고구其日固久"에 대하여 왕필은 다음과 같이 주를 달았다. "사람들이 미혹되어 도를 상실한 지 정말 오래되었기에 올바름과 선을 요구할 수 없게 되었다고 말했다."

"인지미人之迷, 기일고구其日固久"는 위의 두 구절을 받아서 말한 것이다. 그 의미는 다음과 같다. 세간의 사물은 올바른 상태에서 갑자기 부정한 상태로 전환되고, (바르지 않은 상태에서 갑자기 올바른 상태로 전환되고,) 선이 갑자기 악으로 전환되며, (악이 갑자기 선으로 전환되니,) 사람들이 이러한 순환과 반복의 원리에 대하여 혼란스러워하며 전혀 알지 못하게 된 지 이미 오래되었다.

"렴이불귀廉而不劌"에 대하여 왕필은 다음과 같이 주를 달았다. "'렴廉'은 청렴하다는 뜻이다. '귀劌'는 상처 준다는 뜻이다. 청렴함으로 백성을 깨끗하게 만들어 사특함과 오염된 것을 제거하였지만, 청렴함으로 만물에게 상처를 주지 않는다."

"렴廉"은 날카로운 모서리를 의미한다. 이러한 표현은 고전에 흔히 보인다. 예를 들어 『장자』「산목」에서는 "렴즉좌廉則挫"라는 말이 있는데 이는 '날카로운 모서리는 깎인다'는 말이다. 『순자』「불구」의 "렴이불귀廉而不劌"에 대하여 양경은 "'렴廉'은 모서리라는 의미이다.…… 모서리가 있으나 모서리의 날로 인해 상처를 입게 되지 않았다는 말이다"라고 주를 달았다. "렴이불귀廉而不劌"는 고대의 성어로서 날카로운 모서리에 사람이 상처를 입지 않는다는 의미이다. 왕필이 "렴廉"을 "청렴"으로 읽어야 한다고 본 것은 오류이다.

제72장의 "부유불염夫唯不厭"에 대하여 왕필은 "저절로 염증 내지 않는다"라고 주를 달았다.

여기에서 "압厭"은 "억압한다"(壓)는 의미로 읽어야 한다. 『설문해자』에서 "압厭은 핍박한다(笮)는 의미이다"라고 하였다. 이 구절은 통치자에게 백성을 억압하지 말라고 일깨우는 말이다.

이상에서는 왕필 주의 오류를 지적하였다.

아래에서는 왕필본의 오자를 교정하도록 하겠다. 왕필본은 81개의 장으로 나뉘어 있는데 일반적으로 학자들 사이에서 통용된다. 그러나 현재 통용되고 있는 왕필본과 왕필의 원본에는 차이가 있다. 여기에서는 하상공본, 부혁본 및 백서본 등 고본에 의거하여 통용되는 왕필본을 교정하려고 한다.

제2장의 "장단상교長短相較"는 "장단상형長短相形"으로 개정해야 한다.

필원畢沅(1730~1797)의 설에 의하면 고대에는 "교較"자가 없었다. 하상공본과 부혁본에도 모두 "장단상형長短相形"으로 되어 있다. "장단상형長短相形"과 아래의 "고하상영高下相盈"은 서로 병렬된 문장이고, "형形"과 "영盈"이 압운이다. 그래서 부혁본에 의거하여 "교較"를 "형形"으로 개정해야 한다.

제15장의 "폐불신성蔽不新成"은 "폐이신성蔽而新成"으로 개정해야 한다.

모든 고본에서 구절에 "불不"자가 있으나, 문구의 맥락에 따라 봤을 때 만약 "불不"로 읽게 되면 문장의 의미가 상반되어 의미를 상실한다. "불不"자는 "이而"자가 되어야 한다. "불不"과 "이而"는 전서체의 형태가 비슷하기에 오류를 야기한 것이다.

제16장의 "공내왕公乃王, 왕내천王乃天"은 "공내전公乃全, 전내천全乃天"으로 개정해야 한다.

"전全"에서 일부가 빠져서 "왕王"이 되었다. 왕필의 주에서 "두루 미치지 않는 곳이 없다"라고 한 것은 "전全"에 대한 주석이다. 또 "전全"과 "천天"은 운이 맞기 때문에 "왕王"은 "전全"으로 개정해야 한다.

제18장의 "혜지출慧智出"은 "지혜출智慧出"로 개정해야 한다.

왕필의 주에서 "그러므로 '지혜智慧'가 나타나면 큰 거짓이 생겨난다"고 하였다. 이로부터 왕필본은 원래 "지혜智慧"로 되어 있는데 후대 사람들이 베끼는 과정에서 "혜지慧智"로 전도되었음을 확인할 수 있다. 왕필의 주와 부혁본에 의거하여 개정한다.

제20장의 "완사비頑似鄙"는 "완차비頑且鄙"로 개정해야 한다.

부혁본에는 "사似"가 "차且"로 되어 있다. "차且"와 "이目"("以"의 옛 글자)의 형태가 비슷하여 오류가 발생하였다. "이以"와 "사似"는 옛 글자가 통용되었다. 결국 "차且"로부터 "이目"로 잘못되었고, "이目"(以)로부터 "사似"로 잘못된 것이다. "완사비頑似鄙"는 응당 부혁본에 근거하여 "완차비頑且鄙"로 개정되어야 한다.

제23장의 "고종사어도자故從事於道者, 도자동어도道者同於道"의 일부를 산삭하여 "고종사어도자故從事於道者, 동어도同於道"가 되어야 한다.

"동어도同於道" 위에 중복된 "도자道者" 두 글자는 연문이다. 『회남자』「도응훈」에서 "종사어도자從事於道者, 동어도同於道"로 『노자』를 인용했다. 이로부터 고본에는 "도자道者" 두 글자가 중복되지 않았음을 증명할 수 있다.

제25장의 "고도대故道大, 천대天大, 지대地大, 왕역대王亦大. 역중유사대域中有四大, 이왕거기일언而王居其一焉"에서 두 개의 "왕王"자는 모두 "인人"으로 개정해야 한다.

부혁본에는 "왕역대王亦大"가 "인역대人亦大"로 되어 있다. "왕王"은 "인人"의 오자이다. 옛날에는 "인人"을 "三"으로 썼는데 후대의 독자가 "왕王"으로 잘못 읽은 것 같다. 뒤 문장에서 "인법지人法地, 지법천地法天, 천법도天法道"라고 되어 있는 것으로부터 우주(域)에 있는 네 가지 큰 것(四大)은 도道·천天·지地·인人을 지칭함을 증명할 수 있다. 그래서 "왕王"자는 응당 "인人"으로 개정되어야 한다.

제26장의 "경즉실본輕則失本, 조즉실군躁則失君"에서 "본本"자는 "근根"으로 개정해야 한다.

『영락대전永樂大典』에는 "경즉실근輕則失根"으로 되어 있다.(유월의 『諸子平議』로부터 인용하였다.) 이 장의 첫 구절이 "중위경근重爲輕根, 정위조군靜爲躁君"이기 때문에 "경즉실근輕則失根"으로 개정해야 첫 구절과 상응한다.

제28장의 "지기백知其白, 수기흑守其黑, 위천하식爲天下式. 위천하식爲天下式, 상덕불특常德不忒, 복귀어무극復歸於無極. 지기영知其榮, 수기욕守其辱, 위천하곡爲天下谷"의 원문은 응당 "지기백知其白, 수기욕守其辱, 위천하곡爲天下谷"이었을 것이다.

『장자』「천하」에서 "남성다운 굳셈(雄)을 인식하고 여성다운 유약함(雌)을 지키면 천하의 시내가 된다. 밝은 면(白)을 인식하고 어두운 면(辱)을 지키면 천하의 골짜기가 된다"라고 노담의 말을 인용하였다. 『장자』에서 인용한 것이 바로 『노자』의 원문이다. 본래 "웅雄"이 "자雌"와 대조를 이루고, "백白"이 "욕辱"과 대조를 이룬다.(제41장에서도 "가장 순결한 마음은 마치 때가 묻은 것 같다[太白若辱]라고 하면서 "백"과 "욕"이 대조되고 있다.) "욕辱"은 "욕薅"과 통하고 "어둡다"(黑)는 의미를 내포하고 있는데, 후대 사람들은 "욕辱"과 "백白"이 대조된다는 사실을 알지 못한 채 단지 "흑黑"이 있어야만 "백白"과 대조가 되며, "영榮"이 있어야만 "욕辱"과 대조를 이룰 수 있다고 착각하고 말았다. 그래서 "지기백知其白" 뒤에 "수기흑守其黑"을 추가하였고, "수기욕守其辱" 앞에 "지기영知其榮"을 추가한 뒤 다시 "위천하식爲天下式, 위천하식爲天下式, 상덕불특常德不忒, 복귀어무극復歸於無極" 네 구절을 추가해서 "흑黑"과 협운을 맞추었으니, 총 여섯 구절이나 되는 글자를 추가로 집어넣고 말았던 것이다.(본문에서 역순정, 마서륜, 장석창 등 여러 학자의 교석과 훈고를 인용한 내용을 참조할 것)

제29장의 "혹좌혹휴或挫或隳"는 "혹재혹휴或載或隳"로 개정해야 한다.

하상공 주에서 말했다. "'재載'는 안정된다는 뜻이다. '휴隳'는 위태롭다는 뜻이다." "재載"(安)와 "휴隳"(危)는 대조를 이루는 말이다. 앞 구절에서 "어떤 이는 성질이 강건하고 어떤 이는 성질이 유약하다"(或强或羸)라고 말한 용례와 동일하다. 그래서 하상공본에 근거하여 "좌挫"를 "재載"라고 개정해야 한다.

제34장의 "만물시지이생이불사萬物恃之而生而不辭"는 "만물시지이생이불사萬物恃之以生而不辭"로 개정해야 한다.

부혁본 및 여러 고본에는 "시지이생恃之而生"이 "시지이생恃之以生"으로 되어 있다. 부혁본에 근거하여 "이而"를 "이以"로 개정해야 한다.

제34장의 "공성불명유功成不名有"를 "공성이불유功成而不有"로 개정해야 한다.

"불유不有"는 노자가 습관적으로 사용하는 표현이다.(제2장, 제10장, 제51장에 보인다.) 중간에 있는 "명名"자는 연문이다.

제39장의 "지무이녕장공발地無以寧將恐發"에서 "발發"은 "폐廢"로 개정해야 한다.

"발發"은 "폐廢"에서 글자의 일부가 결손된 것이다. "广" 부분을 잘못 제거하여 착오가 발생하고 말았다. 엄영봉의 설에 근거하여 개정한다.

제39장의 "후왕무이귀고장공궐侯王無以貴高將恐蹶"에서 "귀고貴高"는 "정貞"으로 개정해야 한다.

원문은 "정貞"이었는데 "귀貴"로 잘못되었다. 후대 사람들은 뒤의 "귀이천위본貴以賤爲本, 고이하위기高以下爲基"라는 두 구절을 보고서 앞의 문장과 연결하여 말한 것으로 착각하여 결국 "귀貴"의 다음에 "고高"자를 추가하고 말았다. 조지견본에는 "정貞"으로 바르게 되어 있다. 그래서 조지견본에 의거하여 "후왕무이정장공궐侯王無以貞將恐蹶"로 개정해야만 앞 구절에서 "만물무이생장공멸萬物無以生將恐滅"이라고 말한 것과 상응하며, "생生"과 "정貞"의 운이 맞게 된다.

제39장의 "치수여무여致數輿無輿"는 "치예무예致譽無譽"로 개정해야 한다.

"수數"는 연문이다. "여輿"는 원래 "예譽"자였다. 육덕명陸德明(550~630)의 『경전석문』에 "예譽"자가 나오는데 주에서 "비방과 칭송을 의미한다"고 하였다. 『경전석문』은 왕필의 고본에 근거하고 있으니 이로부터 왕필본은 원래 "예譽"자로 되어 있었는데 후대 사람들이 전사하는 과정에서 오류를 범하였음을 알 수 있다.

제45장의 "조승한躁勝寒, 정승열靜勝熱"은 "정승조靜勝躁, 한승열寒勝熱"로 개정해야 한다.

"정靜"(고요함)과 "조躁"(조급함)는 대조를 이루는 말이다. 이러한 용례는 제26장에 보인다. 그 밖에 제60장, 제61장, 제72장의 왕필 주에도 "정靜"과 "조躁"는 대조를 이루고 있다. 만약 "조승한躁勝寒"이라고 한다면 용례에 부합하지 않을 뿐 아니라 노자의 사상에도 위배된다. "정승조靜勝躁, 한승열寒勝熱"이라고 해야만 노자의 사상과 정확히 부합하니, 이 두 구절은 청정淸靜이 요란함보다 우월하며, 무위無爲가 유위有爲

보다 우월함을 말하고 있다. 이 내용은 뒤 문장의 "청정위정淸靜爲正"과 의미가 연결된다.

　제47장의 "불견이명不見而名"은 "불견이명不見而明"으로 개정해야 한다.

　『노자』에서 "견見"과 "명明"은 짝으로 언급되곤 한다.(이러한 용례는 제21장과 제52장에 보인다.) "불견이명不見而明"은 보지 않고도 천도를 이해한다는 의미이다. 장사성본에 근거하여 "명名"을 "명明"으로 개정해야 한다.

　제62장의 "이구득以求得"은 "구이득求以得"으로 개정해야 한다.

　경룡비본, 부혁본 및 여러 고본에는 "이구以求"가 "구이求以"로 되어 있다. "구이득求以得"과 뒤 문장의 "유죄이면有罪以免"은 서로 대구이다. 경룡비본에 의거하여 개정해야 한다.

　제66장의 "시이욕상민是以欲上民"에서 글자를 보충하여 "시이성인욕상민是以聖人欲上民"으로 개정해야 한다.

　기타 고본에는 "시이是以" 뒤에 모두 "성인聖人" 두 글자가 있다. 현재 통행하는 왕필본에만 글자가 결락되어 있다. 뒤 구절의 "시이성인처상是以聖人處上"을 보면 "시이是以" 바로 뒤에 "성인聖人"이라는 두 글자가 있기 때문에 문장의 체제에 따라 보충해야 한다. 장석창이 말했다. "『도장道藏』의 왕필본에 '성인聖人' 두 글자가 있으니 이에 의거하여 보충해야 한다."

　제71장의 "부유병병夫唯病病, 시이불병是以不病. 성인불병聖人不病, 이기병병以其病病, 시이불병是以不病"은 "성인불병聖人不病, 이기병병以其病病, 부유병병夫唯病病, 시이불병是以不病"으로 개정해야 한다.

　이 단락은 모든 고본에서 문구가 중복되었을 뿐 아니라 도치되어 있다. 『노자』 특유의 문장 체제 및 『태평어람』 「질병부」에 의거하여 개정해야 한다.

　제75장의 "민지경사民之輕死, 이기구생지후以其求生之厚"에서 글자를 보충하여 "민지경사民之輕死, 이기상구생지후以其上求生之厚"로 바로잡는다.

　부혁본에는 "이기以其" 뒤에 "상上"자가 있다.("上"은 통치자를 지칭한다.) 왕필의 주에서 말했다. "백성이 간사해지는 원인과 통치가 혼란에 빠지는 원인은 모두 윗사람 때문이지 아랫사람 때문이 아니다." 왕필 주로부터 왕필본에는 원래 "상上"자가 있었음을 알 수 있다. 부혁본 및 왕필 주에 근거하여 '상上'을 보충한다.

第76장의 "만물초목지생야유취萬物草木之生也柔脆"의 일부 내용을 산삭하여 "초목지생야유취草木之生也柔脆"로 개정해야 한다.

"인지생야유약人之生也柔弱, 기사야견강其死也堅强. 만물초목지생야유취萬物草木之生也柔脆, 기사야고고其死也枯槁"에서 "사람"(人)과 "초목草木"은 모두 만물에 속하니 "만물萬物" 두 글자는 연문이다. 부혁본에는 "만물萬物" 두 글자가 없다. 부혁본에 의거하여 산삭해야 한다.

第76장의 "병강즉불승兵强則不勝, 목강즉병木强則兵"은 "병강즉멸兵强則滅, 목강즉절木强則折"로 개정해야 한다.

『열자』「황제」, 『문자』「원도」, 『회남자』「원도훈」에 모두 "병강즉멸兵强則滅, 목강즉절木强則折"로 되어 있다. 이에 의거하여 개정해야 한다.

第80장의 "사인복결승이용지使人復結繩而用之"는 "사민복결승이용지使民復結繩而用之"로 개정해야 한다.

"인人"은 "민民" 되어야 한다. 『장자』「거협」, 하상공본 및 기타 각 고본에 근거하여 개정해야만 앞의 문장과 일률적이게 된다.

이상으로 통용되는 왕필본을 교정하고 이와 함께 왕필 주의 내용에 대해 어느 정도 평가를 해 보았다. 왕필의 성취는 『노자』학의 주석에 머무르지 않는다. 만약 그의 주석만 따로 뽑아내서 본다면 그의 문장 자체가 독자적인 체계를 이루고 있음을 확인할 수 있으니, 한 편의 훌륭한 철학 논문이라고 말할 수 있다.

■ 왕필王弼(226~249) 『노자미지예략老子微旨例略』

『노자미지예략』(약칭 『예략』)은 엄영봉이 『정통도장』의 정일부正一部에서 뽑아내어 단행본으로 영인한 것이다.

『예략』은 노자의 "도"에 형체가 없고 명칭이 없으며, "도"가 은미하고 현묘하다는 점을 설명하였다. 또한 노자의 "숭본식말崇本息末" 즉, 단순함과 질박함을 추구하고 교묘함과 이익을 버려야 한다는 가르침을 밝혔다. 『예략』의 『노자』 이해와 왕필의 『노자』 주석 간에는 사상적 일관성이 존재한다.

■ 하상공河上公(?~?) 『노자도덕경老子道德經』

하상공이 어떤 사람이며 하상공 주가 언제 성립되었는지는 여전히 의문으로 남아 있다. 『신선전』에는 다음과 같은 내용이 실려 있다. 한나라 문제文帝 시기에 하상공은 풀을 엮어서 초막을 짓고 강가에 거주하였다. 어느 날 문제가 그를 만나러 갔더니 하상공은 "손바닥을 치고 가만히 앉아 있는 상태에서 천천히 허공으로 올라갔는데 땅과의 거리가 수 장丈이나 되었다." 그 뒤에 문제에게 두 권의 책을 주면서 말했다. "내가 이 경문에 주석을 단 지 1,700여 년이나 되었다. 여태까지 세 명에게 이를 전수해 주었고 그대까지 네 명이다." 말을 마치고는 바로 사라져서 보이지 않았다고 한다. 이러한 기록은 후대의 도사들이 만들어 낸 것이다.

『사기』에서 하상장인河上丈人을 언급한 것으로 보아 하상공 주는 필시 양한시기의 작품일 것으로 추정된다. 하상공 주 대부분은 양생가의 내용이며, 도교의 신도들이 후대에 장을 나누고 각 장마다 제목을 달았다.

『도덕경』의 많은 고본 중에서 왕필본과 하상공본이 가장 광범위하게 세상에 알려졌다. 왕필본은 일반 학자들에게 존숭을 받았고, 하상공본은 민간에서 널리 통용되었다. 따라서 하상공 주의 내용 및 판본의 득실에 대하여 상세하게 검토할 필요가 있겠다.

먼저 하상공 주의 장점에 대하여 말해 보자면 문장이 간결하고 명료하다는 것이다. 여기에서 몇 가지 예를 들어 보겠다.

제3장의 "불상현不尙賢"에 대하여 하상공은 다음과 같이 주를 달았다. "'현賢'은 세속의 뛰어난 사람을 지칭하니…… 이들은 질박함을 버리고 화려함(文)을 추구한다. '불상不尙'은 봉록과 관직으로 귀하게 대우하지 않는다는 의미이다."

제3장의 "사민부쟁使民不爭"에 대하여 하상공은 다음과 같이 주를 달았다. "공적과 명성을 다투지 않고 본연(自然)으로 돌아간다."

제3장의 "무지무욕無知無欲"에 대하여 하상공은 다음과 같이 주를 달았다. "질박함으로 되돌아가고 순박함을 지킨다."

제5장의 "천지불인天地不仁"에 대하여 하상공은 다음과 같이 주를 달았다. "하늘과 땅은 인애(仁)와 은덕(恩)으로 만물을 생육하지 않고 자연스러움(自然)에 맡겨 둔다."

제20장의 "절학무우絶學無憂"에 대하여 하상공은 다음과 같이 주를 달았다. "넘치는 화려함을 제거하면 우환이 없다."

제20장의 "중인개유여衆人皆有餘"에 대하여 하상공은 다음과 같이 주를 달았다. "많은 사람들은 재물이 남아서 사치를 부리고, 지혜가 남아서 기만을 일삼는다."

제25장의 "도법자연道法自然"에 대하여 하상공은 다음과 같이 주를 달았다. "도 그 자체의 본성이 저절로 그러하므로 따로 본받을 것이 없다."

제36장의 "국지이기國之利器"에 대하여 하상공은 다음과 같이 주를 달았다. "'날카로운 도구'(利器)는 권력을 사용하는 기술(權道)을 의미한다."

여기에서 발췌한 주석의 내용으로부터 하상공 주의 명료하고 정밀한 면모를 확인할 수 있었다.

아래에서 우리는 하상공 주가 범한 오류와 원문을 곡해한 지점을 살펴보도록 하겠다. 먼저 하상공 주의 오류를 지적하겠다.

제4장의 "도충이용지道沖而用之"에 대하여 하상공은 다음과 같이 주를 달았다. "'충沖'은 '~안에'라는 의미이다. '도'는 이름을 숨기고 명성을 감추지만 이러한 작용이 내재되어 있다."

"도충道沖"은 형이상의 도가 텅 비어 있는 상태를 형용한 말이다. "충沖"은 '충盅'으로 쓰는데 '텅 비어 있다'는 뜻이다. 하상공이 "중中"을 '~안에'라고 해석한 것은 타당하지 않다. 이 장에서 언급된 "도" 역시 하상공이 "이름을 숨기고 명성을 감춘다"고 말한 도가 아니다. "이름을 숨기고 명성을 감추는" 도는 바로 일상생활의 측면에서 말한 것이지만, 이 장의 "도"는 형이상의 측면에서 말한 것이다.

제24장의 "고유도자불처故有道者不處"에 대하여 하상공은 다음과 같이 주를 달았다. "도를 터득한 사람은 그 나라에 머무르지 않는다는 말이다."

"불처不處"는 "그 나라에 머무르지 않는다"를 의미하지 않는다. 앞 문장에 의거해 보면 "자기 생각을 자부하는 자"(自見者), "자신을 옳게 여기는 자"(自是者), "자신을 자랑하는 자"(自伐者), "자신을 뽐내는 자"(自矜者)를 지칭한다.

제27장의 "성인상선구인聖人常善救人"에 대하여 하상공은 다음과 같이 주를 달았다. "성인이 항상 사람들에게 충효忠孝를 가르치는 이유는 사람들의 성명性命을 구제하려고 했기 때문이다."

하상공은 유가의 관점으로 이 장의 내용을 바라보았다. 사실 노자는 여기에서 자연스러움(自然)에 의거하여 행동할 것을 가르쳤지 결코 "사람들에게 충효를 가르치지" 않았다. 제18장과 제19장만 보더라도 하상공 주가 『노자』의 원의와 부합하지 않음을 알 수 있다.

제30장의 "기사호선其事好還"에 대하여 하상공은 다음과 같이 주를 달았다. "그가 어떤 일을 거행할 때에는 되돌리길 좋아하니, 자신의 책임이라 여길 뿐 타인을 원망하지 않는다."

"기사호선其事好還"은 무력을 사용하는 것과 같은 일은 자기 자신의 재앙으로 되돌아오니, 그 결과 보복을 당하게 될 것이라는 말이다.

제32장의 "도상무명道常無名"에 대하여 하상공은 다음과 같이 주를 달았다. "도는 음陰이 될 수도 있고 양陽이 될 수도 있으며, 이완될 수도 있고 팽팽해질 수도 있으며, 있을 수도 있고 없을 수도 있기 때문에 정해진 이름이 언제나 없는 것이다."

이 구절은 "도상무명박道常無名樸"으로 구두를 끊어야 한다. 제37장에 있는 "무명지박無名之樸"이라는 표현이 그 증거이다. "질박함"(樸)은 "이름 없음"(無名)에 대한 비유이다. "도"는 형태가 없으며, 이로 인해 어떠한 이름으로도 지칭할 수 없다. 하상공의 해석은 원문과 무관하다. "도"는 항상 존재하는 것인데, 그것이 "'있을' 수도 있고 '없을' 수도 있다"고 말한 것은 더욱 타당하지 않다.

제32장의 "시제유명始制有名"에 대하여 하상공은 다음과 같이 주를 달았다. "도는

명칭이 없으나 명칭이 있는 것을 통제할 수 있고, 형태가 없지만 형태가 있는 것을 통제할 수 있다."

제32장의 "만물이 만들어지자 각종 명칭이 생겨난다"와 제28장의 "순박함의 도가 흩어져서 만물을 이룬다"는 같은 내용이다. "제制"는 만들어진다는 뜻이다.(임희일의 주에서 "'制'는 만들어짐이다"라고 하였다.) 하상공이 '통제하다'라는 의미로 본 것은 타당하지 않다.

제32장의 "천역장지지天亦將知之"에 대하여 하상공은 다음과 같이 주를 달았다. "사람이 도를 본받아 덕을 행하면 하늘 역시 저절로 이를 알게 된다."

"부夫"는 하상공본에 "천天"으로 잘못되어 있다. 판본이 명확하지 않아서 주석 역시 자연스레 착오를 범하고 말았다. 왕필본에 의거하여 "부역장지지夫亦將知止"로 개정해야 한다.

제33장의 "사이불망자수死而不亡者壽"에 대하여 하상공은 다음과 같이 주를 달았다. "눈은 함부로 보지 않고 귀는 함부로 듣지 않으며 입은 함부로 말하지 않으면, 천하에서 원망 받을 일이 없다. 그러므로 장수한다."

"사이불망死而不亡"은 "몸이 죽더라도 도는 존재함"을 비유적으로 기술한 것이다. 역사상 위대한 사상가들처럼 몸은 비록 죽어서 사라지더라도 그 사상과 정신은 영속되어 오랫동안 남아 있다. 이것이 바로 여기에서 말하는 "장수"이다.

제39장의 "치예무예致譽無譽"는 하상공본에 "치수거무거致數車無車"로 되어 있다. 원문에 오류가 생겼기 때문에 여기에 근거를 둔 주석 역시 원본의 내용과 무관하게 되어 버렸다.

제50장의 "십유삼十有三"에 대하여 하상공은 다음과 같이 주를 달았다. "십삼十三은 신체의 아홉 구멍(九竅)과 네 가지 기관(四關)을 일컫는다."

"십유삼十有三"은 10분의 3을 지칭한다. 하상공 주는 "사지와 아홉 구멍"이라고 한비자가 주석을 단 것 때문에 착오를 범하고 말았다.

제55장의 "익생왈상益生曰祥"에 대하여 하상공은 "'상祥'은 장수한다는 의미이다"라고 주를 달았다.

여기서의 "상祥"은 불길한 징조로 해석되며 재앙이나 환란이라는 의미가 내포되어 있다. 고대의 사람들은 항시 이러한 용법이 있었다. 왕필이 "상祥"을 "재앙"(夭)으로 해석한 것이 정확하다. 하상공 주는 잘못되었다.

제57장의 "이정치국以正治國, 이기용병以奇用兵"에 대하여 하상공은 다음과 같이 주를 달았다. "하늘은 자신을 바르게 하는 사람을 시켜서 나라를 소유하게 한다. 하늘은 타인을 속이는 사람을 시켜서 병력을 운용케 한다."

이 두 구절의 내용은 순전히 인간사의 문제이다. 그런데 하상공이 "하늘이 명을 내린다"는 방식으로 설명한 것은 원문의 내용과 전혀 관련이 없다.

제58장의 "정부위기正復爲奇, 선부위요善復爲妖"에 대하여 하상공은 다음과 같이 주를 달았다. "군주가 바르지 않으면 아랫사람이 비록 바르다 하더라도 다시 윗사람(군주)에게 동화되어 거짓을 일삼게 될 것이다. 선한 사람이 모두 윗사람에게 동화되어 요상하고 상서롭지 못한 짓을 하게 될 것이다."

세상사는 무상하다. "올바름"이 갑자기 "사특함"으로 전환되고, "선함"이 갑자기 "요상함"으로 전환되기도 한다. 노자는 이러한 말로 사물의 순환과 전변을 설명하였다. 하상공의 주는 노자의 원의와 결코 부합하지 않다.

제58장의 "렴이불귀廉而不劌"에 대하여 하상공은 "성인은 청렴하다"고 주를 달았다.

여기서의 "렴廉"은 날카로운 모서리를 말한다. 왕필도 "청렴"으로 잘못 해석하였는데 하상공 역시 "청렴"으로 잘못 해석하였다.

제72장의 "무압기소거無狎其所居"에 대하여 하상공은 다음과 같이 주를 달았다. "마음에는 오장신이 머물러 있으니 관대하고 부드러워야지 급박하고 협애하게 굴면 안 됨을 말하였다."

노자의 이 말은 편안하게 거주하지 못하도록 통치자가 백성을 핍박하지 말라고 경고한 것이다.

이상으로 하상공 주에 나타난 오류를 지적하였다. 하상공은 도교라는 색안경을 끼고서 『노자』에 주를 달았기 때문에 여러 가지 터무니없는 언사들이 보인다. 아래에서는 이를 지적하도록 하겠다.

제1장의 "현지우현玄之又玄"에 대하여 하상공은 다음과 같이 주를 달았다. "'현玄'은 하늘을 지칭한다. 욕심이 있는 사람이나 욕심이 없는 사람 모두 하늘로부터 똑같이 기를 받았다는 의미이다."

"현玄"은 심원하다는 의미이다. 하상공이 "하늘"로 "현玄"을 해석하고 또 사람이 하늘로부터 기를 받았다고 말한 것은 노자의 원의와 무관하다.

제6장의 "곡신불사谷神不死"에 대하여 하상공은 다음과 같이 주를 달았다. "'곡谷'은 기른다는 의미이다. 사람이 신神을 기르면 죽지 않는다. 신神이란 오장에 깃들어 있는 신을 말한다. 간肝은 혼魂을 품고 있고 폐肺는 백魄을 품고 있고 심장(心)은 신神을 품고 있고 신장(腎)은 정精을 품고 있고 비장(脾)은 지志를 품고 있다. 다섯 장기가 모두 손상을 입으면 오장에 깃든 신이 떠나간다."

이 대목은 "오장에 깃든 신을 기른다"(養神)는 도교 방사들의 논의로 원의를 부회한 것이다. 제6장 전체의 주석이 모두 터무니없이 이치에 맞지 않다.

제13장의 "급오무신及吾無身, 오유하환吾有何患?"에 대하여 하상공은 다음과 같이 주를 달았다. "가령 나에게 신체가 없다면 도의 자연스러움(自然)을 체득해서 가볍게 올라가서 구름을 타게 되고, 왔다 갔다 할 때 아무런 간극이 없어져서 도와 함께하고 신과 감통하게 될 것이다."

하상공은 "나에게 신체가 없다면" "위로 올라가 구름을 타게 될 것"이라고 생각했다. 이는 신선과 귀신이 등장하는 옛이야기에 나올 법한 말이다.

제46장의 "각주마이분卻走馬以糞"에 대하여 하상공은 다음과 같이 주를 달았다. "나라를 다스리는 자가 병기와 갑주를 사용하지 않고 대신 준마를 농부에게 되돌려 주어 밭을 경작할 때 사용하고, 자신의 몸을 다루는 자가 양으로 된 정기(精)를 되돌려서 신체에 거름을 준다."

주석의 첫 번째 문장은 원문을 명료하게 해석하였지만, 후반부의 문장은 사족에 불과하다. "양기로 된 정기"라는 어휘는 분명 도교 방사의 부류에서 널리 사용하던 말이다.

제54장의 "수지어신修之於身, 기덕내진其德乃眞"에 대하여 하상공은 다음과 같이

주를 달았다. "신체의 도를 닦아 기를 아끼고 오장신을 기른다면 수명이 더욱 늘어나게 된다." 이는 생명을 보호하는 방법의 관점에서 『노자』에 주를 달았던 한 가지 사례이다.

제55장의 "함덕지후含德之厚, 비어적자比於赤子"에 대하여 하상공은 다음과 같이 주를 달았다. "부모가 갓난아이를 돌보는 것처럼 신명은 덕을 품고 있는 사람을 지켜 준다."

"신명이 지켜 준다"는 말은 도교에서 사용하는 표현으로서 노자의 사상과 무관하다.

제59장의 "심근고저深根固柢"에 대하여 하상공은 다음과 같이 주를 달았다. "사람은 기氣를 뿌리로 삼고 정精을 꼭지로 삼는다.…… 기를 깊이 숨기고 정을 견고하게 지켜서 새어 나가는 일이 없게 한다."

하상공은 "기를 숨기고" "정을 견고하게 지킨다"는 도교 방사들의 전문적인 용어로 주해한 것인데, 이는 노자의 원의와 크게 위배된다.

그 밖에 제60장, 제71장, 제72장에서도 모두 하상공이 양생의 관점으로 『노자』에 주석을 달았음을 확인할 수 있다. 이상의 내용을 통해서 하상공 주가 도교 방사의 사상으로부터 상당히 깊은 영향을 받았음을 알 수 있다. 왕력은 일찍이 이렇게 말했다. "하상공 주는 양생가의 말이 많다. 그러나 노자는 양생을 논한 사람이 아니다. 그러므로 하상공 주는 근본적으로 오류를 범하고 있다."

아래에서는 하상공본의 오자와 탈자를 교정하도록 하겠다.

제3장의 "사심불란使心不亂" 앞에 위치한 두 구절에는 모두 "민民"자가 있다. 세 번째 구절 역시 문장의 체제에 의거하여 "민民"자를 추가해야 한다.(즉, "使民心不亂"이 되어야 한다.)

제4장의 "연호사만물지종淵乎似萬物之宗"의 뒤에 "담혜사혹존湛兮似或存" 구절이 있으니, "연호淵乎"는 왕필본에 의거하여 "연혜淵兮"라고 개정해야만 "담혜湛兮"와 대칭된다.

제10장의 "천문개합능무자天門開闔能無雌?"에서 "무자無雌"는 "위자爲雌"로 개정

해야 한다. "애민치국능무지愛民治國能無知?"에서 "무지無知"는 "무위無爲"로 개정해야 한다.

그 밖에 이 장은 매 구마다 왕필본에 의거하여 "호乎"자를 추가해야 한다. 즉 "능무리호能無離乎?", "능영아호能嬰兒乎?", "능무지호能無知乎?", "능무위호能無爲乎?"가 되어야 한다.

제15장의 "폐불신성蔽不新成"은 "폐이신성蔽而新成"으로 개정해야 한다. "불不"은 "이而"의 오자이다.

제16장의 "부지상不知常, 위작흉妄作凶"에서 "위妄"는 "망妄"으로 개정해야 한다. 하상공의 주에는 "망妄"으로 되어 있으나 원문의 오기이다.

제23장의 "고종사어도자故從事於道者, 도자동어도道者同於道"의 일부를 산삭하여 "고종사어도자故從事於道者, 동어도同於道"가 되어야 한다. 하상공본과 왕필본 모두 "동어도同於道" 앞에 "도자道者" 두 글자가 중복되어 있다. 이는 연문이니 산삭해야 한다.

제25장의 "고도대故道大, 천대天大, 지대地大, 왕역대王亦大. 역중유사대域中有四大, 이왕거기일야而王居其一也"에서 "왕王"은 "인人"의 오자이다. "인人"은 옛 문장에서 "三"으로 쓰이곤 하였는데 후대의 독자가 "왕王"으로 오인하고 말았다. 뒤의 "인법천人法地, 지법천地法天, 천법도天法道" 구절에는 "인人"으로 되어 있지 "왕王"으로 되어 있지 않다.

제26장의 "경즉실신輕則失臣"은 "경즉실근輕則失根"으로 개정해야 한다. 이 장의 첫 구절은 "중위경근重爲輕根, 정위조군靜爲躁君"으로 되어 있으니 마지막 구절 역시 "경즉실근輕則失根, 조즉실군躁則失君"이 되어야 일관적이다.

제28장의 "지기백知其白, 지기흑守其黑, 위천하식爲天下式, 위천하식爲天下式, 상덕불특常德不忒, 복귀어무극復歸於無極. 지기영知其榮, 수기욕守其辱, 위천하곡爲天下谷"은 『장자』 「천하」에 의거하여 "지기백知其白, 수기욕守其辱, 위천하곡爲天下谷"이 되어야 한다.

제32장의 "천역장지지天亦將知之"[4)]는 왕필본에 의거하여 "부역장지시夫亦將知止"

로 개정해야 한다. "부夫"가 "천天"으로 오기된 것이다.

제34장의 "만물시지이생이불사萬物恃之而生而不辭, 공성불명유功成不名有"는 "만물시지이생이불사萬物恃之以生而不辭, 공성이불유功成而不有"로 개정해야 한다.(앞 절에서 왕필 주를 교정할 때 이미 설명하였다.)

제36장의 "장사약지將使弱之"에서 "장사將使"는 앞뒤 각 구절의 문장 체제에 의거하여 "장욕將欲"으로 개정해야 한다.

제39장의 "후왕무이귀고장공궐侯王無以貴高將恐蹶…… 고과불곡孤寡不谷…… 치수거무거致數車無車"는 "후왕무이정장공궐侯王無以貞將恐蹶…… 고과불곡孤寡不谷…… 지예무예至譽無譽"로 개정해야 한다. "귀고貴高"는 "정貞"으로 개정해야 한다.(원문은 "貞"이었는데 "貴"로 잘못되었고, 후대의 사람들이 다시 마음대로 "高"자를 추가하였다.) "곡轂"과 "곡谷"은 옛날에 통용되었으나 하상공 주에는 '바퀴통'을 의미하는 "곡轂"으로 잘못 읽고 말았다. "예譽"는 왕필본에 "여輿"로 잘못되어 있는데 하상공본에도 "거車"로 잘못되어 있다.

제47장의 "불견이명不見而名"에서 "명名"은 "명明"으로 개정해야 한다.

제62장의 "미언가이시美言可以市, 존행가이가인尊行可以加人"은 글자를 보충하여 "미언가이시존美言可以市尊, 미행가이가인美行可以加人"으로 바로잡아야 한다.

제62장의 "이구득以求得"은 "구이득求以得"으로 개정해야 한다.(앞 절에서 왕필 주를 교정한 내용을 참조할 것)

제72장의 "부유병병夫唯病病, 시이불병是以不病, 성인불병聖人不病, 이기병병以其病病, 시이불병是以不病"은 "성인불병聖人不病, 이기병병以其病病, 부유병병夫唯病病, 시이불병是以不病"으로 개정해야 한다.

제75장의 "이기구생지후以其求生之厚"는 "이기상구생지후以其上求生之厚"로 개정해야 한다. 앞의 두 구절은 모두 "이기상以其上"로 되어 있는데 이 구절에만 "상上"자가

---

4) [역자주] 원문은 "天亦將知止"로 되어 있으나, 앞서서 제32장의 하상공 주 내용을 검토할 때 저자가 "天亦將知之"로 인용하기도 하였으며, 王卡, 『老子道德经河上公章句』(中華書局, 1993), 131쪽에도 "天亦將知之"로 기술하고 있으므로 위와 같이 수정하였다.

빠져 있다. 그러므로 문장의 체제에 의거하여 글자를 보충해야 한다.

제76장의 "만물초목지생야유취萬物草木之生也柔脆…… 병강즉불승兵强則不勝, 목강즉공木强則共"은 "초목지생야유취草木之生也柔脆…… 병강즉멸兵强則滅, 목강즉절木强則折"로 개정해야 한다. "만물萬物" 두 글자는 연문이다. "병강즉멸兵强則滅, 목강즉절木强則折"은 『열자』「황제」와 『회남자』「원도훈」에 의거하여 개정한다.(왕필본을 교정한 앞 절에 관련 내용이 보인다.)

이상으로 가장 광범위하게 전해지는 왕필주본과 하상공주본에 대하여 평가했다. 그 결과 내용의 측면에서 왕필 주가 하상공 주보다 낫지만, 판본의 측면에서는 서로 장단점이 있음을 확인할 수 있었다. 일반적으로 학자들은 여전히 왕필본을 채택하는 경우가 많다. 그러나 현재 통용되는 왕필본은 이미 본래의 모습이 아니며, 후대 사람들이 잘못 기록하거나 글자를 빠뜨린 경우가 적지 않다.

2. 당 초기(初唐)에서 오대五代까지

■ 육덕명陸德明(550~630) 『노자음의老子音義』

왕필본에 따라 음주를 달았다.

■ 위징魏徵(580~643) 『노자치요老子治要』

하상공 주의 문장을 발췌하였다. 하상공 주의 문장 중에서 신神을 기르고 기氣를 단련하는 등의 도교 방술과 관련된 내용은 삭제하고 수록하지 않았다.

■ 부혁傅奕(555~639) 『도덕경고본편道德經古本篇』

부혁본은 교감을 연구하는 학자에게 매우 중시되는 고본이다. 이는 왕필본을 기반으로 발전된 것이다. 부혁본은 한 문구의 뒤에 "의矣"나 "야也"와 같은 어조사를 추가하였고, 오자 역시 적지 않다. 하지만 많은 곳에서 왕필본의 오류를 바로잡고 있다. 구체적인 사례를 들면 다음과 같다.

제25장: 부혁본에는 "강자지왈도強字之曰道"로 되어 있으나, 왕필본 및 기타 고본에는 "강强"자가 빠져 있다. 부혁본에 의거하여 보충해야 한다. 또 같은 장에서 부혁본은 "도대道大, 천대天大, 지대地大, 인역대人亦大"로 되어 있으나, 왕필본 및 기타 고본에는 "왕역대王亦大"로 되어 있다. 부혁본에 의거하여 "인역대人亦大"로 개정해야 한다.

제39장: "치수예무에致數譽無譽"로 되어 있다. "수數"는 연문이다. "예譽"가 『노자』의 원문이었는데 왕필본에서 "여輿"로 오기하였고 하상공본에서 재차 "거車"로 오기하고 말았다. 여러 고본은 모두 부혁본에 의거하여 개정해야 한다.

제62장: 부혁본에는 "불왈不曰: 구이득求以得"으로 되어 있다. 왕필본 및 하상공본에는 모두 "이구득以求得"으로 전도되어 있다. 부혁본이 정확하다.

제75장: 부혁본에는 "이기상구생지후以其上求生之厚"로 되어 있다. 왕필본과 하상공본은 "이기以其" 뒤에 "상上"자가 누락되어 있다. 부혁본에 의거하여 보충해야 한다.

제76장: "인지생야유약人之生也柔弱, 기사야견강其死也堅强; 초목지생야유취草木之生也柔脆……"로 되어 있다. 왕필본 및 하상공본에는 "초목草木" 앞에 "만물萬物" 두 글자가 쓸데없이 들어가 있다. 부혁본에 의거하여 산삭해야 한다.

위의 몇 가지 사례는 부혁본이 가장 크게 공헌한 것들이다. 고본의 오류 다수를 모두 이 판본에 의거하여 교정할 수 있었다.

■ 안사고顏師古(581~645) 『현언신기명노부玄言新記明老部』

각 장마다 『노자』의 핵심 요지를 간략하게 설명했다.("以正治國"장 이하는 빠져 있다.) 각 장의 설명 문장이 1~2행에 불과하다. 안사고는 노자의 사상에 대하여 특별한 견해가 없었다. 그러나 "제31장 '가병佳兵'에 남긴 주는 왕필이 이 장에 일곱 글자의 주를 남겼으며 당나라 때까지 그 내용이 탈락되지 않았다는 증거가 되었으며, 송대 학자들의 설에 대한 증거가 되기도 하였다. 그러므로 고증 측면에서 안사고의 저서는 꽤 의미가 있다고 하겠다."(엄영봉의 평가를 인용하였다.)

■ 성현영成玄英(?~669) 『도덕경개제서결의소道德經開題序決義疏』

성현영은 노자철학의 기본 사상을 모호하고 번잡하게 만들었다. 예를 들어 그는 "도"에 대하여 다음과 같이 해석한다.

"원기元氣와 태허太虛 이전에는 적막한데 무엇이 있겠는가? 매우 정미한 것(精)이 요동치자 참된 하나(眞一)가 생겨났다. 참된 하나가 신묘함(神)을 발휘하자 원기가 스스로 변화하였으니, 원기라는 것은 무無 안에 있는 유有이고 유 안에 있는 무이다. 원기의 광대함은 측량할 수 없고 미묘함은 살필 수 없다. 음양 두 기의 결합이 조금씩 현저해지지만 아직 분화가 시작되지 않아 어떠한 실마리도 없다. 그러나 만상의 근원(淵)은 여기에서 조짐을 나타낸다. 맑고 투명하며 통하는 기는 떠올라서 하늘을 형성하고, 탁하고 어두우며 막히는 기는 쌓여서 땅을 형성하며, 온화하고 유순한 기는 응결해서 인류를 형성하고, 잡박하고 마음대로 구는 기는 흩어져서 잡다한 만물을 형성한다...... 하늘·땅·인류·만물의 형形을 낳는 것은 원기이고, 하늘·땅·인류·만물의 영靈을 주는 것은 신명神明이다...... 도가 온전하면 신神이 왕성해지고, 신이 왕성해지면 기氣가 영험해지고, 기가 영험해지면 형形이 출중해지고, 형이 출중해지면 성性이 통하게 된다. 성이 통하게 된 자는 이리저리 멈추지 않고 흘러 다니다가 도와 하나가 되니, 유를 무로 만들 수 있고 텅 빈 것을 꽉 찬 것으로 만들 수 있다. 내가 장차 조물자와 함께 짝이 된다면 어찌 삶과 죽음이 얽맬 수 있겠는가?"5)

이 단락에는 불교와 도교의 관념이 뒤섞여 있을 뿐 아니라 『장자』의 사상까지 추가되어 있음을 분명하게 확인할 수 있다.

---

5) [역자주] 성현영은 성인의 실체가 玄, 元, 始의 三氣로 구성되며 이것이 구체적인 장소로 현현할 때에는 精, 神, 氣의 세 형태를 가지게 된다고 생각했다. '정'은 영묘한 지혜에 따라 모든 것을 비추는 마음의 작용을 의미하고, '신'은 어떠한 것에도 얽매이지 않고 변화하는 모습을 의미하며, '기'는 구체적인 형상을 의미한다.

성현영의 저작에는 크게 두 가지 특징이 있고 두 가지 문제가 있다.

1. 『장자』를 끌어들여 『노자』를 논증하였다. 노자와 장자는 기본적으로 사고방식 및 표현 방식에서 서로 큰 차이가 존재한다. 장자의 여러 가지 사유들이 노자에게 없는 경우가 있다. 예를 들어 위에서 인용한 단락의 마지막 구절에서 "내가 장차 조물자와 함께 짝이 된다면 어찌 삶과 죽음이 얽맬 수 있겠는가?"라고 말한 것은 장자의 "천지의 신묘한 정수(精神)와 함께 왕래한다" 및 "죽음과 삶을 하나로 여긴다"는 관념으로서 노자에게 없는 것이다. 또 제22장의 "휜 것이 도리어 온전할 수 있다"에 대하여 성현영의 소는 "장자가 '나의 가는 길은 구불구불하니 내 발에 상처가 없다'고 하였으니 이 구절은 도리에 위배된다거나 따르겠다거나 하는 의식을 잊은 것이다(忘)"라고 하였다. "잊음"(忘)은 장자의 경지인데 이에 의거하여 노자를 해석한 것은 타당하지 않다. 그 밖에 같은 장의 "굽은 것이 도리어 곧게 뻗을 수 있다"에 대하여 성현영의 소는 "이 구절은 비방과 칭송을 모두 잊은 것이다"라고 하였다. 이 역시 『장자』를 『노자』에 덮어씌운 것이며 또한 "비방과 칭송을 모두 잊었다"로 "굽은 것이 도리어 곧게 뻗을 수 있다"를 해석한 것은 분명히 잘못된 해석이다. 『장자』로 『노자』를 잘못 해석한 사례는 이 밖에도 많으나 여기에서는 일단 간략하게 몇 가지 예만 들어 보았다.

2. 불교와 도교의 관점으로 노자를 해석했다. 예를 들어 "그것은 끝없이 광대해서 쉼 없이 유행한다"(제25장)에 대하여 성현영의 소는 "삼계三界를 초월하여 멀리 삼청三淸[6]으로 갔다"고 하였다. 또 같은 장의 "먼 곳까지 뻗어 나갔다가 근원으로 되돌아간다"에 대하여 성현영의 소는 "이미 자신을 이롭게 하는 도가 원만하여 저 멀리 성인의 경지에 이르렀기 때문에 삼계 안으로 되돌아와서 중생을 자애로써 구제할 수 있다. 또한 미혹을 해소하게 되었을 때 삼청을 삼계로 간주하게 되니, 삼계가

---

6) [역자주] 도교에서 천지가 생성되는 과정을 설명할 때 三元이라는 개념을 도입한다. 삼원은 混洞太無元, 赤混太無元, 冥寂太無元을 지칭하는데, 혼통태무원으로부터 天寶君이, 적혼태무원으로부터 靈寶君이, 명적현통원으로부터 神寶君이 태어났다. 천보군·영보군·신보군을 '삼보군'으로 통칭하며, 삼보군이 머물고 있는 곳이 '三淸境'이다.

바로 삼청이기 때문에 세속으로 되돌아오는 것이 바로 대라천大羅天7)임을 깨닫게
된다"라고 하였다. 이와 같은 주해는 노자의 원래 모습과 전혀 동떨어진 내용이다.
성현영의 소 안에는 불교와 도교의 관점으로 노자를 잘못 해석한 사례가 이루
다 거론할 수 없을 정도로 많다.

그러나 성현영의 『장자소莊子疏』는 확실히 최상의 작품으로 『노자소老子疏』의
해석보다 훨씬 우수하다.

■ 이영李榮(?~683) 『도덕진경주道德眞經註』

이 주석서는 원래 사라졌는데 엄영봉이 『도장』에 남아 있는 내용을 저본으로
삼고, 강사제强思齊의 『도덕진경현덕찬소道德眞經玄德纂疏』에 있는 이영의 주를 모아서
교감한 뒤 책으로 만들었다.

이영은 당나라 고종 시기의 도사였기 때문에 도교의 색채로 『노자』에 주를
달았다.

■ 마총馬總(?~823) 『노자의림老子意林』

『노자』에서 몇몇 문구를 발췌하고 주를 달았다. 주석의 문장은 그래도 명료하다.

■ 왕진王眞(?~?) 『도덕경논병요의술道德經論兵要義述』

이 책은 『도덕경』을 빌려서 "전쟁을 논한" 저서이다. 그러나 결코 군대를 이용해
야 한다고 주장하거나 혹은 용병을 어떻게 해야 할지를 설명하고 있지 않다. 오히려
전쟁과 분쟁을 멈출 것을 주장했다. 저자는 확실히 노자의 '부쟁'사상에 입각하여
이를 더욱 발전시켰다. 저서 전반에 걸쳐 반전사상이 아주 가득하다. 사람들을

---

7) [역자주] 도교의 세계관은 36개의 天으로 구성되어 있다. 36개의 천은 욕계, 색계,
무색계의 三界로 나뉜다. 이 중 가장 높은 지위를 가지고 있으면서 도교의 최고신인
원시천존이 머물고 있는 곳이 바로 大羅天이다.

놀라게 하는 부분은 바로 저자 왕진이 커다란 병권을 쥐고 있는 장군이었다는 사실이다. 그는 당나라 헌종憲宗 수하의 대장군이었다. 그의 군직은 '조의랑朝議郎 사지절使持節 한주제군사漢州諸軍事 수한주자사守漢州刺史 충위승장군充威勝將軍'이었다.

왕진이 이 책을 쓸 적에 예상 독자로 상정한 것은 바로 그의 황제 헌종이었다.(각 장의 앞에 모두 "신 왕진이 서술하여 아룁니다"臣眞述曰라는 말이 있다.) 왕진은 전쟁이 백성들에게 재앙을 가져다준다는 것을 깊이 통감했다. 그래서 전쟁의 재앙적인 피해를 힘써 진언하였다. 그는 다음과 같이 말했다. "성을 두고 전쟁이 벌어지면 사람을 죽여 성을 채우고, 땅을 두고 전쟁이 벌어지면 사람을 죽여 들판을 채웁니다."(「上善若水章」 제8장) "신이 감히 진나라의 사적을 가지고 말하자면 이사李斯, 조고趙高, 백기白起, 몽염蒙恬과 같은 부류는 모두 도로써 군주를 보좌하지 않고, 대신 무력으로 포악한 짓을 일삼고 땅을 병탄하고 재물을 빼앗았을 뿐입니다.…… 이사 부자는 운양雲陽에서 처형을 당했고, 백기는 두우杜郵에서 자살하였으며, 조고는 궁궐 안에서 참화를 당하였으니 이는 모두 자기가 한 일이 자신에게 돌아온 경우입니다. 또 십만의 군대를 일으키고 천금의 재화를 매일 소비하니, 십만의 병사가 전쟁터에 있으면 백만의 백성이 길에서 떠돌게 됩니다."(「以道佐人主章」 제30장) "무력을 남발하여 전쟁을 자주 일으키고, 엄혹한 형벌을 제정한다면, 백성들은 의지할 곳이 없어질 수밖에 없습니다."(「人不畏死章」 제74장)

통치자가 전쟁을 멈추고 무력을 동원하지 않아야만 사회가 비로소 안정될 수 있을 것이며 백성은 안녕을 누릴 수 있을 것이다. 왕진은 이렇게 말했다. "왕이 된 자가 사람들을 문책하지 않는다면 형벌은 자연스럽게 쓰이지 않을 것입니다. 형벌이 사용되지 않는다면 병기를 사용할 일이 발생하지 않을 것입니다. 병기를 사용할 일이 발생하지 않는다면 천하는 저절로 무탈할 것입니다."(「天地不仁章」 제5장) "천하와 국가를 다스리는 사람은 모두 작은 생선을 삶는 것처럼 안정되고 평온하여 요란 떨지 않는 것을 근본으로 삼아야 합니다.…… 명철한 군주가 높은 자리에 있으면 병기를 사용하는 일이 일어나지 않을 것입니다."(「治大國章」 제60장) 왕진이 생각하기에, 노자가 저서를 남긴 가장 핵심적인 의도는 바로 "군주가 위에서 무위한다면 아래에서 다투지 않는다"에 있었다. 이는 또한 왕진 스스로 『의술』을 쓰게된 진정한 동기이기도 하다. 그는 또 이렇게 말했다. "개인적으로 오천 자로 된 『도덕경』의 문장을 읽을 때마다 심오한 요지를 탐구하고 자세하게 핵심 내용을 연구하였는데 항상 가장 먼저 무위, 그 다음으로 부쟁이 가르침의 근원이라고 생각하였습니다." 왕진은 노자의 "무위"와 "부쟁"이라는 두 가지 중심 개념을 파악한 다음 상세한 해석을 가하였다. "무위"에 관하여 그는 다음과 같이 설명하였다.

"무위의 일이란 능력을 몰래 사용하고 덕을 은밀하게 베풀어 백성이 매일 그 혜택을 누리더라도 모르게 만드는 것입니다.…… 왕 노릇 하는 자가 기쁨과 분노에 관하여 무위한다면 형벌이 남용되지 않을 것이며 전쟁이 일어나지 않을 것이고, 구하고 취하는 것에 관하여 무위한다면 세금이 무겁지 않게 되고 제사가 번거롭지 않을 것입니다."(「天下皆知章」 제2장)

"'무위를 행한다'는 단지 군주에게 전쟁을 일삼지 말라고 경고하는 의미일 뿐입니다. 『논어』에서 '순이 무엇을 하였던가! 공손한 모습으로 바르게 남면하였을 뿐이다!'라고 하였습니다."(「不尙賢章」 제3장)

"무위라는 것은 전쟁을 하지 않는다는 것입니다. 전쟁은 해가 극심합니다. 백성을 아끼고자 하신다면 먼저 그 해를 제거해야 합니다."(「營魄抱一章」 제10장)

"무위"의 반대는 "유위有爲"와 "유사有事"이다. 왕진은 말했다. "유사有事하게 된다면 세금을 통해서 사람들의 재화를 탈취할 것이며, 유위有爲하게 된다면 무기를 가지고 사람들의 생명을 해칠 것입니다."

"무위"의 사상에는 "부쟁"이 함축되어 있다. 왕진은 적극적으로 다툼의 원인과 폐해를 진술하였고 또한 "부쟁"의 중요성을 강조하였다. 그는 말했다.

"포악하면 반드시 다투고, 분노하면 반드시 다투고, 사치하면 반드시 다투고, 자랑하면 반드시 다투고, 남보다 위에 서려고 하면 반드시 다투고,…… 제멋대로 굴면 반드시 다투고, 총애를 얻기 위하여 아첨하면 반드시 다툽니다. 만약 왕이 이 중에 하나라도 있다면 천하 사방에 전쟁이 일어날 것이며, 제후가 이 중에 하나라도 있다면 본국에서 교전이 벌어질 것입니다.…… 그러므로 왕이 된 자가 백성을 안정시켜야 한다는 도리를 깨우치면 반드시 그 병통을 먼저 제거하여 다툼이 없어지게 만들어야 합니다. 그렇게 하면 전쟁은 종식될 수 있고, 전쟁이 종식될 수 있다면 병장기는 저절로 거둬들일 것입니다. 이러한 이유로 그 요체는 부쟁에 있는 것입니다."

"다툼이란 전쟁의 근원이고 재앙의 뿌리입니다.…… 그러므로 경문 안에서 수미일관하게 거듭 '부쟁'을 요체로 삼았을 뿐입니다."

왕진의 『의술』은 노자의 형이상적 의미를 완전히 탈각시켰다. 예를 들어 제4장은 "도체道體는 비어 있건만 그 작용作用이 끝나지 않는다"라고 하면서 분명히 "도체"를 언급하고 있음에도 왕진은 여기에 현실적 의미를 부여하면서 "이 장은 군주가 도를 체득하여 마음을 쓸 때 의욕이 넘치는 경우가 없어서 마치 연못처럼 맑고 평온한 상태를 오랫동안 유지한다는 내용입니다"라고 하였다. 또 제8장의 "가장 뛰어난 선은 마치 물과 같다"에 대하여 왕진은 "병사를 다루는 요체를 깊이 있게 논하였습니다. 가장 뛰어난 군대는 마치 물에 비견됩니다. 그러나 물이 넘치면 홍수와 침수의 재난이 발생하는 것처럼 전쟁의 혼란은 백성을 도탄에 빠뜨리는 피해를 발생시킵니다"라고 해석했다. 이러한 해석은 비록 노자의 원의와 완전히 일치하는 것은 아니지만, 권력을 쥐고 있는 자라면 결코 백성을 도탄에 빠뜨리는 재앙을 만들지 말아야 한다는 노자의 근본 사상과 일면 부합한다.

저서의 말미에 왕진은 황제에게 바치는 글을 덧붙였다. 황제는 이를 보고 나서 그에게 짧은 서신 한 통을 회신했다. 서신에서는 이렇게 말했다. "그대의 글을 상세히 읽고 나니 감탄을 금치 못하였다. 가을 날씨가 쌀쌀하니 경은 원컨대 평안하라." 이 몇 구절의 말은 공감뿐 아니라 친밀함 감정을 드러내고 있다. 왕진은 서신을 받은 이후에 다시 황제에게 글을 올려 재차 전쟁과 군대의 해악을 통렬하게 진언했다. "한 사람의 분노와 욕심을 해결하기 위하여 수많은 백성들의 목숨을 참혹한 죽음으로 몰아가면 피해와 고통이 세상에 가득하고 재앙이 천하에 넘쳐날 것입니다." 격양된 어조의 진술에 드러난 왕진의 도덕적 용기와 백성에 대한 사랑은 매우 감동적이다. 『의술』을 읽으면 강렬한 휴머니즘의 정신이 행간에 요동치고 있음을 느낄 수 있다.

■ 육희성陸希聲(?~895?) 『도덕진경전道德眞經傳』

육희성이 말했다. "노자의 학술은 질박함(質)에 근본을 두고 있다. 질박함으로써 성性을 회복한다." 육희성은 "정情을 변화하여 성性을 회복한다", "성性으로 정情을 바로잡는다"가 노자철학의 기본 동기라고 생각했다.

육희성은 서문에서 이렇게 말했다. "천하가 막 큰 혼란에 빠졌을 때…… 공자는 다섯 왕조의 형식(文)을 드러내어 쇠퇴를 부지하였고, 노자는 삼황三皇의 질박함에 의거하여 혼란을 구제하였지만 그들이 본 것은 동일하였다." 또 제18장의 주에서 "공자와 노자의 방식은 서로 어긋나지 않는다"고 하였으며, 제19장의 주에서도 "노자의 방식이 어찌 중니와 합치되지 않겠는가!'라고 하였다. 노자와 공자를 막론하고 그들의 마음은 모두 세상을 구제하는 것으로 가득 차 있었다는 것이다. 이러한 평가는 잘못이 아니다. 하지만 "혼란을 구제하는" 마음이 동일하다고 해서 그들의 인생관이나 가치관을 혼동해선 안 된다. 육희성은 이 점을 분명하게 변별하지 못하였다. 육희성은 비록 유가의 입장에서 노자를 해석하였으나, 유가사상의 흔적은 명확하지 않다. 저자가 각 장의 핵심 요지를 기술한 것은 명료하여 읽어 볼 만하다.

■ 고환顧歡(425~483) 『도덕경주소道德經注疏』

하상공 주와 성현영 소를 모으고, 이와 함께 당나라 현종玄宗 등 15명에 달하는 주석가의 견해를 인용하였다.

■ 교풍喬諷(?~?) 『도덕경소의절해道德經疏義節解』

역사적 사건 및 다양한 설명을 잡다하게 인용하여 『노자』를 해석했다.

3. 송대宋代부터 원대元代까지

▪ 송난宋鸞(?~?)『도덕편장현송道德篇章玄頌』
칠언시로『도덕경』을 칭송하였다.

▪ 왕안석王安石(1021~1086)『노자주老子注』
이 책은 원래 두 권이었지만 이미 망실되었고, 팽사彭耜의『도덕진경집주道德眞經集註』로부터 왕안석의 남겨진 주석을 모을 수 있을 뿐이다. 왕안석은『노자주老子注』에서 처음으로 제1장을 "무無"와 "유有"로 구두를 끊었다. 이전의 학자들은 모두 "무명無名", "유명有名", "무욕無欲", "유욕有欲"으로 끊어 읽었다.

추가로『노자』를 논한 짧은 한 편의 글이 있다.(『臨川先生文集』권68에 수록되어 있다.) 이 글은 오백 자 정도 되는데, 마지막에 다음과 같이 평론하였다. "마치 수레에서 축심과 가로대를 없애 버리는 것처럼 천하에서 예·악·형·정을 폐기한 채 가만히 앉아서 '무無'가 작용하기만을 기다린다면 역시 어리석음에 가까울 것이다."

▪ 소철蘇轍(1039~1112)『노자해老子解』
여기에서『노자』를 해석한 견해는 꽤 정밀하여 송명 이래의 학자로부터 중시를 받았다. 내용 안에서 줄곧 "본성의 회복"(復性)을 강조하고 있다는 점이 특징이다.

▪ 정구程俱(1078~1144)『노자론老子論』
이 저서는 다섯 편의 짧은 글로 구성되어 있다. 첫 번째는 도를 논했고, 두 번째는『노자』의 학문이 윤택한 생활(厚生)이나 장수(長生)를 주장하거나 언급하지 않았음을 논했고, 세 번째는 죽음과 삶의 대립을 초월할 것을 천명하였고, 네 번째는『노자』제10장을 해석하였고, 다섯 번째는 "천하를 구제하고 모든 생명을 제도한다"는『노자』의 의도를 서술하였다.

■ 엽몽득葉夢得(1077~1148) 『노자해老子解』

『노자』의 "말"(言)이란 언설이라는 의미를 지칭할 뿐 아니라 위엄과 교화의 의미도 내포한다. 엽몽득은 제17장을 해석하면서 "호령과 경고는 '말' 아닌 것이 없다"고 하였다. 저서의 규모는 크지 않지만 독창적인 견해가 엿보인다.

■ 정대창程大昌(1123~1195) 『역노통언易老通言』

정대창은 "노자의 이 저서에서 말하고 있는 이치는 결국 「계사전」에서 벗어나지 않지만, 따로 손을 댄 부분이 있다"라 하였고, 또 "노자의 말은 모두 『주역』에서 나왔다. 유독 명칭만 다르게 사용하였는데 이로써 특별한 사승관계 없이 별도로 일가를 이루고자 하였음을 보인 것이다"라고 하였다. 이러한 설명 방식은 노자철학의 독창성을 완전히 말살한 것이며, 동시에 노자철학이 세워진 동기와 시대적 의의를 간과한 것이다.

■ 원흥종員興宗(?~1170) 『노자략해老子略解』

『노자』의 문장을 부분적으로 발췌하였다. 일반적으로 공자와 맹자의 말을 활용하여 주해하였지만 때때로 장자의 관점을 인용하기도 하였다. 하지만 그의 논의는 대부분 노자의 원의와 차이가 있다.

■ 구재질寇才質(?~?) 『도덕진경사자고도집해道德眞經四子古道集解』

네 명의 선생 즉 장자, 열자, 문자, 경상자의 저서(『南華經』, 『通玄經』, 『沖虛經』, 『洞靈經』)를 발췌하여 주석을 달았다. 발췌하는 작업에 꽤 많은 공력을 기울여서 상호 대조해서 참고할 때 도움을 준다.

■ 여조겸呂祖謙(1137~1181) 『음주노자도덕경音註老子道德經』

하상공본에 의거하여 각 구절의 주석 뒤에 반절음의 음주를 달았다.

■ 갈장경葛長庚(1134~1229) 『도덕보장道德寶章』

불교의 관점을 뒤섞어서 『노자』에 주를 달았다.

■ 조병문趙秉文(1159~1232) 『도덕진경집해道德眞經集解』

소철의 『노자해』 전문을 수록하고 있으며 이와 함께 정화政和, 구마라집鳩摩羅什, 육세성陸世聲, 사마광司馬光 등의 주석을 발췌하여 인용해 두었다. 간혹 자신의 견해를 추가로 기록하기도 하였다.

■ 동사정董思靖(?~?) 『도덕진경집해道德眞經集解』

『노자』 경문에 대하여 해석할 때 꽤 자신만의 견해가 엿보인다. 그 중 제36장의 해석이 가장 취할 만하다.(앞에서 이미 수록해 두었다.) 각 장의 뒤에 장의 전체 내용을 정리하고, 핵심 요지를 설명해 두었다. 그 밖에 사마광, 소철 등의 주를 발췌하기도 하였다. 이 『집해』는 조병문의 『집해』보다 낫다.

■ 이가모李嘉謀(?~1258) 『도덕진경의해道德眞經義解』

장의 순서와 문장에 따라 해석하였는데 상당히 조리가 있다. 초횡焦竑의 『노자익老子翼』에서 인용한 "이가모의 주"가 바로 이 책의 내용이다. '식재息齋'는 이가모의 도호道號이다.

■ 임희일林希逸(1193~1271) 『노자권재구의老子鬳齋口義』

평이하고 일상적인 언어를 활용하여 해석했기 때문에 읽고 이해하기 쉽다. 다만 임희일이 저술한 『장자권재구의莊子鬳齋口義』가 이 『노자권재구의』에 비해 훨씬 추천할 만하다.

■ 공사설龔士卨(?~?) 『찬도호주노자도덕경纂圖互注老子道德經』

하상공의 주가 달린 판본을 채택했다. 항상 구절의 뒤에 "호주互注"를 덧붙였는데 『장자』의 내용을 인용하여 주를 보충한 부분이 많다. 책의 앞부분에 「노자거제도老子車制圖」라는 그림이 덧붙어 있다.

■ 범응원范應元(?~?) 『노자도덕경고본집주老子道德經古本集註』

이 집주의 특징은 다음과 같다. (1) 해석이 핵심적이고 깔끔하다. (2) 여러 종류의 옛 문장 및 "음에 대한 판별"을 인용하였고, 어떤 종류의 고본이 노자의 원작에 부합하는지 감별하였다. (3) 왕필, 하상공, 육덕명, 부혁, 사마광, 소철 등 서른 명에 달하는 주석가의 주해를 세밀하게 선택하였다. 이는 참고할 가치가 있는 책이다. 판본의 측면에서 교감을 연구하는 학자들이 중시한다.

■ 유신옹劉辰翁(1232~1297) 『노자도덕경평점老子道德經評点』

임희일의 『구의』에 근거하여 해석하고 비평하였다.

■ 장사성張嗣成(?~1344) 『도덕진경장구훈송道德眞經章句訓頌』

오언과 칠언 등의 형식으로 문장을 짓고, 장의 순서에 따라 『노자』에 담긴 의미를 칭송하였다.

■ 진관오陳觀吾(?~?) 『도덕경전어道德經轉語』

하상공본의 장 순서에 의거하여 매 장을 칠언절구로 바꾸었다. 사이에 혹 불교의 관념이 뒤섞여 있다. 이는 시를 읊기 위한 작품으로서 송란의 『도덕편장현송』 및 장사성의 『도덕진경장구훈송』과 같은 종류이다. 음주가 덧붙어 있어서 참고할 가치가 있다.

■ 오징吳澄(1249~1333) 『도덕진경주道德眞經註』

주해가 정밀하고 명료하여 노자를 연구하는 학자들이라면 반드시 읽어 봐야 할 좋은 저서이다.

■ 하도전何道全(1319~1399) 『태상노자도덕경太上老子道德經』

하상공본에 근거하여 하상공, 임희일, 소응수蕭應叟, 이청암李淸庵, 여우자如愚子 등의 주석을 모았고 각 장의 뒤에 결론을 정리해 놓았다. 또한 사언, 오언 혹은 칠언으로 된 구를 덧붙였다. 주해는 "비록 도교적인 설을 뒤섞어 놓았지만 그 사이에 취할 만한 것들이 있다."(엄영봉의 평가를 인용)

■ 장융암蔣融庵(?~1367) 『도덕진경송道德眞經頌』

『노자』의 장수에 따라 칠언절구로 된 81수의 시를 지었다. 송란, 장사성 등의 작품과 같은 부류에 속한다.

4. 명대明代

■ 설혜薛蕙(1489~1541) 『노자집해老子集解』

설혜는 초기에 신선술과 불로장생에 관련된 책을 좋아하다가 나중에 노자를 깊이 연구하고 나서야 이전에 배운 것들은 "도교 방사의 사소한 술수"에 지나지 않았음을 깨달았다. 서문에서 그는 이렇게 말했다. "나는 어린 시절 신선과 불로장생의 술수를 좋아해서 신선가의 설은 보지 않은 것이 없었다. 나중에 『노자』를 읽고 좋아하게 되자 비로소 옛날에 좋아했던 것은 도교 방사의 사소한 술수이지 성명性命의 학문이 아님을 알게 되었다.…… 후세에는 단지 양생을 위한 학문 따위를 도가로 치부하지만 이는 모두 내가 깨우치지 않았던 것들이다. 나는 또 양생을 논하는 방사들이 종종 성명性命 이외의 것에 천착하는 것을 괴이하다고 생각했다." 앞선

시대의 사람들은 항상 해괴한 도교의 언어로 『노자』를 해석하였지만, 설혜가 이러한 병폐를 면할 수 있었다는 점은 언급해 둘 가치가 있다.

『집해』는 왕필본의 장 순서와 문장에 따라 해석하고 있다. 주해의 내용은 비록 오징만큼 정밀하지 못하지만 독창적인 견해들이 많이 보인다.(제29장의 주해는 여러 주석가의 수준을 넘어서고 있는데 앞서 본론의 【주석】에서 이미 언급한 바 있다.)

『집해』의 가장 큰 특징은 항상 한 장의 말미에 비평을 달아서 이전 시대의 잘못된 해석을 분명하게 밝혀 두었다는 점이다. 예를 들면 다음과 같다.

제36장은 가장 오해를 받는 장으로서 보통 권모술수의 사상을 내포하고 있다는 오인을 받았다. 설혜는 정자程子를 예시로 들어 다음과 같이 비평하였다. "정자께서 과거에 '『노자』는 마치 얼음과 숯처럼 말이 서로 들어맞지 않는 부분이 있다. 처음에는 도가 지극히 현묘하다는 것을 말하려고 하지만, 뒤에서는 권모술수에 빠져 버린 것처럼 보인다. 예를 들어 '취하려고 하면 반드시 먼저 줘라' 같은 부류가 이것이다'라고 하였다. 정자의 말씀은…… 비록 위대한 유학자의 말씀이지만 여기에 집착해서 모두 옳다고 여겨서는 안 된다. 내 생각에, 이 장(제36장)의 초반부는 초기에 성대하면 결국 쇠락하게 된다는 이치를 밝혀 두었고, 다음으로 강건함이 유약함만 못함을 말하였다. 마지막에서는 위의 내용에 기인하여 사람들이 강건함에 의존해선 안 된다고 경계하였다. 이것이 어찌 권모술수의 논의이겠는가? 노자는 인仁·의義·성 聖·지智조차 문제라고 여겼는데 하물며 권모술수는 어떠하겠는가? 『사기』에 따르면 진평陳平은 본래 황제黃帝와 노자의 학술을 다루었는데 나중에 제후가 되었을 때 '나는 예전에 음모를 자주 꾸몄는데, 이는 도가의 금기이다. 내 후손이 폐출된다면 그것으로 끝나 다시는 일어설 수 없을 것이다. 내가 음모를 많이 꾸민 재앙 때문이다'라고 말했다. 이를 근거로 말하자면, 노자를 권모술수의 학문이라고 여기는 것은 도가의 금기를 직접 위배한 것이며, 또 그 내용을 책으로 만들어서 사람들에게 가르쳤다는 것은 결코 사실이 아닐 것이다!"

제38장의 후반에서 설혜는 노자의 학문과 진나라의 현학玄學이 다르다는 것을 분명하게 밝혔다. 그는 이렇게 말했다. "태강太康 연간 이후로 동진이 멸망할 때까지

사士는 대부분 높은 명성을 얻기 위하여 노력했으며, 안락한 생활에 빠졌고, 권력과 이익을 탐했으며, 가무를 좋아하였다. 노자는 '최상의 고결함은 마치 치욕을 당하는 것 같다'(제41장)고 하였으니 높은 명성을 얻기 위해 노력하는 것이겠는가? '열심히 노력하고 게을리하지 않는 것이 바로 뜻이 있음(有志)이다'(제33장)라고 하였으니 안락한 생활에 빠지는 것이겠는가? '사욕을 줄여야 한다'(제19장)라고 하였으니 권력과 이익을 탐하는 것이겠는가? '욕심낼 만한 물건을 보이지 않는다'(제3장)라고 하였으니 가무를 좋아하는 것이겠는가? '경계하고 주의하는구나, 마치 사방의 포위공격에 대비하는 것처럼'(제15장)이라고 하였으니 규범을 어기고 멋대로 굴기 좋아하는 것이겠는가! '말이 많으면 누차 곤욕을 당한다'(제5장)고 하였으니 청담淸談을 숭상하는 것이겠는가! 이렇게 볼 때 진나라 사람들의 행실은 마치 사각형과 원, 흑과 백이 서로 반대되는 것처럼 노자의 말과 전혀 동일하지 않다."

그 밖에 제54장의 결론에서 주희朱熹가 "노자는 양주와 매한가지다"라고 한 견해를 비평하였고, 제58장의 결론에서 신불해 · 한비자와 노자의 차이점을 구별하였으며 이와 함께 사마천이 만들어 낸 혼동(사마천은 신불해 · 한비자 · 노자가 똑같이 道德에 근원을 두고 있다고 봄으로써 후대의 오해를 초래하였다.)을 비판하였다. 이러한 비평과 견해는 모두 핵심을 간파하고 있다. 고주 중에서 이만큼 비판적인 문장과 명료한 작업은 찾아보기 힘들다. 설혜의 『집해』는 광범위하게 유행하지 않았지만 한 번 읽어 볼 가치가 있다.

■ 장홍양張洪陽(?~?) 『도덕경주해道德經註解』

『노자』를 "성명性命을 다룬 책"으로 간주하였다. "도道"와 "덕德"에 대하여 간략하고 명쾌하게 설명했다. "스스로 그러한 것(自然)은 '도'이고 '도'를 얻은 것이 '덕'이다. 무無로부터 유有가 생겨나는 것은 '도'이고, 유로부터 무로 돌아가는 것은 '덕'이다."

이 주석은 평이하고 소박해서 읽어 볼 만하다.

■ 감산덕청(釋德清, 1546~1623) 『노자도덕경해老子道德經解』

석덕청釋德清의 별호가 감산憨山이다. 그의 『장자』(내편) 주석은 『노자』 주석보다 뛰어나다. 그렇지만 철학적 의미(義理)의 방면으로 확장해서 『노자』를 해석한 내용 중에 치밀한 견해가 많다. 고주 중에서 아마도 훌륭한 작품일 것이다.

■ 주득지朱得之(1485~?) 『노자통의老子通義』

모두 64개의 장으로 나뉘어 있으며 장에 따라 해석하였다. 간혹 임희일, 오징, 설혜, 왕도 등의 주해를 수록하였다. 문장이 간결하지 못하고 범범한 작품이다. 주득지는 제31장의 "애비읍지哀悲泣之"에서 "읍泣"은 "리位"로 개정해야 한다고 보아서 "비통한 마음으로 다가간다는 의미이다"라고 주를 달았다. 이는 『통의』 중에서 유일하게 참고할 만한 내용이다.

■ 왕도王道(1476~1532) 『노자억老子億』

왕도의 자는 순보純甫이다. 모두 장의 순서에 따라 해석하였다. 일반적으로 원시 유가사상에 입각하여 해설을 보충하고 있으나 해설은 그래도 매끄럽고 명료하다. 서문에서 "도경"과 "덕경"의 구분법에 동의하지 않았는데, 그는 이렇게 말했다. "당나라 현종玄宗이 장구를 개정할 때 처음으로 첫 번째 편의 두 글자에 담긴 의미를 취하였다. 상편에서는 '도'를 말했기 때문에 '도경'이라 하고 하편에서는 '덕'을 말했기 때문에 '덕경'이라고 하였다. 이는 전체적인 일관성을 해치는 방식으로 쪼개 버려서 저서의 본지를 놓치고 말았다." 왕도의 해석에는 언급할 가치가 있는 두 가지 지점이 있다. 첫 번째, 제13장의 "귀대환약신貴大患若身"에 대하여 모든 주석가들은 문자 그대로 해석했지만, 왕도만이 "'귀대환약신貴大患若身'은 응당 '귀신약대환貴身若大患'이 되어야 한다. 관례를 가지고 말하자면 옛 언어에는 이와 유사한 경우가 많다"라고 하였다. 노자의 원의를 살펴보면 왕도의 해석이 당연히 옳다. 두 번째, 제31장은 본문과 주석이 뒤섞여 있는 상태로 오랜 시간이 지나서 도저히 분별할 수 없었다.(왕필은 오직 이 장에 대해서만 주를 달지 않았다.) 왕도가 처음으로 이 문제를 제기하면서 "옛날의 의소義疏가 경문에 뒤섞여 들어간 것이다"라고 하였다.

■ 육장경陸長庚(1558~1631) 『노자도덕경현람老子道德經玄覽』

노자사상을 "성명性命의 은미한 내용을 궁구한 것"으로 보았다. 장의 순서에 따라 해석하였다.

■ 심진沈津(?~?) 『노자도덕경유찬老子道德經玄類纂』

해설이 평이하여 읽을 만하다. 간혹 왕필, 사마광, 소철, 동사정의 주를 인용하여 해설을 보완하였다.

■ 왕초王樵(1521~1599) 『노자해老子解』

단지 열 개의 장만 해석했다. 유학의 관점에서 『노자』를 해석하였고, 이정二程과 주희의 견해를 끌어왔다.

제1장의 해석에서 "무"와 "유"로 끊어 읽어야 할 것을 주장했다. 그는 다음과 같이 말했다. "옛 주석에서 '유명有名'과 '무명無名'이라고 한 것은 오히려 문장의 의미와 무관하다. '무욕無欲'과 '유욕有欲'은 아마도 핵심 요지를 가리는 것 같다. 노자가 '무욕'과 '유욕'을 말했다는 것은 들어 본 적이 없다."

■ 이지李贄(1527~1602) 『노자해老子解』

간혹 독창적인 견해가 있다.

■ 장등운張登雲(1553~1639) 『노자도덕경참보老子道德經參補』

하상공주본을 수록하였고 간략하게 주석을 보충하였다.

■ 심일관沈一貫(1537~1615) 『노자통老子通』

설명이 자세하고 명쾌하다. 저서 앞에 「노자개변老子概辨」을 덧붙였는데 "노자를 존숭하는 자는 지나치게 아첨하며, 노자를 절하하는 자는 지나치게 폄훼한다"고 하였다. 문장 중간에 노자를 절하하는 주장을 지적하여 논박하고 바로잡았는데, 특히 이정과 주희의 오해에 대하여 토론한 것이 가장 많다. 이정의 최대 오해는 노자가 권모술수를 주장했다는 것인데, "준다는 것은 취하려는 의도가 그 안에 있고, 베푼다는 것은 합치려는 의도가 그 안에 있으니 권모술수이다"라고 하였다. 사실 제36장의 이 문장은 단지 "물극필반物極必反"의 원리를 설명하고 있을 뿐 권모술수를 말한 것이 아니다. 주희는 "정신을 고생시키고 싶지 않았기 때문에 마음에 충분히 들어야 행동에 나섰다. 조금이라도 자신에게 불편한 점이 있으면 행동하려고 하지 않는다"라고 노자를 오해했다. 또한 노자가 "단지 자신에게 좋은 것만 점하려는" 태도를 지녔다고 하였는데 주희의 이해는 피상적이다. 그 밖에 심일관은 노자의 "무"를 비판한 주희의 말을 지적하면서 "주자가 그 의미를 놓쳤다"고 하였다. 또한 그는 "노자가 '유'와 '무'를 겸하여 '도'라고 명명하였는데 어찌 단지 '무'만 '도'라고 여기는 것인가?"라고 하였다. 즉 그는 "유"와 "무"가 "도"를 지칭한다고 이해한 것인데, 이러한 설명 방식은 아주 정확하다.

■ 초횡焦竑(1541~1620) 『노자익老子翼』

『한비자』 이하 64종의 주석을 발췌하였다. 소철, 여혜경, 이가모, 왕도, 이지 등의 주석을 위주로 하였다. 또한 『필승笔乘』이라는 자신의 저서를 부록으로 넣어서 자신의 견해를 나타냈다.

■ 임조은林兆恩(1517~1598) 『도덕경석략道德經釋略』

여러 주석가를 참조하여 해설하였다.

■ 진심陳深(?~?) 『노자품절老子品節』

하상공주본을 수록하였고 두주를 달았다. 예를 들어 제1장에는 "여러 주석가들은
모두 '무명無名'과 '유명有名'에서 구두하였고, '유욕有欲'과 '무욕無欲'에서 구두하였고,
'교徼'를 '규竅'로 보아야 한다고 하였다. 얼마나 잘못되었는가!"라고 두주가 달려
있다. 그 밖의 두주 역시 간명하지만 안타깝게도 깊은 의미는 없다.

■ 서학모徐學謨(1522~1593) 『노자해老子解』

장에 따라 해석하였고, 해설의 뒷면에 소철, 설혜, 임희일, 이가모 등의 주해에
대하여 꽤 비평을 가하였다. 이 비평들은 읽어 볼 만하다. 이와 함께 송대 유학자들의
곡해를 지적해 두기도 하였다.

■ 왕일청王一淸(?~?) 『도덕경석사道德經釋辭』

서문의 「도덕경지의총론道德經旨意總論」에서 『노자』 500자 내외의 문장은 양생을
위한 수련뿐 아니라 정치의 원리까지 말하고 있음을 언급하였고, 또한 노자사상의
역사적 영향을 서술하였다. 여러 주석가의 설명을 언급하면서 주해하였다.

■ 팽호고彭好古(1551~?) 『도덕경道德經』

간혹 구절 뒤에 주를 달았다. "이는 교정된 판본으로서 교감과 주석에 여전히
참고할 만하다."(엄영봉의 평가를 인용하였다.)

■ 귀유광歸有光(1506~1571) 『도덕경평점道德經評点』

하상공주본에 의거하여 송대와 명대의 여러 주석가의 말을 두주로 달아 두었다.
서두에 송나라 태조太祖가 『노자』를 읽게 된 경위와 마음으로부터 깨우친 것을
직접 간략하게 설명한 서문을 달아두었다. 송나라 태조는 감격하면서 이렇게 말했다.
"이 경전에서 '백성이 죽음을 두려워하지 않는데 왜 죽음으로 그들을 위협하는가?(제

74장)라고 말한 내용을 보았을 당시에 천하는 막 평정된 상태였다. 백성은 완고하고 관리는 부패하여 비록 아침에 10명을 시장에서 처형하더라도 저녁이 되면 100명이 똑같은 짓을 저질렀다. 이와 같은 상황이 어찌 경문에서 말한 것과 딱 들어맞지 않은가? 짐은 극형을 폐지하고 대신 죄인에게 노역을 부과하였더니 일 년도 지나지 않아서 짐의 불안한 마음이 줄어들었다." 이로부터 노자사상의 긍정적 측면을 확인할 수 있다. 다음으로 진계종秦繼宗이 한나라 경제皇帝와 당나라 태종太宗 등이 노자로부터 영향을 받았던 사실과 노자에 대하여 송대의 유학자들이 잘못 해석하였음을 설명한 서문을 덧붙였다.

■ 진의전陳懿典(1554~1638) 『도덕경정해道德經精解』

매 구절마다 주를 달았는데 명료하여 읽을 만하다. 매 장의 말미와 두주에 여러 주석가의 해석을 인용하였는데(예컨대 소철, 이가모, 이지, 초횡 등의 해설을 인용하였다.) 참고할 만하다.

■ 종성鍾惺(1574~1625) 『노자낭환老子嫏嬛』

장에 따라 해석하였고 자신의 생각을 두주로 달았다. 간명하지만 특색이 없다.

■ 종성鍾惺(1574~1625) 『노자문귀老子文歸』

하상공의 원문을 수록하였고 권점圈點을 추가했다. 상편의 말미에 자신의 생각을 추가해 두었는데 "노자의 『도덕경』은 천성天性으로 되돌아가도록 사람들을 인도하고 있으니, 이단의 서적이 아니다"라고 하였다.

■ 도망령陶望齡(1562~1609) 『도주망해로陶周望解老』

책 전체가 상편과 하편으로 나뉘어 있으나 장의 제목을 표시하지 않았으며 부분적으로만 해석하고 있다. 잘못된 해석이 있는데, 예를 들어 제5장의 "천지는 인하지 않다"에 대하여 도망령은 "이는 세속의 사람들에게 경각심을 일깨우기 위한 말이다. 그러므로 다시 '다언多言'으로 자신을 낮추었다"라고 해석했다. 또 제66장의 "강과 바다는 온갖 골짜기의 왕이다"에 대하여 도망령은 "노자의 말은 태반이 술수이다. 일단 이러한 말로 어리석은 세속의 사람들을 유도한 것이다"라고 말했다. 이러한 말은 비교적 분명하게 잘못 해석한 것이다.

■ 조통趙統(?~?) 『노자단주老子斷註』

서문에서 노자는 공자와 마찬가지로 쇠퇴하는 세상을 구제하려는 의지를 지녔다고 하였다. 또한 "도교 방사의 사특한 기교"나 "도교 방사가 세상에 미치는 폐해"를 배척하였다. 주석 중에 반복해서 "세상에 등용되고자 했던 노자의 의도"를 언급했으며 또한 스스로 살아가고(自生) 스스로 변화하는(自化) 노자의 사상을 드러내기도 하였다. 해석할 때 항상 공자의 유학 개념을 끌어들여서 대조하는 방식으로 설명하였다.

■ 홍응조洪應照(?~?) 『도덕경측道德經測』

유학의 관점에서 노자를 바라봄으로써 『노자』와 『주역』의 회통을 시도하였다. 예를 들어 홍응조는 이렇게 말했다. "'혼연일체의 어떤 것이 있다'(제25장)에서 이미 『주역』의 근본적인 요지를 분명하게 언급하고 있다. '배움을 끊어내면 걱정이 없다'(제20장)는 '익히지 않더라도 이롭지 않음이 없다'8)는 말의 요지와 동일하다. '마치 웃을 줄 모르는 아이 같다'(제20장)는 '무엇을 사려하겠는가?9)라는 말의 종지와 동일하다. '비어 있지만 고갈되지 않고, 작동하면서 쉼 없이 생성한다'(제5장)는 고요하게 움직이지 않다가 감응하여 통하게 되는10) 극치와 동일하다." 그래서 "『도덕경』은 노자의 『주역』이라 할 수 있고, 노자는 『주역』에 대하여 효사와 계사를 지었다고 해도 무방하다"라고 하였다.

---

8) [역자주] 이 말은 『주역』 곤괘에 나온다.
9) [역자주] 이 말은 『주역』 「계사하」에 나온다.
10) [역자주] 이 말은 『주역』 「계사상」에 나온다.

『노자』와 『주역』에는 유사한 관점이 있으나 둘의 철학적 기반과 가치관에는 심대한 차이점이 존재한다. 전근대 학자들은 학문 간 경계가 명확하지 않았기에 항상 "공통점"을 추구하다가 그 사이에 존재하는 기본적인 차이점을 무시하곤 한다.

■ 공수묵龔修默(?~?) 『노자혹문老子或問』

저서의 앞부분에서 상편 각 장의 전체적인 요지를 설명하고 있다. 또한 「노공략동老孔略同」이라는 제목의 부록을 달아서 공자와 노자의 유사한 말을 발췌하였다. 주석 부분은 문답체의 형식을 취하여 유가의 관점에 따라 『노자』를 해석하였다.

■ 반기경潘基慶(?~?) 『도덕경집주道德經集注』

저서의 앞부분에 노자에 대한 각 주석가의 찬사와 비평을 부록으로 달았다. 매 장의 원문 뒷부분에 판본상의 차이점(考異)과 음주를 달았다. 주석 부분은 『열자』, 『장자』, 『순자』, 『관자』, 『광성자』, 『회남자』, 소철, 이지 등등부터 도교의 고전들(예를 들어 『청정경』, 『음부경』, 『정관경』)까지 다양한 저서와 주석가를 인용하였다. 장 말미에 문구를 교정해 둔 것은 참고할 가치가 있다.

■ 곽양한郭良翰(?~?) 『노자도덕경회해老子道德經薈解』

서문인 「도덕경회해제사道德經薈解題辭」에서 소식蘇軾의 잘못된 해석을 분명하게 지적했다. 소식은 "노자의 학문은 무위를 중시하고 천하와 국가를 통치하는 것을 경시했는데, 한비는 천하를 경시하는 노자의 술수를 터득해 결국 잔인하고 각박한 지경에 이르렀다"라고 하였다. 이에 대해, 곽양한은 노자의 기본 개념을 다시 설명한 뒤 "한비자가 노자의 찌꺼기만 도둑질했다는 사실조차 모른 채 소식은 한비자의 겉모양만 주워 모았다"라고 비판했다.

『회해』는 하상공본에 의거하였고 임희일의 『구의』를 위주로 하였다. 매 장의 뒷부분에 소철, 여혜경, 이가모, 오징, 초횡 등의 주석을 인용하였다.

■ 진인석陳仁錫(1581~1636) 『노자기상老子奇賞』

하상공본을 초록하였고 권점圈點을 추가했다.

■ 정이녕程以寧(?~?) 『태상도덕보장익太上道德寶章翼』

도교의 관점으로 해석했다. "연단술과 관련된 책을 읽지 않고 비밀스러운 요결을 듣지 않은 채 경전, 역사서, 제자백가의 관점으로 『도덕경』을 해석하는 것은 범부의 견해로 신선을 바라보는 것이며 중생의 시선으로 부처를 헤아리는 것이다"라고 말했다. 이러한 설명 방식에는 상당한 오류가 있다. 오직 제50장의 주해만이 꽤 참고할 만하다.

■ 안석주顔錫疇(?~?) 『도덕경해』

장에 따라 해설하였는데 명료하여 읽을 만하다.

후기

1. 이상의 각 저서는 엄영봉이 편집한 『무구비재노자집성無求備齋老子集成』(예문인서관)으로부터 선별했다. 이 총서의 집성은 한대부터 명대에 이르기까지 『노자』와 유관한 중요 저술과 판본을 영인하여 사본寫本, 석본石本, 각본刻本, 주본注本의 네 가지로 분류하였다. 이상의 평가는 주본을 위주로 한 것이다.

2. 청대 이래로 교감과 훈고 방면의 작업에 커다란 성과가 있었다. 이하 각 주석가들의 저작은 『노자』를 연구하는 사람이라면 반드시 읽어야 한다. 예를 들어 왕염손의 『노자잡지老子雜志』, 유월의 『노자평의老子平議』, 역순정의 『독노자찰기讀老子札記』, 유사배의 『노자각보老子斠補』(이상 청대), 마서륜의 『노자교고老子校詁』, 해동의 『노자집해老子集解』, 고형의 『노자정고老子正詁』, 장석창의 『노자교고老子校詁』, 주겸지의 『노자교석老子校釋』, 엄영봉의 『노자장구신편老子章句新編』 등이 있다.

3. 고증(考據), 훈고(訓詁), 교감校勘은 철학적 의미(義理)를 논하기 위한 기초 작업이다. 철학적 의미를 논하는 수많은 사람들은 교감학과 훈고학에서 제공하는 성과를 무시하곤 하지만 사실 철학적 의미를 논할 때 기초적인 훈련이 결여되어 있으면 종종 글자만 보고 의미를 대강 이해하다 잘못된 해석을 낳게 된다. 그래서 노자의 철학사상을 논하는 사람이라면 두 측면의 작업을 모두 염두에 두어야 한다.

1970년 정월

■ 지은이

陳鼓應

1935년 출생했으며, 복건성 長汀 사람이다. 대만대학 철학과와 철학연구소에서 학위를 취득하였다. 대만대학 및 북경대학 철학과 교수로 재직했으며, 『道家文化硏究』지의 주편을 지냈다. 저서로 『비극적 철학자 니체』(悲劇哲學家尼采), 『니체신론』(尼采新論), 『存在主義』, 『莊子哲學』, 『莊子今注今譯』, 『皇帝四經今注今譯』, 『老莊新論』, 『역전과 도가사상』(易傳與道家思想), 『도가역학의 구조』(道家易學建構), 『管子四篇詮釋』, 『예수신화상』(耶蘇新畵像) 등이 있다.

■ 옮긴이

김인태金寅泰

한양대학교 철학과에서 학사를 취득한 후 고전번역교육원 연수과정을 이수했고, 고려대학교 철학과에서 「진량 정치철학의 실용주의적 성격: 군주론을 중심으로」로 석사를 취득하였다. 현재 동 대학원에서 박사과정을 수료하고 학위논문을 준비 중이다.

남경한南庚翰

서울시립대학교 철학과에서 학사를 취득한 후 고려대학교 철학과에서 「왕안석의 『맹자』해석 연구」로 석사를 취득하였다. 현재 동 대학원에서 박사과정을 수료하고 학위논문을 준비 중이다. 최근 연구로는 「「傳習錄論篇」에 담긴 퇴계의 문제의식」(2022)이 있다.

박지웅朴志雄

고려대학교 컴퓨터통신공학부에서 학사를 취득한 후 고려대학교 철학과에서 「葉適의 工夫論」으로 석사학위를 취득하였다. 현재 동 대학원에서 박사과정을 수료하고 학위논문을 준비 중이다. 고전번역교육원 연수과정을 이수했고, 고려대학교 민족문화연구원 연구원으로 근무했다.

심준沈儁

안동대학교 윤리교육과에서 학사를 취득한 후 고전번역교육원 연수과정을 이수했고, 고려대학교 철학과 석사를 거쳐 현재 동 대학원 박사과정에 있다. 석사학위논문은 「『여씨춘추』 전생(全生)론 연구」이다. 상계중 등 여러 중학교 도덕과 수업 및 신현고 인문학아카데미에 출강했다. 동양학 전문 블로그(blog.naver.com/philolophy)를 운영 중이다.

홍린洪麟

고려대학교 철학과에서 학사를 취득한 후 고려대학교 철학과에서 석사를 취득했으며, 중국 북경대학 철학과에서 중국철학 전공으로 박사학위를 취득했다. 박사학위논문은 「吳澄心學研究」이다. 현재 안동대학교 퇴계학연구소에서 학술연구교수로 근무하고 있다.